KB265341

17·18세기 조선의 외국서적 수용과 독서문화

이 책은 2003년도 한국학술진흥재단의 지원에 의해 연구되었음
(KRF-2003-074-AM0017)

이화한국문화연구총서 3

17·18세기 조선의 외국서적 수용과 독서문화

홍선표 외 지음

혜안

책을 내면서

　임진왜란과 병자호란으로 심각하게 손상된 왕조의 재흥과 국가 재조의 시대적 과제와 결부하여 조선후기의 지식인들은 새로운 인프라 구축과 함께 문화 변동을 주도했으며, 이와 더불어 외국서적에 대한 독서열을 크게 고조시켰다. 본 연구는 이러한 조선후기의 문화변동을 이끈 지식인들이 새로운 정보와 지식의 습득을 위해 적극적으로 수용하고자 한 외국서적에 대한 독서체험 및 독서문화의 실태를 파악하고 이를 통해 촉발된 문화변동의 양상과 의의를 규명하고자 마련된 것이다.

　조선후기의 역사적 변동에 대해서는 그 동안 한국학 전 분야에서 심도 있게 연구가 이루어져 왔지만, 지나치게 내재적 발전론에 치우쳐 그 변동의 국제적 관계에 대한 규명이 미진한 실정이었다. 본 연구는 이러한 문제의식에서 조선후기 문화변동의 도선적(導線的) 구실을 한 것으로 보이는 외국서적과의 관련 양상을 밝히면서 이를 흡수, 종합하여 재창조해 낸 과정과 그 내용을 구체적으로 재구해보고자 하였다.

　한국학술진흥재단의 연구비 지원으로 2년간 진행되는 본 연구에서, 1차년도에는 미술과 문학, 철학, 역사 및 정치사상과 관련된 외국서적의 도입 실태와 독서 내용을 조사하는 데에 주력하였다. 아울러 다양한 분야에서 이루어진 외국서적의 수용 양상과 그 독서층의 성격에 대한 파악도 함께 진행하였다. 이러한 연구를 통해 독서 내용의 주류적 경향성을 밝혀보고자 했으며, 논의의 실증성을 확보하기 위해 수입된 외국서적의 목록화 작업도 병행했다. 이들 연구와 조사는 2차년도의 연구주제인 ‘외국서적의

6

독서를 통한 조선후기의 문화변용'을 실증적으로 분석하고 재구할 수 있는 기초작업으로서의 의의를 지니기도 한다.

1차년도의 연구는 크게 두 부분으로 나누어 진행하였다. 제1부는 주로 외국 서적 및 문화의 수용을 통해 조선후기의 문화 양상을 살피는 데에 중점을 두었다. 먼저 문학 분야에서는 명대(明代) 중엽 이후 크게 흥기한 공안파(公安派)의 서적들과 김성탄(金聖嘆)의 소설평비본(小說評批本)의 독서 실태를 검토하였는데, 박지원·이덕무·성대중·이상황·유만주·남공철·장혼·이옥 등의 문집에 대한 검색을 통해 정확하게 도서명이 나타난 부분을 찾아내고, 그 내용을 독서자가 어떻게 해석했는지 고찰하였다. 미술 분야에서는 조선후기 회화의 형사적(形似的) 전신론(傳神論)과 결부된 사실적 경향의 회화론 변동과 관련이 있는 명말청초의 서학서(西學書)의 시학(視學) 지식과 그 수용 양상을 분석하였다.

제2부의 역사와 철학, 정치사상 분야에서는 시대의 변화에 대한 의식을 뚜렷하게 드러내고 있는 외국서적을 선정하고, 이들 도서에 대한 독서 체험이 독서자들의 가치관에 어떠한 영향을 미쳤는가 하는 문제를 다루었다. 역사 분야에서는 『천문략』(天文略)과 『서학범』(西學凡), 『직방외기』(職方外紀) 등에 대한 독서 양상을 검토하고, 이를 통해 당시 지식인들이 보여준 학문적 성찰 과정과 지적인 대응 방안을 규명하였다. 그리고 철학, 정치사상 분야에서는 마테오 리치의 『천주실의』와 고염무의 『일지록』(日知錄)에 대한 분석을 통해 조선후기 실학자들이 고민했던 문제의식과 그

해결방안으로 제시된 내용을 밝히고 그 의의에 대해 살펴보았다.

이상과 같은 1차년도의 연구 결과에서 더 나아가, 외국서적의 독서를 통하여 정보와 지식, 관념 및 이데올로기의 외부적 수용이 조선후기 사회의 내부에서 어떻게 갈등을 빚으며 습합되고 내면화되면서 어떠한 문화변동을 구체적으로 이끌어냈는지에 대한 연구는 2차년도의 과제이며 현재 진행 중에 있다.

끝으로 이와 같은 연구 성과를 내기까지 여러 방면의 지원을 아끼지 않은 이화여자대학교 한국문화연구원에 감사 드린다.

2006년 1월 10일
연구진을 대표하여 홍선표 씀

차 례

17·18세기 조선의 외국서적 수용과 독서문화

공안파(公安派) 서적의 도입과
독서 체험의 실상

남 정 희

1. 머리말

이 글은 18세기에 주로 서울에서 살았던 조선 문인들의 문예 의식과 깊은 관련을 맺는 공안파(公安派) 서적에 대한 독서 체험 모습을 밝히는 것을 목적으로 한다. 외국 서적에 대한 독서가 외부의 문예 논리를 수용하는 토대가 되는 과정을 살피고 그것이 의미하는 바를 짚어보고자 한다. 이 과정에서 조선 문인들의 지적 축적물들 속에서 나타나는 독서의 기록을 찾고 주요한 독서 체험의 흐름을 파악하여 책 읽기가 문인 지식인 사회에서 이루어지는 양상을 살펴본다. 그러므로 이 글은 과거의 독서에 대한 현재의 독서에서 출발한다. 이 때 무엇보다도 우선 문인들의 기록물에서 나타난 공안파 서적에 대한 독서의 흔적을 찾는 일이 필요하다.

문인 지식층이 읽었던 중국의 문예 서적과 관련된 기존의 논의는 주로 서지적인 접근이거나 독서 일기식의 목록에 대한 검토에 중점을 두었다. 물론 이러한 연구는 당대의 지식 사회를 이루는 문화적 배경이 어떻게 형성되었는지를 보여주는 단초를 마련해 준다. 그러나 개별적인 역사 사실의 나열에 그칠 경우, 사실을 지배하는 맥락에 대한 이해는 깊이 있게 전개될 수 없었다. 그리고 개별적인 독서 체험이 실질적으로 문인들의 의식 내부에서 어떠한 변화를 가져왔으며, 전체 지식인 사회에 어떤 영향을 미쳤는지를 드러내지는 못했다. 이 과정에서 공안파에 대한 검토 역시 비평적인 글들과 문학 작품들 사이에서 드러나는 내용적 유사성을 강조하여 그것에 기인하는 영향사적인 측면을 주로 부각시켰다. 실제로 기록상 드러나는 공안파에 대한 언급은 일반화된 논리를 주장하기에는 충분하지 않다. 그러나 공안파의 이름은 거론하지 않더라도 예술과 감정의 문제를 다루는 많은 언급들 속에서 명말 공안파의 주장과 궤를 같이하는 경향이 나타나고 있다. 그러므로 연구 방법이나 해석의 층위에서 좀더 상세한 검증이 필요한 것이다. 이 글은 이러한 연구상의 난점을 해소하기 위한 시도로서, 공안파 서적에 대한 지식인 독서자의 실제적인 독서 체험을 고찰하고자 한다.

효과적인 논의의 진행을 위해서 먼저 독서 체험의 실제 모습을 정확하게 탐색할 필요가 있다. 이 과정에서 문인들의 남겨진 기록에서 독서 행위가 나타나는 일상의 순간들을 하나씩 점검하고자 했다. 이 글에서는 공안파의 문예 이론이나 문예이론이 미친 영향에 대해서는 언급하지 않을 것이다. 논의의 초점은 공안파 서적이 어떻게 도입되었는지 그 상황을 추론하고 도입된 서적들을 어떤 경로를 통해서 읽고 그것에 대해서 어떤 태도를 가지게 되었는지를 살필 것이다. 즉 외부 서적이 도입되고 그것이 많은 독서자들에게 의해 선택되고 받아들여지는 태도를 다룰 것이다. 이는 외부 지식이 조선 문인 사회 내부로 들어와 담론화 되기 위한 조건과 기반에 대한 탐구이자 모색이라 하겠다.

필자는 기초 자료를 섭렵하는 과정에서 순차적으로 만명(晚明) 공안파 문인들의 문학에 대해서 관심을 표명하고 있는 조선후기 문인들의 문집들과 관련 서적들을 검토했다.[1] 그러나 논의 과정에서 18세기 백 년 동안의

---

1) 이용휴의 『탄만집』, 이의현의 『陶谷集』, 신정하의 『恕庵集』, 이하곤의 『頭陀草』, 남공철의 『金陵集』, 이덕무의 『靑莊官全書』, 박제가의 『貞蕤閣集』, 유만주의 『欽英』 등 18세기 문집들을 통해 공안파 인물과 그 주변 인물들, 그리고 공안파 문학 자체에 대한 관심 표명이 어떻게 나타나고 있는지 살펴보고 그것을 논의의 근거로 삼았다.

모든 시공간을 다 거론하지는 않았으며 모든 독서자들의 개별적 체험을 다 다루지는 못했다. 국가적인 차원에서 서적의 도입과 출판이 대규모로 이루어지고 그것과 관련된 논란이 일어났던 18세기 후반의 정조대 지식인의 독서 체험을 주 대상으로 삼고 활발한 독서 기록을 남겼던 문인들을 중심으로 논의를 전개할 것이다.

2. 명청(明淸)문집류 및 공안파 서적의 도입

1) 공안파 서적 소장의 배경

18세기 조선의 지식인 사회에서는 내부적인 문화 역량이 성숙되면서 외부적 지식을 얻고자 하는 욕망 역시 최고조에 이르고 있었다. 이 과정에서 지식의 전달 매체인 중국 서적에 관심을 갖고 그 구입과 전파에 적극적인 양상을 띠게 되었다. 부유한 경화 세족들은 가정 내에 거대한 서고를 만들어 수천, 수만 권의 서적들을 소장하고 다양한 독서 체험을 자랑으로 삼았다.2) 이러한 사회적인 분위기 속에서 경서와 역사서, 과학 서적만이 아니라, 문예서적에 대한 수요 역시 문인들 사이에서 급속하게 증가하였을 것이다.

독서는 사대부들 사이에서 일상화 된 일이었다. 더욱이 직업적인 독서자로서 그들의 삶이 가진 특성과 맞물려 새로운 지식의 확대를 지향하는 시대적 분위기는 독서열의 고조를 불러왔다. 새로 마련한 책이 있으면

---

2) 서울에서 이름났던 장서가들을 나열해 보면 다음과 같다. 姜浚欽의 『讀書箚記』에는 18세기의 4대 만권당으로 安山의 柳命天·柳命賢 형제, 진천의 李夏坤, 서울의 李廷龜 후손가를 들었다. 洪翰周의 『智水拈筆』에서는 沈象奎가 4만 권, 趙秉龜, 尹致定이 각각 3만~4만 권, 李夏坤·徐有榘가 역시 8천 권을 소장하였다고 기록되어 있다. 이 밖에도 다른 기록을 통해 李書九, 元仁孫, 李晚秀, 鄭弘淳 가문 역시 만권루에 육박하는 장서를 가졌음이 확인된다. 장서가에 대한 더 자세한 서술은 다음 발표를 참고할 수 있다. 김영진, 「18세기말 서울의 명청서적 유통 실태」, 『17·18세기 동아시아의 독서문화와 문화변동』(이화여대 한국문화연구원 주최 국제학술대회), 2004, 109쪽.

서로 돌려 보고 내용을 평가하고 그것을 토대로 대화를 했다. 그 과정에서 독서열이 지나쳐 병이 될 정도였다.3) 이러한 식자층의 독서는 서적에 대한 수요를 만들어내고 동시에 이들에게 다양한 책들을 공급할 수 있는 책방의 필요성을 대두시켰다. 특히 문인들 사이에서 유행했던 책들은 그 수요가 상당했을 것으로 짐작된다. 그러나 18세기만 해도 여러 서적을 전시하고 팔았던 서사(書肆)가 있었다고 확신할 수는 없다.

정상기(1678~1752)는 이 시기의 서사 상황을 알 수 있는 기록을 남겨 놓고 있다. 그는 자신의 저서인 『농포문답』에서 서적을 널리 보급할 방안에 대해 논하면서 당시의 서적의 인쇄 상황 및 서적 보급의 실상을 먼저 언급하고 있다. 그에 따르면, 당시는 예전에 비해 서책이 제법 많아졌다고 하였다. 서울에서는 교서관이 설치되어 주자가 많이 만들어졌고, 삼남 및 서북도의 큰 도시와 큰 고을에서도 또한 목각한 책판이 많아서 서적을 인출하였고, 사대부 및 중서배로서 글을 좋아하는 자들이 기이한 글과 이상한 서적을 중국에서 많이 사가지고 왔다고 하였다. 그러나 나라 안에서는 아직도 서적을 교역할 가게가 없어서 지금의 중국과 같지 못하므로 책을 보고 싶어도 얻어 보기 힘들다고 하였다. 따라서 책을 주고받을 가게를 만들어 책이 널리 보급되게 하려면 지금 조정에서는 20, 30간의 다락집을

---

3) 유만주, 『欽英』 1784. 11. 5., "우리들이 심히 책읽기를 좋아하는 것을 논한다면 이 또한 하나의 癖이다. 팽팽한지 아니면 느슨한지, 평범한지 아니면 기이한지, 바른지 아니면 속된지를 따지지 않고 모두 눈여겨보기를 구하는 것과 같은 지경에 이르니, 이는 곧 癖의 크게 같은 점이다"(議我輩酷嗜閱書, 亦一癖也. 至若無問緊漫 平奇雅俗, 都要注眼, 則癖之大同也) ; 이덕무, 「청비록」 2, 『청장관전서』 33권(국 역본 7), 152쪽, "나는 일찍이 그의 아우 이언로에게 우상(이언진)의 遺事에 관한 것을 물으니, 그가 대답하기를, '글만 좋아하여 침식을 잊었으며, 抄寫를 함에 있어서는 번개와 같아 잠깐 동안에 10여 면을 쓰는데도 오자와 누락된 것이 없었습니다. 그래서 초본에 秘書가 많았는데, 지금은 모두 유실되었습니다. 다른 사람에게 귀중한 책을 빌 때마다 소매 속에 넣어가지고 오면서 집에 올 때까지를 기다리지 못하고 길 위에서 펼쳐보며 총총히 걸어오다가 사람이나 말과 부딪치는 것도 깨닫지 못하였습니다.' 하였는데, 이것도 근세에 없었던 일이다."

종이전 옆에 설립하여 서사를 만드는 것이 마땅하다고 주장하였다.

여기서 알 수 있는 것은 정상기가 살았을 당시인 17세기 말, 18세기 초까지도 아직 서사가 없어서 본격적인 책의 매매는 이루어지지 못하였으나 책을 사거나 팔고자 하는 요구는 있었다는 사실이다. 그럼에도 불구하고 실제로 서사가 설치된 것은 보다 후대의 일로 보인다. 『신증동국여지승람』 「비고편」과 『동국여지비고』 「한성부편」에 따르면, 책사가 정릉동과 육조 앞에 있었으며 여기에서 사서삼경과 백가의 여러 가지 책이 판매되었다고 한다. 뿐만 아니라 상전4)에서도 책을 판다는 기록이 보인다. 이렇듯 민간에서 자유로운 책의 유통을 가능케 한 서사는 오랜 기간 동안 그 필요성이 주장되었으나 19세기 후반에 와서야 실제 설치된 것으로 보인다.

이 글에서 다루고자 하는 공안파 서적의 경우도 이러한 서적 유통과 판매의 전반적인 환경을 염두에 두고 살펴보아야 한다. 공안파 서적에 대한 관심과 이해는 17세기 초엽 무렵 허균의 저술에서 나타나고 있으며, 17세기 말엽이 되면 많은 조선 문인들이 이를 언급하기 시작하고 있다. 공안파 문인이나 혹은 공안파 문예 이론과 관련하여 가장 주목을 받는 인물이 이지와 원굉도이다.

먼저 이들의 저서가 언제쯤 조선 지식인의 손에 들어올 수 있었는지를 가늠해 보자. 이지의 대표적 저서인 『장서』(藏書)는 명 만력 27년(1599)에 초각되었고 『분서』(焚書)는 1590년에 초간 되고 증보 재판은 만력 28년(1600)에 간행되었다. 조선에서 이지에 대해 처음 기록을 남긴 이는 허균(1569~1618)이다. 허균의 활동 연대를 고려해 볼 때, 이지의 저서는 시간차가 그리 오래지 않은 상태에서 조선으로 도입된 것으로 보인다. 허균은 본인의 저작인 『한정록』(閑情錄)에서 이지를 언급하고 있다. 원굉도의 많은 저술들은 생존해 있는 동안 완성되는 대로 줄곧 출간되었다. 그리고

---

4) 물건들을 상 위에 늘어놓기 때문에 속칭 상자리전이라 한다. 말총, 가죽, 초, 실, 책, 휴지 같은 잡물을 파는데 모두 13곳이다.

원굉도의 시와 산문을 모은 문집은 그의 사후(1610년)에 다양한 판본으로 출판되었다. 조선으로 유입된 원굉도의 문집 중에서 그 존재 여부를 확인할 수 있는 것은 현재 규장각에 남아 있는 40권 8책의 명판본(明板本)『원중랑전집』(袁中郎全集)이다. 이 책은 명 숭정(崇禎) 2년(1629)에 육지선(陸之選)이 편한 것으로 수록된 편목이 완전하여 가장 널리 유행한 것이다. 이 판본의 유전으로 미루어 볼 때 어떤 경로를 통하였든지간에 원굉도의 문집은 17세기 전·중반에는 조선 지식인 사회에도 소개되었던 것으로 보인다. 허균의 언급 이후, 이지와 공안(公安) 삼원(三袁)[5]에 대한 관심은 경화의 사족이나 관료들 사이에서 계속 나타난다. 김석주(1634~1684) 역시 중국 사행을 통해서 원굉도나 원종도 등의 시문집을 구해 읽어보고 그들의 창작 경향과 문예관을 이해하기 시작한 듯하다. 17세기 말에서 18세기 초에 이르면, 김창흡, 김창협 형제들이 본격적으로 공안파의 문예 이론을 작품 창작에까지 도입하게 된다. 그리고 이들 형제와 교류하고 이들로부터 학문적 영향을 받았던 많은 경화의 사족들 사이에 공안파에 대한 관심이 나타나고 있다.

이들은 공안파의 절정이라고 할 원굉도의 문집인『중랑집』(中郞集)을 읽고 그에 관한 언급들을 남기고 있다. 김석주는『중랑집』에 나타나는 서위에 관한 글을 인용하면서 동시에 원굉도의 시작품을 높게 평가하였다. 공안파의 시가 가진 참신한 시상과 빼어난 기상의 조화를 김석주 본인이 명확하게 이해하고 있었던 것이다. 반면에 김창협, 김창흡을 위시한 다수의 경화 문인들은 공안파의 주장을 불(佛)과 선(禪)에 빠졌다고 보고 긍정적으로 바라보지 않았다. 특히 농암은 "지금 중랑집을 읽었는데 한편으로는 선과 불을 말하고 한편으로는 주색에 탐닉하고 있다. 백정과 술장수가 경전을 암송하는 행위와 다르지 않으니 가소로울 뿐이다."[6]라고까지 하면

---

5) 공안 삼원은 원씨 3형제인 종도·굉도·중도를 이른다.

6) 김창협,「雜識」,『農巖集』권34, "今讀中郎集 一邊說禪談佛 一邊耽酒變色, 此如屠沽

서 혹평을 하기도 했다. 아마도 양명좌파(陽明左派)에서 연원하는 진보적인 공안파의 논리는 조선의 문인들이 전면적으로 수용하기에는 무리가 있었을 것이다. 결과적으로 공안파의 서적과 시문은 17세기에 이미 조선 지식인 사회에 유입되었지만, 깊고 넓게 이해되었던 것 같지는 않으며, 실질적인 내용의 수용은 18세기에 와서야 이루어진 것으로 보인다.

2) 명청(明淸) 서적 접근의 경로

공안파 서적이나 여타의 명·청 문집 중에서 그 어느 것도 조선에서는 상업적인 방각본으로 출판되지 않았다. 18세기의 상업적 출판과 관련하여 중국 문예 서적의 조선판은 없었다. 단지 전후 칠자의 시문을 모아서 엮은 시선집인 『대명률시』(大明律詩)7)가 방각본으로 1680년에 태인(泰仁)에서 출판되었을 뿐이다. 그러므로 18세기 후반의 지식인 독자들은 공안파의 서적이나 명·청의 문집들을 모두 중국에서 구입하여 읽거나 혹은 구입된 책을 필사해서 읽었을 것이다. 이러한 출판의 한계는 이 시기 독자층의 문제와도 관련이 있다. 앞서 언급한 도서의 매매와 구입, 그리고 유통의 상황 논리를 전제로 할 때, 이 시기의 독서자들이 명·청대의 문집에 접근할 수 있는 경로는 다음 세 가지로 추론해 볼 수 있다. 첫째는 전 시기 사대부 소장본이고, 둘째는 서쾌를 통한 주문 구입본, 셋째는 연행을 통한 직접 구입본이다. 전 시기 사대부가 소장했던 공안파 서적을 포함하는 명청문집류는 사대부의 가정 서고에서 보관되어 대를 이어 읽혔을 것이다. 그러므로 당대의 서책 구입에서 논의의 초점은 서쾌에 의한 주문 구입과 연행을

兒誦經 直是可笑".

7) 『大明律詩』는 중국 명나라 시인들의 칠언율시만을 가려 뽑은 책으로 간행처는 田以采朴致維로 나와 있다. 가장 많은 시가 수록된 시인들은 李攀龍, 李夢陽, 何景明 등인데, 이들은 주로 명대의 의고풍 시를 주도했다. 부길만, 『조선시대 방각본 출판 연구』, 부길미디어, 2003, 47쪽.

통한 직접 구입에 놓이게 된다.

　서쾌는 일종의 방문형 책장수다. 조희룡이 언급한 책장수 조신선은 항상 서울 안을 돌아다니면서 책을 팔았고 사람을 대할 때 존비귀천(尊卑貴賤)을 가리지 않아 안 가는 곳이 없었다. 조신선과 같은 서쾌들은 서울의 대가나 세족들의 집을 아침저녁으로 방문하여 새로 나온 책을 소개하기도 하고 주문을 받아가기도 했다. 박제가는 중국의 한 서점에 들어가 그 주인이 매매한 문서를 정리하는 데 바쁜 것을 보고 우리나라는 책장수가 책 한 권을 들고 두어 달씩이나 사대부집을 돌아다닌다는 사실을 지적했다. 이 말은 조선의 책 소비시장의 규모와 범위가 협소하다는 의미이기도 하지만, 책을 판매하는 방식과 판매자가 청(淸)과는 차이가 있음을 알려준다. 즉, 중국 서점의 주인이 하는 역할을 조선에서는 서쾌가 담당하고 있었던 것이다. 서쾌 뒤에 어떤 종류의 서적 판매거점이 있었는지 알 수 없지만, 단순한 떠돌이 책장수 이상의 역할을 한 것만은 분명해 보인다. 다음 기록을 보면 서쾌의 일이 개인을 대상으로 한 서적 매매만이 것이 아니라 좀더 큰 범위의 도서무역과도 관련을 맺고 있었음을 알 수 있다.

　(1) 서쾌가 와서 『통감집람』과 『한위총서』를 무역해오는 것에 대해 의논하였다. 고하기를 『명사』는 끝내 선본이 없다고 한다. 그리고 『경산사강』 역시 구하기 어렵다고 한다. 들으니, 『정씨전사』는 세자전 장서가 되었고 『김씨전서』는 일찍이 서씨집안의 장서각에 소장되었는데, 모두 (값이) 4만여 문에 달한다고 한다. 『절강서목』을 보여달라 하니 내어 보였다. 안경으로 글자 모양과 크기를 비추어 보니 마치 사정전 각본 같았다. 곧 이와 같은 판본을 구하는 데에 경·사·자·기·소설을 막론하고 한 책이든 열 책이든 백 책이든 가리지 않고 다만 구해오라고 하니 (서쾌가) 말하기를, "그건 매우 어렵습니다. 다만 마땅히 한 번 노력해보겠습니다." 라고 하였다. 송판경서 대본이 있다고 하기에 사올 수 있는지 물어보고 가져와서 보이게 하였다.8)

(2) 저녁 무렵 서쾌가 『수호외서』(2책)와 행·두·일편·쾌·소라는 소설 5종을 보여주었다.[9]

서쾌는 새로운 외국 서적이 나오면 그것을 소개하고 서목에 대한 정보를 전달하는 역할을 하였다. 때로는 소비자의 요구와 수요를 계산하고 책 주문을 내는 거래를 성사시키기도 한다. 서쾌가 거래한 소비자들은 선택된 지식인층이었다. 그러다 보니 당연히 서적의 판본과 내용을 따지는 까다로운 요구가 뒤따랐을 것이다. 이 때 서쾌는 단순한 서적 판매자만이 아니라, 유통업자의 역할까지 담당했던 것으로 보인다. 책의 구매자였던 사대부는 『절강서목』(浙江書目)을 보고서 읽고 싶은 책을 주문했으며, 그 요구에 맞는 책의 공급 역시 서쾌가 담당하였다. 즉 그들은 직접 판매와 유통을 겸했으며, 주요 독자층과 긴밀한 관계를 유지하고 있었다. 이렇게 보았을 때, 조선 문인들이 명·청의 주요 서적들과 신서(新書)에 접근할 수 있는 중요한 경로 중 하나는 서쾌를 통한 주문형 구입이었다.

연행(燕行)을 통한 명·청 서적의 도입도 양적, 질적 차원에서 확대되었다. 17세기 말과 18세기 초부터 김창협, 김창흡 형제들은 청(淸)의 사행을 통해서 청 문인들과 교류를 하며 서적을 구입했고 이의현의 경우도 마찬가지였다.[10] 이러한 교류와 수용 양상은 18세기 후반에도 계속되었다. 후반기에는 이덕무, 박지원, 박제가, 유만주, 이서구, 홍대용 등이 모두 연행을 통해서 서적을 구입하고 서책가(유리창)를 방문하여 새로운 서적들을 직접

---

8) 『흠영』 18책, 1784. 11. 9.(『흠영』 5), 392쪽, "冊曹至議易 通鑑輯覽漢魏叢書 告明史 終無善本 而 瓊山史綱』亦難得云 聞 鄭氏全史 爲春坊新儲 金氏全書 爲徐閣曾有 咸直四萬餘云 另求 折江書目 出示合綱 俾以爨隸照見字樣越大 如思政殿刻本 仍求 如此板本 毋論經史子記小說 無拘一冊十冊百冊 止管得來 曰 是甚難 第當另圖之 稱有宋板經書大本 問可易未弟令取示".

9) 『흠영』 18책, 1784. 12. 6.(『흠영』 5), 410쪽, "夕冊僧示 水滸外書(二冊) 及小說五種 曰杏豆一片快嘯".

10) 이덕무, 「청비록」 4, 『청장관전서』 35권(국역본 7), 177~179쪽.

접할 수 있었다. 이들은 청의 수도에 있는 서책가를 방문하여 서적의 그 방대함에 감탄을 금치 못했다. 청의 지방과 지방 사이에서 이루어지던 도서 교역은 북경의 연행 사절에 동행한 조선 학자들의 관심을 끌었다. 홍대용은 유리창에 있는 수많은 상인들이 중국 남방 출신이며, 황비열 같은 강남 출신의 서적상들이 도서교역에서 중요한 역할을 했음을 시사하는 기록을 남겼다. 박제가는 이 황비열과 함께 중국과 조선에서 구할 수 있는 희귀본과 판본 문제를 토론하기도 했다.

조선의 학자들은 조선에 책을 보내기 위해 늦어도 강희 연간부터는 북경의 유리창을 방문하고 있었다. 17세기에 들면 청조는 조선의 사신들이 지정된 사신의 공관인 옥하관(玉河館) 밖을 벗어날 수 없도록 제한하였다. 그러므로 조선 학자들은 북경의 외교사절과 책을 거래하도록 허가받은 상인들로부터 책을 구입했다. 특히 기윤(1724~1805)과 옹방강(1733~1818)은 18세기 동안 연행사를 따라 온 조선의 많은 학자들과 우호적인 관계를 유지했다.[11] 1776년에는 새로 설치된 규장각으로 보낼 책을 구하기 위해 조선 학자들은 중국인 친구들의 도움을 받아 수많은 총서와 백과사전을 구했다. 박제가는 1781년, 유리창을 구경하던 중에 당시 도서시장 부근에 살고 있던 손성연(孫星衍)을 만나 그와 우정을 맺었고, 손성연은 그에게 『당석경』(唐石經)의 인쇄본을 선물로 주었다. 이덕무와 홍대용의 경우에도 청의 문인 및 학자들과 교류한 사연들을 기록으로 남겨 놓고 있다.

다음 기록들은 그러한 방문과 구입의 과정들을 보여준다.

    (1) 조선 사람들은 지극히 책을 좋아하여 무릇 사신이 중국 땅에 도착하면 혹 구서나 신서, 패관소설을 구하려 하나 부족함이 있었다. 오륙십 인이 날마다 시장에 가서 각 서목을 베껴 제목을 나누어서 사람들을 만나

---

11) 벤저민 엘먼 저, 양휘웅 역, 『성리학에서 고증학으로』, 예문서원, 2004, 329~331쪽.

서 두루 묻고 무겁게 값을 쳐주는 것을 아끼워하지 않았던 고로 그 나라가
오히려 이서와 장본을 가지게 되었다.12)

(2) 재선(박제가), 건량관(乾糧官)과 함께 천주관(天主館) 구경을 나갔는
데, 마침 주인이 없어 자세히 보지 못하였다. 관상권을 지나 순성문으로
나와 유리창에 가서 전일에 보지 못했던 책방 서너 군데를 들렀다. 도씨(陶
氏)의 소장은 매우 훌륭했는데 오류거(五柳居)란 현판을 걸었다. 도씨는
스스로 말하기를, "책을 실은 배가 강남에서 와 통주 장가만(通州 張家灣)
에 닿았는데, 내일이면 그 책을 이 곳으로 수송하여 올 것이고 책은 모두
4천여 권이 될 것이다." 하므로, 우리는 그 서목을 얻어가지고 돌아왔다.
거기에는 내가 평생 동안 구하려 했던 책뿐만 아니라 천하의 기이한 모든
책들이 매우 많았으므로 비로소 절강(浙江)이 서적의 본 고장이라는 것을
알았다. 여기에 온 뒤 먼저 근일에 발간된 절강서목을 구했는데, 이 도씨
서목에는 절강서목에 없는 것도 있었다.13)

재선과 함께 유리창에 있는 오류거란 책방에 들러 강남에서 배 편으로
온 기서(奇書)를 열람하였다. 서장관이 나에게 부탁하여 수십여 종의 책을
구입하였는데, 그 속에는 주이준의『경해』(經解)와 마숙의『역사』(繹史)
등 희귀본 이외에도 모두 좋은 책들이 있었다.14)

(3) 오류거 도생의 책방에 가서 60갑의『경해』(經解)를 열람하였다. 경해
는 죽타 주이준과 담포 서건학이 소장한 책을 다 수집하고, 또 수수의
조추악, 무석의 진대암, 상숙의 전준왕・모부계, 온릉의 황유태의 장서를
빌려 모은 것으로, 모두 1백 40여 종인데,『자하역전』(子夏易傳)으로부터
당인(唐人)의 글은 겨우 2~3종이고 나머지는 대부분 송, 원 제유의 찬술이

---

12) 陳繼儒,「說庫」,『太平清話』(현대사 영인), 1097쪽, "朝鮮人極好書 凡使臣到中土
　　或限五六十人 或舊典或新書 稗官小說 在彼所缺者 五六十人日出市中 各寫書目 分
　　頭遇人遍問 不惜重値購回 故彼國反有異書藏本也".
13) 이덕무,「입연기하」,『청장관전서』57권(국역본 11), 245쪽.
14) 이덕무,「입연기하」,『청장관전서』57권(국역본 11), 247쪽.

며, 명나라 사람의 저술도 간혹 한두 종 끼여 있으니, 참으로 유학과 경학의 서고이다. 이 책이 간행된 지 벌써 1백 년이 넘었는데 우리나라 사람들은 까마득히 모르므로 해마다 사신이 끊임없이 내왕하였으나, 수입해 오는 책이라고는 고작 연의소설, 그리고 『팔가문초』(八家文抄)와 『당시품휘』(唐詩品彙) 따위뿐이다. 이 두 종류의 책이 비록 실용에 도움이 된다고 할 수 있으나, 이 책이라면 집집마다 있을 뿐 아니라, 우리나라에서도 간행되는 것이니 다시 중국에서 구입할 필요가 없다. 그리고 이 책은 넓게 퍼져 있으므로 진귀하지도 않고 값도 매우 저렴한데 조선 사신들은 올 적마다 별도로 돈을 준비해 와서 비싼 값으로 구입하니 우리나라 사람의 고루함이 이와 같다.15)

북경의 유리창에는 유명하고 거대한 서방들이 즐비하게 들어서 있었다. 조선의 사신들은 연경에 도착하면 무엇보다도 먼저 서책가에 들러서 수많은 서적들을 구입했다. 첫 번째 인용에서 보듯이, 이러한 조선 사신들의 행적은 명 말기 문인인 진계유의 눈에도 흥미로운 것이었다. 이 때부터 이미 조선 사신들은 책을 구매할 때 조직적으로 움직이고 있었다. 게다가 이러한 일은 연행을 통해 국가 차원에서 이루어졌기 때문에 더욱 그 규모는 클 수밖에 없었다. 연행을 통한 서적 구입은 공적인 업무의 일환이자 사적인 구입 경로이기도 했다. 사신 사절로 혹은 그 일환으로 연경에 도착한 조선 문인들은 공무의 일환이자 개인적인 필요에 의해 서적을 구입했다.

온갖 최신 서적들을 구비하고 있는 청의 서방들과 즐비하게 늘어선 서책가는 조선 사대부에게는 새로운 세계로 들어가는 통로가 되었다. 조선의 선비였던 이덕무에게도 그것은 경이로운 경험이었다. 서방에 가면 위의 두 번째 인용에서 보여주는 것처럼 다양한 책들을 열람하고 서목을 작성하여 구매를 위한 자료를 만들었다. 이 시기에 오면 조선 사대부들의 도서 구입도 이미 꽤 다양한 정보를 배경으로 하여 이루어지고 있었음을 보여준

---

15) 이덕무, 「입연기하」, 『청장관전서』 67권(국역본 11), 249쪽.

다. 청에서 출판되는 서목을 조선에서 이미 열람한 경우도 있었고 연경에 도착해서도 다양한 서목을 비교하여 구입할 서목들을 정했다. 앞선 인용에서 유만주의 경우도, 서쾌가 그의 집으로『절강서목』을 가져온 것을 보고 구입 여부를 결정하였다.

그리고 세 번째 인용에서 보이듯이, 과거에는 주로 조선에서 이름이 난 서적들을 중심으로 하여 협소한 범위에서 책이 구입되었다면, 이 시기가 되면 당대 청의 선진적인 저작물들을 사려고 하였다. 이렇게 해서 청 옹정제 대의 권력자였던 서건학이나 저명한 문인이었던 주이준의 소장본이나 저서를 접할 수 있었고, 강남의 여러 장서루를 통해 교역된 서적들을 구입할 수 있었다. 그 과정에서 서방의 주인과도 관계를 맺어 서적의 구입을 원활하게 만들 수 있었다. 그리고 이러한 서방 판매업자들을 통해서 신서, 고서, 필사본만이 아니라, 희귀본이나 금서까지 구입할 수 있었던 것이다. 동시에 조선의 고위 관료나 재력가들은 이 경로를 통해 명·청대에 출판되었던 총서나 유서류 같은 거질들을 조선으로 들여올 수 있었다. 이 과정에서 명·청대 문집들과 인기 소설들 같은 다양한 서적들이 조선으로 들어올 수 있었던 것이다.

3. 독서물의 선택과 독자층의 성격

1) 공안파 독서물과 그 저변

조선의 독자들은 공안파와 관련된 책만이 아니라, 청에서 문제가 되었던 지식인의 문집에 대해서도 상당한 관심과 호기심을 가지고 있었고, 이런 읽고자 하는 욕망은 적극적인 구입 의사로 나타나기도 했다. 독자의 책에 대한 선호나 선택은 독서계 안에서 중요한 의미를 지닌다.

28

　강희 연간에『각미록』(覺迷錄)은 이미 반포되었으나, 여유량의『만촌집
』(晚村集)은 세상에 전해지지 않았다. 월곡 오원이 연경에 들어가 은밀히
구하려 하였으나 얻지 못했는데, 선왕(영조) 29년(1753)에 참판 유한소가
부사로 연경에 들어가 이를 구하려 하자, 어떤 선비 하나가『만촌시집』
1책을 갖고 은밀히 사관(舍館)으로 유 참판을 찾아와 울면서 그 책을
전해 주었다. 이리하여 유 참판이 이를 가져다가 선왕에게 바쳤는데,
이로부터 사대부들 집에서 차츰 이를 베껴두었다. 그의 시는 모두 유안,
연명의 고결한 뜻과 고우, 소남의 비분강개한 정취가 담겨 있어, 사람들로
하여금 못내 슬퍼하여 눈물이 절로 나게 한다.16)

　위의 예문에서 나오는『만촌집』(晚村集)은 옹정제 시기에 최대의 필화사
건을 일으킨 문제의 책이었다. 저자인 명말의 학자 여유량은 반청 인사였는
데, 그의 사후에 천섬 지역의 한미한 인사였던 증정(曾靜)이 모반을 도모하
려다 적발되어 옹정제의 분노를 산 일이 일어났다. 이 사건에 연유해서
옹정제는『대의각미록』(大義覺迷錄)17)을 지어 사건의 시말을 알리고, 이
책을 모든 지방 관아에 보급하여 관료와 백성들이 모두 읽도록 강제하였다.
그런데 이 문제의 책인『만촌집』을 연경으로 간 사신들이 거듭 구하려고
했다는 것이다. 이덕무는『대의각미록』을 강희 연간에 반포했다고 하는데
착오가 있는 듯하다. 아 책은 옹정 연간에 반포되어 전국으로 퍼져나갔으
며, 건륭 연간에 와서야 그 책과 관련된 일들이 마무리되었다.『만촌집』을

---

16) 이덕무,「청비록」2,『청장관전서』33권(국역본 7), 72쪽.

17)『대의각미록』은 청나라 초의 朱子學者 呂留良이 주장한 華夷思想(중화사상) 등의
　　영향을 받은 曾靜이 排滿 거병을 하도록 川陝總督 岳鍾琪를 종용하다 붙잡힌
　　사건을 계기로 편찬되었다. 이 사건은 1728년에 발생하여 옹정제가 직접 증정을
　　심문하는 과정을 거쳐서 1736년에 와서야 완전하게 마무리되었다. 이 과정에서
　　옹정제는 증정 그 스스로에게 배만의 논리가 틀렸음을 자인케 하고 관련된 저간의
　　기록들을 모아서『대의각미록』을 출판하였다. 옹정제는 이 책에서 청나라 조정의
　　정통성을 주장하는 논설과 증정 등의 訊問에서 있었던 문답, 그리고 그가 전향하
　　기에 이른 경과 등을 기술하였다.

구하려는 시도는 오원과 유한소에 의해 거듭되는데, 영조 29년(1753)에 마침내 구입에 성공하여 조선으로 들여온다. 그 후 여러 사대부들이 이 책을 베껴서 두루 읽게 된다. 이러한 계속된 구입 시도는 이 시기 사대부들이 여유량이 주장한 반청 논리를 궁금하게 여겼고, 그것이 책 속에서 어떻게 드러나는지 알고자 했기 때문이다. 이러한 사례에서 볼 수 있듯이 명·청의 문집류들은 그 내용이 독자의 호기심과 지적 욕구를 자극하면 할수록 적극적으로 도입되고 읽혀질 여지가 있었다.

명청 문집에 대한 독서는 주로 전후칠자(前後七子)의 소작본과 공안파 서적류로 집중되어 있었다. 그리고 전겸익과 공안파의 의론을 따랐다고 여겨지는 경릉파에 대해서도 사대부들은 관심을 보이고 있었다. 그 중에서도 공안파 서적은 문인층 사이에서 대단한 탐독 열기를 자아냈다. 원씨 삼형제가 공안파를 형성하기 전에 선구적인 역할을 한 이지와 서위, 탕현조의 문장과 의론에 대한 관심도 높았다. 이지와 원굉도의 저서 및 경릉파의 서적들은 모두 명과 청왕조에서 금서나 추훼서목으로 규정되어 공식적으로는 독서물로서 용인되지 않았다. 이지의 저작물은 만력 30년(1602)과 천계 5년(1625)에 금서로 지적되어 불태워졌고 청대에도 여전히 금훼서목에 포함되었다. 원굉도의 문집 역시 건륭 4)년(1775)에 금서로 등재되었으며, 종성과 담원춘의 저서 역시 금서로 지적되었다. 즉 18세기 후반기에 오면 청의 조정에서는 공안파 및 경릉파 서적들을 대부분을 금서로 지목하였다. 그러나 이 책들이 금서라고 해서 유통되지도 않고 읽혀지지도 않았다는 것은 아니다. 조정의 금지가 실제적인 독서 자체를 막을 수는 없었던 것이다. 이러한 사정은 청이나 조선 모두 마찬가지였다. 다음의 기록을 살펴보자.

    (1) 명·청 이래의 문장은 험괴(險怪)하고 첨산(尖酸)함이 많아 나는 보고 싶지 않다. 요즘 사람들은 명·청인의 문집 보기를 좋아하는데,

무슨 재미가 있는지 모르겠다. 아니면 재미가 있는데도 내가 그 재미를 알지 못하는 것인가.[18]

    (2) 명·청의 문집은 오로지 조회(藻繪)를 일삼아, 한 가지도 볼 것이 없다. 그런데도 요즘 사람들이 명·청 문집을 보기 좋아하니, 정말 그 까닭을 알지 못하겠다.[19]

    위에서 정조가 지적하고 있는 문장의 문체나 내용적인 경박성은 주로 만명(晩明) 소품을 언급한 것이다. 그리고 이 만명 소품의 저자로서 대표적인 것이 공안파 문인들에 해당하니, 이 기록은 공안파의 글이 담긴 문집에 대한 비판으로 보인다. 이것으로 보아서도 왕조의 입장은 어떠했든지 간에 경화의 문인층 사이에서 명·청대 문인의 글이 유행하고 그것을 즐겨 읽었음을 알 수 있다. 그러나 이러한 명·청 문집류는 국가적 차원에서 환영받는 독서물은 아니었다. 심지어 국가에서는 명말, 청초 문집이나 패관잡기는 사학(邪學)보다 해가 커서 인심을 무너뜨리고 세도를 해친다는 생각에 읽지도 들여오지도 못하게 하였다. 금지 이유는 사습과 문풍을 타락시키고 그 소품의 해가 사학의 해보다 심하며 실용적인 면에서 무익하다는 점이었다.[20] 결국 국가에 의한 사행의 공적인 경로를 통한 명·청 문집류에 대한 접근 역시 경학 위주의 지배 이데올로기를 강화한 정조대에 오면 엄격한 제한을 받게 된다. 정조는 불경 서적(不經書籍), 천주교 서적, 패관소품, 잡문서와 우리나라 서책을 협대(挾帶)하는 것 등을 금하였다.[21] 동시에 명·청 문집류에 대한 독서열을 개탄하였다. 그리고 정부는 당시에

---

18) 정조, 「일득록」, 『홍재전서』 4(태학사, 1986), 716쪽.

19) 정조, 같은 책, 717쪽.

20) 정형우, 「조선전기의 서적 수집정책─중종시대를 중심으로」, 『도서관학회지』 3, 1968, 183쪽.

21) 『정조실록』 권21, 10년 정월 丁卯 ; 권23, 11년 4월 甲子 ; 권41, 18년 10월 癸未 등의 기록 참조.

시대를 풍미했던 명청 문집·패관잡기·서학서 등을 금함으로써 서적 구입의 다양성을 해치고 경서 위주의 구입은 복고적인 성향을 띠게 하였다.22) 그러나 이러한 금지에도 불구하고 명·청 문집류에 대한 독서는 널리 퍼져 있었다.

먼저 공안파나 공안파의 전단계인 명말 문인들과 관련된 다양한 서적들에 대한 독서가 이루어졌다고 볼 수 있다. 이덕무의 다음 기록은 사대부들이 원굉도의 『중랑집』(中郞集)을 서로 돌려가면서 읽는 모습을 보여준다.23)

> 나는, "예전에는 바로 원중랑(袁中郞)이더니, 근래에 들으니 치천(稚川)이 중랑집(中郞集)을 본다 하더라." 하였다. 이어 자흠과 더불어 두어 편을 지었는데 갑자기 한 격조가 진보한 듯하였다.

> 봄은 전부 드러내기 싫어서 먼저 버들에 달려들고
> 구름은 의지할 데 없음이 구슬퍼 삼나무를 넘어가네

> 하는 것이 있었으니 자흠은 정신을 수양한 공부가 없지 않았다. 자흠이 웃으면서, "중랑서원을 지어서 나를 배양하겠는가. 한 중랑은 비록 없을 수 없지마는 근래에 백 중랑을 만든 것은 너무 지나친 것이 아닌가." 하였다.24)

위의 인용에서 알 수 있듯이, 원굉도를 중심으로 한 공안파 서적과 관련된 독서열은 사대부들 사이에서 자연스럽게 나타났다. "중랑서원을 지어

---

22) 신양선, 같은 책, 131쪽.

23) 원굉도는 자신의 문집을 거의 모두 생존시에 간행하였다. 현재 전해지는 그의 문집에는 17세 때인 만력 12년(1584)에 지은 시로부터 만력 38년(1610) 43세로 사망할 때까지 지은 詩文들이 수록되어 있다. 원굉도는 평생토록 끊임없이 시문을 창작하여 현재 우리가 접할 수 있는 문집만 해도 상당수가 되며, 전체 작품 수만 해도 이천오백여 편에 달한다.

24) 이덕무, 「이목구심서」 5, 『청장관전서』 52권(국역본 8), 215쪽.

서 배양하겠다”거나 “근래에 백 중랑을 만든 것은 너무 지나치다”라고
한 표현은 의미심장하다. 물론 여기에는 상황에 대한 과장이 내포되어
있겠지만, 그만큼 원굉도의 주장과 의론을 따르는 자들이 증가하고 있음을
의미한다. 이것은 원굉도의 저서나 문집을 읽고 그의 작품에 나타나는
특성을 모방하는 자가 늘고 있음을 분명하게 보여주는 것이다. 심지어
박제가는 묘향산 여행을 떠나면서도 행장 속에『원중랑집』을 지니고 간다.
박제가의「묘향산소기」(妙香山小記) 앞 부분에 나오는 “신기장등 독원중
랑서문장전”(晨起張燈 讀袁中郞徐文長傳)이라는 표현에서도 알 수 있듯이,
공안파 서적에 대한 당시의 독서열은 굉장했던 듯하다.

그리고 이러한 공안파의 작품이나 문예론에 대한 이해는 단지 공안파의
저술물들만에 대한 독서라기보다는 그 저변에 대한 폭넓은 독서로부터
깊어질 수 있었다. 즉 공안파가 나타난 시기를 중심으로 하여 그 전후에
활동한 주요 문인들의 저술에 대한 독서가 이루어졌다. 또한 공안파와
공존한 당대만이 아니라 공안파에 대해 비판적인 견해를 보였던 청대
문인들의 저술로도 독서물의 범위가 확대되었다. 그래서 청대의 유명 문인
들의 문집과 저작물, 그리고 그들이 편찬한 시선집 역시 많이 읽혔다.
사대부 독서자들은 명대에 전칠자, 후칠자로 명성을 날렸던 문인들의 개인
문집과 각종 시선집류, 명말 새로운 문풍을 선도했던 이지, 서위, 초횡의
서적들, 그리고 공안파, 경릉파 시인들의 작품들을 구해서 즐겨 읽었다.25)

---

25) 조선후기 여러 사대부의 독서기록을 살펴보면 스스로가 읽은 명·청 문집에
　　대한 기록이 나와 있다.『사고전서』의 분류를 따를 때, 집부에 속하는 유명 작가의
　　문집과 시선집으로 널리 읽힌 대표적인 서적들은 다음과 같았다.『大雅堂集』(명,
　　李贄),『穆堂稿』(청, 李紱),『伯敬集』(청, 鍾惺),『思古堂集』(청, 毛先舒),『呂晚村集』
　　(명, 呂留良),『尤西堂集』(청, 尤侗),『友夏集』(명, 譚元春),『弇州別集』(명, 王世貞),
　　『高子遺書』(명, 高攀龍),『弇州集』(명, 王世貞),『廣文選』(명, 劉節),『歐陽南野集』
　　(명, 歐陽德),『弇州四部稿』(명, 王世貞),『大復集』(명, 何景明),『古今詩話』(명, 顧道
　　洪),『白沙集』(명, 陳獻章),『奉使錄』(명, 張寧),『缶鳴集』(명, 高啓),『徐文長逸稿』
　　(명, 徐渭),『升菴外集』(명, 楊愼),『升菴集』(명, 楊愼),『陽明集』(명, 王陽明),『元宮
　　詞』(명, 周憲王),『魏伯子集』(명, 魏允貞),『滄溟集』(명, 李攀龍),『鄭端簡公集』(명,

청대에 들어서는 전겸익, 오위업을 위시하여 종당시파(宗唐詩派)로 분류되는 고염무, 왕사정, 주이준, 심덕잠, 그리고 종송시파(宗宋詩派)로 분류되는 여악, 조위의 작품과 저서에 대해 관심을 나타내고 있다. 또한 다양한 필기류 및 잡서에 포함된 문학작품들 및 『스호지』, 『삼국지』, 『금병매』, 『서유기』의 사대 기서로 대표되는 소설들에 대한 독서도 꾸준히 이루어졌다.

이러한 공안파 저변에 대한 독서는 시대적 요구에 부응하는 문예이론이 나타나게 되는 통시적 맥락을 이해할 수 있게 만든다. 독서의 범위가 확장되자, 독자들은 원굉도를 출현시킨 이지와 서위의 격렬한 문예혁신론을 만나면서 동시에 고염무와 주이준의 공안파에 대한 냉정한 비판을 접할 수도 있었다. 독자들은 여러 저서에 나타나는 시각과 입장을 비교하면서 공안파의 문예이론을 이해하고 작품을 평가하는 좀더 깊은 안목을 기를 수 있었다. 이러한 선택된 독서물과 내용적인 관련성을 맺고 있는 독서물들로 읽기의 범위를 확장하는 맥락의 독서에 익숙한 독자들은 외부적 지식이나 이론에 대한 이해를 높이고 그것을 자기 논리의 틀 속으로 수렴할 수 있었을 것이다. 좋은 시와 문장에 대한 사대부 독자들의 관심과 욕망은 전대로부터 이어졌으며, 이 시기에도 계속되고 있었다. 그리고 이러한 독서를 새로운 문학적 담론을 접하고, 시를 평하고, 새로운 기법을 익히는 기회로 삼았다.

鄭曉), 『袁中郎集』(명, 袁宏道), 『靑溪集』(명, 程廷祚), 『太岳集』(명, 張居正), 『懷麓堂集』(명, 李東陽), 『說郛』(명, 陶宗儀). 『容臺集』(명, 董其昌), 『國朝詩別裁集』(청, 沈德潛), 『帶經堂全集』(청, 王士禎), 『明詩綜』(청, 朱彝尊), 『明詩綜小傳』(청, 朱彝尊), 『三漁堂集』(청, 陸隴其), 『西河全集』(청, 毛奇齡), 『誠齋集』(청, 楊萬里), 『篠飮齋稿』(청, 陸飛), 『宋詩紀事』(청, 厲鶚), 『宋詩鈔』(청, 吳之振), 『列朝詩集』(청, 錢謙益), 『明詩別裁集』(청, 沈德潛), 『榕村集』(청, 李光地), 『元百家詩選』(청, 顧嗣立), 『魏叔子集』(청, 魏禧), 『有學集』(청, 錢謙益), 『亭林集』(청, 顧炎武), 『靜志居詩話』(청, 朱彝尊), 『海粟集』(청, 顧文淵), 『感舊集』(청, 王士禎), 『繪聲園詩集』(청, 郭執桓) 『由拳集』(명, 屠隆著), 『歸震川集』(명, 귀유광), 『古詩歸』·『明詩歸』(명, 종성·담원춘편), 『宋百家詩存』(청, 曹庭棟), 『宋藝圃集』(명, 李蓘).

2) 지식의 교류와 독서자층

경화의 문인들 사이에서 공안파 서적은 널리 읽혔다. 그럼에도 불구하고 공안파 서적은 거기에 접근할 수 있는 사람들 사이에서 읽히는 텍스트였고 그것을 읽는 폭넓은 독서층이 존재하기는 어려웠다. 명·청 서적을 읽고 새로운 지적·정서적 체험을 할 수 있는 기회가 모든 계층의 사람들에게 고루 주어지지는 않았다. 이러한 서적의 구입은 경제적으로 넉넉하고 연행 기회를 가질 수 있는 제한된 사람들 사이에서만 가능한 것이었다. 그리고 이들 구입자와 지연, 학연, 혈연으로 교유관계를 맺을 수 있는 사람들은 독서 기회를 얻을 수 있었다. 동류 집단 구성원들 사이에서 서적을 서로 빌려주고 빌려보는 행위는 자연스러웠으며, 이는 공공연하게 이루어졌다. 그리고 이 같은 의사소통은 명청 서적을 통해 외부의 지식을 확대하는 계기가 될 수 있었다.

(1) 갑진년(甲辰年, 1784) 3월 경술(庚戌, 25)일에 김숙도(金叔道 : 金相任), 임언도(任彦道 : 임이주)와 심사집(沈士執 : 심사능)의 집에 모였다. 함께 모이지는 않았지만 왕래하는 사람으로 유백취(兪伯翠 : 유만주), 김계용(金季容 : 김상휴), 이시중(李時中), 이사인(李士仁)이 있다. 사집의 집은 남쪽에 있고 동산이 높아 남고(南皐)라 하였다. 과거공부를 칭탁해 모인 친구들이지만 실은 대부분 이 곳 남고에서 노니는 데 뜻이 있어 약조를 정한다. 이에 각각 거문고, 책, 투호 등의 도구를 모아 약속하였다.…… 각각 한 책을 뽑는데 혹은 경전이나 혹은 사서(史書)에서 좋은 문장을 보면 반드시 돌려보며 함께 읽어 고인의 정신을 감상하고, 자신의 글과 생각을 넓힐 수 있도록 하였다.[26]

---

26) 권상신, 「南皐春約」, 『西漁遺稿』, "甲辰三月庚戌 與金叔道任彦道 會做于沈士執家. 不同做而往來者 兪伯翠金季容李時中李士仁是已. 士執家在南而園又高曰 南皐. 巧令之業乃托 而會友者 其實謀多在遊此南皐 約之所以作也. 於是 各集琴書投壺之具 而約之云云……各抽一冊或經或史看到好處 必輪示共讀 賞得古人神情 暢得自己文思".

(2) 족하가 나에게 부탁하여 그 장서(藏書)를 나의 자필로 교정하고 평점하게 한다는 말을 듣고 너무 기뻐서 잠을 이루지 못하였소. 내가 18~19세 때에 거처하던 집의 이름을 구서재(九書齋)라 하였는데, 이는 바로 독서(讀書), 간서(看書), 장서(藏書), 초서(鈔書), 교서(校書), 평서(評書), 저서(著書), 차서(借書), 폭서(曝書)를 일컬었는데 10년 후에 족하의 명자(名字)와 상부하게 되니 우연한 일이 아니오. 일찍이 구서재에 대한 시조를 지었으나 지금은 잊어 기억하지 못하오. 심초연(沈蕉研 : 심상규)이 일찍이 도곡(陶谷) 상공(相公 : 이의현)의 소장서를 손수 평점하고 또다시 나에게 교점을 부탁하니, 그 책은 바로 '이십일사'인데 이는 모두 고인들이 남긴 전아한 뜻을 이어받은 것이었소. 또 새해가 되었으니 족하는 많은 기서(奇書)를 얻어 슬기로운 지식이 날로 더해지기를 바라오.[27)]

친우들과 친족 간에 이루어진 이러한 책의 유통은 많은 의미를 지닌다. 서적을 교환하는 과정에서 책 내용에 대한 의사소통이 이루어졌고, 주장과 평가가 동반되었다. 권상신의 글인 (1)에 나타나는 문인들은 지속적인 모임을 가지거나 즐겨 왕래하는 사이였다. 이들은 거문고나 투호와 같은 취미를 공유했고 모임 자리에서 일종의 독회를 진행했다. 이것을 통해서 서로 자연스럽게 서적을 빌려주고 받으며, 독서를 통해 얻은 지식을 화제로 삼아서 그것에 대한 생각과 판단을 나눌 수 있었다. 가까운 동류끼리 모여서 책을 읽고 좋은 문장을 가려 뽑고 그것을 비관하고 감상한 것이다. 특히 독서벽이 있을 정도의 독서광들이 더 많은 여러 종류의 책들을 읽을 수 있는 기회는 이러한 문인 네트워크 안에 있을 때 가능했다. 경제적인 상황이 좋지 않은 학자, 선비들은 유력 가문의 서고를 이용할 수 있었다. 만권루를 가진 유력 가문의 저서를 서로 빌려 볼 수 있었다는 것은 새로운 정보와 지식에 접근할 수 있는 효과적인 방법 중 하나였다. 이덕무가 경화의 벌열

---

27) 이덕무, 「이낙서 서구에게 주는 편지」(문), 『간본 아정유고』 6권(국역 『청장관전서』 4), 194쪽.

가문이었던 이서구의 집에서 서적을 빌려본 것이나 박지원이 심염조의 만권루에서 책을 빌려본 것이 좋은 사례가 된다. 또한 심상규가 이의현 집안 소장본들을 검토하고 평점을 해주거나 이서구가 이덕무에게 집안의 장서에 대한 교정과 평점을 부탁하는 것들은 이들 사이에 지식의 교류가 자연스럽게 이루어졌음을 보여준다.

   (1) 전에 남의 책을 빌어다 읽는 사람을 보고 그가 너무 부지런하다고 비웃었는데, 이제 문득 나도 그를 답습하여 눈이 어둡고 손이 부르트는 지경에 이르렀으니, 아, 참으로 사람은 자신을 요량하지 못하는 것이오. 『유계외전』(留溪外傳) 첫 권을 보내니 저녁에 한 번 읽어보고 내일 이른 아침에는 돌려주오. 이는 모두가 효자(孝子), 충신(忠臣), 열녀(烈妻), 기부(畸夫)에 관한 것인데 세도에 보익이 되는 글이라, 매양 갑신년 대목을 읽을 때에는 눈물이 어리고 뼈가 아프며 간담이 서늘하오…… 이제 문득 이헌길(李獻吉 : 이몽양)의 글이 생각나서 한두 수를 기록하여 보내려 하는데 이것은 내가 7~8년 전에 읽은 것이오. 『설부』(說郛) 1권을 돌려보내오.28)

   (2) 내가 비록 학자는 아니나 매양 『근사록』(近思錄)을 애중하여 가까이 두고 밤낮으로 3~4조목씩 보아 남몰래 경계를 삼는 터이라, 잠깐도 놓고 싶은 생각이 없소. 그러나 족하의 소청을 어떻게 따르지 않겠소. 9책을 모두 보내오. 이를 보내고 나면 내가 볼 책이 없으니, 『원문류』(元文類)나 혹은 『송시초』(宋詩抄) 두 책 가운데 하나라도 빌려주는 것이 어떠하오. 해가 새로 바뀌고 사람은 점점 늙어가오. 군자는 밝은 덕을 높여야 할 것인데, 나는 해가 바뀐 후 남의 집 손이 되지 않으면 집에 손님이 찾아와서 한 번도 한가한 틈을 타 상봉하지 못하니 마음이 불안하오. 그러나 창문의 햇볕은 따뜻하고 벼루의 얼음이 풀리므로 전에 하던 공부를 되찾고자 하오. 『전당시』(全唐詩)를 인편에 보내주면 좋겠으며, 윤회매(輪回梅) 2수

---

28) 이덕무, 「이낙서 서구에게 주는 편지」(문), 『간본 아정유고』 6권(국역 『청장관전서』 4), 193쪽.

도 돌려보내주는 것이 어떠하겠소.『일지록』(日知錄)을 3년 동안이나 고심하면서 구하다가 이제야 비로소 남이 비장(秘藏)해둔 것을 얻어 읽어보니, 육예(六藝)의 글과 백왕(百王)의 제도와 당세의 일에 그 근거를 고증한 것이 분명하였소.29)

(3)『설부』(說郛) 8책은 용(龍)으로 말하던 비록 전신은 될 수 없지만 비늘이나 발톱 하나쯤은 될 수 있네. 내가 항시 남모르게 아끼던 것이지만 우리 심계가 그것을 구한다면야 어찌 아끼겠는가?『동국총목』(東國總目),『역대비고』(歷代備考)도 빌려주겠네.『명신록』(名臣錄)은 뒷날도 얼마든지 기회가 있는데, 하필 오늘 인편에 보내주었는가?『헌길집』(獻吉集)은 내가 본래 아끼고 사모하던 것인데 내 마음을 잘 알고 머물러두게 하니 매우 고맙네.『창명집』(滄溟集),『등파집』(東坡集)도 좀 빌려주는 것이 어떻겠는가? 일본지 5폭을 보내니 비록 많지는 않지만 받아주기 바라네. 금소(衾梳) 상자까지 딸려보내고 나니, 오늘밤부터는 더욱 쓸쓸해질 것만 같네.30)

두 이씨의 문집을 지금 막 뽑아 베끼고 있는데, 나를 위해 그 주인에게 말하여 이 달까지 더 보게 해주기 바라네. 다 베끼는 즉시 인편에 돌려보내 겠네.31)

더욱이 (1)과 (3)에서 보듯이, 동류들 사이에서 이루어지던 책을 빌려주고 받던 행위는 자연스럽게 전사로 이어졌다. 타인의 책을 빌려서 베껴 책으로 엮으면 자신의 소장본이 되었다. 또한 전권을 다 전사하지 못할

---

29) 이덕무,「이낙서 서구에게 주는 편지」,『부 간본 아정유고』6권(국역『청장관전 서』4), 193쪽.

30) 이덕무,「族姪 復初 光錫에게」,『아정유고』7권(『청장관전서』15권, 국역 3권), 112~113쪽.

31) 이덕무,「族姪 復初 光錫에게」,『아정유고』7(『청장관전서』15권, 국역 3권), 115쪽.

경우에는 책 내용을 요약하거나 중요 부분만을 초록하기도 했다. 인쇄술의 발달에도 불구하고 이 시기에는 책을 필사하는 일은 책을 사는 것보다 자료를 수집하는 데 훨씬 효과적이었다. 이것은 교류를 통해서 지식을 축적하고 개인적 장서를 확대하는 과정이었다. 서적을 매체로 하는 이러한 교류와 전사는 동류 집단 내에서 이루어지는 자발적인 지식 유통과 의사소통이라고 할 수 있다. 위의 인용에서 보듯이 이 과정에서 명·청 서적들은 문인들 사이에서 활발하게 유통되었다. 남의 책을 빌려와 눈이 아플 때까지 읽고 손이 부르틀 때까지 베껴쓰기도 했다. 청나라 진정(陳鼎)이 편찬한 유서인『유계외전』을 한 권씩 차례로 빌려보고, 그 답례로 또 다른 책을 요구하기도 했을 것이다. 또한 이반룡의『창명집』, 도종의의『설부』, 고염무의『일지록』 등이 친우들과 족친들 사이에서 돌려 읽혀졌다. 그리고 그 친우와 족친이 알고 있는 또 다른 지인들 사이로까지 그 관계망은 넓어졌다. 일종의 지식 전파의 네트워크였던 셈이다.

이러한 과정을 통해 문헌이 가진 가치를 점검하고, 출판 과정에서 문헌에 대한 고증과 해석을 소통할 수 있는 계기가 만들어졌다. 이것은 보다 근대적인 학문 풍토로 나아가는 길로 보인다. 네트워크 내 혹은 교유권 안에서의 독서를 통해 새로운 지식과 예술을 이해하는 공통성과 취향을 보장할 수 있었다. 마찬가지로 명·청 문집에 대한 독서도 이러한 특정 집단 내의 독서물로서의 의미와 가치를 지니고 있었다. 명·청 문집과 소설에 대한 독서 역시 경화의 노론계 문인들 사이에서 주로 이루어졌다. 그러므로 이러한 독서물에 대한 평가나 이해도 이들 사이에서 집중적으로 이루어졌고 다듬어져서 문학적 실천으로 나갈 수 있었을 것이다. 결국 공안파의 문예논리나 작품의 창작방법도 주로 교유권을 형성하고 있던 경화의 노론계 독자층 사이에서 수용되었다. 다음에서는 주로 이덕무32)와 유만주33)의

---

32) 李德懋(1741~1793)의『靑莊館全書』를 검토한 결과, 방대한 분량의 독서기록을 남겼고 저자가 중국서적을 넓은 범위에서 다양하게 섭렵하고 있었음을 알 수

글에서 나타나는 공안파 수용 태도를 거론하면서 부분적으로 필요한 경우에 다른 인물들의 반응 및 수용의 태도를 함께 거론할 것이다.

4. 새로운 문예 인식을 위한 비판적 독서

18세기 조선 문인층의 공안파 서적 독서는 남다른 의미를 가지고 있었다. 공안파는 그들보다 이른 전대(前代)에도 이미 사대부들 사이에서 상당히 알려져 있었고 그들의 선배 문인들은 공안파의 문학적 입장에 대해 나름의 역사적·개인적 관점을 제시하기도 하였다. 이러한 공안파 서적에 관한 전대 독서자들의 태도와 18세기 독서자들의 태도는 다를 수 있다. 그것은

있다. 그는 청의 서적목록인 『折江書目』을 구해서 계획적으로 도서를 구매하였다. 명대의 전후칠자인 이몽양·하경명·왕세정 등의 문집인 『空同集』, 『大復集』, 『弇州集』 등을 대부분 독파하고, 원굉도의 『□郞集』을 읽은 기록도 남아 있다. 또한 서목은 아니더라도 원굉도·귀유광·도망령·원중도·서위 등의 공안파와 그 주변 인물에 대한 글과 기록도 남아 있어서 그들 책에 대한 독서도 추론이 가능하다. 원굉도 이후의 청조 문인인 심덕잠, 전겸익의 『國朝詩別裁集』, 『有學集』, 『列朝詩集』과 우혁정, 담원춘, 즈이준의 저작물을 읽은 기록도 남아 있다.

33) 공안파 서적에 관한 독서 기록은 兪晩柱(1755~1788)의 경우에 더욱 정교하게 드러난다. 그의 『欽英』에는 총 438권의 중국서적이 언급되어 있는데, 이 가운데 연도별로 볼 수 있는 양명학과 공안파 관련 서적명과 기록은 다음과 같다. **양명학, 양명좌파** : 1777. 5. 8. 『道德經』 焦竑/ 1778. 윤6. 6. 『揚雄始末辨』/ 1779. 6. 23. 『與友人論文], 焦竑/ 1779. 7. 7. 『續藏書』, 李贄/ 1779. 7. 15. 湛若水·鄒守益·王艮에 대한 기록/ 1779. 8. 28. 『焦氏筆乘』/ 1779. 10. 22./ 11. 3. 陽明에 대한 기록/ 1781. 11. 28. 『李溫陵全書』/ 1782. 3. 14. 李卓吾에 대한 기록/ 1784. 7. 3. 『新建伯全集』, 王守仁/ 1784. 9. 24. 『李卓吾原評西廂記』 **공안파**/ 1777년 : 『焦氏筆乘』, 『道德經元翼』(이상 2종, 焦竑), 『閑居集』(李開先), 『初學集』, 『有學集』, 『列朝詩集小傳』(이상 3종, 錢謙益), 『歸震川集』(귀유광), 『文編』(唐順之 편)/ 1778. 4. 28. 『嵩遊記』, 袁宏道/ 1778. 4. 28. 『禹穴記』, 袁宏道/ 1778. 4. 28. 『五泄記』, 袁宏道/ 1779. 6. 26. 『讀桃花源記』, 袁宏道/ 1782. 4. 6. 『袁中郞文抄』, 袁宏道/ 1779. 6. 26. 袁宏道에 대한 언급/ 1779. 11. 16. 徐渭에 대한 언급/ 1780년 : 『荊川全集』(唐順之)/ 1782년 : 『俠香亭』, 『鳳儀亭』, 『春苑記』, 『袁中郞文抄』(이상 袁宏道), 『史纂左編』(당순지).

지식과 예술 관념을 받아들이는 독서자 주체의 모습이 다르기 때문이다. 여기에서 자연스럽게 생기는 의문은, 왜 이 시기에 서울의 문인층 사이에서 도드라지게 공안파 저술에 대한 관심이 일어나게 되었는가다. 그리고 그들은 그 독서를 어떤 방식으로 수행하고 있었을까?

롤랑 바르트는 '작가'(ecrivain)와 '저술가'(ecrivant)를 구분할 것을 제안했다. 그에 의하면, 전자는 하나의 기능에 충실하고, 후자는 하나의 활동에 충실하다. 그는 작가에게 있어 글쓰기란 목적어 없는 자동사이고, 저술가에게 있어 동사는 언제나 목적으로―가르치기, 증언하기, 설명하기, 지식 전하기―연결된다고 보았다. 아마도 글을 읽는 역할에도 똑같은 구분이 가능할 것이다. 겉으로 드러나지 않은 다른 동기는 없이(심지어 독서행위 자체에 이미 쾌락의 개념이 담겨 있다는 이유로 오락적인 동기조차 품지 않고서) 독서라는 행위 그 자체만으로 텍스트의 존재를 정당화하려는 독자가 있는가 하면, 숨은 동기(배운다거나 비평하겠다는 따위)를 가진 독자가 있는데, 후자에게 텍스트란 또 다른 기능을 향해 나아가는 도구이다.

공안파 서적을 읽는 문인들의 태도를 도식화해 보면, 대개 수동적으로 글의 내용을 파악하는 수동적 독서와 글의 내용에 대한 비판적 견해가 동반되는 비판적인 독서로 나눌 수 있다. 후자의 경우가 바로 바르트가 지적한 것 중 독서물을 단순한 텍스트가 아니라 또 다른 기능을 위한 도구로 파악하는 것이다. 이러한 비판적 독서는 하나의 텍스트를 통하여 다양한 의미를 산출할 수 있으며 독서가의 성향에 따라서 작가가 전달하고자 하는 의미는 폭넓게 해석될 수 있다. 조선의 문인들은 공안파의 저서에 대해서도 이러한 비판적인 독서 태도를 보여주고 있다. 이 때 독자들은 감각과 주관만을 따르지 않고 독서 내용에 대한 비판과 시대 의식에 의한 지적을 함께 보여주고 있다.

다음의 기록은 원굉도의 견해에 대한 수동적 독서의 예이다.

원굉도는 "문장의 아름다움은 진실로 고인과 똑같이 하는 데 있지 않다. 만약 고인과 똑같이 짓는다면 이 문장을 어디에 쓰겠는가?"라고 하였으니, 진실로 그러하다.34)

원굉도의 말을 간단하게 수긍하고 있는 위의 기록은 독자가 저자의 입장과 완전히 일치함을 보여주기도 하지만, 비판적 이해의 가능성을 여실하게 보여주고 있지는 않다. 그러나 이러한 간단한 언급조차 확대 해석은 가능하다. 예컨대, 유만주 역시 원굉도가 추구하는 문장의 아름다움에 대한 관점에 동의한다고 볼 수도 있다. 그렇다면 이 경우 유만주는 고인의 문장만을 전범으로 삼는 복고적인 창작론에 반대한다는 해석이 가능하다. 다음 자료는 원굉도의 문장을 전용하는 박지원에 대한 유만주의 비판을 담고 있는 것이다.

그(박지원 | 인용자)가 스스로 문장에 대해 자부하기를, "나의 문장은 좌구명, 공양고를 따른 것이 있으며, 사마천, 반고를 따른 것이 있다. 사람들은 사마천이나 한유를 본뜬 글을 보면 곧 눈꺼풀이 무거워져 잠을 청하려 한다. 다만 원굉도나 김성탄을 본뜬 글에 대해서는 눈이 밝아지고 마음으로 기뻐해서 전파하여 마지 않는다. 이래서 나의 글이 원굉도나 김성탄의 소품으로 일컬어지니, 이는 실로 세상 사람들이 그렇게 만든 것이다."라고 하고서, 그가 공양전, 곡량전을 본뜬 「읍청권자서」를 보여주면서 "이는 고문이다."라고 하였다고 한다. 의론하건대, 공양전, 곡량전을 본뜬 것은 잘 되지 못하였고 김성탄이나 원굉도를 본뜬 것은 잘 되었으니, 이는 그의 재주가 김성탄 류의 문장에는 장점이 있지만, 순고정대한 문자에는 단점이 있기 때문이다.35)

---

34) 『흠영』 2권, 1779. 6. 26., 441쪽, "袁曰 文章佳處 政在不同古人 若同古人 又作此文何用 誠然".

35) 『흠영』 6권, 1786. 11. 26., 424쪽, "其自許文章也則云 吾之文 有撫左公者焉 有撫馬班者焉 有撫韓柳者焉 有撫袁金者焉 人見其摹馬摹韓 則便爾睫重思睡 而特于其摹袁金者 眼明心快 傳道不置 于是 吾之文 以袁金小品稱焉 此固世人之爲也 仍示其所

여기서 유만주의 박지원 문장에 대한 비평보다 먼저 주목해야 할 부분은 인용된 부분에서 나타나는 박지원의 태도이다. 박지원은 자기의 글이 세상 사람들 사이에서 김성탄이나 원굉도의 글로 일컬어진다는 것을 인정하고 있다. 그리고 이 점은 두 가지의 파생적인 의미를 추론할 수 있게 해준다. 그 하나는 세상 사람들이 원굉도의 글이 가진 내용과 특징을 모두 충분히 이해하고 있다는 점이고, 동시에 그 글을 즐기고 좋아한다는 것이다. 나머지는 박지원 역시 그 점을 부인하지 않고 수용하고 있다는 것이다. 더욱이 박지원은 자신의 글이 원굉도와 김성탄의 소품을 모작했다고 단언하지 않았음에도 불구하고 세상 사람들이 그렇게 여긴다고 지적하고 있다. 이것은 그의 문장 내용이나 스타일에 원굉도류의 문체나 주제가 자연스럽게 드러나고 있음을 말해준다. 결국 박지원은 공안파의 논리와 문학작품의 가치를 인정하고 그것을 토대로 자신의 글을 창작했다.

그러나 유만주는 그러한 창작과 수용에 대해 선택적인 판단을 내리고 있다. 유만주는 문장을 두 가지로 나누어 공양전·곡량전류의 고문의 순고 정대한 문자와 이에 대립되는 원굉도·김성탄류의 문자로 구분하고 있다. 유만주는 박지원이 공양전·곡량전식 문장은 잘 하지 못했으나, 김성탄·원굉도류 문장은 잘 한다고 보았다. 이는 양자가 모두 문장으로서의 개별적인 특징을 갖고 있고, 그 특징을 어떻게 살려내느냐가 중요한 판단 기준이 된다고 본 것이다. 이러한 유만주의 태도는 공안파 문인의 저서와 논리에 대해서도 동일한 기준에 의한 평가와 판단이 이루어지면서 공안파의 문예 논리에 대한 선택적 수용의 결과를 가져왔을 것이다. 이 비판적 시각은 공안파 서적이라는 텍스트를 읽는 과정에서부터 원저자의 의도와는 거리가 있는 재해석 혹은 재의미화의 단초가 된다. 그리고 당연히 유만주는 그 해석 과정에서 박지원과는 문장론과 가치 지향 측면에서 다른 입장을

序陰晴卷首效公穀者曰 是古文也 議效公穀則不佳 效金袁則佳 是其才 長於實華之文章 而短於純古正大文字也".

취했을 것임을 짐작할 수 있다.

다음 자료는 이덕무의 『청장관전서』에서 나오는 것으로 혹자와 이덕무가 대화를 통해 공안파 문학 논리의 수용에 대해 갑론을박을 하는 모습이다. 이 대화에서 언급되는 명·청 문인들은 당송파와 전후칠자, 공안파, 양명좌파에 해당하는 인물들이다. 공안파의 등장을 가능케 만든 전후의 문인들과 이론가들을 모두 언급하면서 논의를 시작한다.

혹자가 말하기를,

"또 만일 원유랑(袁柳浪)이 있어 좌편에 서문장(서위)을 우편에 강진지(강영과)를 데리고 증퇴여, 도주망(도망령)의 무리를 몰고 와서 그대에게 묻기를 '문장에 어찌 정한 법이 있는가? 이치가 어찌 반드시 선민이 항상 설교한 것이며 말은 어찌 전현이 말한 것이라야만 하랴. 마땅히 얽매인 것을 쾌하게 벗어버리고 곧장 나아가면 문호는 우뚝 서 있고 동천은 따로 열려 있다. 혹 옛사람의 자구를 철습한다면 어찌 이름난 문장이라고 말할 수 있는가.' 하면 그대는 어떻게 대답하겠는가."

하였다. 대답하기를,

"내가 마땅히 말하기를 '그것은 구속(拘束)이다. 만일 그대의 재주라면 가능할 것이다. 또 천하의 선비 중에 그대의 재주와 같이 초탈한 자를 골라서 이 방법으로 전한다면 또한 될 법하나 천하의 재주가 초탈만으로 그치는 것이 아니고 전아한 자도 있고 평이한 자도 있다. 그런데 한결같이 모두들 새로운 것을 창출하는 것만 요구한다면 생각건대 도리어 그 본연을 잃고 날로 너무 높고 허원한 곳에 빠질 것이니 또한 도를 그르치는 것이 아닌가. 많은 선비를 진작시키는 문장이 어찌 한 가지 율법뿐이겠는가. 국한하는 것이 아닐까. 재주의 기이함과 바른 것대로 하면 스스로 볼 만한 것이 있다. 억양, 여탈, 정규, 암풍, 순도, 반설 등 그 변화가 무궁하다. 다만 너무 저의 본연과 천진을 깎아 상하지 않게 하고 그 찢어진 것 썩고 더러운 것을 버리게 할 뿐이다. 또 예전 사람의 법도에 구속되는 것도 옳지 않고 모두 버리는 것도 옳지 않다. 스스로 잘 해석하고 환히 깨닫는 법이 있으니 사람마다 잘 터득하는 여하에 있을 뿐이다. 그대가 부산스럽게 천하 사람이 모두 내 명을 따르지 않는 것으로 큰 근심을 삼는다면 나는 끝내는 문으로 말미암아 도를 해하며, 허망한 말로 미친 듯이 방자하게 되어 용서할 수 없는 죄에 빠지게 될 것이라고 생각하니, 또한 슬프지 않은가. 그러나 천지 사이에는 없는 것이 없으니 그대가 새로운 말을 잘 만들어 내는 것도 또한 없을 수 없다. 내가 다행히 그대의 문집을 읽고서 자랑하기를 기이한 구경을 하였다.'하리라."

하였다. 혹자가 말하기를.

"그대는 어느 것을 취하겠는가?"

하였다. 대답하기를,

"두 사람의 것을 모아서 각각 그 지나친 것을 버리면 될 것이다."

하리라. 그러나 방손지, 왕양명, 당형천(당순지), 귀진천(귀유광)의 무리가 또한 문장의 별파이니 어찌 이 두 사람에게 즐겨 절제를 받으려고 하겠는가. 대개 우린(이반룡의 자) 같은 무리의 웅건한 것은 중랑(원굉도)의 무리가 미칠 수 없고, 중랑 무리의 초오한 것은 우린의 무리가 따르지 못할 것이다. 각각 서로 어긋나 함께 병폐가 있다. 그러나 세상에 없는 기이한 재주요 이름을 날린 걸출한 인물이다. 신라나 고려에는 마침내 이런 사람이 없는 것 같으니, 슬프도다![36]

여기서 혹자가 말하는 내용은 공안파 문인들이 그들의 글 속에서 주장하는 것과 동일하다. 원종도는 복고의 병폐는 "모방하는 데 있는 것이 아니라 아무것도 알지 못하는 데 있다."고 갈파하고 "시대마다 문풍의 오르내림이 있지만 법은 서로 답습하지 않나니 각각 그 변화를 극진히 하고 그 취향을 극진히 해야 한다."고 하였다. 원굉도는 「여강진지」(與江進之)에서 "세상의 도가 이미 개변되면 문학 또한 이를 따라간다. 오늘날 우리가 반드시 옛것을 모방할 필요가 없는 것도 또한 형세일 뿐"(世道既變 文亦因之今之不必摹古者亦勢也)이라고 지적하였다. 또한 그는 「설도각집서」(雪濤閣集序)에서 "옛 것이 어찌 반드시 높고 오늘날의 것이라고 해서 어찌 반드시

---

36) 이덕무, 「이목구심서」1, 『청장관전서』48권(국역본 8), 9~12쪽.

낮겠는가?"(古何必高 今何必卑)라고도 하였다. 혹자는 이러한 공안파의 제 논리를 압축하여 이치와 문장이 반드시 전현을 따를 필요가 없고, 과거의 전범에 얽매이지 않을 때 이름 난 문장을 쓸 수 있다는 주장을 펼치고 있다.

이에 대해 이덕무는 중도적인 입장을 취하고 있다. 그는 예전 사람의 법도에 구속되는 것도 옳지 않고 모두 버리는 것도 옳지 않다. 스스로 잘 해석하고 환히 깨닫는 법이 있으니 알아서 터득해야 한다고 주장한다. 이것은 공안파 문학이 갖는 지나친 개성 중시의 상대주의가 가져올 수 있는 혼란을 막고, 창작자의 자기 판단과 새로운 방식의 창조적인 복고를 주장하고 있는 듯하다. 이덕무의 이러한 주장은 공안파의 중심 인물인 원굉도를 재녀에 비유하면서 지나친 재주의 상승이 공허함을 가져온다는 주장에서도 그 일단을 짐작할 수 있다.[37] 이덕무의 이러한 주장은 명말과 청대의 몇몇 중국 문인들 사이에서 나타났던 공안파에 대한 비판과 그 맥이 닿아 있다. 이렇듯 각각의 경화 문인들이 공안파의 문학과 논리를 받아들이는 입장은 다양하였고, 수용 태도 역시 달랐다.

한 텍스트가 갖는 의미는 독서가의 능력과 욕망에 따라 확대될 수 있다. 하나의 텍스트를 대할 때 독자는 그 텍스트의 단어를 자신에게 유리하게 바꿔버릴 수도 있고, 역사적으로 그 텍스트나 저자와 전혀 관계없는 의문을 풀어주는 메시지로 바꿔버릴 수도 있다. 이러한 의미의 변질은 텍스트 자체를 확장시키거나 퇴보시킬 수 있다. 어쩔 수 없이 텍스트에 책을 읽는 독자 자신의 환경이 스며들기 때문이다.[38] 공안파 서적에 대한 경화 문인층

---

37) 이덕무, 「이목구심서」 2, 『청장관전서』 49권(국역본 8), 103쪽. 文章을 閨人(안방의 여인)과 비유하는 법인데, 종백경은 숙녀이고 袁中郎은 才女이다. 두렵고 두렵기는 조금 재주가 있으면서 기운을 부리는 것이고, 민망하고 민망한 것은 전연 알맹이가 없으면서 말을 재잘거리는 것이다. 하늘이 高遠한 것이 아니지만 만물이 모두 하늘에 덮여 노니는 것은 하늘이 공허하기 때문이니, 마치 고기가 물에 덮여 노니는 것과 같다.

38) 알베르토 망구엘, 『독서의 역사』 세종서적, 2000, 306쪽.

의 독서 역시 일정 부분 이러한 텍스트 이해 과정이 나타나고 있다. 그러므로 공안파 서적의 독서를 통해 조선의 문인 독자는 서로 다른 의미를 찾아내고자 하였을 것이다.

앞선 논의 과정에서 보듯이, 이 시기에 공안파 서적을 탐독했던 사대부들은 주로 서울에 거주하던 노론계 인물들이었다. 이들은 예술적 흥미와 지적 호기심을 가지고 공안파의 서적들에 접근했다. 더욱이 이 시기 사대부 내부에서 권력의 중추에 해당될 수 있었던 노론계가 명·청 문집을 탐독했던 것은 매우 역설적인 상황으로 해석될 수도 있다. 그것은 공안파 문학 논리가 가진 사회적·이념적 혁신성을 사회구조와 생산체계의 호응으로 연결할 수 없었기 때문에, 결국 개인적·예술적 자아의 정체성과 조우하는 개인의 틀로 좁혀질 여지가 있었다는 것이다. 이 경우에 공안파에게 가해졌던 가치체계의 전도라는 비판과 비난이 그 논리의 수용자들에게로 향해질 수도 있었다.

이러한 때에 이덕무, 유만주, 박지원의 독서 태도와 반응은 상당히 개인적 의식과 처지에 따라 달라질 수밖에 없었다. 그럼에도 불구하고 공통점은 이들의 기록을 살펴보면, 공안파를 적극적으로 옹호하거나 추종하지는 않는다는 점을 알 수 있다. 이것은 공안파의 논리가 이덕무나 유만주가 속해 있는 지식인 사회의 현재 모순이나 문제점을 문학적으로 해결하는 데 완전히 적실하지는 않았기 때문이다. 그러나 공안파가 제기하는 근원적인 문제의식을 보여주는 여러 주장들은 중요한 의미를 가졌던 듯하다. 속어의 사용, 민가의 가치, 개인적 자아의 문제, 금문고문 논란, 성령론 등과 관련하여 어휘적 층위에서부터 세계관의 문제에 이르는 다양한 문제 제기가 나타났다. 그리고 이 시기에 다수의 경화 문인들은 창작론과 시문론을 고민할 때 공안파 논리에 기대거나 또는 그것을 반박하는 것을 통해서 해결점을 제시하고 있다. 이것은 공안파에 대한 논의가 단순한 찬반이나 텍스트의 내용 이해만이 아니라, 그것을 수용하는 우리 사회의 문예적 맥락에 대한 고려가 동시에 이루어지고 있었음을 보여준다. 이 같은 공안파 서적에 대한 독서는 조선후기 지식인 사회에서 문학과 예술에 대한 새로운 인식을 위한 자극제가 될 수 있었다.

5. 맺음말 – 남은 문제들

아마도 18세기의 조선 문인들이 외부 서적에서 기대한 것은 역시 스스로는 만들어내지 못한 내용이었을 것이다. 즉 익숙하지 않는 논리, 낯선 내용, 새로운 감각 등 조선에는 없지만 감동과 재미를 줄 수 있는 어떤 것에 대한 기대감이 있었다. 그것이 정치나 제도와 관련을 맺는다면 새로운 지식과 문물의 도입이었을 것이고, 예술과 관련을 맺는다면 보다 세련된 취향이나 심미안의 수용이었을 것이다. 문학과 예술 서적에 대한 독서 역시 이러한 점을 만족시킬 수 있는 텍스트를 대상으로 하였다. 그러한 서적 중에서 18세기 문인들에게 중요한 의미를 지녔던 것이 바로 공안파 서적이었다. 이 글에서는 이러한 전제 아래에서 공안파 서적의 도입과 조선 후기 문인들의 독서 체험의 실상을 드러내보고자 하였다. 그러므로 책 읽기에 적극적으로 참여하는 독자의 모습을 살펴보고, 그들 사이에서 어떤 소통관계가 맺어지고 있는지를 고찰했다.

그러나 이 글에서는 여전히 외부의 문학 작품과 문예 지식을 도입하는 과정에 대한 총체적인 맥락에 대한 이해는 충분히 이루어지지 않았다. 이 점을 보완하기 위해서는 다음의 연속 작업이 필요할 것으로 보인다. 첫째는 이 시기에 도입된 명·청 문예서적 전반에 대한 종합적인 검증작업이 세밀히 이루어져야 할 것이다. 이는 사대부 독서의 전반적인 경향성을 이해할 수 있는 적절한 배경작업이 될 것이다. 두 번째는 경화 문인 내부에서 일어나는 공안파 문예에 대한 재해석 과정과 문예 취향의 변모 과정을 꼼꼼하게 살펴보아야 할 것이다. 특히 공안파 서적의 내용 중에서 조선 문인 사회에서 수용되는 부분과 비판받는 부분은 무엇이며, 그것이 어떠한 문학사적·사회적 함의를 가지고 있는지를 치밀하게 검토해볼 필요가 있다. 그리고 이러한 연속되는 보완작업을 통해서 조선 후기 문인 지식층 사이에서 나타나는 변화된 문학에 대한 인식과 문학을 적극적으로 향유하게 만든 취향에 대한 깊이 있는 이해가 가능해지리라고 본다.

참고문헌

유만주, 『欽英』.
이하곤, 『頭陀草』, 한국문집총간 191, 민족문화추진회.
남유용, 『雷淵集』, 한국문집총간 217·218, 민족문화추진회.
박제가, 『貞蕤閣集』, 한국문집총간 261, 민족문화추진회.
성대중, 『靑城集』, 한국문집총간 248, 민족문화추진회.
국역 『정조실록』, 민족문화추진회.
국역 『홍재전서』, 민족문화추진회.
이덕무, 국역 『청장관전서』, 민족문화추진회.
紀昀, 『四庫全書總目提要』, 中華書局, 1965.
永瑢, 『四庫全書簡明目錄』, 上海古籍出版社, 1963.
신양선, 『조선후기 서지사 연구』, 혜안, 1996.
이중연, 『책의 운명』, 혜안, 2001.
강명관, 『조선후기 문학 예술의 생성 공간』, 소명, 1999.
서경호, 『중국 문학의 발생과 그 변화의 궤적』, 문학과 지성사, 2003.
서경호, 『중국소설사』, 서울대출판부, 2004.
한상범, 『금서, 세상을 바꾼 책』, 이끌리오, 2004.
안대회 엮음, 『조선후기 小品文』의 실체, 태학사, 2003.
김도련 엮음, 『한국 고문의 이론과 전개』, 태학사, 1998.
부길만, 『조선시대 방각본 출판 연구』, 서울출판미디어, 2003.
조영록, 『근세 동아시아 삼국의 국제 교류와 문화』, 지식산업사, 2002.
최소자, 『명청 시대 중·한 관계사 연구』, 이화여대출판부, 1997.
천해봉, 『고인쇄』, 대원사, 1998.

이춘식 편, 『중국학자료해제』, 신서원, 2003.
조너선 스펜스, 이준갑 역, 『반역의 책』, 이산, 2004.
벤저민 엘먼, 양휘웅 역, 『성리학에서 고증학으로』, 예문서원, 2004.
삐에르 부르디외, 최종철 역, 『구별짓기 : 문화와 취향의 사회학』, 새물결, 1995.
알베르트 망구엘, 정명진 역, 『독서의 역사』, 세종서적, 2002.
로버트 단턴, 주명철 역, 『책과 혁명』, 도서출판 길, 2003.
기시모토 미오·미야지마 히로시, 김현영·문순실 역, 『조선과 중국 근세 오백년을
        가다』, 역사비평사, 2003.
미야자키 이치사다, 『옹정제』, 이산, 2003.
정형우, 「조선전기의 서적 수집정책 – 중종시대를 중심으로」, 『도서관학회지』 3,
        1968.
강순애, 「규장각의 圖書刊印에 관한 연구」, 『서지학연구』 5·6, 한국서지학회, 1990.
마종락, 「정조조 고문부흥운동의 사상과 배경」, 『한국사론』 14, 서울대 국사학과,
        1986.
진세정, 「명말 소주 사인과 출판문화 – 馮夢龍의 통속소설 편찬을 중심으로」, 이화여
        대 석사학위논문, 2001.
이제우, 「'晩明小品' 창작의 이론 배경과 실천」, 『중어중문학』 33, 한국중어중문학
        회, 2003.
이제우, 「淸代 『四庫全書總目』을 통해 본 '晩明小品'의 현상과 평가」, 『중국학연구』
        26, 2003, 중국학연구회.

18세기 조선 문인들의 중국소설 독서 실태와 독서 담론 연구
—명말청초(明末淸初) 김성탄(金聖嘆) 소설평비본(小說評批本) 독서를 중심으로—

정 선 희

1. 서 론

18세기 조선 문인들의 장서열(藏書熱)은 실르 대단했다. 서울 사대부가의 소장서적들을 모아본다면 수만 권 이상 될 것이며 갖추지 못한 것이 거의 없다거나,[1] 한 가문의 장서 목록이 네 책이나 된다거나[2] 하는 언급들에서 그 정도를 짐작할 수 있다. 장서 중게는 외국 서적 특히 중국 서적들도 다수 포함되어 있는데, 그 구입 경로는 서쾌를 통하거나 그 곳으로 사신가는 사람을 통해서였던 것으로 보인다. 중국 역사서의 선본(善本)을 구한다든지, 중국의 서적 출판목록인『절강서목』(折江書目)을 보고 원하는 책을 사오게 한다든지 하는 경우가 있고,[3] 또는 중국 사신으로 갔다 올

---

1) 유만주,『흠영』5권, 1784. 8. 13., 304쪽, "議括閱漢成士大夫家所藏圖籍 則當不下鉅萬卷 幾無不備".『흠영』은 저자 유만주가 1775년에서 1787년까지 13년간 쓴 독서일기이다. 서울대 규장각자료총서로 1997년에 경인된 것을 자료로 한다.

2) 유만주,『흠영』6권, 1786. 1. 16., 131쪽, "聞肅敏尙書少窮 讀書每艱於借書 及登第貴顯 決意蓄書 水路朝天 而回還時購書一舟 泛海而至 其多可推也 分貯鄕庄京第 又別貯海陽山房 公諸能讀者 不問其所去 以故山房之書 無一存 庄第所存貯 亦强半散侏 今子孫所守者 多疊有多虛錄 亦有通一帙散侏 而止餘一二卷者『藏書目錄』四冊尙存 而聞多奇文異書之名云."

때에 책을 배 하나 가득 사 와서 본인도 읽고 주위 사람들에게도 공개하여 읽혔다는 기록들이 있는 것으로 보아, 조선 후기에 중국 서적의 독서는 하나의 문화로 자리잡혀 가고 있었음을 알 수 있다. 이러한 독서 열기는 왕실에서도 마찬가지였는데, 특히 정조(正祖)의 중국 서적 수입열은 대단하였던 것으로 보인다. 그는 무입(貿入) 희망 도서목록인 『내각방서록』(內閣訪書錄)을 두 권 만들었는데 그 목록에는 경(經)·사(史)·자(子)·집(集) 총385종 1만 357권의 서명과 책 권수가 수록[4]되어 있다.

이러한 중국 서적의 구입과 유통으로 당시의 사대부, 문인들은 사상적으로나 문화적으로 많은 자양분을 얻었을 것으로 보인다. 국내 문헌들을 섭렵한 사대부들이 외국 서적을 찾아 읽음으로써 새로운 문화와 세계관을 접했을 것이기 때문이다. 이 같은 사회 전반의 분위기에 힘입어 문학 분야에도 새로운 시각과 기법이 도입되는데, 그 변화 과정을 고찰하는 것이 본 연구의 목표이다. 즉 외국 서적 및 문화의 수용을 통해서 조선후기의 문화 변동이 야기되는 양상들을 추적하는 일인데, 본고에서는 특히 조선 후기에 소설인식이 변화하고 나아가 소설 창작기술이 발전하며 소설비평의 분위기가 무르익게 되는 원인을 찾아내기 위해, 당대에 애독되었던 중국의 소설 평비본[5]이 어떤 경로로, 어떤 집단에게, 어떤 방식으로 독서되었는지

---

3) 유만주, 『흠영』 5권, 1784. 11. 9., 392쪽, "冊曹至議易 通鑑輯覽·漢魏叢書 告明史終無善本 而 瓊山史綱 亦難得云 聞 鄭氏全史 爲春坊新儲 金氏全書 爲徐閣曾有 咸直四萬餘云 另求 折江書目 出示合綱 俾以靉靆照見字樣越大 如思政殿刻本 仍求 如此板本 毋論經史子記小說 無拘一冊十冊百冊 止管得來 曰 是甚難 第當另圖之 稱有宋板經書大本 問可易未弟令取示".

4) 신양선, 『조선후기 서지사 연구』, 혜안, 1997, 127쪽.

5) 評批가 붙어 있는 텍스트를 말하는데, 評은 작가와 작품에 대한 평론을 범칭하며 일반적으로 批와 별다른 구분 없이 사용되기도 한다. 그러나 평은 형식적으로 원작과 분리되어 사용되는 반면, 비는 원작과 결합되어 사용된다. 비는 붙는 위치에 따라 首批(편 머리에), 尾批(편의 끝에), 眉批(책 위의 공간에), 旁批(자구의 옆에), 夾批(구절 중간을 끊고) 등으로 나눌 수 있다. 본고에서 評批本이라고 부르는 것을 일반적으로 評點本이라고 부르기도 하나, 點은 圈點의 줄임말로

를 살피기로 한다.

17세기부터 시작되어 18세기에 무르익게 된 고전소설의 다양화와 소설 긍정의 태도는 우리의 문학 전통이나 내재적 원인에 기인하여 형성되었을 수도 있으나, 임병 양란 이후 물밀듯이 들어온 중국 소설의 독서가 영향을 주었을 가능성 또한 크다. 특히 당시의 지식인들이 소설문학을 시문학이나 경전, 역사서와 동일한 반열에 놓고 비평하거나 서로 서(序)·발(跋)을 써주면서 감상을 주고받고, 소설의 창작 기교를 연구하고, 나아가 자신의 이름을 날릴 만한 도구로 삼게 되기까지 하는 소설 문학의 위상 제고에 중국의 소설 평비본 독서가 큰 역할을 했으리라 짐작된다.

기존 학계에서는 중국 소설이 우리나라 소설에 어떤 영향을 미쳤는가를 주로 살펴왔다. 그러나 연구결과, 화소의 삽입에 그치는 경우가 많아 큰 영향을 받았거나 모방했다고 하기에는 부적절한 경우가 많았다.『전등신화』와『금오신화』,『수호지』와『홍길동전』등의 예가 대표적이다. 이에 본 연구자는 중국소설이 우리나라 소설사에 미친 영향은 이렇게 작품에서 드러나는 구절이나 화소들에 집착해서는 찾아지지 않을 것이라고 생각하게 되었다. 즉 중국소설의 독서로 인해, 소설에 대한 전반적인 인식이나 소설을 독서하는 방법, 비평하는 방법, 또 새롭게 창작하는 방법 등을 학습하게 되었으리라 짐작되는 것이다. 다라서 본 연구를 통해 중국 소설과 우리 소설과의 관계를 약간은 다른 방향에서, 즉 독서를 통한 인식 전환의 면에서 살펴보는 계기를 제공하고자 한다.

18세기 이후 문인들의 문집에 특징적으로 자주 언급되는 중국의 소설 평비본은 바로 명말청초(明末淸初) 비평가 중의 한 사람인 김성탄(金聖

文句의 측면에 사용하여 문장 중 정체 있는 부분이나 중요한 부분을 표시하거나 제목 아래에서 수준의 고하를 표시하는 기능으로 사용되는 것이다(강민구,「영조대 문학론과 비평에 대한 연구」, 성균관대 박사학위논문, 1998, 194~195쪽 참조). 따라서 김성탄의 소설평비본을 지칭하는 데에는 '평비본'이라는 명칭이 더 적합하다.

嘆 : 1608~1661)의 평비본이다. 그가 평비한 책 중에서『제오재자서시내암수호전』(第五才子書施耐庵水滸傳, 1641년 중국에서 초간)과『제육재자서왕실보서상기』(第六才子書王實甫西廂記, 1658년 초간)가 애독되었다.『수호전』은 중국에서도 김성탄이 산정(刪定)한 70회본, 즉 위에서 언급한 본이 독서계를 지배했으며, 이러한 상황은 우리나라에서도 마찬가지였다. 문체반정(文體反正)을 일으켰던 정조가 "근래에 잡서를 좋아하는 자들이『수호전』을『사기』(史記)와 같이 여기고,『서상기』를『모시』(毛詩)와 같이 여기니 심히 가소롭다."[6]고 했던 것으로 보아 당시 소설류를 좋아하던 이들이 탐독했던 두 가지가『수호전』과『서상기』였으며, 특히 이들 소설을『사기』나『시경』과 같은 반열에 올려놓은 김성탄의 평비본을 읽었음을 알 수 있다. 문체반정 때에 문제가 된 것도 바로 공안파의 문장들과 시내암, 김성탄의 소설이었다. 또한 1786년에서 1790년 사이에 사대부가의 여인인 온양(溫陽) 정씨(鄭氏 : 1725~1799)가 필사한『옥원재합기연』의 권14와 권15의 표지 안쪽에 기록되어 있는 소설 목록에도『성탄수호지』라는 작품 명이 기록[7]되어 있는 것으로 보아도 18세기 무렵에는 이미 김성탄의『수호지』평비본이 많이 읽혔음을 알 수 있다.

「서상기」의 경우도 이는 원래 왕실보가 지은 잡극이지만, 당시의 조선 사람들은 그 저자가 김성탄인 줄 알 정도로 그의 평비본을 주된 독서대상으로 삼았다. 19세기에 김정희가 번역했다고 알려진[8] 「서상기」[9]의 저본도

---

6) 正祖,「日得錄」,『弘齋全書』권163, 8쪽, "近日嗜雜書者 以水滸傳似史記 西廂記似毛詩 此甚可笑".

7) 제15권 표제지 안쪽의 소설목록에는 다음과 같은 소설 제목들이 쓰여 있다. 긔벽연의, 탁녹연의, 셔듀연의, 녈국지, 초한연의, 동한연의, 당젼연의, 삼국지, 남송연의, 북송연의, 오대툐사연의, 남계연의, 국됴고사, 쇼현셩녹, 옥쇼긔봉, 셕듕옥, 소시명힝녹, 뉴시삼디록, 님하뎡문녹, 옥인몽, 셔유긔, 튱의슈호지, 셩탄수호지, 구운몽, 남졍긔.

8) 최근 김영진(「조선후기의 명청소품 수용과 소품문의 전개 양상」, 고려대 박사학위 논문, 2004, 139쪽)은 이 책에 '김정희지'라고 쓰인 것은 후대 누군가의 가필이라

김성탄 평비본이었으며,10) 현재 남아 있는 즈해(註解), 언해본(諺解本)들11)
도 대부분 이에 근거한 것들이다.

김성탄의 소설 평비본이 우리나라에 최초로 전래된 시기를 정확히 알
수는 없지만, 18세기 초부터 암암리에 수입되어 문인들에게 애독되었던
것으로 보인다. 1737년에 몰한 동계(東谿) 조귀명(趙龜命 : 1693~1737)은
김성탄의 「수호전구서」(水滸傳舊序)를 좋아하여 자신의 시문집인 『건천
고』(乾川藁) 제6책 안쪽에 베껴 놓았으며, 노긍(盧兢 : 1737~1790)이라는
문사는 『수호전』과 관련하여 「해질 무렵 울타리 안에서 오경이 될 때까지
이불 속에 누워 수호전 70회를 짓는다」(黃昏籬落五更臥被作水滸傳七十回)
라는 장편시를 짓기도 하였다.12) 또 홍봉한(洪鳳漢)의 아들인 홍낙인(洪樂
仁 : 1740~1777)이 수호전을 읽은 후 지은 시 「聽金譯弘喆讀水滸傳」13)과

면서 이 책은 김정희의 언해본이 아니라 이옥의 언해본이라고 추정하였다. 근거로
든 내용들이 타당해 보이기는 하나, 아직 학계의 정설로 인정되지는 않았다.

9) 이가원 역주, 『서상기』(완당역본 및 한문원전 병간), 일지사, 1974.

10) 번역 서문에서 "前聖嘆後聖嘆" 등을 언급하는 것으로 보아 그러하다.

11) 조선후기에 간행된 총 7종의 註釋, 諺解本 중에서 6종은 김성탄 평비본을 저본으로
한 것이 확실한데, 다음과 같다. ① 1885년의 서문이 붙은 『西廂記』(후탄선생
정정 주해 西廂記, 독법과 범례 제시, 서울대소장본) ② 1906년 박문사 발행
『주해 서상기』(김성탄 평비본의 서두 성격을 띤 글 셋을 인용하여 앞에 실음)
③ 1871년 이후 발행되었을 것으로 추정되는 목판본, 『서상쌍문전』(김성탄의
서문과 본문을 그대로, 서울대소장본) ④ 1919년경 유일서관 간행, 『현토주해
서상기』(성탄의 독법과 서문 포함). ⑤ 간년 미상의 목판본 『西廂記』(성탄 서문
있음, 서울대소장본) ⑥ 1913년 경성 조선서관 발행, 『대월 서상기』(성탄의 서문
포함). 이상은 김학주, 「조선간 『西廂記』의 주석과 언해」, 『조선시대 간행 중국문
학 관계서 연구』, 서울대출판부, 2000, 277~298쪽 참고.

12) 김영진, 앞의 논문, 2004, 47쪽. 노긍의 시 견문을 이 논문에서 처음 접할 수
있었다.

13) 洪樂仁, 『安窩遺稿』 卷之二, 1764, 19~20쪽(국립중앙도서관본). 표지에는 '安窩
集'이라고 되어 있으나 목차에는 '안와유고'라고 되어 있어서 이 명칭을 취한다.
홍낙인의 독후시는 간호윤이 『한국고소설비평연구』(경인문화사, 2001, 113쪽)에
서, 홍의호의 『수호전』 讀後詩는 김영진이 앞의 논문(2004, 49쪽)에서 소개하였
다.

남인 명문가문의 일원인 洪義浩(1758~1826)가 지은 시 「偶閱聖歎評水滸傳戲吟」[14]을 통해서 김성탄 소설 평비본의 독서 상황을 짐작할 수 있다. 직접적인 구입은 1775년에 역관을 통해서였다는 기록[15]을 통해 알 수 있으며, 그 다음 해인 1776년에 유만주가 "성탄의 글을 읽고 나서 베껴 적고 있다."[16]는 말을 남긴 것으로 보아 18세기 중·후반에는 많이 읽혔던 것으로 보인다. 18세기의 문단을 주도하던 연암(燕巖) 박지원(朴趾源)도 당시 사람들이 자신의 글 중에서 원굉도와 김성탄을 본뜬 글을 가장 좋아한다[17]고 할 정도였으며, 자신이 읽은 책이 천 권이 안 됨을 한했던[18] 독서광 유만주(兪晩柱 : 1755~1788)도 당대의 유명한 문인 이용휴와 이덕무의 문체가 김성탄의 현묘함을 모의했다[19]고 평할 정도로 문장 비평의 잣대로

---

14) 洪義浩, 『澹寧瓿錄』 26책, 59쪽.

15) 李圭景, 「小說辨證說」, 『五洲衍文長箋散稿』 권7(동국문화사, 1969), 230쪽, "聖嘆被禍之事 不少槪見於書史 譯人金慶門入燕 有人潛道之如此 其書絶貴 我英廟乙未 [1775 | 역주] 永城副尉申綏 使首譯李諶始貿來一冊 直銀一兩 凡二十冊 版刻精巧".

16) 『흠영』 1권, 1776. 11. 15., 259쪽, "抄絶世奇文聖嘆之言".

17) 『흠영』 6권, 1786. 11. 26., 424쪽, "그(박지원 | 인용자)가 스스로 문장에 대해 자부하기를, '나의 문장은 좌구명, 공양고를 따른 것이 있으며, 사마천, 반고를 따른 것이 있다. 사람들은 사마천이나 한유를 본 뜬 글을 보면 곧 눈꺼풀이 무거워져 잠을 청하려 한다. 다만 원굉도나 김성탄을 본뜬 글에 대해서는 눈이 밝아지고 마음으로 기뻐해서 전파하여 마지 않는다. 이래서 나의 글이 원굉도나 김성탄의 소품으로 일컬어지니, 이는 실로 세상 사람들이 그렇게 만든 것이다.'라고 하고서, 그가 공양전, 곡량전을 본따 쓴 「음청권자서」를 보여주면서 '이는 고문이다.'라고 하였다고 한다. 의론하건대, 공양전, 곡량전을 본뜬 것은 잘 되지 못하였고 김성탄이나 원굉도를 본뜬 것은 잘 되었으니, 이는 그의 재주가 김성탄 류의 문장에는 장점이 있지만, 순고정대한 문자에는 단점이 있기 때문이다"(其自許文章也則云 吾之文 有撫左公者焉 有撫馬班者焉 有撫韓柳者焉 有撫袁金者焉 人見其摹馬摹韓 則便爾睫重思睡 而特于其摹袁金者 眼明心快 傳道不置 于是 吾之文 以袁金小品稱 焉 此固世人之爲也 仍示其所序陰晴卷首效公穀者曰 是古文也 議效公穀則不佳 效 金袁則佳 是其才 長於實華之文章 而短於純古正大文字也).

18) 『흠영』 3권, 1780. 7. 28., 189쪽, "計余乙酉以後所閱書 尙未盈千卷 宜乎 不能博也".

19) 『흠영』 5권, 1784. 7. 6., 276쪽, "혹자가 말하였다. 근대 문장에는 奇·正 양가가 있다. 정은 당송팔가의 궤철을 따르려는 것이다. 기는 시내암, 김성탄 등의 사대기

까지 언급되었다.

지금까지의 김성탄 평비본에 대한 연구는 주로 조선후기의 소설론을 연구하면서 단편적으로 이루어졌으며,[20] 아울러 『제육재자서왕실보서상기』의 원전이 되는 『서상기』를 희곡의 관점으로 분석하거나 『춘향전』과 내용을 비교하는 식의 연구가 이루어졌다.[21] 김성탄이라는 인물에 대해서는 중문학 분야에서 중국문학사를 기술할 때에 자주 언급되었으며, 그의 문예비평이론이나 소설론에 대한 탐구도 있어 왔다.[22] 최근에는 조선후기에 김성탄의 문학비평이 어떻게 수용되어 나타나는지를 연구한 논문[23]이 나와 본고에 도움을 준다.

이상의 기존 연구들을 통해 김성탄의 문학이론의 대강과 소설론의 파급

서의 현묘함을 터득하려는 것이다. 당송의 여파는 흘러 사대부의 문장이 되었고 시내암, 김성탄의 여파는 흘러 남서배의 문장이 되었다. 즉 지금의 남유용, 황경원은 당송의 궤철을 모방한 데 불과하고, 혜환 이용휴와 무관 이덕무는 시내암, 김성탄의 현묘함을 모의한 데 불과하다"(或言 近代文章 有奇正二家 正則唐宋八家 循軌遵轍是已 奇則施金四書透玄竊妙是已 唐宋餘派 流而爲士大夫文章 施金餘派 流爲南庶輩文章 則如今世南黃 不過倣效唐宋之軌轍 二李(惠寰 懋官) 不過摹擬施金之玄妙).

20) 간호윤, 『한국 고소설비평 연구』, 경인문화사, 2001 ; 이문규, 『고전소설비평사론』, 새문사, 2002 ; 김경미, 『소설의 매혹』, 월인, 2003.

21) 허용호, 「광한루기에 나타난 춘향전과 西廂記」, 성현경 외 공저, 『광한루기 역주, 연구』, 박이정, 1997.

22) 이석호, 「金聖嘆論」, 『중어중문학연구―고전문학편』, 서울대, 1990 ; 민혜란, 「김성탄의 소설기법론에 대하여―「독제오재자서법」을 중심으로」, 『중국학연구』 7집, 1992 ; 홍상훈, 「김성탄과 동아시아 서사이론의 기초―金聖嘆 小說 評點」, 『현대비평과 이론』 9집, 1995 ; 남덕현, 「김성탄의 문예비평이론연구」, 외국어대 석사학위논문, 1998 ; 이금순, 「金聖嘆 『西廂記』 評點의 인물결구론 고찰」, 『중국어문학논집』 16집, 중국어문학연구회, 2001.

23) 한매, 「조선후기 金聖嘆 文學批評의 수용양상 연구」, 성균관대 박사학위논문, 2003. 이는 김성탄 평비본의 수용 실태를 시와 산문, 소설 분야로 나누어 종합적으로 탐구한 연구라는 의의가 있지만, 소설비평의 구체적인 내용을 천착하지는 않았다. 따라서 김성탄 평비본의 독서 실태를 광범위하게 조사하고, 이를 조선의 소설비평론 형성 과정에 초점을 맞추어 연구한 본고와는 시각을 달리하였다고 할 수 있다.

58

효과를 알 수는 있었지만, 현상적으로 보이는 김성탄 소설이론과 우리 문인들의 소설론의 상사성(相似性)의 소인은 여전히 궁금증으로 남는다. 이에 필자는 조선후기 문인들이 그의 평비본을 어떤 경로로 읽게 되었으며, 어떤 태도로 독서하였는지를 면밀하게 살피는, 실증적이고도 분석적인 작업을 하고자 한다. 이를 위해 우선 조선 후기 문인들의 문집을 탐색하여 관련 언급을 찾아내려 한다. 이를 정리하여 독서실태를 정확하게 파악한 후, 그 수용태도를 고찰해 보기 위함이다.

이에, 2장에서는 김성탄의 문예비평이론의 핵심이 무엇인지를 파악하기 위해, 그의『수호전』평비본과『서상기』평비본에 드러난 비평이론을 살피기로 한다. 3장과 4장에서는 김성탄 평비본 독서 실태를 알기 위해서 이 시기 문인들의 문집과 저서들을 탐색하게 된다. 김성탄의 평비본이 17세기 중반에 중국에서 간행되었으므로 조선에서는 그 이후에 독서되었으리라 생각하여 주로 18세기와 19세기 전반기[24]의 서적들을 검토한다. 아울러 중국 소설에 대한 전반적인 독서 실태도 알아야겠기에 중국 서적을 대량으로 수입했다고 하는 17세기 허균의 주요 저서들도 포함시켜서 살폈다.

이에 17세기 허균의『성소부부고』(惺所覆瓿稿)를 검토하는 것을 시작으로, 18세기의 저서로는 안정복의『잡동산이』(雜同散異),『순암잡록』(順菴雜錄), 홍양호의『이계집』(耳溪集), 위백규의『존재집』(存齋集), 홍대용의 『담헌서』(湛軒書), 성대중의『청성집』(靑城集), 유득공의『영재집』(泠齋集), 이하곤의『두타초』(頭陀草), 이광사의『원교집』(圓嶠集), 박지원의『연암집』(燕巖集), 남공철의『금릉집』(金陵集), 이상황의『동어유집』(桐漁遺

---

24) 본 연구가 속해 있는 전체 과제는 17, 18세기를 살펴보는 것이지만, 필자의 연구는 앞서 밝힌 바와 같이 17세기 중반에 쓰여진 작품의 독서 양상을 살피는 것이기 때문에 그 이후의 책들을 살펴야 하며, 우리나라의 특수한 사정상 19세기 가 되어서야 사대부들 사이에 소설 독서가 성행하기 때문에 19세기의 문헌들도 검토할 것이다.

輯), 유만주의『흠영』(欽英), 김려으『담정유고』(藫庭遺藁),『담정총서』(藫庭叢書) 소재 이옥의 저작들, 이덕무의『청장관전서』(靑莊館全書), 이의현의『도곡집』(陶谷集), 이용휴의『탄만집』, 장혼의『이이엄집』(而已广集), 이만수의『극원유고』(屐園遺稿), 이서구의『척재집』(惕齋集), 박제가의『정유각집』(貞蕤閣集) 등『한국문집총간』소재 18세기 문인들의 문집들을 검토한다. 또한『조선왕조실록』(朝鮮王朝實錄)과 정조(正祖)의『홍재전서』(弘齋全書) 등도 방계자료로 활용한다.

2. 명말청초의 김성탄 소설 평비본의 특성

중국에서의 소설 평점(評點)은 송대(宋代)의 유진옹(劉辰翁)이『세설신어』를 비평한 것이 처음이며, 장편소설이나 희곡의 평점은 명대(明代)의 이지(李贄), 섭주(葉晝), 풍몽룡(馮夢龍) 등에 의해 시작되었다. 본격적인 소설비평은 명대의 이지(1527~1602)로부터 시작되었다. 그는 동심설(童心說)을 이야기한 것으로 유명한데, 그가 말하는 동심은 거짓 없는 순수한 진심을 뜻한다. 누구나 이러한 동심을 지니고 있지만 견문이나 경험이 많아지면서 이를 상실해 가는 것이 문제인데, 문학에서 이를 제대로 발현한다면 높은 가치를 지닐 수 있다고 하였다. 그는 또 우주 내에는 5대(五大) 문장이 있다. 한대(漢代)에는 사마천의『사기』가 있고, 당대(唐代)에는 두보의 시집이 있으며, 송대(宋代)에는 소식의 문집이 있고, 원대(元代)에는 시내암의『수호전』이 있으며, 명대(明代)에는『이헌길집』이 있다고 하여, 소설을 경전과 동일한 지위로 끌어올렸다. 또한 역사적 진실과 예술적 진실 간의 차이를 명확히 인식하여 문학작품의 예술 특징을 옹호, 나아가 통속소설의 예술기교를 높이 평가하였으며, 문자의 표현능력을 매우 중시하여 소설 중 여러 정채 있는 묘사에 대해 세밀하게 비평하기도 하였다.

인물의 성격 분석도 신선한데, 성격의 차이는 각 개인마다 지닌 특정한 사회적 지위, 발전과정, 개성, 체격과 풍모 등에서 결정된다고 설명하였다.

이후, 공안파 3원[원종도(袁宗道), 원굉도(袁宏道), 원중도(袁中道)]이 이지의 전통을 계승하여 복고파를 반대하고 개성적 문학, 자신의 성령을 발현하는 문학을 할 것을 주장하였으며 소설도 매우 중시했다. 특히 원굉도는 어렸을 적에 해학이 빼어나다고 하여 자못 『골계전』을 탐닉했는데, 이후에 『수호전』을 읽어보니 글이 더욱 기이하고 변화무쌍하다고 하면서, 육경은 바른 문장이 아니며 사마천도 빼어나게 글을 구성하는 데에는 실패했다고 할 수 있다고 하여 『수호전』의 창작 수준이 육경과 사기를 초월했다고 간주하였다.

이후, 김성탄은 역사 저작은 사실의 제한을 받으므로 다만 문장으로 사실을 운용할 수 있는 데 비해, 문학창작은 구체적인 인물과 사건의 제한을 받지 않고 상상력을 충분히 발휘해야 하므로 문장으로 말미암아 사건을 만들어내어 표현공간이 매우 광범위하다는 양자간의 차이를 명확히 지적하여 앞 인물들에 비해 한 걸음 나아간 논의를 펼쳤다. 즉, "『사기』는 글로써 사건을 서술한 것이고, 『수호전』은 글로써 사건을 만들어 낸 것"[25]이라고 하면서, 글로써 사건을 서술하는 것은 사건이 이미 이루어진 것을 그대로 엮어 내야 하기 때문에 고생스럽지만 글로써 사건을 만들어내는 것은 붓이 가는 대로 따라가다가 작가의 뜻대로 메워나가면 된다고 한 것이 그것이다.

그는 『장자』(莊子), 『이소』(離騷), 『사기』(史記), 『두시』(杜詩), 『수호전』(水滸傳), 『서상기』(西廂記)를 육재자서(六才子書)라고 하여 모두 평비(評批)할 계획이었으나, 『수호전』을 평비한 『제오재자서 수호전』과 『서상기』를 평비한 『제육재자서 서상기』만 간행되었을 뿐 나머지는 완성하지 못하였다.[26] 그러나 이들 여섯 권의 책 선정은 희곡과 소설을 정통문학과 동등

---

25) 金聖嘆, 「讀第五才子書法」, "史記是以文運事　水滸是因文生事".

하게 천하의 재자들이 반드시 읽어야 할 책이라고 평가한 의의가 있다. 그의 저술로는 『침음루시선』(沈吟樓詩選)에 수록되어 있는 시 279수와 『수호전』 평비, 『서상기』 평비, 『창경당석소아』(唱經堂釋小雅)와 『창경당고시해』(唱經堂古詩解) 같은 문학서 외에 『서역풍속기』(西域風俗記), 『역초인』(易抄引), 『통종역론』(通宗易論), 『어록찬』(語錄纂) 등이 있다. 그는 해박한 지식과 개방적인 사고를 지녔는데 특히 불교에 관한 깊이 있는 논의를 전개했으며, 소설의 본질이나 특성에 대한 심화된 인식을 보여주었다.27) 특히 천하의 문장에는 『수호전』보다 더 나은 것이 없고,28) 『서상기』만 잘 읽으면 『장자』나 『사기』, 당송고문 등을 읽지 않아도 된다29)고 하는 등 소설의 위상을 제고하였다.

그의 소설평비30) 중 『제오재자서수호전』 평비31)는 이지의 영향을 크게 받은 것으로 보이는데, 특히 그 예술적 특징에 관해 평론한 것은 이지의 학설을 발전시킨 것이다. 그러나 사상에 대한 평가는 서로 대립되니, 이지는 수호 영웅의 재능과 인품을 극찬한 반면, 김성탄은 당시에 『충의수호전』(忠義水滸傳)이라는 이름으로 성행하던 용여당(容與堂) 100회본 및 원무애

---

26) 『장자』에 대해서는 서문만 한 편 썼고, 『사기』는 일부의 논찬만 선택해서 평했으며, 『杜詩解』는 1/7정도밖에 하지 못하였고, 『이소』에 대해서는 서문도 다 쓰지 못한 상태였다고 한다.

27) 김성탄의 저서에 대해서는 한매, 앞의 논문, 10~12쪽 참조.

28) 金聖嘆, 『水滸傳』 序.

29) 金聖嘆, 『西廂記』 讀法 第九則 十則.

30) 『서상기』가 희곡이기는 하나 唐代 傳奇인 元稹의 『앵앵전』을 극본으로 한 것이며, 김성탄이 評批한 작품구조나 인물 창조의 면도 소설에 그대로 적용할 수 있으며, 우리나라 독자들도 이를 소설과 동류의 것으르 인식하고 독서한 것으로 보인다. 이는 그 번역본이나 주해본들이 거의 소설본의 형태를 띠고 있는 데서 확인할 수 있다. 따라서 본고에서도 『水滸傳』 評批와 『西廂記』 評批 이 두 가지를 주된 대상으로 하여 그의 소설비평론을 곤토한다. 조선 후기의 김정희도 『서상기』를 소설본 형태로 번역하였다.

31) 序 3편, 시내암의 이름을 빌어 쓴 序 1편, 『宋史綱』과 『宋史目』에 대한 評語, 「讀第五才子書法」 15칙, 楔子, 70回의 回評, 夾批와 眉批들로 구성되어 있다.

62

(袁無涯) 120회본에서 송강(宋江) 등의 의적들이 조정의 부름에 응해 왕조에 충의를 다하는 70회 이후의 부분을 비판하면서 잘라 내고 제목에서도 '충의'를 뺐다. 따라서 김성탄이『수호전』을 개작하면서 염두한 바는 당시의『충의수호전』이 백성의 기대를 저버리고 조정에 귀의하는 송강을 유가(儒家)의 '충의'를 대변하는 전형으로 내세우려는 의도가 있다고 여기고 이를 폐기하려는 데에 있었다고 할 수 있겠다.[32] 그러면서 결말도 수정했는데, 양산박 영웅들이 꿈속에서 교수형 당하는 줄거리를 가미하여 기의(起義) 참가인들을 사형시켜야 한다는 의사를 개진한다. 또한『수호전』의 저자 시내암이 포난무사(飽暖無事)했던 까닭에 종이를 펴고 붓을 놀려 '수호'로써 소일한 것이라 했으며, 이를 후대 사람들이 알지 못하고 도리어 '충의'라는 자를 덧붙였고 태사공의 발분저서(發憤著書)의 실례와 나란히 했으니 바람직하지 않다고 하였다.

김성탄은 문학작품의 형상성 문제, 특히 인물 성격에 대한 문제에 세심한 주의를 기울였다. 소설 창작은 인물묘사에 따라 성공 여부가 결정되며, 인물묘사는 인물 성격의 창조에 관건이 있다고 하여 소설 장르의 본질에 대해 언급하였다. 인물의 언어와 행동을 통해 성격을 분석하였고, 동일한 유형의 인물일지라도 각 개인의 독특한 개성이 있음을 분석해 내어『수호전』이 묘사한 108인의 성격은 그야말로 108가지라고 하였다. 예를 들어 인물의 거친 성미를 묘사하는 데도 여러 가지 수법이 있는데, 노달(魯達)의 거침은 성질이 급한 것이고, 사진(史進)의 거침은 멋대로 하는 소년의 기질이고, 이규(李逵)의 거침은 야만적인 것이고, 무송(武松)의 거침은 구속받지 않는 호걸의 기질이고, 완소칠(阮小七)의 거침은 비분을 삭힐 데가 없는 것이며, 초연(焦挺)의 거침은 기질이 나쁜 것이라고 구별해 내었다.

그리고 나서『수호전』에서 보여주는 여러 문법들을 분석했는데, 매우 섬세하고 전문적이다. 뒤에서 요긴하게 쓰일 말을 먼저 앞에 삽입시켜

---

32) 홍상훈, 앞의 논문, 177쪽.

놓는 방법을 도삽법(倒揷法), 급박한 상황에서 두 사람이 함께 대화할 때 한 사람의 이야기가 끝나기도 전에 다른 사람의 이야기를 끼워넣어 긴박감을 늘리는 방법을 협서법(夾敍法), 큰 단락의 이야기가 갑자기 시작되어 생기는 무리를 줄이기 위해 먼저 작은 단락의 이야기를 앞에 두어서 큰 이야기를 이끌어내는 방법을 농인법(弄引法), 큰 단락의 이야기 다음이 갑자기 조용하게 끝나면 좋지 않기 때문에 마치 수달이 물속에서 헤엄칠 때 그 꼬리로 물결을 이는 것처럼 여운이 남는 듯하게 하는 방법인 뇌미법(獺尾法), 고의로 같은 소재의 사건을 반복 사용하지만, 그 내용은 조금도 같지 않도록 전개시켜 나가는 방법인 정범법(正犯法), 대조적인 사건으로 문장을 구성하는 법인 약범법(略犯法), 이야기가 너무 길어지면 지루해지므로 중간에 잠시 다른 이야기를 반짝 비치게 하여 간격을 두는 방법인 횡운단산법(橫雲斷山法), 한 명의 중심인물에 대한 이야기를 끝맺으려 하면서 또 다른 중심인물을 자연스럽게 등장시키는 방법인 난교속현법(鸞膠續弦法) 등 열다섯 가지 방법을 분석해 내었다.[33]

다음으로는 그의 또 다른 평비인 『게육재자서서상기』 평비[34]와 관련된 부분을 살펴보자. 그는 원작의 제 5본(本)[35]이 관한경(關漢卿)의 졸렬한 속작으로 왕실보의 원작과 거리가 멀다는 이유로 삭제하고, 『외서』(外書)

---

33) 이상 『水滸傳』 문법에 대한 설명은 초봉원 외 공저, 『중국역대소설서발역주』, 을유문화사, 1998, 91~94쪽 ; 민혜란. 앞의 논문 등을 참조.

34) 序 2편, 「讀第六才子書法」 81칙, 引, 각 장의 總評, 각 장의 回評, 본문 사이의 夾批와 眉批 등으로 구성되어 있다. 본고에서는 霍松林 編, 『西廂記編』, 山東文藝出版社, 1987을 자료로 하였다.

35) 일반적으로 元代 잡극은 4折로 되어 있는데, 여기에서의 '절'은 오늘날의 '막'에 해당한다. 그런데 『서상기』는 보통 작품 다섯 편에 이르는 5본 20절로 되어 있으니 원 잡극에서는 보기 드문 장편이다. 5본의 내용은 과거 응시차 떠났던 장군서가 과거급제 후 금의환향하는데, 이 때 나타난 정항이 모함을 하여 앵앵을 빼앗으려 했으나 결국 정항은 자결하고 장군서와 앵앵은 혼인한다는 것으로 되어 있다. 따라서 이 본을 삭제하면 『서상기』는 장군서와 앵앵이 다시 만나지 못하는 비극으로 끝나게 된다.

와 평어(評語)들을 붙여 내용을 구체적으로 비평했다. 특히 「독제육재자서법」을 통한 인물결구론(人物結構論)이 중요한데, "『서상기』는 단지 세 사람 즉 쌍문(앵앵), 장생, 홍낭을 묘사한 것이다.…… 문장에 비유한다면 쌍문은 제목이고 장생은 문자이고, 홍낭은 문자의 기승전결이다. 수많은 기승전결이 있으므로 제목이 문자를 드러내고 문자가 제목에 들어가도록 한다. 부인 등 나머지 사람들은 문자 중에 쓰이는 호(乎), 야(也) 등의 허자(虛字)에 불과하다고 할 수 있다.…… 만약 더 자세히 검토해 보면 『서상기』는 역시 단지 한 사람을 묘사하기 위한 것이니 그 한 사람은 바로 쌍문이다."36)라고 하여, 소설은 한 사람을 위주로 해야 하지만 평포직서(平鋪直敍)해서는 안 되고 파란만장하여 흥미를 야기시켜야 함을 역설하였다. 즉 인물론을 분석한 것인데, 이 밖에도 작품의 감상법, 평가법, 특징과 내용 등을 소개하여 독서자들의 안내 역할을 하고 있다.

또한 『서상기』 뇌간(賴簡) 총비(總批)에서는 "문장의 묘는 곡절일 뿐이다"(文章之妙 無過曲折)라고 하면서 "문장의 가장 묘처는 다음과 같은 것이다. 눈은 이 곳을 주목하고 있으나 곧장 써내지 않고, 먼 곳으로 가서 출발하여 구불구불 묘사하여 오다 장차 이르려고 하면 잠시 멈춘다. 다시 먼 곳으로 가서 실마리를 바꾸어 다시 출발하여 다시 구불구불 묘사하여 오다 장차 이르려고 하면 또 잠시 멈춘다. 이처럼 실마리를 여러 번 바꾸어 그 때마다 먼 곳으로 가서 구불구불 묘사하여 장차 이르려고 하면 곧장 멈춰버린다. 눈이 주목하고 있는 곳을 다시 말하지 않더라도 사람들은 문장 이외에서 갑자기 직접 보게 된다. 『서상기』는 순전히 이 방법으로 되어 있다."라고 하였다. 이는 작자가 주제나 인물, 사건에 주목해야 하기는 하지만 이를 직접적으로 묘사해서는 안 된다는 말이다. 주인공이 우여곡절

---

36) 『西廂記讀法』 47, 48, 50則, "西廂記止寫得三個人 一個是雙文 一個是張生 一個是紅娘……譬如文字 則雙文是題目 張生是文字 紅娘是文字之起承轉合. 有此許多起承轉合 便令題目透出文字 文字透入題目也. 其餘如夫人等 算只是文字中間所用之乎者也等字……若更仔細算時 西廂記亦止寫得一個人者 雙文是也……".

을 겪어야만 독자의 상상력을 자극하여 흥미를 일으킬 수 있음을 간파한 것이다. 그러나 이런 곡절만을 추구한다면 극의 전개가 애매해져 이해가 어렵게 되기도 할 것이다.

또 그는 '처음[始]'이 중요함을 언급하였는데, 처음의 잘 되고 못 됨이 극 전체의 기력과 신채(神采)를 결정한다고 하였다.『서상기』뇌혼(賴婚) 비어(批語)에서, "극을 쓸 때에는 처음을 잘 다뤄야 한다. 만약 처음 붓을 잘 대면 전편에 걸쳐 기력을 쟁취하게 되지만, 만일 그렇지 못하면 전편에 걸쳐 신채가 감소한다."라고 하면서, 그렇기에『서상기』에서는 장생이 앵앵을 보구사에서 만나 첫눈에 반하는 장면인 '경염'(驚艶)을 일컬어 생(生)이라 할 수 있다고 하였다.『서상기』뇌간(賴簡) 비어(批語)에서는 "행문은 쇠뇌를 당기는 것처럼 그 세를 다하여야 한다. 거의 끊어질 정도가 된 다음에 비로소 놓아야 하는 것이다."라고 하여, 갈등과 충돌을 충분히 묘사하여 돌이킬 수 없는 형세를 빚어내 자연스럽게 고조에 달해야 함을 말하였다.

김성탄의 이러한 소설 평비는 내용면에서나 형식면에서,『삼국지연의』를 평비한 모종강(毛宗岡),『홍루몽』(紅樓夢)을 평비한 지연재(脂硯齋) 등에게 계승, 발전되었으며, 우리나라에도 수입되어 다수의 문인들이 탐독하게 된다.

3. 조선후기 문인들의 중국소설 독서 실태와 그 의미

필자는 조선 후기 문인들의 김성탄 평비본 독서 실태를 조사하기에 앞서 1차적으로 중국소설의 독서 실태를 알아보았다. 조사 대상은 주로 18세기와 19세기 전반기의 문헌들이지만, 17세기[37] 문인 중에서도 매우

---

37) 17세기 이전인 조선전기에 읽혔던 중국소설(설화집 포함)은『太平廣記』,『剪燈新話』,『剪燈餘話』,『效顰集』,『西廂記』,『三國志演義』 등이다. 15세기의 成任(1421

방대한 양의 중국 책을 읽었다고 알려져 있는 허균(1569~1618)의 경우를
포함시켰다.

허균은 『성소부부고』에서 총 500여 권의 중국 서적을 언급했는데, 그
중에는 소설류도 꽤 많이 들어 있다. 『삼국지연의』(三國志演義, 『西遊錄』
跋, 『惺所覆瓿藁』 제13권), 『금병매』(金瓶梅, 「觴政」 『閒情錄』 제18권), 『수
호전』(水滸傳, 『西遊錄』 跋, 『惺所覆瓿藁』 제13권, 「觴政」 『閒情錄』 제18권),
『열선전』(列仙傳, 「列仙贊」, 『惺所覆瓿藁』 제14권), 『잔당오대지연의』(殘
唐五代志演義, 『西遊錄』 跋, 『惺所覆瓿藁』 제13권) 등이 그것이다. 그러나
허균은 본고의 주된 관심사인 김성탄 평비본들이 나오기 전에 몰했기에
그가 읽은 『수호전』은 김성탄이 평비한 것이 아닌, 평비가 없는 본 즉
백문본(白文本)[38])이기에 상세히 고찰하지는 않는다.

다음으로 한국문집총간 소재 18세기의 중요 문인들의 문집을 검토하였
다. 그러나 중국 소설의 독서 흔적은 많지 않았으며, 간혹 있다 해도 『삼국
지』 정도를 거론했을 뿐이거나 피상적인 언급에 그치고 있다. 당시 문인들
의 소설 독서 실태를 정리하면 다음과 같다.[39])

~1484)은 500여 권이나 되는 『태평광기』에서 일부를 뽑아 『태평광기상절』을
펴냈고, 이어 100권에 이르는 『太平通載』를 엮기도 했는데, 이들은 모두 중국소설
들을 選錄한 것이어서 의의가 있다. 이후 연산군은 『전등신화』, 『전등여화』, 『서상
기』 등을 사은사편에 사오게 하였고, 그 중 『전등신화』와 『전등여화』는 印刊하라
고 했으며, 宣祖 역시 『삼국지연의』 등의 중국소설을 접한 듯하다. "벗들에게
들으니, 『삼국지연의』는 허망하고 터무니없는 말이 많다고 하고, 『전등신화』는
저속하고 외설적인 책인데도 板刻하고 여항에서도 印出하니 識者들이 애통해
한다"고 되어 있기 때문이다. 한편 明나라 소설 『오류전비기』는 『오류전전』으로
윤색되어 유통되기도 했으며, 중국소설은 지속적으로 수입되어 독서되었으며
중국어 교재로 사용되기도 하였다. 이상 17세기 이전의 중국소설 독서 기록에
관한 것은 『한국고소설관련자료집』(무악고소설자료연구회 편, 태학사, 2001)
참조.

38) 評批(평점)이 붙지 않은 본을 白文本, 白頭本이라 한다.

39) 이하 문인의 출생 연대순으로 중국소설과 관련된 부분만 정리하였다. 각 문인의
상세한 독서목록은 이 저서와 동시에 단행본으로 출간할 예정이다.

이의현(李宜顯 : 1669~1745)의 『도곡집』(陶谷集, 한국문집총간 180, 181권)에는 총 72권의 중국 서적명이 언급된다. 특히 『운양만록』(雲陽漫錄)에서는 중국소설과 관련된 이야기를 하고 있고,[40] 옥소(玉所) 권섭(權燮)의 어머니이자 『소현성록』, 『한씨삼대록』 등의 가문소설을 필사한 용인(龍仁) 이씨(李氏)의 남동생이므로 중국소설도 상당히 읽었으리라 생각할 수 있다. 그러나 이에 대해서 그다지 긍정적인 시각을 지니지는 않았다. 『수신기』 같은 책은 역사에서 빠뜨린 부분을 메울 수 있다는 점을, 『수호전』과 『서유기』 같은 책은 내용이 새롭고 공교하며 사용한 어휘가 기이하다는 점을 비교적 긍정적으로 평가하고는 있지만, 종합적으로는 이들 소설들은 정사(正史)를 어지럽히고 남녀의 일을 외설스럽고 문란하게 하니 엄숙한 선비가 가까이할 만한 것이 못 된다고 하면서 이런 책들을 좋아하여 파적거리로 삼는 것은 탄식할 만하다고 비판하고 있다. 그는 또 1720년에 연경에 다녀온 후 쓴 『연행잡지』(燕行雜識)에서 중국에서 구한 책명을 나열하고 있는데, 왕세정과 왕사정, 진계유 등의 책들도 들어 있다.

이하곤(李夏坤 : 1677~1724)의 『두타초』(頭陀草, 한국문집총간 191권)에는 총 21권의 중국서적이 언급되는데, 공안파의 일원인 원소수(袁小修)의 글을 읽은 것이 특기할 점이며 중국소설에 대한 언급은 없다.

이광사(李匡師 : 1705~1777)의 『원고집』(圓嶠集, 한국문집총간 221권)에는 총 10권의 중국서적이 언급되는데 소설은 없다.

이용휴(李用休 : 1708~1782)의 『탄만집』(한국문집총간 223권)에는 10권의 중국서적이 언급되는데 소설은 없다. 그러나 또 다른 저서 『혜환잡저』

---

40) 李宜顯, 『陶谷集』 권27, 雜著 「雲陽漫錄」(한국문집총간 181), 431쪽, "稗官小說 自漢唐以來代有之 如搜神記等書 語多荒怪而文頗雅馴 其他諸種間亦有實事 可以 補史家之闕遺 備詞場之採掇者 至如水滸傳西遊記之屬 雖用意新巧 命辭怪奇 別是 一種文字 非上所稱諸事之例也 而明人劇賞之 加以俗尙輕浮佚蕩 輒膺作一副說話 以售於世 大抵皆演成史傳與男女交歡事也 演史出而正史蹟汩亂 本不當觀 男女之 事又多猥鄙淫媟 尤非莊士所可近眼 而近來人鮮篤實 喜以此等小記 作爲消寂遣日 之資 甚可歎也".

(惠寰雜著) 권12에는 『서수호전후』(書水滸傳後)를 쓴 것이 주목받을 만한데, 여기서 그는 『수호전』의 문장이 비상하다고 감탄하였다. 그의 형 이광휴(李廣休)도 역사책이나 패관소설류를 보기 좋아했다고 하니[41] 집안 전체가 소설을 애호하던 분위기였던 듯하다. 이용휴는, 명나라의 이지(李贄)가 천리(天理)나 도(道)는 밥 먹고 옷 입는 일상생활 밖에 존재하는 것이 아니라고 주장한 것과 같은 생각을 갖고서 일상적 삶에서의 인간의 참 모습과 개인의 개성적 정서를 추구하였으며, 이는 이덕무나 박제가 등에게 이어졌다고 할 수 있다.[42]

안정복(安鼎福 : 1712~1791)은 『순암잡록』(順菴雜錄)에서, 중국소설 몇 가지를 보니 그 평론이 신기하고 문법도 기이하다고 말하였으나 또 다른 저서 『잡동산이』(雜同散異)에서는 중국소설을 독서한 흔적을 찾을 수 없었다. 총 17권의 중국서적을 언급했는데, 경전과 역사서를 주로 읽었다. 『오대사』(五代史), 『남사』(南史), 『한서』(漢書), 『금사』(金史), 『통감』(通鑑) 등의 역사서를 다독(多讀)한 것이 특징적이며 이 밖에 『주례』(周禮), 『이아』(爾雅), 『문선』(文選) 등의 책을 읽었다.

홍양호(洪良浩 : 1724~1802)는 『이계집』(耳溪集, 한국문집총간 241권)에서 20여 권의 중국서적을 언급했으나, 경전류가 대부분이라 특기할 것은 없다. 단, 서학(西學)에 관한 견해를 피력한 부분은 있다.

위백규(魏伯珪 : 1727~1798)는 『존재집』(存齋集, 한국문집총간 243권)을 통해 볼 때에 사서삼경(四書三經) 이외에 『소학』(小學), 『근사록』(近思錄), 『한서』(漢書) 등을 읽은 것 외에는 중국서적이라 할 만한 책을 언급한 적이 없다. 향촌 사족이기에 당시의 신문물이라고 할 수 있는 중국서적의 세례를 받지 못한 것으로 보인다.

홍대용(洪大容 : 1731~1783)은, 『담헌서』(湛軒書, 한국문집총간 248권)

---

41) 박준호, 「혜환 이용휴 문학 연구」, 성균관대 박사학위논문, 2000, 68~70쪽.
42) 박준호, 위의 논문, 80~98쪽.

를 조사한 결과, 중국소설을 독서한 흔적이 없다. 다만, 경전류와 문학서적 들을 독서했을 뿐인데, 주희(朱熹)의 『태극도해』(太極圖解), 『주자가례』(朱子家禮), 『주자대전』(朱子大全), 『주자어류』(朱子語類) 등과, 『문선』(文選), 황간(黃幹)의 문집인 『황면재집』(黃勉齋集), 소강절(邵康節)의 문집인 『소자전서』(邵子全書), 왕어양(王漁洋)의 시집인 『감구집』(感舊集) 등을 읽었다.

성대중(成大中 : 1732~1809)의 『청성집』(靑城集, 한국문집총간 248권)에서는 구십주가 그린 수호지(水湖志) 그림에 쿨여 쓴 글인 「서구십주수호축후」(書仇十洲水滸軸後)[43]에서 『수호전』이 세상을 경계하는 작품이라는 언급만 하여 그리 비판적이지는 않은 견해를 보였다. 그러나 「감은시서」(感恩詩紋)[44]에서는 패사(稗史)나 어록(語錄), 이허(俚諧) 등이 당시의 문체가 순정한 고문으로 회복되는 것을 방해한다고는 하여, 소설 전체에 대해서는 비판적 견해를 보였다.

이긍익(李肯翊 : 1736~1806)의 『연려실기술』(燃藜室記述)에는 36권의 중국서적명이 제시되는데, 소설과 관련되는 서목은 없다.

박지원(朴趾源 : 1737~1805)의 『연암집』(燕巖集, 한국문집총간 252권)에는 132권의 중국 서적이 언급된다. 그 중 60여 권은 『열하일기』(熱河日記) 중의 「도강록」(渡江錄)에서 제시되는데, 연암이 청나라 사람에게 빌려온 책들이다. 이에는 이탁오의 『분서』(焚書), 『장서』(藏書)와 고염무의 『일지록』(日知錄) 등 문제적인 저작들도 다수 들어 있으며, 서위, 왕사정 등의 저서도 보인다.

이덕무(李德懋 : 1741~1793)는, 『청장관전서』(靑莊館全書)를 검토한 결과, 약 1,100여 권에 달하는 다방면의 중국서적을 언급하였다. 『수호전』, 『삼국지연의』, 『서상기』, 『금병매』 등 당시 유행하던 중국소설들을 모두

---

43) 成大中, 「書仇十洲水滸軸後」, 『靑城集』 권8(한국문집총간 248), 505쪽.
44) 成大中, 「感恩詩紋」, 위의 책.

읽은 듯하나, 부정적인 견해를 보이는 것이 특징이다. 지금의 고질적인 폐단은 중원을 흠모하고 소설을 좋아하는 것이라고 하면서 연의소설의 백화와 공안파 문인들 문장의 속담과 속어를 비판했으며, 모종강의『삼국지연의』평비본에서 그 논평한 글이 너무 추해 던지고 나왔다고 하거나,[45] 후배 문인 박제가에게 소설 및 명말 청초에 사용하던 비속하고 경박한 구기(口氣)는 쓰지 말라고 당부하였다.[46] 김성탄 평비본에 대한 견해도 눈에 띄는데, 다음 장에서 다루기로 한다.

유득공(柳得恭 : 1749~?)의『영재집』(泠齋集, 문집총간 260권)에는『당송원명 제가시집』(唐宋元明 諸家詩集),『산해경』(山海經),『이아』(爾雅) 등 총 10권의 외국서적이 언급되었는데, 그 중 한 권은『일본시선』(日本詩選)이라는 점이 특이하다.

박제가(朴齊家 : 1750~1805)의『정유각집』(貞蕤閣集, 문집총간 261권)에는 총 6권의 중국서적이 언급되지만 소설과 관련되는 것은 없다. 그러나 중국인 육비, 엄성, 반정균 등에 대한 기록을 적는다든지(정유각집, 606면), 명나라 사신과 조선의 접대관이 창화(唱和)한 시를 모아놓은『황화집』(皇華集)에 대해 서술한다든지(『정유각집』, 663면) 독서의 필요성을 자주 언급(『정유각집』, 440 · 615 · 672쪽)한 것으로 보아, 언급된 서적 이외에도 독서한 중국서적은 많았으리라 짐작할 수 있다.

이만수(李晩秀 : 1752~1820)의『극원유고』(屐園遺稿, 문집총간 268권)에는 총 34권의 중국서적을 독서한 흔적이 있는데,『시경』,『대학』,『중용』등 기본 경전들과 철학 · 역사에 관한 책이 대부분이고, 소설류는 발견되지 않았다. 그러나 이유원(李裕元)의『임하필기』(林下筆記)에 의하면, 이만수가 김성탄이 비평한『서상기』와『수호전』두 작품을 선물로 받고 그것을

---

45) 李德懋,「族姪復初光錫」,『雅亭遺稿』卷之七,『靑莊館全書』권15(『국역 청장관전서』3, 민족문화추진회, 1979), 136~137쪽.

46) 李德懋,「與朴在先齊家書」,『刊本 雅亭遺稿』卷之七,『靑莊館全書』권20(『국역 청장관전서』4, 민족문화추진회, 1979), 203~209쪽.

읽자마자 '이 책들이 문자의 변화를 이렇게 닳이 가질 수 있을 줄을 몰랐다'
고 경탄하면서 그 후부터 문체가 일변하였다47)는 기록이 있다. 하지만
이렇게 어떤 이가 그의 독서 사실에 대한 기록을 남기기는 하였으나 정작
본인의 문집에는 별다른 흔적이 없는 경우가 종종 있다. 국왕인 정조의
패관 금지가 엄격했기 때문일 것이다.

이서구(李書九 : 1754~1825)는, 『척재집』(惕齋集, 문집총간 270권)을 검
토한 결과, 경전 위주의 독서를 했음을 알 수 있었고, 총 49권의 중국서적을
언급하고 있다. 문학과 철학 책을 주로 읽었으며, 역사서들도 간혹 들어
있다. 특기할 만한 책은 없다.

유만주(兪晩柱 : 1755~1788)의 『흠영』(欽英)에는 총 438권의 중국서적
이 언급되는데, 그 중에서 소설은 약 45권 정도이다. 청대의 백화장편소설
인 『석주연의』(石珠演義) · 『행화천』(杏花天) · 『금향정』(錦香亭), 『수호전
』, 『수호전』 속편인 『수호후전』(水滸後傳), 『삼국지연의』(三國志演義),48)
『서유기』(西遊記), 『금병매』(金瓶梅), 『금병매』 속편격인 『매옥전기』(梅玉
傳奇), 백화단편소설집인 『서호가화』(西湖佳話) · 『두붕한화』(豆棚閒話),
명말청초의 『쾌심편』(快心編) · 『운선소』(雲仙嘯), 그 밖에 『전등신화』(剪
燈新話), 『요제지이』(聊齊志異), 『서상기』(西廂記), 『옥합기』(玉合記) 등 잘
알려진 중국의 소설, 희곡들을 독서한 것으로 파악된다. 『서유기』(西遊記)
는 금단의 큰 도를 이야기하는 책이며 본연의 이치를 발현하기도 하고
비꼬는 말과 은근한 말로 요점을 은근히 말하기도 하고 진실을 드러내기도
한다고 극찬하였고,49) 『삼국지연의』는 임기응변에 뛰어나고, 『수호지』는

---

47) 李裕元, 「喜看稗說」, 『春明逸史』 3권, 『林下筆記』 권27(성균관대 대동문화연구원),
682쪽.

48) 유만주가 소설을 독서한 후 어떤 식의 감상을 남겼는지 그 한 예를 들어본다.
『흠영』 4권, 1781. 12. 22., 207쪽, "나는 동원(나관중)이 매우 묘리가 있는 사람임을
알았다. 후세에 문장이 전해질 것이 없음을 알고 『삼국지연의』와 『수호전』 두
가지의 기이한 책을 연의한 것이다"(知東原是極妙理底人 盖識得後世文章之無以傳
後 故通演 三國水滸 二大奇書).

의기가 뛰어나며,『서상기』는 정회에 뛰어나고,『금병매』는 인정물태에 뛰어나다50)고 '사대기서'(四大奇書)에 대해 평하기도 하였다. 김성탄이 평비한『수호전』과『서상기』에 대한 독서 기록도 남기고 있으니 다음 장에서 살피기로 한다.

장혼(張混 : 1759~1828)은『이이엄집』(而已广集, 문집총간 270)에서 총 69권의 중국서적을 독서했으며, 경전과 역사서 위주로 읽었다.『수호전』에 대해 언급한 것은 특기할 만하다. 이는 김성탄이 평비한 것을 읽은 것으로 추정되므로 뒷장에서 다룬다.

이옥(李鈺 : 1760~1813)은『담정총서』(薄庭叢書) 소재 그의 저작들51)을 검토했더니, 51권의 중국서적이 언급되었는데 특히 소설 독서 흔적이 곳곳에서 보인다는 점에서 주목할 만하다.『서상기』,『전등신화』,『정사』(情史),『금병매』,『육포단』(肉蒲團) 등 애정을 소재로 한 소설들을 주로 읽었다. 이런 것들이 바탕이 되어 애정소설인『심생전』(沈生傳)을 지을 수 있었던 듯하다.

김려(金鑢 : 1766~1821)의『담정유고』(薄庭遺藁, 한국문집총간 289권)에는 총 5권의 중국서적명이 제시되어 있는데, 소설류는 없다.

남공철(南公轍 : 1760~1840)의『금릉집』(金陵集, 한국문집총간 272권)에는 총 23권의 중국서적이 언급되었으나 소설과 관련되는 것은 보이지 않았다.

---

49)『흠영』2권, 1779. 12. 22., 585쪽, "西遊一書 講金丹大道 或正言 或反說 或寓意 或設象 或戲謔閑情 發本然之理 或冷語微詞 示下手之功 或隱指其要訣 或顯露其眞傳 橫竪側出 旁通曲喩 千魔萬怪 無非止講得修性命二字 止修得先天眞一之氣而已".

50)『흠영』1권, 1776. 12. 30., 280쪽, "蓋嘗就四大奇而斷之 三國 戰爭之奇也 故其書長於機辯 水滸 衰亂之奇也 故其書長於氣義 西廂 幽艶之奇也 故其書長於情懷 第一 炎凉之奇也 故其書長於人情物態".

51) 실시학사연구회 편역,『李鈺全集』1・2・3, 소망출판사, 2001을 대상으로 함.

이상에서 총 30여 명의 17·18세기 문인들의 문집에서 외국 서적, 특히 중국서적의 독서 양상을 살펴보았다. 적게는 4권에서 많게는 오백여 권에 이르기까지 외국 서적을 접했음을 알 수 있었으며, 평균적으로 30여 권 정도의 중국책을 읽었던 것으로 파악된다. 그러나 거의 경전류나 철학, 사상서, 역사서 종류이고 본고의 주된 관심인 소설류는 많지 않았다. 이는 당시에 나라에서 패관소품이나 명말청초의 문집, 소설류를 수입하지 못하게 한 데에서 연유하는 듯하다. 정조(正祖)는 중국서적을 수입할 때에 경전류를 특히 선호했으며, 불경서적이나 천주교 서적, 패관소품 등의 수입을 금지시켰다. 또한 『수호전』, 『서상기』 따위의 소설은 관청에 내장되어 있던 것까지지도 다 버리게 하였다.52) 이러한 상황은 『홍재전서』에서 중국소설명이 거론되는 횟수를 조사한 결과에서도 드러나는데, 『삼국지』가 4회, 『수호전』이 1회, 『서상기』가 1회 언급되었을 뿐이다. 총 900여 권의 중국서적이 언급된 것에 비하면 중국소설의 비중은 거의 없다고 해도 과언이 아니다. 하지만 이렇게 국책으로까지 중국소설의 수입을 금지시킨 이유를 되짚어 생각해 본다면 그만큼 이들 소설의 독서가 만연해 있고 영향력도 컸기 때문이라 여겨진다. 비록 눈에 띄는 소설 독서기록을 찾지는 못했지만, 문집들을 상세히 검토한 결과이기에 본고의 연구결과는 소중한 자료가 될 수 있을 것이라고 본다. 또한 앞에서 살펴본 중국소설 독서 상황에 대한 몇몇 기록은 당시에 얼마나 중국소설 독서가 성행했는지, 그 소설들에 침혹한 사람들이 많은지를 알려주었기에 의미가 있다.

4. 조선후기 문인들의 김성탄 평비본 독서 실태와 독서 담론

조선 후기 우리 문인의 기록에서 김성탄의 이름이 처음 거론되는 것이

---

52) 신양선, 앞의 책, 130~131쪽.

74

어디에서인지는 불분명하다. 다만 앞에서도 언급했듯이 1737년에 몰한 조귀명이 김성탄의 「수호전 구서」를 좋아하여 자신의 시문집 안쪽에 베껴 놓은 것으로 볼 때에 그 이전부터 암암리에 수입되어 문인들에게 읽혔음을 알 수 있다. 이후, 안정복은『순암잡록』에서 "내가 당판(唐板) 소설을 보니 『삼국지』,『수호지』,『서유기』,『금병매』 등 사대기서가 있다.……『삼국 지』한 함을 보니 그 평론이 신기하여 볼 만한 게 많고, 범례도 볼 만하며, 그 서문 역시 기(奇)라는 한 글자로 뜻을 이루고 있었으며, 문법 또한 기이하 였다. 그 사람을 고구해 보니 김인서, 모종강이고, 시대를 고구해 보니 순치갑신(1644년)이다. 그런데 김인서, 모종강이 어떤 사람인지 알 수 없 다."53)고 하였다. 여기서 언급한『삼국지』평비본은 실은 김성탄보다 후대 인인 모종강이 선배 비평가인 김성탄의 이름을 빌어 평비한 것이어서 김성탄과 직접 관련되지는 않는다. 하지만 김인서는 김성탄의 다른 이름이 니, 18세기 전반의 문인들은 김성탄의 이름 정도는 알고 있었지만 정확한 실상에 대해서는 잘 모르고 있었던 듯하다.

그러나 18세기 중·후반 문인들에 오면 김성탄 소설 평비본을 애독했던 실상을 종종 접할 수 있다. 그 예들로는, 홍봉한(洪鳳漢)의 아들 홍낙인(洪樂 仁 : 1740~1777)이『수호전』을 읽은 후 「청김역홍철독수호전」(聽金譯弘 喆讀水滸傳)을 지은 일이나 남인(南人)의 일원인 홍의호(洪義浩 : 1758~ 1826)가 「우열성탄평수호전희음」(偶閱聖歎評水滸傳戲吟)를 지은 일, 남인 의 서얼 문사인 이재운(李載運 : 1711~1782)이 김성탄의『서상기』평비본 에 붙은 두 개의 서(序)를 본떠 「위서일통곡」(慰序一慟哭), 「사서이류증」(謝 序二留贈), 「하전후우지」(賀前後遇知)라는 세 편의 글54)을 지은 일 등을

---

53) 安鼎福,『順菴雜錄』42책, "余觀唐板小說 有四大奇書 一三國志也 二水滸志也 三西 遊記也 四金瓶梅也 試觀三國一匣 其評論新奇多可觀 其凡例亦可觀 其序文亦以奇 字命意 而文法亦甚奇 考其人則金人瑞毛宗崗也 考其時則順治甲申也. 未知金人瑞 毛宗崗爲何如人".

54) 심익운 등 저,『江天閣消夏錄』(국립중앙도서관 위창문고 소장본).

들 수 있다. 19세기의 여항 시인 류최진(柳最鎭 : 1791~1869)도 명·청의 글들을 필사한『학산수초』(學山手抄)[55]에 김성탄 평비본『서상기』(西廂記) 서문인「통곡고인」(慟哭古人),「류증후인」(留贈後人) 등을 베껴 놓았다.[56]

이렇듯 18·19세기 문인들의 김성탄 소설 평비본 애호 현상은 여러 독서후시와 베껴놓은 글들에서 잘 드러난다. 한편, 유만주, 이덕무 등의 저서를 통해서도 김성탄 평비본에 대한 상당량의 독서 흔적이 보이니, 우선 유만주의 경우를 살펴보기로 한다. 18세기 경화사족 문사인 유만주의 방대한 독서일기인『흠영』에는 저자 자신이 독서한 일이나 독서평이 들어 있거니와 교유 인물이나 당대 유명 문사들의 일화나 글에 대한 평도 들어 있기에 당시의 문단 상황에 대해 다양한 정보를 주고 있어서 흥미롭다.

먼저 저자 자신이 김성탄의 서적을 독서한 후의 평을 살펴 보기로 한다.

· 세상에서 뛰어난 기이한 문장인 성탄의 말을 뽑아서 베껴 적었다.[57]
· 관화당이 엮은 문장들은 곧 신이한 그림이다. 오도자의 용의 그림에서도 하지 못했던 것을 여기에서 마저 다 그렸다.[58]
·『수호전』의 평비한 말이 매우 신이하다 문장이 매우 험하여 묘사하기 어려운 대목을 김성탄은 쉽게 펼쳐놓았으니, 읽으면 문장가가 문장을 생동감 있게 하는 법을 깨달을 수 있다.[59]
·『수호전』좋은 본을 사면 마땅히 '흠영외기'라고 표제를 달아야겠다. 검속하는 방법이나 노략질하는 방법에 있어서 그 각탁, 별진, 사궤, 밀봉, 잠운하는 것 등이 모두 쓸 만한 방법이다.[60]

---

55) 柳最鎭,『學山手抄』(국립중앙도서관 위창문고 소장본).

56) 김영진, 앞의 논문, 57쪽.

57)『흠영』1권, 1776. 11. 15., 259쪽, "抄絶世奇文聖嘆之言".

58)『흠영』1권, 1776. 11. 24., 260쪽, "貫華堂通篇文字 只是一部神畵 道子龍眼之畵不得者 於此畢畵之".

59)『흠영』2권, 1779. 11. 12., 556쪽, "水滸 斷辭極神 凡文字至險難寫處 (聖)嘆乃能容易展拓之 讀之可以悟文章家活法".

- 『수호전』은 음모와 속임수에 관한 책이요, 인정세태에 관한 책이요, 혼돈스런 세상을 환히 밝혀낸 책이며, 둘이 있을 수 없는 책이다.[61]
- 『수호전』에는 대유학자, 호걸, 명사, 열사, 명장, 효자, 의로운 종, 간웅, 모사, 용사, 신선, 도사, 명의, 승려, 노인, 어린아이, 서생, 평민, 아전, 병졸, …… 등을 그려냈는데, 각각의 신분과 성격을 가지가지로 나타내었다. 재주 있는 자가 아니라면 어찌 이것을 할 수 있겠는가?[62]

이상을 볼 때에 유만주가 김성탄의 작품을 읽고 얼마나 깊이 빠져 들었는지를 알 수 있다. 명문을 뽑아 베껴 쓰기도 하고, 그의 문장에 대해 오도자의 용 그림처럼 생생하다고 감탄하기도 하였다. 특히『수호전』의 평비가 매우 신이하다고 했으며 지금 읽은 본 이외에 다른 더 좋은 본을 사면 여기에 자신의 독서일기 제목인 '흠영'이라는 말을 붙여서 '흠영외기'라고 하겠다고 할 만큼 애착을 가지고 있음을 보았다. 그러면서 김성탄 평비본의 가치를 매우 높이 평가하여 세상에 둘이 있을 수 없을 정도라고 하였다. 마지막 인용문은 특히『수호전』이 각계각층의 여러 인물들을 적확하게 설정하고 묘사한 점을 들어 호평하고 있는데, 이는 김성탄이 소설을 평할 때에 인물 성격의 문제에 세심하게 주의를 기울이면서 그 묘사에 따라 작품 전체의 성공 여부가 판가름 날 정도라고 하면서『수호전』은 108인의 성격을 108가지로 묘사해 낸 점이 잘 한 점이라고 한 것과 같은 말이다. 김성탄의 소설 비평 방법을 그대로 수용하는 모습이다. 다음으로는『서상기』평비본을 독서한 후의 감상들을 보도록 한다.

---

60) 『흠영』5권, 1783. 8. 14., 37쪽, "得購水滸佳本 當題以欽英外記 用攝入之法 用行掠之法 其各坼別進私饋密封兼幷潛運 皆在可用之科".

61) 『흠영』5권, 1784. 4. 23., 216쪽, "水滸 是栬謀機詐之書也 是人情世態之書也 是開鑿混沌之書也 是不可有二之書也".

62) 『흠영』5권, 1784. 4. 24., 217쪽, "水滸寫大儒·豪傑·名士·烈士·名將·孝子·義僕·奸雄·謀士·勇士·眞人·道士·名醫·釋子·老人·小兒·書生·平民·胥役·士卒·工匠·水戶·漁人·獵戶·店子·屠兒·光棍·昏君·奸臣·贓官·汚吏·淫女·姦夫·偸兒·强盜 各有身分性格 色色誦現 非才子 安得出此".

· 새로운 평이 있기에 관화당의 『서상기』를 늠에게 보여주었다.63)

· 관화당의 책을 읽었다. 혹은 『서상기』는 거울 속의 꽃, 물 속의 달, 기러기의 발자국, 눈 위의 흔적 같은 글이라고 말하였다.64)

· 나는 『서상기』가 불경의 체제를 지니고 있음을 비로소 알았다. 불경은 긴 글 사이에 게송을 끼워넣었고, 『서상기』는 문장 사이에 시가를 섞어 놓았다. 그러니 『서상기』 독법과 불경의 설경은 같다. 그리고 겉으로 제목을 내세워서 그 의미를 부연하는 것은 또 『금병매』 등의 여러 책의 연원이 되었으니, 불경과 소설은 실상은 표리관계이다.65)

· 그 전에 보았던 소설 중에서 떠도는 나그네의 모습을 형용한 것이 더러 있었는데, 그림으로도 미치지 못할 정도였으니, 다음과 같다. "높고 낮은 길은 구불구불, 사방에선 바람 불어와 좌우로 어지러이 스러지네.66) 푸른 산 맑은 물을 두루 다니면서 들풀과 그윽한 꽃 하염없이 보았네. 가을이 깊어갈 때에 서벽닭이 울면 일찍 떠나는 것이 좋다네. 깊은 밤 하늘은 맑은 서리 맞이하고 밝은 달 구경하네. 한겨울 엄동시절 낙숫물도 얼어붙는 때,67) 길 옆을 바라보니 황량한 들판엔 말라버린 나무와 쓸쓸한 갈가마귀. 성긴 숲엔 어스름한 해가 비스듬히 비치고, 저물녘 눈 내리니 얼어붙은 구름은 길 잃어 늦게야 넘어가네. 산 하나 지나가니 또 산 하나 다가오고, 뒷마을을 지나니 앞마을이 바라다 보이네. 보이는 것은 온 하늘엔 이슬 기운, 땅 가득 서리꽃뿐이라. 새벽별이 막 떴는데, 잔월이 아직도 밝구나.68) 등불도 밝지 않고 꿈도 꾸어지지 않네. 사르르, 이는 바람이 격자창 지나는 소리. 트르르, 이는 문풍지가

---

63) 『흠영』 6권, 1786. 7. 25., 270쪽, "示貫華西相于凜以有新評".

64) 『흠영』 1권, 1775. 1. 22., 10쪽, "閱貫華堂書 或言 西廂一部 是鏡花水月鴻爪雪痕之文也".

65) 『흠영』 2권, 1778. 9. 9., 201쪽, "余始知西廂 是一部內典體 內典以偈間長行 西廂以詞雜記文 而西廂讀法 與內典說經同 而其表立名號 演其意趣 又開金瓶題書之淵源 內典 小說 實相表裏".

66) 『西廂記』 4본 4절, "下下高高 道路曲折 四野風來 左右亂靸".

67) 『金瓶梅』 71회, "數九嚴寒之際 點水滴凍之時".

68) 『西廂記』 4본 4절, "只見一天露氣 滿地霜華 曉星初上 殘月猶明".

내는 소리.69) 모두 절묘하구나."70)

이 밖에도 여럿 있으나 이 정도를 보이는 것으로 갈음한다. 이상의 글들에서 유만주가 김성탄의 평비본을 독서한 실태와 독서한 후의 감상을 알 수 있는데, 거의가 그 '기이한 문체'와 '비평의 적확함'에 감탄하는 언급들이다. 그러면서 이를 배우기 위해 베껴 쓰는 대목도 있었으며, 특히 마지막 예문에서는 김성탄의『서상기』평비본의 구절들을 완전히 소화하여 자신의 문장 속에 녹여 내고 있는 모습을 볼 수 있다.

다음으로는 유만주가 동시대 문인의 글을 평가하면서 김성탄의 평비본을 거론하는 경우를 보자. 앞에서 유만주가 말하기를, 이용휴는 성탄의 글을 모방해서 문체가 기이하다고 하였다. 그 양상은 구체적으로 문장에서 전혀 '之, 而' 같은 글자를 구사하지 않는 반면 시에서는 '之, 而'와 같은 자를 전혀 꺼리지 않는, 일반 문인들과는 반대의 작법을 사용하는 것이다. 그래서 이것이 병통이 되기도 하고 기이함이 되기도 한다고 하였다. 또 그는 소장하고 있는 책이 많은데 거의 기이한 문장과 색다른 책이라고 하였다.71) 이는 아마도 명나라의 김성탄이나 공안파의 책들일 것이다.

유만주는 당시 문단의 거두였던 연암(燕巖)의 글에서도 김성탄의 흔적을 찾아내고 있는데, "연암이 김성탄이나 원굉도를 본뜬 것은 잘 하였으니

---

69)『西廂記』1본 3절, "燈兒又不明 夢兒又不明 窓兒外 淅冷冷的風透疎櫺 忒楞楞 是紙
條兒鳴".

70)『흠영』4권, 1781. 9. 17., 80쪽, "曾見小說中 往往形容行途覊旅之狀 殆畵之不如
下下高高 道路拘折 四野風來 左右亂趍 歷徧了靑山緣水 看不盡野艸閑花 秋深時鷄
鳴 早行起止好 有四更天氣 迎着淸霜 看着明月 數九嚴寒之際 點水滴凍之時 一路上
見了 荒郊野途 枯木寒鴉 疎林淡日影斜暉 暮雪凍雲迷晩渡 一山行盡一山來 後村已
過前村望 止見一天露氣 滿地霜華 曉星初上 殘月猶明 燈兒是不明 夢兒是不成 淅冷
冷 是風透疎櫺 忒楞楞 是紙條兒鳴 皆妙絶".

71)『흠영』5권, 1781. 1. 13., 121쪽, "惠寰詩百餘篇 當以軸覽 此人文章極怪 於文則全不
使之而字 而於詩則全不避之而字 決要殊異於衆 此固一病 而亦一奇也 惠寰藏書頗
富 而所有皆奇文異冊 無平常者一秩 盖其奇 實天性也".

그의 재주가 김성탄류의 문장에는 능하다."[72]라고 평가한 것이 대표적이
며, 다음과 같은 구절도 있다.

> 달이 매우 밝고 매우 차갑다. 아버지를 모시고 연암(박지원)과 금대(이가
> 환)의 문장에 대해 논했다. 문장은 매우 뛰어나지만 사람됨은 매우 잡스러
> 우니 참으로 애석하다. 『시본』 제1서·2서와 평제(評題)를 꺼내 보았는데,
> 완전히 김성탄의 『서상기』 평비를 배웠지만, 반쯤 벙어리가 된 듯하여
> 제대로 이루지는 못하였다.[73]

이처럼 동시대의 문인이 김성탄이 평비한 『서상기』나 『수호지』에 침혹
됨을 언급하는 대목들이 간혹 발견되었는데, 남공철은 친구 이현수에게
보내는 편지에서 "나는 관아에서 종일토록 서찰과 장부를 관리하는 데
매여 있는데, 그대는 손 안에 『서상기』 한 권을 들고서 바위, 대나무, 꽃
사이를 편안히 오가니 마치 신선 중의 인간인 것 같네."[74]라고 하였으며,
또 당시의 유명 화가인 최북이 『서상기』, 『수호전』 등의 책을 읽기 좋아했
다[75]고 서술하고 있다.

이렇게 유만주는 연암이 김성탄류의 문장을 잘 하였다고 했으며, 연암
자신도 자신의 글 중에서 김성탄과 원굉도류와 비슷한 것을 사람들이
좋아한다고 했지만, 앞에서 서술했듯이 『연암집』에는 연암이 김성탄이나
원굉도의 글을 읽은 흔적이 없다. 그래서 연암 문장과 김성탄류의 문장의
상사성의 소인을 알기 어려웠으나, 최근 한 연구에 의하면 연암이 자신의

---

72) 각주 17) 참조.

73) 『흠영』 6권, 1785. 11. 13., 71쪽, "月極明極寒 侍議燕錦之文 文則絶尤 人則絶雜
　　殊可惋惜也 出閱詩本序一序二及評題 純學貫華西廂 而半啞不成".

74) 南公轍, 「與李元履顥綬尺牘」, 『金陵集』 권10(한국문집총간 272권), 181쪽, "衙齊終
　　日 抱牘治薄領 如足下手裏播西廂記一卷 婆娑石竹花下 想來若神仙中人矣".

75) 南公轍, 「崔七七傳」, 『金陵集』 권13(위의 책), 250쪽, "七七好讀西廂記 水滸傳諸
　　書".

80

개인용 원고지에 '김인서 외서'(金仁瑞 外書)라고 하여 김성탄 평비『서상기』를 한 권 베껴 쓰고 또 한 권에는 원굉도의 글들인 「광장」(廣莊), 「병사」(瓶史), 「상정」(觴政)을 베껴 쓴 것이 발견되었다고 한다.[76] 그러니 당시 문단의 거두였던 연암도 이들 명말청초 문인들의 글을 탐독하고 이를 자신의 사유와 문장에 담아내었음을 알 수 있다.

추재(秋齋) 조수삼(趙秀三 : 1762~1849)도 동시대 문인인 노긍(盧兢 : 1738~1790)의 글을 본 뒤 "일을 기록한 곳에서는 모두『수호전』의 구절들을 끌어서 논단했으며, 논의하는 곳에서는『서상기』의 평어를 따라 쓰고 있습니다. 때때로 군색하고 구차한 곳에서는 문득 층층의 산봉우리로 사람의 눈을 막는 것 같으니 진실로 가소롭습니다. 고문은 전기(傳奇)가 아니니 어찌 김성탄이나 이탁오가 할 수 있는 것이겠습니까?"[77]라고 평하고 있다. 노긍이라는 문사가 글에 패관(稗官)의 어휘를 사용하면서 경사(經史)의 기미를 살리지 않는다고 비판한 후에 이렇게 쓰고 있으니, 노긍이나 추재 모두 평어가 붙어 있는『서상기』, 즉 김성탄의 평비본을 읽었음을 알 수 있다. 또 같이 언급되는 작품이『수호전』인 것으로 보아 이 작품도 김성탄의 평비본임이 드러난다. 그러니 당시에 문장이 기이하거나 패관의 기미를 보이는 문사들은 거의 김성탄의 소설 평비본 독서에 심취했으며 그에 큰 영향을 받았음을 알 수 있다.

동시기의 중인(中人) 문사 장혼(張混 : 1759~1828)도 「독수호전」(讀水滸傳)에서 자신은 패관이나 전기류를 좋아하지 않아서 여태껏『삼국지』몇 권 읽은 일밖에 없는데 올 여름에 병이 심해지자 자제들이『수호전』을 가져왔다[78]고 하면서 다음과 같이 독서후평을 남기고 있다.

---

76) 강명관, 「연암 박지원과 공안파」(한국고전문학회 동계학술대회 2003년 2월 발표집), 21~22쪽 참조.

77) 趙秀三, 「與蓮卿」, 『秋齋集』 권8(한국문집총간 271권), 528쪽, "故每於記事處 引斷水滸句讀 論議處循襲西廂評語 時遇窘迫苟且處 忽以遙遙葱嶺 遮暎人目 誠極可笑也 古文旣非傳奇 則豈聖歎卓吾之可爲者哉".

처음에는 눈으로 슬쩍 보다가 시험 삼아 그림을 따라 넘겨보았다. 반쯤 읽은 후에도 나이 어린 젊은이들이 이 책게 빠져 미혹되고 날마다 입에 달고 있으며 좋아하여 손에서 놓지 않는 것이 왜 그런지 의심스러웠으며 어느 부분이 좋아서 그러한지 깨닫지 못했었다. 그 용사는 말을 잘 하는 것에 불과하며, 이리저리 꿰매고 뒤섞어 엮은 것이며 줄기와 실마리가 없고, 그 작법은 오로지 우스꽝스러운 말놀이일 뿐이어서 머리 부분을 바꾸거나 꼬리 부분을 바꾼 것에 불과하며, 모조리 상투구를 따른 것으로서, 이 책의 문장의 기이함이 다른 책보다 더 기이하다고 할 수 없었다. 다만 성탄씨의 재주는 진실로 기이하니, 기이한 재주를 춤추듯 표현하고, 기이한 필법을 현기증이 날 정도로 휘두르니 이 문장이 기이하다고 할 수 있다.[79]

라고 하여 『수호전』 자체에 대해서는 심드렁한 태도를 보이나 김성탄의 재주만큼은 인정하고 있다. 이 글로 보아 당시 독서자들이 중국소설 『수호지』의 내용보다도 이를 평비해 놓은 김성탄의 글에 주안점을 두어 독서했음을 알 수 있겠다.

또한, 앞 절에서 보았듯이, 중국소설을 읽은 기록을 남긴 몇 안 되는 문인 가운데 한 명인 이옥도 김성탄의 『서상기』를 읽고 내용이 부드럽고 정다우며 문장이 찬란하다고 칭탄하였다. 그 대목을 인용해 본다.

객이 말했다.
"선비들의 눈을 즐겁게 하는 것에는 서책만큼 좋은 것이 없다. 그러나 경전은 깊이 통달할 것을 요구하고, 역사는 고증하고 분별하는 것에 이바

---

78) 張混, 「讀水滸傳」, 『而已广集』 권14(한국문집총간 270권), 590쪽, "余索不喜稗官傳奇 行五十七 閱三國志數過外 他未嘗窺 乙亥居厦疾多作 兒子輩讀進水滸傳".

79) 張混, 위의 글, "余初目也 試從圖像 讀至半部 竊疑年少後生酷酖是書 讚莫舌捫愛不手釋 誠未曉其所好何在 其用事不過善辨者 牽綴踏綴 而無統緒 其作法專以談諧口氣 換頭改尾 都沿一套 非是書文章之奇奇㲱他書 只綠聖嘆氏才固奇矣 舞奇才而銜奇怪之筆 使此文乃稱奇而又奇".

지하며, 많은 사람과 집들도 또한 두루 열람하기가 어렵다. 그리고 이런저런 패관잡기가 나와서 한나라 때로부터 선집해 놓은 것이 있으니, 어떤 것은 신선과 마귀가 등장하는 연극이고, 어떤 것은 정사들이 힘을 다해 결판이 날 때까지 싸우는 이야기이고, 어떤 것은 귀신과 산 사람이 서로 교접하는 이야기이고, 어떤 것은 호방하고 사치스럽게 놀고 즐기는 이야기이니, 모두 한 번 보면 곧 소원한 친구의 얼굴과 같다. 오직 최씨의 『춘추』는 쌍문의 아름다운 전인데, 그 내용이 부드럽고 정다우며 그 문장은 찬란하여서 동왕이 창화했던 바이고, 탄가가 춤추고 손뼉 치던 것으로, 남방의 가곡에도 맞아서 단락을 나누어 극장에서 축정을 공연하는 것과 방불하다. 그것을 읽는 자는 모두가 사탕수수를 씹는 것 같고, 술에 취해 눈이 어질어질한 듯하며, 미루 안으로 들어가 돌아오고 싶어도 자기 마음대로 할 수 없는 것과 같고, 경국지색을 가진 여인을 대하는 것과도 같아서, 공연히 어떤 물건이 서로 잡아끄는 듯, 손에서 놓을 수 없고 눈을 돌릴 수도 없다. 마치 은퇴한 별장에서 늙어가며 생을 마치려 하면서도 싫증나지 않는 것과 같다. 자네는 어찌 오부의 전주를 사들이고, 명화의 수상을 마련하지 않는가? 낮에는 비자나무로 만든 책상이 맑고 깨끗하며, 밤에는 짧은 등경걸이가 환하게 밝은데, 오롯이 앉아 정취를 다하고, 깊숙하고 조용하게 생각을 간직하며, 점점 그 속으로 머리를 묻게 되고, 신이 나서 손뼉을 치게 된다. 하늘하늘 그 걷는 그림자를 보는 듯, 낭랑하게 그 말소리를 듣는 듯, 은은히 신이 들이고, 몽롱히 혼이 태탕해진다. 진실로 한중의 묘한 이해요, 참으로 인간 세상에서의 아름다운 관상이다. 부딪쳐 깨달음을 얻게 되고, 가히 자양을 얻을 수도 있다. 수호에 관한 지는 비견할 것이 없고, 모란으로 된 극은 둘도 없다. 비록 늙고 병들어도 그것을 잊을 수 없다. 자네 혹시 기왕에 이런 것을 본 적이 있는가?"[80]

---

80) 이옥, 「七切」, 『이옥전집』 3(소망출판사, 2001), 164~165쪽, "客曰 儒之娛目 莫美黃卷 然而經要貫穿 史資攷卜 多子衆集 閱亦難遍 萩萩稗官 自漢有選 或仙魔劇戱 或壯士鏖戰 或幽明交瀆 或豪侈游衍 皆一見便休疏朋之面 惟崔氏之春秋 卽雙文之佳傳 其事則燕婉 其文則瞵絢 董王之所倡和 歎可之所舞抃 叶南腔而分齣 像丑淨於戱院 讀之者 莫不如蔗之咀呎 如酒之暝眩 如入迷樓之中 欲歸而不自擅 如對傾國之佳人 公然有物之相胃 手不能釋 目不能轉 若將苑裘而老焉 窮年而不自倦焉 子何不購吳婦之箋註 致名花之繡像 晝則棐几明潔 夜則短檠熒晃 兀兀乎窮趣 惜惜乎存想

최씨의『춘추』라고 한 것이 바로『서상기』인데, 그것을 읽으면 사탕수수 씹는 것 같이 달콤하고, 술 취한 듯 어질어질하며, 손에서 놓을 수도 없고 눈을 돌릴 수도 없을 만큼 잡아끄는 매력이 있음을 말하였다.[81] 더하여 이를 통해 묘한 이치를 알게 되고, 깨달음을 얻게 되며, 자양분을 얻게 된다고 하면서 늙고 병들어도 잊을 수가 없을 것이라고 하였다. 책에 대한 최상의 극찬이다. 그렇기에『서상기』의 영향을 받은『동상기』(東廂記)라는 작품을 짓기도 했을 것이다. 특히 그 창작의 변은『서상기』고엽(拷艶) 회평(回評) 중 "불역쾌재"(不亦快哉)와 매우 비슷하며,『서상기』독법을 수용한「독초사」(讀楚辭) 같은 글도 나오게 된다.[82]

한편, 동시대의 문인 중 특히 소설을 좋아했으며 김성탄의『서상기』를 매우 애호하였던 이상황(1763~1841)은 늘 말하기를, "대개 글자가 쓰여 있는 책은 볼 때는 비록 좋지만 덮고 나면 그만인데, 오직『서상기』만은 한 번 볼 때도 좋고 책을 덮고 나서도 더욱 맛이 난다. 상상이 매우 그럴 듯하여 나도 모르는 사이에 혼이 녹을 것 같다. 이는 한유, 유종원, 구양수, 소식 등의 문장가들도 할 수 없었고, 좌구명, 반고, 사마천 같은 역사가들도 할 수 없었고, 이전, 삼모 같은 경전도 또한 할 수 없었던 것이다. 그래서 밥을 대하거나 뒷간에 갈 때에라도 손으로 책을 넘기는 것을 멈출 수가 없다"[83]고 했다. 그는 또「힐패」(詰稗)[84]에서 패관잡기를 옹호하는 패자

駸駸乎埋首 潑潑乎鼓掌 嫋嫋乎如見其步影 嚦嚦乎如聞其語響 段段乎神作 穩穩乎 魂蕩 洵閑中之妙解 儘人間之佳賞 因觸而悟 可滋而養 誌水滸而未肩 劇牧丹而莫兩 雖癱癖而可忘 子豈得之於卽往乎". 번역은 앞의 책 2권, 121~122쪽 참고.

81) 아울러『水湖志』에 관한 批評을 이야기하고 있는 것으로 보아 여기서 말하는 『西廂記』도 김성탄이 評批한『西廂記』임이 분명하다.

82) 본 논문에서는 주로 김성탄 평비 소설본을 독서한 양상과 독서후평을 다루고 있으며, 이러한 독서로 인해 창작하게 된 소설이나 비평, 여타 문학작품에 대해서 는 후고에서 다룰 예정이다.

83) 洪翰周,「正祖文體反正條」,『智水拈筆』권3(아세아문화사, 1984), 127~128쪽, "(桐漁主小說 酷好西廂記 常曰) 凡有字之書 見時雖好 掩卷則已 惟西廂一見時好 掩卷愈味 想像肯緊 不覺其黯然魂銷 此韓柳歐蘇不能爲 左國班馬不能爲 二典三謨

84

(稗者)와 이를 비난하는 힐자(詰者)의 대화를 통해 다음과 같이 말하였다.

패자가 말하기를, "『서상기』와 『시경』「국풍」은 비슷한 것이고, 『수호전』과 사마천의 『사기』는 비슷한 것이니, 이는 참된 깨달음을 얻고 마음을 다스리는 데 필요한 책이다."라고 하였다. 그랬더니 힐자가 말하기를, "「국풍」의 조화롭고 풍부함이 어찌 『서상기』가 화려한 소리와 음란한 곡조로 약해서 스스로 버티지도 못하는 것과 같다는 말인가? 사마천의 『사기』의 강건함과 생동감이 어찌 『수호지』가 번다한 말과 어지러운 구절들로 경박하게 속인들의 기미를 맞추는 대상으로 삼는 것과 같다는 말인가?…… 만약 사람들의 말과 같다면 진짜로 하여금 「국풍」이나 『사기』와 같게 할 수 있고 진짜로 하여금 『공자』나 『주자』의 마음을 다스리는 책과 같게 할 수 있을 것이다. 요즘 사람들은 어째서 진짜를 구하지 않고 오로지 사이비를 구해서 그렇게 좋아하며 그렇게 읽는가? 여기서 바로 그 미혹된 것을 본다."

그랬더니 다시 패자가 말하기를, "공자가 말하기를 바둑 두는 것이 노는 것보다 오히려 현명하다고 하지 않으셨는가. 젊은 사람들이 공부하는 여가에 잠시 패관소품을 가져다 읽으며 날을 보낸다면 바둑 두는 것보다 낫지 않은가? 이는 금할 수 없다."고 하였다.85)

이 글에서 힐자와 패자의 의견이 대립되고 있기는 하지만, 작자 이상황이 『서상기』와 『수호지』를 탐독했으며 그 이후 이들을 『시경』이나 『사기』와 같은 급으로 생각하게 되어 도를 얻고 마음을 다스리는 데에 필요한 책이라

亦不能爲 雖對飯如厠 手不停披".

84) 李相璜, 「詰稗」, 『桐漁遺集』(고려대도서관 소장본).

85) 李相璜, 「詰稗」, 위의 책, "稗者曰 西廂國風而似者也 水滸遷史而似者也 眞詮治心之要書也 詰曰 國風之冲融動盪 曷嘗如西廂之靡聲淫調 弱不自持乎 遷史之勁健活動 曷嘗如水滸之繁音亂節 沾沾爲媚俗之資乎……設如人言 使其眞能似國風遷史也 眞能似孔朱治心之書也 何今人之不求其眞而 惟似者之是 耽是讀也 適見其惑也 稗者曰 孔子曰 不有博奕者乎 猶賢乎已 學生少者於研文之暇 姑取稗官小品而讀之 以永今日 不有愈於博奕者乎 是不可禁也".

고 평가하고 있음을 확인할 수 있다. 그러나 그럼에도 불구하고 그는 정조(正祖)의 비위를 거스르지 않으려고 소설을 배척하는 듯한 발언을 하게 되는데, 위의 힐자의 말이나 "김성탄은 원씨의 지류이며, 나관중은 얄팍한 재주로 패관 소설을 썼지만 이는 모두 가허착공(架虛鑿空)한 것"[86]이라고 하는 등의 언급이 그러한 예이다.

이덕무도 김성탄 평비본에 대한 언급을 하고 있는데, 이상황과 마찬가지로 표면적으로는 부정적으로 평가하고 있다. 후배인 박제가가『서상기』에 침혹한 것을 보고는 다음과 같이 말하였다.

> "그대는 병의 빌미를 아시는가? 김인서는 재인(災人)이며,『서상기』는 재서(災書)요, 그대가 병석에 누워서도 마음을 안정시켜 담박하고 조용히 있지 못하는 것이 걱정이오. 병을 막아내야 하는 처지인데도, 붓으로 쓰고 눈으로 살피고 마음을 씀에 그 어느 것이나 김인서가 아닌 것이 없으면서 도리어 의원을 맞아 약을 의논하려 한다니 그대는 깨닫지 못함이 어찌 그리 심한가? 바라건대 그대는 인서를 붓으로 공격하고 손수 그 책을 불살라버린 다음에, 다시 나와 같은 사람을 만나 날마다『논어』를 강독하시오. 그래야 병이 나을 것이오.……
> 모성산도 김성탄의 무리일세. 그가 갈하는 것을 보면 재주꾼은 재주꾼이나 왕왕 추태가 드러나더군.…… 폄론한 글이 너무 돼먹지 않아서 곧 욕을 하며 책을 팽개쳐 버렸다네."[87]

김인서는 바로 김성탄인데, 청장관은 그를 재앙을 일으키는 사람으로,『서상기』를 재앙을 일으키는 책으로 지칭하면서 책을 불살라 버리라고 하는 등 맹렬히 비난하는 모습을 볼 수 있다. 그는 또 김성탄의 또 다른

---

86) 李相璜,「詰稗」, 앞의 책, "袁氏支流爲聖嘆 不徒島瘦與郊寒……羅氏家兒字貫中 自矜薄技解雕虫 枊爲幾種稗官說 說是架虛與鑿空".

87) 李德懋,「與朴在先齊家書」,『刊本 雅亭遺稿』卷之七,『靑莊館全書』권20(『국역 청장관전서』4, 민족문화추진회, 1979), 203~209쪽.

저작『수호전』평비에 대해서도 비판하였는데, 먼저 일반적인 소설의 폐해를 지적한 후 다음과 같이 말하고 있다.

> 또한 김성탄이라는 자가 나타나 제멋대로 찬평하기를 "천하의 문장이 『수호전』보다 앞설 것이 없으므로『수호전』만 잘 읽으면 사람이 여유롭게 될 것이다."라고 떠들어대었고 또 방자하게 "맹자는 전국시대의 유사의 습관에서 벗어나지 못하였다."고 훼방하였다. 내가 비록 성탄이 어떤 위인인지는 자세히 알지 못하지만, 망령되고 비루하고 어긋난 자임은 이것으로써 짐작할 수 있으며, 그 말하는 억양이 교묘하여 사람의 마음을 잘 현혹시켰으니 재주꾼은 재주꾼이다.…… 성탄 같은 무리는 대체 무슨 심정으로 그 사이에 나서서 소매를 걷어올리고 다섯 재자라고 표방하고 그 비루함을 조장하면서 소설가의 충신 노릇과 세속의 지기(知己) 노릇을 즐겨하였단 말인가? 만일 다행히 중국에 사람이 나서 세운(世運)을 만회하되 하루바삐 새로운 명령을 온 천하에 내려 그 옛 글들은 소각시키고 새 글은 금제하며, 혹 이 명령을 범하는 자는 그 법률을 엄격히 하여 사람으로 취급하지 않는다면 이 폐습이 거의 바로잡힐 것이다.[88]

이러한 글로 보아 이덕무는 김성탄의 책을 탐독하였으나 매우 비판적인 시각을 견지하고 있으며, 당시의 문사들 중에는 그 책에 미혹되어 있던 이들이 많아 문제가 될 정도의 상황이었음을 알 수 있겠다. 위에서 중략된 부분은 이덕무가 소설에는 세 가지 의혹된 바가 있다고 한 언급과 "소설을 지은 것도 옳지 못한 일인데 무슨 심정으로 평론까지 붙여 놓았단 말인가?…… 시내암과 성탄 같은 무리들의 재주와 총명으로써 이런 노력을 본분에 옮겨 힘썼다면 어찌 존경할 일이 아니겠는가?"라고 한 대목이다. 이런 서술들로 보아, 청장관은 소설과 소설비평에 대해서는 비판적인 입장이면서도 비평가인 김성탄의 재주는 뛰어나다고 인정하고 있다고 할 수

---

88) 李德懋,「歲精惜譚」,『嬰處雜稿』卷之一,『靑莊館全書』권5(『국역 청장관전서』 2), 22쪽.

있겠다.

다산(茶山) 정약용(丁若鏞 : 1762~1836)도 당시 문장의 폐해는 문인들이 중국의 소설가인 나관중, 시내암, 김성탄 등을 시주로 모셔 그들을 본받기 때문이라면서 그들의 글은 마치 수다스러운 원숭이와 앵무새가 혀를 놀리듯이 음란하고 험상한 말로 문장을 꾸며 놓은 듯하며 처량하고 신산하고 흐느끼는 듯하여 온유돈후한 가르침과는 다르다고 지적하였다. 이어, 그들은 음탕한 곳에 마음을 두며 비분한 장면에 한눈을 팔며 넋이 빠지고 간장을 녹이는 말을 누에가 실 뽑듯이 끌어내고 뼈를 깎고 골수를 뚫는 듯한 문장을 벌레 울음처럼 내고 있어서 그것을 읽고 나면 마치 푸른 달이 서까래를 엿보는데 귀신이 휘파람을 부는 것 같고, 음산한 바람이 촛불을 꺼뜨리며 원한에 찬 여인이 구슬프게 우는 것 같다고 하였다.[89] 이 글은 1820년에 다산이 청년 문사 이인영의 글을 읽은 뒤에 어떻게 하면 문장을 잘 쓸 수 있는가를 이야기한 글이다. 위와 같은 내용으로 보아 소설을 배척하던 다산도 김성탄 등의 중국소설을 독서했음을 알 수 있으며,[90] 특히 당시의 젊은 문사들이 그들의 소설을 열독하였고 그 영향으로 자신들의 문체까지 변화시켰음을 알 수 있겠다. 그러나 다산은 "이처럼 음탕하고 교사한 소설의 지류와 괴롭고 고달픈 단구(短句)의 말류(末流)를 하기 위해 신세를 가볍게 포기하려 하는가"라고 하면서 문장학에 대한 뜻을 끊고 빨리 돌아가 경전의 공부를 부지런히 하고 과거공부도 열심히 하라고 한다.[91] 이러한 다산의 언급은 김성탄에 대한 부정적인

---

89) 丁若鏞, 「爲李仁榮贈言」, 박석무·정해렴 편역, 『다산문학선집』, 현대실학사, 2000, 286쪽.

90) 한매의 앞의 논문에서는 다산의 작품 중 「不亦快哉行」이라는 연작시와 김성탄의 『西廂記』評批本 拷艶 回評 중 「不亦快哉」의 연관을 짚어내기도 하였다. 한편, 철학계에서는 정약용의 易學 사상이 청나라의 毛奇齡의 저서를 독서하고 영향을 받았거나 비판적으로 수용한 것이라는 논의가 이루어지고 있다(김영우, 「정약용과 모기령의 역학 사상 비교 연구」, 『동방학지』 127집, 2004. 9, 287~310쪽).

91) 정약용, 앞의 글, 박석무 외, 앞의 책, 287쪽.

평가의 대표적인 예가 되겠다.[92)]

이후 19세기 전반의 유명한 문인이었던 홍한주도, 연의소설은 난세의 문요(文妖)이기에 『열국지』, 『삼국지연의』, 『서상기』 등을 모두 태워 버려야 한다고 하면서 특히 『금병매』의 음란함을 개탄했으나, 『수호지』에 대해서만은 그 의장에 대해 문장을 잘 하지 않으면 이렇게 쓸 수 없다고 높이 평가하였다.[93)] 당시에 조선의 문인들은 거의 김성탄의 평비본으로 『서상기』와 『수호지』를 독서한 것으로 미루어 보아 홍한주도 이를 읽고 나서 그 문장에 대해 탄복했음을 알 수 있다.

이상에서 살핀 바와 같이 17, 18세기의 조선의 문인 중에서 김성탄의 소설 평비본을 독서하고 독서 후평을 남긴 이는 유만주, 이덕무, 박지원, 이상황, 이옥, 정약용 등 소수이기는 했지만 이들의 평으로 미루어 보아 한결같이 김성탄의 소설비평의 섬세함과 전문성에는 칭탄의 말을 남기고 있었다. 이러한 평가와 더불어 당시의 젊은 문인들 중에 김성탄의 소설 평비에 흠뻑 빠져 있는 사람들이 많았으며 이를 자신의 글쓰기에 적용하기까지 하는 등 얼마나 영향력이 컸는지를 알 수 있다.

5. 결 론

본고는 17·18세기 조선의 독서문화는 어떠하였으며 그로 인한 문화변동의 발생과정은 어떠했는가를 연구하는 전체 연구과제 중에서 특히 문화

---

92) 이처럼 다산은 대체로 중국의 새로운 문예사조에 대해 비판적인 견해를 보였지만 이러한 견해는 김성탄, 원굉도, 전겸익 등의 저서를 모두 읽은 뒤에 나온 것이라 생각되기에 중요하다. 그는 혜환 이용휴의 문학이 전겸익이나 원굉도 못지않다고 평가했다. 丁若鏞, 「貞軒墓誌銘」, 『與猶堂全書』 권15, "旣進士 不復入科場 專心政 文詞 淘洗東俚 力追華夏 其爲文奇崛新巧 要不在錢虞山袁石公之下".

93) 洪翰周, 「水滸傳條」, 『智水拈筆』 卷一(『栖碧外史海外蒐佚本』 13, 아세아문화사), 41쪽.

의 양상을, 그 중에서도 소설문학 분야를 집중적으로 고찰했다. 그래서 당시 문인들의 문집과 여타 문헌들을 검토하여 중국소설 독서 기록을 찾아내고 그에 따른 감상이나 서술을 분석하여, 조선 후기에 소설인식이 변화하고 나아가 소설 창작기술이 발전하며 소설비평의 분위기가 무르익게 되는 원인을 추적하고자 했다. 이에 당대에 열독되었던 중국의 소설 평비본인 김성탄 평비본이 어떤 경로를 통해, 어떤 집단에게, 어떤 방식으로 독서되었는지를 살폈다.

조선 후기, 특히 17 · 18세기의 지식인들은 장서에 대한 욕심이나 중국서적에 대한 독서 열의가 대단했음을 알 수 있었는데, 어떤 이는 장서목록만 해도 네 책이나 되었다고 하며, 중국서적을 구입하기 위해 북경으로 사신 가는 사람들에게 책을 사오기를 부탁하거나 책을 거래하는 중간상인들에게 부탁하는 일이 많았다는 기록을 통해서이다. 이렇게 하여 중국서적의 독서는 당시 하나의 문화로 자리잡아 가고 있었으며, 이러한 중국서적 독서 붐을 겪은 이후 여러 분야에서 새로운 시각과 기법이 도입되게 된다. 그 변화 과정을 면밀하게 고찰해 보는 것이 연구의 목표였다.

이에 필자는 우선 김성탄의 소설 평비본의 특징과 그의 소설 비평론의 특성을 살폈다. 이를 알아야만 그 책을 읽은 우리 문인들의 독서 담론을 분석해 낼 수 있을 것이기 때문이다. 다음으로 한국문집총간 내의 18세기 문인들의 문집 총 24권과, 중국서적 수입에 열을 올렸다고 하는 17세기 허균의『성소부부고』, 18세기 문인 유만주의 방대한 독서일기인『흠영』, 다양한 독서 양태를 보이는 이덕무의『청장관전서』등을 대상으로 중국소설 독서 실태와 김성탄 소설 평비본 독서 실태를 조사하였다. 그 결과, 적게는 4권에서 많게는 500여 권에 이르기까지 외국 서적을 접했음을 알 수 있었으며, 평균적으로 30여 권 정도의 중국 책을 읽었던 것으로 파악되었다. 그러나 거의 경전류나 철학, 사상서, 역사서 종류였고 본고의 주된 관심인 중국소설류는 많지 않았다. 다만 유만주와 이덕무 등의 몇 저서에서는 상당량의 소설 독서 흔적이 보였으며, 자신의 독서평뿐만 아니라 교유 인물이나 당대 유명 문사들의 일화나 글에 대한 평도 들어 있기에 당시의 문단 상황에 대한 정확한 정보를 얻을 수 있었다. 18세기까지만 해도 소설을 부정적으로 보는 시선이 많았고 특히 정조가 문체반정의 기치를 높이 들고 명말청초의 문집이나 패사소품류, 소설류의 수입을 금지하였기에, 명말청초의 유명한 소설 비평가인 김성탄의 소설 평비본을 독서한 기록을 문집에 남기기 어려웠던 듯하다. 그러나 몇 안 되는 기록을 통해 보더라도 당시의 문인들에게 끼친 김성탄의 영향력은 매우 컸음을 감지할 수 있다. 김성탄의 평비본을 독서한 후의 기록이나 당대의 문단 상황을 기록한 것들에는 그 평비의 섬세함과 전문성에 대한 감탄이 대부분을 이루었다.

본고에서 비록 많은 수의 중국소설 독서기록을 찾지는 못했지만, 문집들을 상세히 검토한 결과이기에 이 연구결과는 소중한 자료가 될 수 있을 것이라고 본다. 이상의 조선 후기 문인들의 김성탄 평비본 독서실태와 독서 담론들을 토대로 하여, 이러한 김성탄의 소설 평비본에 대한 독서가 우리 문인들에게 어떻게 체화되어 문예 이론화, 소설 이론화되어 가는지에 대한 고찰은 후고에서 계속하도록 하겠다.

참고문헌

〈자 료〉

김려, 『藫庭遺藁』(한국문집총간 289권).
남공철, 『金陵集』(한국문집총간 272권).
박제가, 『貞蕤閣集』(한국문집총간 261권).
박지원, 『燕巖集』(한국문집총간 252권).
성대중, 『靑城集』(한국문집총간 248권).
안정복, 『順菴集』(한국문집총간 229~230권).
유득공, 『泠齋集』(한국문집총간 260권).

유만주, 『欽英』, 서울대 규장각, 1997.
이광사, 『圓嶠集』(한국문집총간 221권).
이덕무, 국역 『靑莊館全書』, 민족문화추진회, 1979.
이만수, 『屐園遺稿』(한국문집총간 268권).
이상황, 『桐漁遺輯』, 고려대 소장본.
이서구, 『惕齋集』(한국문집총간 270권).
이옥, 『李鈺全集』, 실시학사연구회 편, 소명출판사, 2001.
이용휴, 『탄만집』(한국문집총간 223권).
이의현, 『陶谷集』(한국문집총간 180 · 181권).
이하곤, 『頭陀草』(한국문집총간 191권).
장혼, 『而已广集』(한국문집총간 270권).
허균, 『惺所覆瓿稿』, 민족문화추진회 고전국역총서, 중판본, 1989.
홍대용, 『湛軒書』(한국문집총간 248권).
홍양호, 『耳溪集』(한국문집총간 241권).
『朝鮮王朝實錄』.
『弘齋全書』.

〈논 저〉

간호윤, 『한국 고소설비평 연구』, 경인문화사, 2001, 87~240쪽.
강민구, 「영조대 문학론과 비평에 대한 연구」, 성균관대 박사학위논문, 1998, 194~
　　　195쪽.
김경미, 『소설의 매혹』, 월인, 2003, 9~301쪽.
김영우, 「정약용과 모기령의 역학사상 비교연구」, 『동방학지』 127집, 2004. 9,.
　　　287~310쪽.
김영진, 「조선후기의 명청소품 수용과 소품문의 전개 양상」, 고려대 박사학위논문,
　　　2004, 139쪽.
김학주, 「조선간 『서상기』의 주석과 언해」, 『조선시대 간행 중국문학 관계서 연구』,
　　　서울대출판부, 2000, 277~298쪽.
남덕현, 「김성탄의 문예비평이론연구」, 한국외국어대 석사학위논문, 1998, 1~156
　　　쪽.
민혜란, 「김성탄의 소설기법론에 대하여-「독제오재자서법」을 중심으로」, 『중국학
　　　연구』 7집, 1992.

박준호, 「혜환 이용휴 문학 연구」, 성균관대 박사학위논문, 2000, 68~98쪽.

성현경외 공저, 『광한루기 역주, 연구』, 박이정, 1997, 117~162쪽.

신양선, 『조선후기 서지사 연구』, 혜안출판사, 1997, 114~237쪽.

이금순, 「金聖嘆 <서상기> 評點의 인물결구론 고찰」, 『중국어문학논집』 16집, 중국
　　　어문학연구회, 2001.

이문규, 『고전소설비평사론』, 새문사, 2002, 136~164쪽.

이석호, 「金聖嘆論」, 『중어중문학연구-고전문학편』, 서울대출판부, 1990.

최봉원외 공저, 『중국역대소설서발역주』, 을유문화사, 1998, 91~94쪽.

한매, 「조선후기 김성탄 문학비평의 수용양상 연구」, 성균관대 박사학위논문, 2003,
　　　1~181쪽.

홍상훈, 「김성탄과 동아시아 서사이론의 기초-金聖嘆 小說 評點」, 『현대비평과
　　　이론』 9집, 1995, 177쪽.

명청대 서학서(西學書)의 시학(視學)지식과 조선후기 회화론의 변동

홍 선 표

1. 머리말

임진왜란과 병자호란으로 야기된 왕조중흥 및 국가재조의 시대적 과제와 결부하여 팽배해진 새로운 정보와 지식 습득에의 욕구는 조선 후기를 통해 외국서적에 대한 독서열을 고조시켰다. 조선 후기의 지식인들은 타문화 또는 이(異)문화의 집합체로서의 외국서적에 대한 탐독을 통해 세계관을 비롯한 지식세계와 의식세계를 확대시키면서 이 시기의 문화변동을 주도하였다.

선조 연간(1568~1608)부터 만명(晩明) 서화풍조의 영향으로 양적 팽창과 질적 전환을 모색하던 회화사즈는 이러한 시대적 변동에 자극 받아 기존의 경향을 반성 또는 비판 하면서 새로운 변화를 추구하게 된다. 특히 조선 후기 회화의 신경향을 이끌었던 창작이론의 하나인 형사적(形似的) 전신론(傳神論)의 전개에 중요한 구실을 한 것으로 보이는1) 서양미술의

---

1) 형사적 전신론이란 사물에 내재되어 있는 神을 그 대상물의 형체를 통해 정확하게 재현하여 옮겨내고자 한 창생적 창작론의 하나로, 조선후기에 흥기하였다. '形神不相離'에 의한 '以形寫神'적 形神論에 토대를 두고 전개된 것으로, 傳神을 위해 대상물의 형체를 한치의 오차도 없이 똑같게 모사하여 創生의 근원이며 생명적 본체인 신을 구유하고 있는 사물의 '眞態' 또는 '眞色'을 완전하게 나타내고자 한 '寫眞體' 또는 '摸眞法'을 통해 구현하고자 했다. 홍선표, 『朝鮮時代繪畫史論』, 문예출판사, 1999, 267~273쪽 참조.

과학적=인공적 원근법과 명암법 등에 관한 시학지식이 명·청대의 서학서 등에 수록된 상태로 전래되어 이 시기의 서양화 인식의 형성과 함께 회화론 변동에 영향을 미쳤던 것으로 생각된다.[2]

시학(視學)이란 안드레아 포초(Andrea pozzo : 1642~1709)의 『화가와 건축가를 위한 원근법』의 한역 서학서인 연희요(年希堯)의 『시학정온』(視學精蘊, 1729)과 증보판 『시학』(視學, 1735)의 용례에 의거한 것으로,[3] 시각 예술로서의 회화의 근대성을 이룬 과학적=인공적 원근법과 명암법을 비롯한 눈에 보이는 대로의 실물 그대로를 그리는 사생적 리얼리즘과 결부된 입체화법에 대한 시각이론 전반을 의미한다.[4] 이러한 시학지식은 고딕미

---

2) 과학적 원근법이란 3차원의 입체나 공간을 2차원상의 평면상에 표현하기 위해 르네상스기에 창안된 회화기법의 일종으로, 레오나르도 다 빈치가 체계화시킨 선원근법과 공기원근법, 생략원근법을 말한다. 그러나 일반적으로 '원근법'은 기하학적인 작도에 의거하는 선원근법의 의미로 사용하는 것이 대부분이다. 선원근법은 르네상스원근법, 일점소실원근법, 일점원근법, 중앙원근법, 기하학적 원근법, 기계적 원근법 등으로 부르기도 하고, 과학 또는 도학 분야에선 (중앙)투시법, 투시도법이라고 부른다.

3) 視學은 원래 천자가 國學에 나가 學事를 시찰한다는 뜻인데, 테렌즈(鄧玉函)에 의해 1627년 漢譯된 『奇器圖說』 권1(中華書局, 1985년 영인본 참조)에 '目司'라는 의미로 처음 쓰였으며, 수학·측량학과 함께 동력을 이용한 기계술인 '力藝學'의 기초 분야로 제시된 바 있다. 아담 샬(湯若望)은 1626년 한문으로 직접 쓴 『遠鏡說』 (中華書局 영인본 참조)의 「自序」에서 '目司'를 "理學之師"이며, 사람의 '五司' 즉 다섯 가지 감각기관 중 가장 귀한 것으로 언술했다.

4) 관찰자가 일정하게 고정된 단일시점에서 원근법과 명암법에 의해 3차원의 대상물을 2차원의 평면에 과학적으로 정확하게 재현하는 것은 서양의 근대회화를 특징짓는 가장 중요한 양식적 요소로서, 미술가뿐 아니라 모든 서구의 근대인들에게 부과된 일종의 제도요 규범이었고, 누구에게나 당연시된 습속이며 습관이었다. 이와 같이 르네상스 이래 '실물과 똑같게' 또는 '실물답게' 그러나 '고대인 보다 더 우월하게' 그리기 위해 과학적 정확성과 관찰에 의해 현실을 눈에 보이는 입체감 그대로 전달하고자 한 회화 경향을 '사생적 리얼리즘'으로 부르고자 한다. 린다 노클린이 리얼리즘을 묘사와 묘사되는 대상 사이의 일치를 의미하는 리얼리즘과 현실적인 대상을 단순히 거울처럼 비추어 모방하는 것을 초월하여 사물 그 자체와 직면한다는 뜻의 리얼리즘, 재현되는 것은 세계에 존재하는 현실적인 사물의 이데아나 규범 또는 불변의 원형으로, 이데아를 예증하고 있는 현실적인

술 말기에서부터 배태된 자연을 그대로 재현하고자 한 사생적 리얼리즘 정신과 중세 말의 수도원이나 13세기의 인문주의자들에 의해 계승된 고대의 기하학적 광학(光學) 이론 등이 결합하여 이루어진 '원근법'의 발명으로 본격화되었다. 특히 고정된 하나의 시점에 의해 사물을 지각하고 재현하는 투시원근법의 출현에 따라 세계를 인식하는 시스템이 시각 중심으로 바뀌게 되었으며, 외부세계에 관한 인식 주체로서의 개별적 존재에 대한 자각에 따른 인간 중심의 사유를 가능하게 해주었다. 그리고 근대기를 통해 인식의 근본을 형성하는 특권적인 지위를 점하는 하나의 지각 양식이며 표상 양식으로 서양 근대정신의 근간을 이루었던 시각법으로 작용하게 되었던 것이다.5)

따라서 시학지식은 사실적 기법에 대한 과학적 이론이면서 근대적 보는 틀 또는 보는 방식과 결부된 시각이론으로서의 의의를 지닌다. 이러한 시학지식은 서학서에 수록되어 서양화와 함께 17세기 이래 동아시아의 명·청대와 조선후기 및 에도(江戶) 시대 화단의 새로운 변화에 도선적(導線的) 구실을 하였다. 본 연구에서는 그 중에서도 조선 후기의 시학지식의 전개와 회화론 변동의 실상을 파악하기 위해 명·청대 관련 분야 언술과의 영향관계를 밝혀보고자 한다. 특히 여기서는 시학지식의 핵심 이론과 용어의 비교 분석을 통해 과학적 원근법 및 명암법에 대한 인식 경향과 함께 형사적 전신을 위한 사실적 묘사론의 사조적 단계성, 즉 근대적 시각인식과 그 개념의 형성 유무도 구명해 보기로 하겠다.6)

사물의 특수하고 고유한 것 모두를 무시한다는 의미의 리얼리즘으로 나누었을 때, 첫 번째에 해당하는 리얼리즘을 말한다. Linda Nochlin, *Realism*, Donnelley & Sons, 1971, 18~19쪽 참조.

5) 大林信治·山中浩司 編, 『視覺と近代』, 名古屋大學出版會, 1999, 3~4쪽 ; 中村雄二郎, 『遠近法の精神史』, 平凡社, 1992, 58~65쪽 참조.

6) 조선후기의 서양화법에 대한 이론적 논의는 서양화에 대한 당시 지식인들의 반응 및 견해를 통해 다루어진 바 있다. 홍선표, 「조선후기의 西洋畵觀」, 『石南 이경성선생고희논총』, 일지사, 1988 ; 이성미, 『조선시대 그림속의 서양화법』,

2. 명청대 서학서의 시학(視學)지식

1) 근세 유럽의 시학지식 형성과 확산

인간이 자신의 눈을 통해 망막에 비치는 시각세계를 정합적으로 이해하고 표현하기 위해 언술된 시학은 1410년대경 초기 르네상스의 대표적 건축가였던 필립 브루넬레스키(Filippo Brunelleschi : 1377∼1446)가 '원근법'을 발명하면서 본격적으로 구축되기 시작했다.[7] 브루넬레스키는 카메라 옵스큐라 장치를 이용하여 성 요한 세례당을 원근법적으로 그린 패널식 화판에 구멍을 내고, 건물을 등지고 돌아서서 그 구멍을 통해 화면 앞에 놓은 거울에 비친 그림 세례당과 실물 세례당이 빈틈없이 일치하는 것을 1410년대 무렵 많은 사람들 앞에서 시연해 보였다.[8] 사람의 눈은 중앙투시

대원사, 2000. 그러나 이들 언술이 視學지식으로 어떻게 전개되고 기능하면서 어떠한 단계의 시각법으로 형성되고 작용되었는지는 아직 검토된 바 없다.

7) '최초의 원근법적 사건'으로 알려진 브루넬레스키의 제1차 원근법 시연 시기는 대부분 1425년경으로 보고 있으나, 기베르티의 성 요한 세례당 두 번째 제작 시점인 1425년보다 10년에서 15년 가량 앞서 실행된 것으로 추정한 크라우타이머의 설을 따라 1410년대로 보고자 한다. Krautheimer, "Brnellechi and linear Perspective," *Lorenzo Ghiberti*, 1956, 129쪽 참조.

8) 브루넬레스키가 1차 시연을 위해 그린 최초의 완전한 원근법 그림을 어떠한 방법으로 완성했는지는 알려져 있지 않기 때문에 이에 대한 규명은 회화원근법 탄생의 배경과 관련하여 매우 중요하다. 이에 대해서는『브루넬레스키전』을 쓴 마네티의 설명을 근거로 알베르티가 제안한 그물망사를 사용해 그 모눈과 동수의 모눈을 새긴 패널을 펴두고 동일시점에서 측정한 수치를 옮기는 방식이었을 것이라는 추정을 비롯하여, 뒤러가 초상화 작업의 정확성을 기하기 위해 제작한 모눈유리를 이용했을 가능성, 건축의 입면도와 평면도를 결합하여 입체적인 조감도를 그려내는 건축적 투영법으로 그렸을 것이라는 등의 다양한 견해가 나와 있다. 노성두, 「브루넬레스키의 1차 원근법 시연」,『미학예술학연구』13, 1999, 153∼154쪽 참조. 그러나 에드거튼은 마네티의 기술을 새롭게 해석하여 성 요한 세례당 정면에 위치한 피렌체 대성당을 暗室로 삼아 그 중앙 입구로부터 작은 내부로 들어가는 곳에 작은 구멍을 뚫은 遮蔽板을 두고 그 곳을 통과해 패널식 화판에 비쳐진 세례당의 도립된 영상을 그대로 그렸을 것이라고 보았다. Samuel Y. Edgerton, *The Renaissance Rediscovery of Linear Perspective*, Harbert & Row,

적으로, 안구의 구조를 살펴보면 수정체를 통과한 빛다발이 안구 내부의 한 지점에서 하나의 점으로 모인 다음 다시 퍼져서 망막 위에 투사된다. 화가가 자신의 눈으로 본 것을 그림으로 옮긴다고 가정할 때, 화가의 작업과 정을 기계적으로 옮긴다면 눈의 안과 밖에서 일어나는 광학적인 과정과 꼭 닮았다. 이것은 물론 단안시(單眼視), 즉 한 눈으로 사물을 보는 경우에 해당되는 것으로, 사진기 렌즈를 투과한 빛다발이 망막에 해당하는 필름 위에 뿌려지는 과정도 이와 같다.[9]

브루넬레스키는 이러한 광학적 원리를 이용하여 소실점을 발견하고 중앙투시법에 따라 그린 그림이 사물을 정확하게 재현한다는 사실을 입증했던 것이다. 브루넬레스키의 완전한 '원근법'적 그림의 의의에 대해 15세기 후반에 그의 전기를 집필했던 안토니오 마네티(Antonio Manetti : 1423~1497)는 다음과 같이 언술했다.[10]

1975, 64~71쪽 참조. 辻茂는 에드거튼의 견해를 '小穴投影現象'으로 논증하면서, 브르넬레스키의 회화원근법이 13세기 중엽 전후의 중세 말기 무렵 신학에서의 光에 대한 탐구에서 지상계 즉 세속적 光으로 관심이 점차 전환되면서 로저 베이컨 등에 의해 주목되기 시작했던 '소혈투영 현상'을 카메라 옵스큐라식 투영 장치를 설정하여 제작된 것이며, 화판에 구멍을 뚫어 거울에 비친 화상을 볼 수 있게 한 것은 '視眼鏡'의 효시로서의 의의를 지닌다고 했다. 辻茂, 『遠近法の誕生 : ルネサンスの美術家と科學』, 朝日新聞社, 1995 참조. 이와 같이 그림을 그리는 투영장치와 그림을 보는 투시장치로서의 초보적인 광학기구에 의해 회화원근법이 발명되고 감상되기 시작한 것은 원근법을 뜻하는 'perspective'가 중세를 통해 光學을 의미하는(원래의 뜻은 선명하게 큰다) 라틴어인 'perspectiva'에 유래하고 있는 사실로도 유추할 수 있겠다. 광학적 장치에 의해 회화원근법이 탄생되었고 이에 따라 원래 광학이란 용어인 'perspectiva'에 원근법이란 의미가 생기게 된 것으로 보인다.

9) 물론 단일시점이 포착해낸 單視眼의 像이 실제적인 雙眼視의 視像과 일치하지 않으며, 여기에 심리적인 효과까지 고려하면 그 차이는 더욱 커진다. '원근법'적 화상과 실제 시지각과의 차이에 대해서는 실험을 통해 입증되기도 했다. 따라서 '원근법'이 정확한 視像의 재현이라고 간주된 것은 일종의 문화적·역사적 상징 형식이기 때문이며 근대적 시방식과 표상방법으로 제도화되었기 때문이다. 李孝德, 『表象空間の近代』, 新曜社, 1996, 50쪽 참조.

10) 노성두, 앞의 글, 156쪽에서 재인용.

‘원근법’이라 부르는 것을 이처럼 탄생시키고 진전시킨 것은 바로 브루넬레스키에 의해서였다. ‘원근법’이란 눈과 관련된 과학이고, 멀고 가까운 모든 사물들의 축소와 확대를 적합하고 올바르게 실행하는 과학이다. ‘원근법’에서는 여하한 종류의 건축물, 어떤 위치에 자리잡은 산과 들 그리고 등장인물과 온갖 사물들을 막론하고 모두 보는 이의 시점으로부터 제각기 놓인 자리까지의 거리에 맞는 척도에 따라서 재현된다.

브루넬레스키는 2차 시연을 통해 피렌체의 시뇨리아 광장의 ‘원근법’적 재현에도 성공했으며, 이를 계기로 일점 투시에 의한 선원근법 그림이 우첼로 등의 화가들을 통해 널리 확산되면서, 유럽 중세미술의 다중심적 화면구조는 점차 자취를 감추게 된다. 그리고 건축가이며 인문학자인 레오네 바티스타 알베르티(Leon Battista Alberti : 1404~1472)는 브루넬레스키가 실험했던 선원근법을 고대의 기하학적 광학지식 등을 통해 과학으로 확립시켰다.[11] 명암법에 대해서도 강조한 알베르티는 1435년 저술한『회화론』1권에서 ‘원근법’을 이론화하였으며, 이러한 내용은 당시 발전하고 있던 활판인쇄술의 영향으로 빠르고도 널리 유포되었던 것이다.[12] 알베르티의 이론은 1480년 피에로 델라 프란체스카의『회화를 위한 투시도 작도법이론』으로 더욱 공고해졌으며, 알프레히트 뒤러(Albrecht Dürer : 1471~1528)에 의해 실험 도해된 「원근법시범도」와 이 원리를 이용해 제작한

---

11) 알베르티가 시·지각 과정을 육안과 지각 대상인 물체 사이를 연결하는 물리적인 광선에 의한 접촉으로 설명한 것은 고대 그리스의 광학 지식에 토대를 둔 것이다. 그리고 회화 공간을 수학적인 논리로 조직화한 과학적=인공적 원근법 체계에서 화가의 시야를 화면의 한 점에 고정시키고 이 기준점에 의해 화면에서의 물체의 축소 비율과 형태를 결정짓는 그의 일점 소실점 체계의 선원근법은 유클리드 기하학에서의 크기는 없이 위치만을 지시하는 점이나 넓이는 없이 길이만을 지시하는 선처럼 추상적인 여건에서만 그 논리가 성립하는 개념으로 그 자연과학적 기반을 엿볼 수 있다. 조은정, 「고대 미술의 공간재현과 선원근법의 기원」, 『서양미술사학회논문집』 17, 2002, 178~182쪽 참조.

12) Samuel Y. Edgerton, *The Renaissance Rediscovery of Linear Perspective*, Harbert & Row, 1975, 164쪽 참조.

판화를 통해서도 확산되었다.

알베르티는 회화의 목적을 어느 정도 표면이 있고 어떤 지정된 거리에 있는 모든 것을 주요 광선에 의해 결정되는 위치에 따라서 눈에 보이는 그대로 떠올려 볼 수 있게 하는 데 두고, '화면은 시각 피라미드의 평평한 단절면'이라는 정의를 확립하였다.13) '원근법'의 기본원리는 관찰자로부터 화면의 깊이로 들어가는 직교선군(直交線群)과 그것들과 직각에서 교차되면서 화면과 평행 관계에 있는평행선군(平行線群)의 두 선군(線群)으로부터 구성된 격자호(格子縞)를 그린 것이다. 그 안에 직교선군은 무한의 저곳에서 한 점으로 수속(收束)된다. 알베르티는 지금은 '소점'(消點) 또는 '소실점'이라고 부르는 이 한 점을 '중심점'이라고 했으며, 시선의 엄밀한 단일성에 의해 수렴된다고 했다.14) 이에 따라 선원근법은 우리가 조금도 움직이지 않는 하나의 눈으로 보아야 하고, 이러한 단안시(單眼視)에 의한 시각 피라미드의 평평한 절단면이 우리 시선의 합리적 재현, 또는 시상(視像)의 정확한 재현이라고 간주하게 되었던 것이다. 즉 '적법한 재현 방식'으로서의 '원근법'의 시점은 공간적으로나 시간적으로나 단일한 부동점이라

---

13) 시각 피리미드는 눈으로 물체를 볼 때 그 물체의 표면과 눈을 연결하는 곧은 선들, 즉 시각광선이 피라미드형으로, 보는 사람의 눈 속에 있는 한 점까지 추적되어 형성된 것을 말한다. 시야 중심을 엄밀히 한 점으로 간주하고, 그려야 할 공간 형상의 여러 점들을 이 한 점에 집합시킴으로써 생겨나는 것이다.

14) '원근법'이란 시각 피라미드의(바닥면에 평행한) 일체 단면을 화상으로 정착시키는 것이다. 이 절단면에는 대체로 다음과 같은 법칙이 적용된다. 첫째, 그 절단면에 직행하는 선, 즉 奧行 방향의 선은 모두 눈에서 투영면으로 이어지는 垂線에 의해 결정되는 소위 視 중심으로 수렴되며, 둘째, 평행선은 그것들이 어떤 방향을 향해 있더라도 하나의 공통 소실점을 갖는다. 셋째, 그것들이 수평면에 있을 때 이 소실점은 항상 이른바 지평선상에 있고, 넷째, 동일한 크기의 것도 눈으로부터의 거리에 정비례하여 그 외관이 작아져 간다. 이러한 중앙투시도법에서 말하는 소실점은 화면과 직각으로 만나는 모든 평행한 직선들이 집중하는 주소실점을 말한다. Erwin panofsky, 木田元監 譯, 『象徵形式としての遠近法』, 哲學書房, 1993, 9~11쪽 참조. 소실점이란 용어는 1715년 영국의 수학자 테일러(Brook Taylor)의 『선원근법』에서 처음 사용되었으나, 이를 수학적 논증으로 처음으로 체계적 설명을 제시한 사람은 1600년경의 델 몬테(Guidobaldo del Monte)이다.

는 전제하에 수립된 것이다.[15]

이와 같이 '원근법'은 모든 것을 하나의 안구 초점을 향해 집중시키고, 보는 사람의 육안을 중심으로 모든 것을 배치하는 것으로서, 하나의 눈을 시각적 세계의 중심에 놓게 되었던 것이다.[16] 화가가 외부세계를 재구성하는 첫 단계는 관찰자의 시점을 물리적으로 확정하는 것으로, 화면에 재현되는 모든 물체들은 이 위치에 따라 그 형태가 결정된다고 보기 때문이다. 이러한 자기의 시점을 주축으로 한 세계구성의 확립을 지향하게 됨에 따라 현실적인 가시세계에 자기라는 일점 좌표를 주축으로 이루어지는 영위를 진척시켜 나가게 되었다. 이렇게 안구의 다양한 메커니즘의 외화(外化)라고 할 수 있는 현상이 시각세계를 발전시켜 나가게 되었으며, 시각성과 함께 관찰성과 사실성이 특성을 이루는 근대의 발단이 이루어지게 되었다고 하겠다.[17]

이와 같이 그림이 공간의 입체를 그대로 재현하는 무기가 되어 물리적 진실을 탐구하고 전달하는 유력한 수단으로 대두되면서 그림은 과학 그 자체로 인식되기도 했다. 레오나르도 다 빈치(Leonardo da Vinci : 1452~

---

15) 선원근법 체계의 기본 과정은 물체와 눈을 연결하는 직선 광선들에 의해 시각 피라미드가 형성되고, 물체의 외형은 우리 눈의 중심점에 의해 결정되며, 화면은 시각 피라미드의 수직 절단면이 된다는 것이다. 이 과정에서 중요한 것은 지각 대상인 외부세계와 재현 결과인 회화 공간을 일치시키는 관찰자의 위치로서, 알베르티는 보는 이의 시점에 대응하는 화면상의 위치를 중앙점으로 설정하고 이 점을 근거로 해서 바닥의 기준선 망을 형성하는 방식을 제안했는데, 이러한 일점 소실점체계의 원근법이 초기 르네상스 선원근법의 특징이 된다. 大澤眞幸, 「眼の近代的編成」, 『批評空間』 8, 1993, 172~176쪽 참조. 그리고 이러한 알베르티의 선원근법 이론은 유클리드 광학론의 제5번 명제인 "서로 다른 거리에 놓인 동일한 크기의 물체들은 서로 다른 크기로 나타나는데 눈에서 가까운 것이 더 크게 보인다"는 것 등을 비롯해 58개 명제 중 5개의 명제와 관련이 있다.

16) John Beger, *Way of Seeing* / 존 버거 저, 편집부 역, 『이미지 : 視覺과 미디어』, 東文選, 1990, 36쪽 참조.

17) 존 버거 저, 편집부 역, 위의 책, 246~247쪽 ; 大林新治 編, 앞의 책, 5~6쪽 참조.

1519)는 그림은 예술이 아니라 과학이라고 말했다. 자연세계를 관찰하는 데 가장 완벽한 기구는 눈이라고 굳게 믿었기 때문에 그에게 본다는 것은 안다는 것과 같은 것이었다. 그는 특히 알베르티 일점 선원근법의 취약점, 즉 그림에서 바닥을 나타내는 타일 도양의 분할된 사각형의 형태가 뒤로, 그리고 양쪽 끝으로 갈수록 매우 왜곡되어 표현되는 것을 수정하기 위해 시각 피라미드가 평면과 만나는 대신 눈을 향하여 오목하게 들어간 구형(球形)의 한 단면과 만나는 상태를 화면에 포착하는 종합적 투시법을 제시했다. 그리고 선원근법 외에 대기 상태와 거리감에 따라 변하는 시각상을 보완하기 위해 공기원근법과 생략(소실)원근법을 포함하여 "원근법에는 세 종류가 있다"고 보았다.[18)

  이러한 과학적 원근법과 명암법은 중세 말 이후 실물다운 그림을 그리기 위한 노력과 결부되어 르네상스를 통해 확립되었으며, 이후 이론적 보완을 비롯해 작법에 대한 안내서 등이 계속 출간되었다. 이는 16세기 이래 '팽창 시대'에 따른 경험의 확장과 과학혁명 등의 풍조와 연계되어 확산되었으며, 바로크 시대부터는 궁정양식과 함께 고전주의 사조의 기본 화법으로서 아카데미 관학풍으로 규범화되고 제도화되어 근대 회화의 핵심 전통으로 성행하였다. 특히 이러한 '원근법'에 입각하여 특권화된 시각과 인식적 주체는 데카르트에 의해 결합되어 근대의 지배적인 시각체제를 수립하게 된다. 원근법적 소실점은 데카르트적인 의식적 주체의 응시의 축이 되었으며, 중심적 존재인 주체는 '봄으로써' 사물과 세계를 대상화하고 지배하게 된 것이다.[19) 그리고 17세기경부터 네덜란드를 중심으로 시각보조용 렌즈를 통과하는 것에 따라 강조된 선원근법과 명암법을 즐기는 오락용으로 사용되기도 했다.[20)

---

18) 中村雄二郎, 앞의 책, 137~140쪽 ; 佐藤康邦, 『繪畫空間の哲學』, 三元社, 1992, 36~38쪽 참조.

19) 주은우, 「근대적 시각과 주체」, 『사회비평』 12, 1994, 139~141쪽 참조.

2) 서학서의 간행과 시학지식의 전개

한역본(漢譯本) 서양서적인 서학서의 간행은 명 말기에 중국에 온 예수회 선교사들의 '이중화중'(以中化中) 즉 중국을 빌어 중국을 변화시키고자한 전도적 방법에서 비롯되었다.[21] 1582년 마카오를 거쳐 1583년 광서성 조경(肇慶)에 와서 가톨릭 포교의 총책임자로 활동한 마테오 리치(Matthoeus Ricci, 利瑪竇 : 1552~1610)가 1601년 북경으로 이주하면서 이러한 서학서 간행이 본격적으로 이루어지기 시작했다. 그는 1595년 『천주실의』를 출간한 데 이어, 서양의 우수한 과학기술을 소개함으로써 중국의 지식인들을 끌어들인다는 '학술전도'적 포교의 기본방침을 세우고 그 기초적 이론서로 클라비우스(Christopher Clavius : 1537~1611)가 편집한 유클리드(Euclid : 기원전 330경~275년경) 기하학 『원론』15권 중 앞부분 6권을 서광계(徐光啓 : 1562~1633)의 협력을 얻어 1607년 번역 출간하였다.[22]

마테오 리치는 전도 확산의 일환으로 과학기술 지식에 뛰어난 선교사를 좀더 많이 중국으로 보내줄 것을 로마의 예수회 본부에 요청하였다. 이에 따라 우루시스(Sabbathinus di Ursis, 熊三拔 : 1575~1620) 와 아담 샬(Joannes Adam Shall von Bell, 湯若望 : 1591~1666)을 비롯하여 당시 유럽 최고 수준의 과학자 선교사들이 북경으로 왔으며, 상당량의 서양서도 함께

---

20) 小野忠重, 『ガラス繪と泥繪』, 河出書房新社, 1990, 51~55쪽 참조.

21) 서학서의 格義的 번역에 대해서는 김용옥, 「번역에 있어서의 공간과 시간」, 『동양학 어떻게 할 것인가』, 통나무, 1986, 154~166쪽 참조.

21) 마테오 리치는 로마학원에서 예수회 소속 신부이며 수학자였던 클라비우스에게 배웠으며, 중국에 올 때 클라비우스가 註釋 편집한 15권(원본은 13권임)의 유클리드 『원론』을 가져와 '평면기하'가 수록된 1권에서 6권까지 漢譯하였다. 이 출판은 국제적으로 보아도 유클리드 원론의 가장 이른 현대어 번역이라는 의의를 갖고 있다. 橫地淸, 『遠近法で見る浮世繪』, 三星堂, 1995, 30쪽 참조. 클라비우스는 데카르트에게 가장 심대한 수학적 영향을 주기도 했다. 김용국, 「동서양의 공간관과 기하학」, 『수학사학지』 7-1, 1992. 12, 54쪽 참조. 마테오 리치는 이 밖에도 클라비우스의 저술을 서광계와 이지조의 도움을 받아 『測量法義』와 『圜容較義』 등으로 漢譯 출간하였다.

도입되었다. 선교사들은 특히 서광계, 이지조(李之藻 : 1565~1630) 등이
주재한 서양 천문학에 바탕한 개력(改曆)사업이 시작되면서 서양 과학서의
번역에 조직적으로 동원되었고, 이 무렵부터 서구의 과학기술 유입이 수용
자 측에 의해 주도적으로 이루어지기 시작했다.[23] 이러한 중국 측의 주도에
따라 청초 순치 이후 강희·건륭 연간에는 '한혼양재'(漢魂洋才)의 관점에
서 서양의 과학기술을 수용하는데, 황제들이 여기에 능동적이거나 적극성
을 보이기도 했으며, 민간으로도 확산되어 다양한 연구와 저술활동이 전개
되었다.[24] 강희제 때 선교사들의 전례(典禮)문제로 로마 교황청과 이견이
생긴 후 가톨릭 전도를 금지했으나 '금교유기'(禁敎留技) 정책에 의해 천문
역법과 수학, 측량학, 기계학, 서양화법 등은 양재(洋才)로 계속 권장했다.
그리고 궁정의 학예적 욕구의 충족을 위해 봉사하는 '당차지인'(當差之人)
으로 고용하면서 이들의 지식과 기능을 청조의 어용 '공구'(工具)로 이용하
였다.[25]

　명·청시대 서학서의 시학지식은 마테오 리치가 1607년에 쓴 『기하원
본』 서문인 「역인」(譯引)에서 처음 보인다. 마테오 리치는 "사물의 분한(分
限)을 찰지(察知)하는" 기하학의 견고한 논리와 그 의의를 서술하면서 파생
된 여러 분야 중 하나로 원근과 명암법에 의한 투시도 묘사술을 거론하고
다음과 같이 간략하게 언술했다.

---

23) 橋本敬造, 「西洋天文學の導入と徐光啓の役割」, 『東アジアの科學』, 勁草書房,
　　1982, 264~265쪽 참조. 명말 청대를 통해 500종이 넘는 서양서적이 한역되었으
　　며, 과학기술 관련 서적은 120종 가량 된다고 한다. 徐宗澤, 『明淸間耶蘇會士譯著
　　提要』, 中華書局, 1958, 23~25쪽 ; 于桂芬, 『西風東漸－中日攝取西方文化的比較
　　研究』, 臺灣商務印書館, 2003, 4쪽 참조.
24) 莫小也, 「18世紀淸宮廷"海西派"繪畵的時代背景」, 『中西初識』, 大象出版社, 1999,
　　80~84쪽 ; 최소자, 『동서문화교류사연구 : 명·청시대 서학수용』, 삼영사, 1987
　　 ; 한영호, 「서양 기하학의 전래와 홍대용의 『주해수용』」, 『역사학보』 170, 2001.
　　6, 58~60쪽 참조.
25) Jonathan D. Spence, *Emperor of China*, 1974 / 이준갑 옮김, 『강희제』, 이산, 2001,
　　143~153쪽 참조.

　육안으로 멀고 가까움과 바르고 기울어짐, 높고 낮음의 차이를 보이는 양상을 관찰한다. 물체의 형상에 빛을 비추어 평판 위에 나타난 둥글거나 모난 입체물의 부피를 그릴 수 있으며, 멀리 떨어져 있는 사물의 거리에 따른 크기에 맞추어 실물을 측정할 수 있다. 작은 것도 크게 전체를 보아 그리고, 가까운 것도 떨어져 보아 그리며, 둥근 것은 공을 본 것처럼 그린다. 상(像)은 꺾이는 곳과 튀어나온 곳이 있게 그리고, 건물과 집은 밝은 곳과 어두운 곳이 있게 그린다.26)

　사물은 공간에서의 상태를 육안으로 살펴서 그려야 하며, 광선에 의해 투영된 영상으로 입체물의 양감을 표현할 수 있고 떨어진 거리에 비례해 실물의 크기를 나타낸다고 했다. 보고 관찰하는 시각경험에 의거해 르네상스 원근법 확립에 크게 기여한 유클리드의 기하학적 광학법으로 그리는 공간 묘사술에 대한 기초적인 이론을 담고 있으며, 카메라 옵스큐라와 같은 광학장치로 '조견'(照見)된 물상의 재현에 대해서도 언급하였다. 마테오 리치가 구역(口譯)한 『기하원본』은 『천학초함』(天學初函) 등에 수록되어 널리 유포되었고, 강희제의 서학 교과서로도 사용되었을 뿐 아니라 이를 문장으로 기술한 서광계를 비롯해 명·청대의 서학 관련 지식인들에게 가장 많이 회자되고 영향을 미쳤다.27) 뒤에서 언급하듯이 조선 후기의 이익(李瀷 : 1681~1763)도 이를 인용했으며, 이규경(李圭景 : 1788~1856)은 「기하원본변증설」(幾何原本辨證說)을 쓰기도 했다.

　아담 샬이 1626년 한문으로 쓴 『원경설』(遠鏡說)은 '시원경'(視遠鏡) '천

---

26) 利瑪竇, 『幾何原本』, 「譯幾何原本引」, "其一 察目視勢 以遠近正邪高下之差 照物狀 可畫立圓立方之度數於平版之上 可遠測物度及眞形 畫小使目視大 畫近使目視遠 畫圓使目視球 畫像有坳突 畫室屋有明闇也".

27) 橋本敬造, 앞의 글 ; 馮錦榮, 「中國知識人の西洋測量學研究－明末から淸末における る」, 『西洋近代文明と中華世界』, 京都大學出版會, 2001, 354~373쪽 ; 李愼, 「イエズス會士の科學活動」, 『日中文化交流叢書-科學技術』, 大修館書店, 1998, 210쪽 참조.

리경' 등으로 지칭되던 망원경을 비롯해 '목사'(目司)를 보조하는 렌즈 등의 광학기구를 사용하여 천지를 보고 관측하는 이치와 기능을 소개한 서학서이다. 「차조작화」(借照作畵)에서 아담 샬은 방 안에 렌즈를 이용하여 형상을 그리는 방법에 대해 다음과 같이 설명했다.

> 방 안에 렌즈를 설치하고 빛을 비추어 형상을 그린다. 모든 문과 창을 닫아 아주 깜깜하게 만든 다음 둔이든 창에 크거나 작은 구멍을 하나 뚫고 전경(前鏡 : 망원경 접안렌즈)을 설치하고, 렌즈를 통해 들어오는 광선의 초점을 맞춘다. 그리고 흰 종이를 방안에 마주 해 놓으면 렌즈를 통해 비친 외부의 형상이 종이 위로 나타나 실오라기 하나도 틀리지 않게 되니 이를 따라서 그리면 된다. 서양에서 이른바 물상으로 물상을 그대로 그린다는 것이 바로 이것이다.28)

아담 샬은 「이용어직시」(利用於直視)에서, 서양 화가들은 이러한 '조견'(照見) 장치를 이용하여 물상을 살아 있는 것같이 그린다고 했다. '소혈투영'(小穴投影) 현상을 이용해 빛이 들어오는 문의 구멍에 렌즈를 부착하고 이를 매개로 암실에 투사된 영상을 관찰 또는 구경 하거나 그대로 그려내어 대상물과 오차 없이 동일하게 나타내는 이 광학장치는 카메라 옵스큐라(camera obscura)로, 15세기 초 브루넬레스키가 '원근법'의 탄생에 활용했으며, 사진기가 발명되기 이전인 17·18세기를 통해 유럽에서 널리 사용된 것이다.29) 처음에는 어두운 방에 작은 구멍만 뚫어 이용했으나, 이탈리아의 델라 포르타(Giovanni Battista della Porta)가 1558년 저술한 『자연마술』에서 렌즈를 부착한 카메라 옵스큐라를 처음으로 소개했다.30) 특히 포르타는

---

28) 湯若望, 『遠鏡說』, 「借照作畵」, "室中照鏡畵像 全閉門窓務極幽暗 或門或窓開一孔 大小 與前鏡 稱取出前鏡置諸孔眼 以白淨紙如法對置內室] 則鏡照諸外 像入紙上 絲毫不爽撫而畵之 西土所謂物像像物者此也".

29) 주) 8과 Jonathan Crary, *Techniques of Observer* / 임동근·오성훈 외 옮김, 『관찰자의 기술』, 문화과학사, 2001, 50~52쪽 참조.

렌즈 부착 카메라 옵스큐라와 육안구조와의 유사성을 비교하면서 이 장치를 실물 그대로 그릴 수 있는 최고의 도구로 강조했으며, 자신도 이것을 사용해 그림을 그렸다.

이탈리아의 다니엘 바르바로(Daniello Barbaro)는 1568년 『원근법의 실제』라는 저술을 통해 렌즈를 부착한 카메라 옵스큐라와 실물을 본 대로 재현하는 것에 대한 이론과 방법 및 실천을 설명했다.31) 아담 샬의 「차조작화」(借照作畵)는 포르타와 함께 바르바로의 이러한 설명을 참고하여 기술한 것으로 보인다. 완벽하게 재현의 형상을 제공하는 카메라 옵스큐라는 '원근법' 이론의 고안과 사생적 리얼리즘의 진보에 기여했을 뿐 아니라,32) 서양에서 17~18세기를 통해 빛과 렌즈와 더불어 인간의 시각을 설명하고 외부세계에 대한 인지자의 관계와 지식주체의 위치를 재현하는 데 있어 가장 널리 사용된 인식론적 모델로서의 의의를 지닌다.33) 「차조작화」는 벨기에 출신의 예수회 선교사 페르디난드 베르비스트가 『원경기』(遠鏡記)에 주석을 달아 재록했으며, 서유구(徐有榘 : 1764~1845)는 이 내용을 『화전』(畵筌)의 「논모임」(論摹臨)에 수록하였다. 그리고 최한기(崔漢綺 : 1803~1879)는 1842년에 펴낸 『심기도설』(心器圖說)에 아담 샬의 예해주진본

---

30) 山中浩司, 「感覺の序列—17・18世紀における'視覺''觸覺'槪念の變容とその地位」, 大林信治編, 앞의 책, 192쪽 참조. 포르타의 저술은 여러 나라 언어로 번역되어 널리 유통되었으며, 16세기에 출간된 유명한 과학서의 하나가 되었다.

31) 바르바로는 렌즈를 통한 광선 외에는 어떠한 빛도 방안에 들어가지 않도록 문을 닫고 차광막을 치고, 맞은편에 한 장의 종이를 붙인 다음 비쳐진 영상을 있는 그대로 그리고 착색한다고 했다. 최인진, 『한국사진사』, 눈빛, 2000, 34쪽 참조.

32) 엘퍼스 교수는 17세기 네덜란드 회화가 현실세계나 일상의 사물을 정확하게 재현하는 사실주의적인 '묘사적 예술'로 발전하는 데 눈과 카메라 옵스큐라 등의 렌즈 또는 광학기구에 의해 강화된 시각과 과학적・경험적 세계인식이 작용한 것으로 보았다. Svetlana Alpers, *The Art of Describing Dutch Art in the Seventeenth Century* / 幸福輝 譯, 『描寫の藝術—17世紀のオランダ繪畵』, ありな書房, 1993 참조.

33) 조나단 크래리, 앞의 책, 47~105쪽 참조.

(藝海珠塵本)『원경설』을 그대로 필사해 실기도 했다.

1729년에는 당시 경덕진요 총감독으로 있던 연희요(年希堯 : ?~ 1738)가 바로크 시대의 예수회 건축가이자 화가였던 안드레아 포초에 의해 1693년에 나온『화가와 건축가를 위한 원근법』상권을『시학정온』이란 제목으로 한역 출간하였다. 그리고 1735년에 다양한 모티프를 원근법으로 그린 작도례 50여 개를 증보한 개정판『시학』을 발간했다. 투영법에 의한 평면도, 입면도, 측면도와 입체물의 작도법 및 그 해설로 구성된 이 책은 화법기하학에 관한 첨단 저술로서, '원근법'의 이론과 방법을 가장 구체적으로 소개한 중국 최초의 서학서로 주목된다.34)

연희요는『시학정온』의 서문인「변언」(弁言)에서 "나는 전부터 시학에 관심을 가지고 여러 가지를 연구했으나, 제대로 터득하지 못하다가 서양인 낭세녕(郎世寧)을 만나 비로소 서법(西法)으르 중국의 회사(繪事)를 시작하게 되었다"고 하면서 다음과 같이 언술했다.35)

낭세녕은 정점인선법(定点引線法)을 가르쳤는데, 그것은 물체의 변화를 묘사하는 데 뛰어났다. 하나의 정위(定位)를 갖게 되면 연속적으로 작아지는 것을 틀림없게 나타낼 수 있다. 그런 뒤 물체의 기울기와 곧음과

---

34) 劉汝醴,「'視學'－中國最早的透視學著作」,『美術家』9, 1979, 42~44쪽 ; 池上英洋,「ポッツォの『畵家と建築家のための遠近法』について」,『中國の洋風畵展－明末から淸代の繪畵・版畵・揷繪本』, 町田市立國際版畵美術館, 1995, 447~448쪽 참조.

35) 年希堯,『視學精蘊』,「視學弁言」, "余曩歲卽留心視學 率嘗任殫思 究未得其端 迨後獲與泰西郎學士數相晤時 卽能以西法作中土繪事 始以定點引線之法胎余 能盡物類之變態 一得定位 則蟬聯而生 雖毫忽分秒 不能互置 然後物之尖斜平直 規圓矩方 行筆不離乎紙 而其四周全體 一若空懸中央 面面可見 至於天光遼臨 日色傍射 以及燈燭之輝暎 遠近大小 隨形呈影 曲折隱顯 莫不如意 蓋一本乎物之自然 而以目力受之犁然有當於人心 余然後知視之爲學如是也…… ·筆墨之事 可以捨哉 然古人之論繪事者有矣 曰 仰畵飛檐 又曰 深見溪谷中事 則其目力已上下無定所矣 烏足以於學耶 而其言之近似者 則曰透空一望 百斜都見 終未考此冊之切要著明也 余故悉次爲圖 公諸同好 勤敏之士 得其理而通之 大而山川之高廣 細而蟲魚花鳥之動植飛潛".

108

둥글고 모난 형태를 그대로 옮겨낼 수 있고, 그 사방둘레 전체와 공간의
중앙 및 여러 면을 볼 수 있다. 그리고 광선이 비치고 햇빛이 미치어
등촉의 빛남과 원근대소, 형에 따른 그림자, 휘고 꺾이고, 나타남과 숨음을
모두 뜻대로 할 수 있다. 눈에 의해 보면 확실히 마음으로 알 수 있는
것이다. 나는 이제야 시(視)의 학(學)이란 것이 이런 것임을 깨달았다.……
필묵지사(筆墨之事)로 과연 이렇게 할 수 있는가. 그림을 논한 옛사람들이
처마는 올려다보고 그리고, 계곡은 깊숙이 보아 나타낸다고 했는데, 이는
시점을 정하지 않은 것이다. 어떻게 시학이란 것에 대해 흡족하게 설명할
수 있을까. 가장 가까운 말이 공간을 투시해 하나로 보고 물체의 놓인
상태를 모두 본다는 것이다. 이 책의 중요함을 밝히는 데는 미진하지만
작도(作圖)로 동호인에게 공개한다. 그 이치를 터득하면 커다란 산천의
높고 넓음과 동식물의 세밀한 각양각태까지 그 전모를 다 파악할 수 있어
꼭 닮은 진형을 얻을 수 있을 것이다.

유클리드의 기하학적 광학론에 기초한 자연원근법에서 진보된, 과학적
원근법의 핵심인 고정된 시점에 의한 '거리점법'으로서의 선원근법과 삼각
투영법에 의해 사진 찍듯 입체물을 평면상에 그리는 공간기하학이 사물을
눈에 보이는 그대로 옮겨내는 데 탁월한 시학임을 강조한 것이다. 연희요는
6년 뒤 증보판으로 출간한 『시학』 서문에서, 눈으로 물체를 보면 가까운
것은 크게 보이고 먼 것은 작게 보여 별처럼 점이 되어 멈춘다고 하면서,
눈의 극처(極處)는 일점 원리에 있는데, 만물은 일점처럼 작아질 수 있기
때문에 일점은 만물을 생기게 하고 일점에서 시작하기 때문에 '두점'(頭點)
이라 부르면서 원근은 '일정불역'(一定不易) 즉 바뀌지 않는 하나의 고정된
시점에 이치를 두고 있다고 했다.36)
　　연희요는 이와 같이 3차원적인 공간에 위치하는 입체적 상태의 사물을

---

36) 年希堯, 『視學』, 「序」, "凡目之視物 近者大遠者小. 理.有.固然卽如五嶽 最大自遠視
　　之愈遠愈小點 必小至一星之點而止……而目力極處 則一點之理仍存也 由此推之萬
　　物能小如一點 一點亦能生萬物 因其從一點而生 故名曰頭點".

2차적 평면 위에 꼭 닮은 '진자'(眞者)로 그리는 것을, 르네상스 이래 사생적 리얼리즘이 광학적 경험과 기하학적 합리성에 기초했듯이 빛에 의존하는 시각의 고정된 시점에 의해 물체를 지각하고 재현하는 것으로 파악했다. 그러나 이는 기존의 전통적인 산점(散點) 투시법에 대한 비판과 함께 시점의 부동성만을 강조한 것이었고, 단안시(單眼視)의 엄밀한 단일성에 의해 수렴되는 일점 투시법에 대한 인식은 미진하였다. 눈과 대상을 연장하는 시각피라미드에 중심광선이 그림 평면과 직교하는 지점인 '중심점' 또는 '소실점'으로 지칭되는 일점을 만물을 생성하는 '두 점'으로 이해했던 것이다. 기하학적 질서의 창출점을 만물의 창생점으로 인식한 것이 아닌가 싶다. 예컨대 재현되는 형상을 고정된 하나의 눈으로 바라본 착각적 시상(視像) 즉 환영(幻影)으로 인식하기보다는, 실물과 같은 진형(眞形)으로 보았기 때문일 것이다. 다시 말해 세계를 단안적(單眼的) 시상(視像)으로 배치하고 인식함으로써 하나의 눈이 응시의 위치인 일점(소실점)과의 동일시를 통하여 기하학적 질서에 의해 인위적으로 합리화된 시각적 세상의 주체로서 구성된다는 17세기 이래 서양에서의 근대적 시각체제와 주체의식에 대한 개념은 형성되지 않았던 것으로 보인다. 단안적인 주체의 시점에 의해 본다는 것은 인식의 동력인 동시에 감각적 주체로서의 인간을 탄생시킨 근대화의 매체이며, 인간의 시각을 세계의 척도로 설정함을 뜻하는 것으로서, 세계가 보는 주체에게 종속되는 체제인 것이다.[37]

　명말청대를 통해 시학지식이나 서양화에 대한 담론은 인간의 시각 중심으로 세계를 대상화하고 과학적 이성에 입각한 합리성과 주체성, 즉 근대성

---

37) 주) 19와 같음. 명·청대에 한 눈으로 본다는 것은 遠棟의 『書隱叢說』에서 서양화의 교묘함을 설명하면서 "令人閉一目視之 層層透徹 悠然深遠……可喜"라고 했듯이 관자가 그려진 화면의 사실적 효과를 충족시키기 위한 것이다. 이 글에서도 관자가 한쪽 눈을 감고 보는 것이 화면의 소실점에 자신의 눈을 종속시킴으로써 주체가 된다는, 즉 '원근법'에서 응시의 논리에 의해 시각적 주체의 幻影的인 에고가 구성된다는 개념은 찾아보기 어렵다.

원리와 결부되어 전개된 사상적. 사조적 경향보다 사물을 실물처럼 닮게 그리는 '핍진'(逼眞)의 기술, 즉 '서기'(西器) 또는 '양재'(洋才) 차원에서의 화법적 관심이 주류를 이루었다고 본다. '핍진' 효과를 주는 '사양지교'(西洋之巧)로는 명말의 서광계 이래로 '명암원근지류'(明暗遠近之類)가 담론을 지배했으며 처음에는 명암법에 대한 관심이 더 높았던 것 같다.

서양미술의 시학지식은 1607년『기하원본』서문을 통해 소개되기 시작했으나, 서양화법에 대한 인식은 1579년부터 유입된 성상화(聖像畵)를 통해 이루어지기 시작했다.[38] 성상화는 인물상이었기 때문에 그 사실적 묘사에서 살아 있는 사람을 보는듯한 인상을 받은 것 같다. 1595년에서 1601년 사이 남경(南京)에 거주했을 때 마테오 리치로부터「천주상」과「성모자상」을 본 고기원(顧起元 : 1565~1628)은 중국 최초로 서양화에 대한 인식을 글로 남긴『객좌췌어』(客座贅語)에서, "그 모습이 살아있는 것 같다"(其貌如生)고 표현하였다.[39] 어떻게 이처럼 '생인'(生人)같이 그려 낼 수 있는지를 묻는 고기원에게 마테오 리치는 다음과 같이 답했다.

중국 그림은 양(陽)만 그리고 음(陰)을 그리지 않아 얼굴이나 몸이 평면적으로 보이고 요철(凹凸)이 없는 데 비해, 우리나라 그림(서양화)은 음과 양을 함께 그리기 때문에 신체의 고하와 둥근 입체감을 나타내며, 얼굴 정면으로 빛을 받으면 모두 밝게 하여 희게 하고, 측면으로 빛을 받을 경우 밝은 부분은 희게, 그렇지 않은 이목구비의 철처(凹處)는 어둡게 한다. 서양에서 인물상을 그리는 자는 이러한 화법을 깨닫고 이용한 것으로 능히 살아 있는 사람처럼 그릴 수 있는 것이다.[40]

---

38) 李超,『中國早期油畵史』, 上海書畵出版社, 2004, 79쪽 참조.

39) 鶴田武良,「萬曆-乾隆間の西洋繪畵の流入と洋風畵」,『中國の洋風畵』, 440쪽 참조.

40) 顧起元,『客座贅語』권6,「利瑪竇」, "答曰 中國畵但畵陽不畵陰 故看之人面軀正平 無凹凸相 吾國畵兼陰與陽寫之 故面有高下 而手臂皆輪圓耳 凡人之面正迎陽 卽皆 明而白 若側立 卽向明一邊者白 其不向明一邊者 眼耳鼻口凹處 皆有暗相 吾國之寫 像者解此法用之 故能使畵像與生人亡異也".

'생인'(生人)처럼 보이게 그릴 수 있는 것은 음양을 함께 나타냈기 때문이며, 빛을 받은 면은 밝게, 받지 않은 면은 어둡게 묘사하는 서양 화법을 이용했기 때문이라는 것이다. 『기하원본』에서는 집을 그릴 경우 '명암'이 있어야 한다고 했으나, 인물화에서도 명암이라는 의미를 사용했으며, 이후 빛의 방향에 따라 밝고 어두운 면을 대비적으로 나타나게 묘사하는 화법에 대해 '명암'과 '음양향배'(陰陽向背)라는 용어로 쓰게 되었다.

성상화 같은 인물상에서 명암법의 구사에 다라 입체적으로 보이는 형상에 대해, 명말의 유동(劉桐)과 우혁정(于奕正)이 '여소'(如塑) 즉 흙으로 빚어 만든 조각물 같다고 하고, 청대의 오장원(吳長元)도 '약소자'(若塑者)라 했듯이 양감의 두드러진 표현 때문에 돌출된 물체처럼 느낀 듯하다.[41] 이와 같이 명암법으로 그려진 인물상은, 마테오 리치가 가져온 성상화를 비롯하여 당시 그려진 '시화'(時畫)도 함께 전래된 것으로 보아 입체감을 두드러지게 나타낸 지오토 이래 근세 유럽의 '조소 같은 회화'였을 것으로 생각된다.[42] 이렇게 표현된 인물화를 보고 17세기 중엽의 강소서(姜紹書)는 "밝은 거울에 상이 비친 것처럼"(如明鏡涵影) 닮았다고 표현했는가 하면, 명말청대를 통해 한결같이 '엄연생인'(儼然生人) 즉 확실히 살아 있는 사람 같다는 놀라움을 토로하였다.[43]

명암법이 구사된 화풍에 대해 "서양의 홍염법을 따랐다"(遵西洋烘染法) 또는 "선염과 준찰만으로 이루어졌다"(純以渲染皴擦而成)라고 평한 것으로 보아,[44] 추일규(鄒一桂 : 1686∼1772)가 『소산화보』(小山畫譜)에서 '필

---

41) 劉桐・于奕正, 『帝京景物略』 권4, 「天主堂」, "望之如塑 貌三十許人" ; 吳長元, 『宸垣識略』 권7, "天主堂中供耶蘇畫像 繪畫而若塑者". 이 밖에 청대의 談遷과 楊家麟도 『北遊錄』과 『勝國文征』에서 각각 천주당의 성상화를 보고 흙으로 빚은 조각물 같다고 했다.

42) '조소 같은 회화'에 대해서는 井面信行, 「繪畫と'繪畫的なもの'」, 『藝術論究』 12, 1985. 3., 43쪽 참조.

43) 姜紹書, 『無聲詩史』 권7, 「西域畫」, "利瑪竇携來 西域天主像……如明鏡涵影" ; 李超, 앞의 책, 156∼157쪽 참조.

법전무'(筆法全無)라고 했듯이 윤곽선 없는 몰골풍으로 인식했음을 알수 있다. 『홍루몽』의 저자이기도 한 조점(曹霑 : 1715/1720~1763)은 서양화의 명암법 이론에 토대를 두고, 사실적 묘사를 위해 채색화에서 중요한 것은 광선이라고 하면서, 빛을 받은 부분은 드러나게 하고, 빛을 받지 않은 곳은 캄캄하게 해야 하며, 형이 있으면 반드시 그림자가 있어야 하는데 화가들이 이를 생략해 나타내지 않는다며 비판했다.[45] 그는 또 "빛이 없으면 어떻게 형을 드러낼 수 있는가"(無光何以現形者)라고 하면서 "명암은 빛에 의해 이룩되고 색채는 빛에 의해 구별되며 원근농담까지 빛으로 야기되지 않는 것이 없다"(明暗成于光 彩色別于光 遠近濃淡 莫不因光)라고 하여 가시광선의 자극으로 일어난 시각에 의거하여 인지된 사물의 현상을 충실하게 묘사할 것을 강조하였다.

청초 강희 연간(1661~1722)부터는 황제가 수리(數理)에 대해 높은 관심을 보이고, 선교사인 뷔글리오(Louis Buglio 利類思 : 1606~1682)와 베르비스트가 그린 「투시법화작」(透視法畫作)과 「서양투시화법작화」(西洋透視畫法作畫)를 보고 투시화에도 크게 흥미를 느끼고 있었기 때문에 궁정화가들의 원화(院畫)에 이들 '초점투시화법'의 영향이 나타나고[46] 더불어 원근법에 대한 언설이 대두하기 시작했다. 왕사정(王士貞 : 1638~1711)은 『지북우담』(池北偶談)의 「서양화」(西洋畫)에서 "누대와 궁실 그림을 그려 벽에 펼쳐놓은 것을 열 걸음 정도 떨어져서 보면, 여러 개의 문들이 열려 안으로 통하고 층과 계단의 수를 셀 수 있으며, 왕궁 제택처럼 깊고 넓게 보이는데 이를 가까이서 보면 종횡으로 된 수십 백 개의 그림들로 마치

---

44) 向達, 「明清之際中國美術所受西洋之影響」, 『東方雜誌』 27-1, 1930. 10.(『中國書畫論集』, 華正書局, 1987, 95쪽) 참조.

45) 曹霑, 『廢藝齋集稿』, "敷彩之要 光居其首 明則顯 暗則晦 有形必有影 作畫者豈可略而棄之那".

46) George Loehr, "European Artist at the Chinese Court" / 김리나 옮김, 「淸 皇室의 서양화가들」, 『미술사연구』 7, 1993, 90~92쪽 ; 李超, 앞의 책, 116~119쪽 참조.

바둑판 같다"고 하여 서양 원근법으로 묘사된 동판계화(銅版界畵)를 본 소감을 말했다.[47] 에도(江戶) 후기의 부회(浮繪 : 우키요에) 연구자 무라세 고테이(村瀬栲亭)는 『예원일섭』(秇苑日涉, 1807)에서 이 언술의 일부를 인용한 다음, "중문동개(重門洞開)된 것을 세간에서는 부화(浮畵)라 부른다"라고 했던 것으로 보아, 무한원점의 투시도법으로 그려진 '대부회 옥내도'(大浮繪 屋內圖)로 이해했음을 알 수 있다.[48]

장조(張潮 : 1676년 전후 활동)는 양주(揚州)에 와서 태서(泰西)의 기하(幾何) 및 비례학과 윤려기축학(輪椾機軸學)을 듣고 서양의 기구 즉 카메라 옵스큐라 등을 처음 만들어 마치 실물로 착각하도록 그리는 데 능했던 황리장(黃履莊 : 1655~ ?)에 대해 『우초신지』(虞初新志, 1683)에 쓰면서 "무릇 서양화법은 평면인데도 깊고 먼 것처럼 보이도록 하고, 일면인데도 다면처럼 보이게 한다"고 했다.[49] 그는 또 '태서'(泰西)의 여러 그림으로 "원시화(遠視畵)와 방시화(傍視畵), 경중화(鏡中畵)와 관규화(管窺畵)가 있는데, 거울그림은 그림이라고 전혀 느낄 수 없을 정도로 관(管)을 통해 보면 진짜 실물처럼 생동한다"고 하였다.[50] '경화'(鏡畵)는 17세기 네덜란드에서 유행했던 '뷰 토프틱'(vues d'optlque) 그림으로, 에도 시대의 '안경회'(眼鏡繪) 즉 투시도 그림을 더욱 실감나게 볼 수 있도록 반사경과 볼록렌

---

47) 王士禎, 『池北偶談』 권26, 「西洋畵」, "畵樓臺宮室 張圖壁畵 從十步外視之 重門洞開 層級可數 潭潭如王宮第宅 迫視之 但縱橫數十百畵 如碁局而已". 王士禎에 앞서 彭師望(1610~1683)도 『彭躬菴魏評集』에서 "태서인들은 척도에 능해 여러 문이 열려 안으로 통하고, 굽고 꺼어진 것도 환하게 비친듯하다"(泰西人 能於度幅 洞開重門 空明曲折)고 하여 기하하적 원근법의 효과에 대해 언급한 바 있다.

48) 岸文和, 『江戶の遠近法―浮繪の視覺』, 勁草書房, 1994, 7쪽 참조.

49) 張潮, 『虞初新志』 권6, 「黃履莊小伝」, "大抵西洋畵法 或平面而見爲深遠 或一面而 見爲多面". 黃履莊은 20대에 한난계와 수압계, 망원경, 현미경을 만들었고, 카메라 옵스큐라로 그림을 그리고 뷰.토프틱그로 감상했다고 한다. 小野忠重, 앞의 책, 60~61쪽 참조.

50) 張潮, 위의 책, "泰西諸畵 有遠視畵傍視畵 鏡中畵管窺畵 而鏡畵全不似畵 以管窺之 則生動如眞".

즈를 조합해서 만든 '사기관'(覗機關)을 통해 보는 그림 같은 것이 아니었나 싶다.51) 그리고 '심원화'(深遠畵) 또는 '심원편'(深遠片)으로도 지칭되던 원시화(遠視畵)에 대해, 에도 후기의 무라세는 원경을 깊이감 있게 초점투시법으로 그리는 "원시화(遠視畵)는 부회(浮繪)다"(遠視畵卽浮畵也)라고 하였으며, 기타무라 도키노무(喜多村信節)는 "부화(浮畵)라 칭하는 것도 서양의 화법이며 중국에서는 이를 원시화(遠視畵)라 부른다"고 하였다.52)

서양의 원근법은 이탈리아 출신의 선교사 화가 카스틸리오네(Giuseppe Castiglione, 郎世寧 : 1688~1766)가 '내정공봉'(內廷供奉)으로 활동한 옹정·건륭 연간(1722~1795)에 '해서법'(海西法) 혹은 '통경선법화'(通景線法畵)로 지칭되면서 원화(院畵)로 확대되었는가 하면, 소주판화와 소설 삽화 등의 민간화로도 확산되었다.53) 그리고 카스틸리오네의 도움으로 번역된 연희요의 『시학』이 여러 차례 재쇄되면서 널리 유포되기도 했다.54) 도원지(姚元之 : 1776~1852)의 『죽엽정잡기』(竹葉亭雜記)에 의하면, "남당에 낭세녕의 선법화 2점이 현관 앞 실내의 동서 양편에 벽의 높이와 넓이만한 크기로 걸려 있다"고 언술한 것으로 보아, 카스틸리오네의 '해서법' 또는 '낭체'(郎體) 그림은 북경의 남천주당에도 걸려 있었던 모양이다.55) 요원지는 "서벽에서 한쪽 눈을 감고 동벽을 보면, ……다보각(.多寶閣)이 그려져 있는데, ……(시각상인) 선영(扇影)과 병영(瓶影), 궤영(几影)

---

51) 眼鏡繪와 覗機關에 대해서는, Timon Screeh, *The Western Scientific Gaze and Popular Imagery in Later Edo Japan* / 田中優子·高山宏 譯,『大江戸視覺革命－18世紀日本の西洋科學と民衆文化』, 作品社, 1998, 198~218, 253~276쪽 참조.

52) 岸文和, 앞의 책, 7·214쪽 참조.

53) 聶崇正,「'線法畵'小考」,『宮廷藝術的光輝－清代宮廷繪畵論叢』, 東大圖書公司, 1996, 267~272쪽 ; 聶卉,「清宮通景線法畵探析」,『古宮博物院院刊』117, 2005. 1., 41~52쪽. 참조.

54) 莫小也,「乾隆年間姑蘇版所見西畵之影響」,『東西交流論譚』, 上海文藝出版社, 1998, 227쪽 참조.

55) 聶崇正, 앞의 책, 268~269쪽 참조.

이 (실물과) 터럭만큼도 차이나지 않으며······ 선법은 예전에 없던 것으로 그 정밀함이 이와 같다"고 하여 '곡방동창'(曲房洞敞) 즉 원점 투시원근법에 의해 그려진 선법화의 사실성에 대한 증언을 남겼다.56)

『추한만어』(篘閑漫語)에서는 이러한 선법화를 심원법(淺深法)이라고 했으며, 긴 복도와 실내의 양상을 가까이에서 시작하여 사선으로 배치하여 '외관내착'(外寬內窄) 즉 화면 주위는 넓게 하고 안으로는 좁게 나타낸 것으로, 한 눈으로 보면 깊고 멀고, 겹치고 이어지는 순서가 정연해 큰 저택에 있는 것 같다고 했다.57) 민간에서는 '서양경'(西洋鏡) 또는 '양편'(洋片)으로 지칭되던 선원근법 계화류 또는 연화(年畫)의 일점 투시 효과를 설명한 것이며, 폭넓은 근경에서 원경의 깊은 곳을 향해 한 점의 좁은 범위로 수속(收束)되는 선법화의 특징을 엿볼 수 있다. 장경(張庚)은 『국조화징록』(國朝畫徵錄, 1739)에서 이와 같은 '서양법'(西洋法)은 "자근이원 유대급소"(自近而遠 由大及小)하여 터럭만큼의 차이 없이 그려낸다고 했으며, 이두(李斗)의 『양주화방록』(揚州畫舫錄)에도 같은 내용이 수록되어 있다.58)

추일규(鄒一桂 : 1686~1772)는 『소산화보』(小山畫譜, 1756년 이전)의 「서양화」(西洋畫)에서 서양인들의 그림이 음양과 원근에서 조금도 틀림없이 정확한 것을 구고법(句股法) 즉 기하학을 잘하기 때문으로 보았다. 그는 "서양화의 인물과 건물, 나무 등에는 모두 그림자가 있으며, 그들이 사용하는 안료와 붓은 중국 것과 매우 다를 뿐 아니라, 영(影)은 넓은 것에서

---

56) 姚元之, 『竹葉亭雜記』, "南堂內有郎士(甡)寧線法畫二張 張於廳事東西兩壁 高一大 如其壁 立西壁下 閉一目以覘東壁 則曲房洞敞······有多寶閣焉······日光所及 扇影 瓶影几影 不爽毫髮······線法古無之 而其精乃如此".

57) 『篘閑漫語』, "西人多巧思 其畫法······有淺深法 長廊列肆 堂宇內殖 而斜紋旁行 披拂 參錯 率外寬而內窄 以一目睎之 幽邃深遠 層次井井 居然一甲第也".

58) 李斗, 『揚州畫舫錄』 권2, 「草河錄」 下, "工泰西畫法 自近而遠 由大及小 毫釐皆准法 則".

좁아지게 배치하는데 삼각형을 이룬 것처럼 계산되어 있고 궁실을 담벽에 그렸는데 실물처럼 보여 사람들로 하여금 달려 들어가고 싶게 하며, 이를 배우고자 하는 사람들은 한두 가지 참작하면 그 화법을 깨우칠 수 있다.”고 하였다.[59]

이 글에서 언급된 서양화는 궁정 벽화로 그려진 ‘통경선법화’로 보인다. 그렇다면 ‘포경’(布景)으로 쓰지 않고 ‘포영’(布影)으로 언표한 것은 ‘영’(影)을 시각상인 환영(幻影)으로 인식했기 때문이 아닌가 싶다. 건륭제도 창원대(暢遠臺) 벽에 그려진 ‘옥중선법서양화’(屋中線法西洋畵)를 보고 ‘예시지환’(睨視之幻)이라고 했었다.[60] 이와 같이 화상을 진형이 아닌 환영, 즉 일루전으로 인식한 것은 근대적 시각체제의 개념에 좀더 접근한 의의를 지닌 것으로 생각된다. 이러한 관점에서 1816년에 호경(胡敬)은 서양화법에 대해 다음과 같이 언술했다.

해서법이란 영(影)을 잘 그리는 것으로, 작은 부분까지 세밀히 나누어 음양과 앞뒤, 기울고 바르고, 길고 짧음을 측정하여 그 영(影)대로 따라서 짙고 옅고 밝고 어둡게 나누어 설색함으로써 멀리 보이는 인물, 짐승, 초목, 건물 등이 모두 입체감을 가지고 바로 세워지도록 그리며 천광이 비치는 것은 증기로 이루어진 운기로 표현한다. 그래서 깊고 먼 것까지 작은 비단이나 종이 위에 고르고 선명하게 펼칠 수 있다.[61]

호경이 언표한 ‘영’(影)은 일루전, 즉 눈으로 본 환영으로서의 시각상을

---

59) 鄒一桂, 『小山畵譜』, 「西洋畵」, “西洋人善勾股法 故其繪畵於陰陽遠近 不差錙黍 所畵人物屋樹皆有日影 其所用顔色與筆 與中華絶異 布影由闊而狹 以三角量之 畵宮室於墻壁 令人幾欲走進 學者能參用一二 亦其醒法”.

60) 『御製詩集』 5集 卷17, 「暢遠臺」 참조.

61) 胡敬, 『國朝院畵錄』卷上, “海西法 善於繪影 部析分刊 以量度陰陽向背 斜正長短 就其影之所著 而設色分濃淡明暗焉 故遠視則人畜花木屋宇 皆植立而形圓 以至照有天光 蒸爲雲氣 窮深極遠 均粲布於村縑尺楮之中”.

뜻하며, 서양화법은 이러한 대상물을 투시 측량하여 시각 이미지 그대로 명암법과 선원근법, 공기원근법에 의해 일관된 방식으로 재현함으로써 화면상에 공간의 심원함을 '균찬'(均粲)되게 이루게 한다고 했다. 여기서 '균찬'을 '균질' 즉 등질성과 무한정성을 조건으로 하는 데카르트적 원근법 공간의 의미로 사용했다면, 17세기 서양의 과학주의적 인식론의 개념을 일부 반영한 의의를 지닌다고 하겠다. 그리고 건륭 연간에 중국에 온 영국사절단이 화면상의 '착각화'(錯覺畵)는 풍경의 아름다움과 조화를 만드는 데 필요한 것인데, 중국인은 물체의 거리감을 시선의 원근으로 나타내고 시력의 착각으로 크고 작게 묘사하는 것을 인식하지 못한다고 언술했던 것과 달리,62) 서양화법이 2차원의 평면에 투시된 3차원의 환영을 균찬화된 기하학적 질서로 재현하는 체계임을 파악한 사례로도 주목된다.

호경의 이러한 시학지식은, 중국의 서양화 수용이 화법 '참용'(參用)의 시기를 지나 19세기에 이르러 '태서회구'(泰西繪具)인 유채(油彩)를 사용하여 그리는 풍조가 확산된, 보다 심화된 단계를 반영한 것으로 보인다. 청 후기에 편찬된 것으로 짐작되는『서학약술』(西學略述)에도 '광산이학' (光算二學)에 기초하여 모든 사물의 직사광선에 의한 가시세계와 시각피라미드의 원리 및 시각 현상, 그리고 카메라 옵스큐라와 안구 작용의 유사성 등에 관한 지식을 언술하면서 서양화법에 대한 논의를 전개시키고 있다.63)

---

62) 李超, 앞의 책, 176쪽에 수록된 斯當東,『英使謁見乾隆紀實』참조.

63)『西學略述』, "當中國前明正統年間 有意大利國數人 創著作畵之書 內言作畵 其要須 先悉光算二學 庶免差誤 凡畵作向平面於若紙若壁之上 欲使其遠近高下 秩然不紊 人物位置 各得其宜者 務先求明光學家所言 諸物面點 豈有光射作直線入人目中 與 算學家諸物直射光線 豈未合尖角來入人目同理 如人目見一樹 乃此樹自本至末 閒 權縱橫 其面點豈如其形 射作光錐來入人目 若有二人並立而視 所見物同 而物之光 錐來入人目者 更無一同也 如人居暗室 試於壁上透穿一孔 窺諸壁外之物 復於己目 與壁孔之間 隔一玻璃片 而以所見壁上諸物 一一揩畵於此玻璃片上 餘能映取無差 可明諸物面點 皆如其形作尖錐來如人目之理 是 亦 皆本於算 祥列如左 一凡人視物 其上下兩端中間之角大小 率由該物離人近遠之度 近則視大 遠則視小 一凡視物愈 斜 則其間之角愈大 一凡作畵人如欲其間諸物之近遠斜正 豈得其當 宜合上二則方

그러나 이 같은 언설은 화상을 시각적 소산으로 보는 데까지는 이르렀으나, "서양화법은 공필계화(工筆界畵)와 사의(寫意)의 일법(一法)과 함께 신(神)을 밝히는 것으로 배우는 사람도 여기에 뜻을 두고 있다"고 했듯이,[64] 형사적 전신의 관점에서 개진되었음을 알 수 있다. 서양화법과 결부되어 전개된 명말청대의 시학지식은, 인간의 시점에서 인간 중심으로 세계를 대상화하여 과학적·인공적으로 재구성하고자 한 근대적 시각법에 대한 인식, 즉 절대자 또는 주재자인 신을 대신한다는 창조적 창작의 주체자로서의 인식은 찾아보기 힘들고, 핍진과 형사적 전신을 보완하기 위한 도구, 즉 '서기'와 '양재'로서 이용하고자 했던 것이다.

3. 조선후기의 시학지식과 회화론의 변동

조선왕조는 인접한 중국과 일본, 유구(琉球)를 제외한 타 외국과의 교섭이 가장 부진했던 시기로, 15세기 말의 이른바 '대항해시대' 또는 '지리상의 발견' 이후에도 서양과의 직접적인 접촉이 거의 없었다. 외부와의 접촉이나 문물 유입은 '사대교린'의 대외정책에 기초한 제한된 사신 교환을 통해 대부분 이루어졌다. 16세기 중엽 이후 '서학동점' 시대에도 서양 여러 나라와의 직접적인 교섭이나, 서양 언어로 쓰여진 서적의 도입과 번역은 없었으며, 중국을 매개로 한 간접적 교류에 의존하는 특징을 지닌다. 조선후기의 시학지식도 한역서학서를 비롯하여 이러한 간접 창구를 통해 유입되었다.

位 推研精祥 方無錯誤".

64) 『西學略述』, "此論 如中國之工筆界畵一法最近 而寫意一法 卽括於中 神而明之 是在學者".

1) 조선 후기의 시학지식

조선시대에 서양인을 만난 최초의 인물로 여항화가 이정(李楨)의 시문선생인 최립(崔岦 : 1539~1612)이 거론된 바 있다.『송천필담』(松泉筆譚)에 의하면, 최립이 부연(赴燕)사행시 명말의 대표적인 문인 왕세정(王世貞 : 1526~1590)의 집에서 전일 부탁했던 화죽병(畵竹屛)의 서문을 찾기 위해 방문한 서양인을 만난 적이 있다고 한다.65) 최립은 북경에 1577년과 1594년 두 차례 다녀왔는데, 두 번째 사행시는 왕세정이 타계하였기 때문에 서양화를 보았다면 1577년 사행 때였을 것이다. 그러나 1577년이라면 아직 마테오 리치도 북경에 오지 않았을 뿐 아니라, 이덕무(李德懋 : 1741~1793)도 왕세정과 최립의 문집을 조사해 본 후, 두 사람의 만남과 관련하여 세상에 전하는 말을 믿기 어렵다고 하였다.66)

지금의 유럽을 서양국으로 인식하기 시작하고, 시학지식을 포함한 서학(西學) 또는 서양화법의 조선 전래는 이광정(李光庭 : 1522~1627)이 북경에서 마테오 리치의「곤여만국전도」(坤輿萬國全圖)를 구해 1603년 지입한 이후부터이다.67) 그리고 당시 부제학이던 이수광(李晬光 : 1563~1629)이 이 지도를 보고 "매우 정교하다"고 말했던 것이 기록으로 전하는 최초의 반응이 아니었나 싶다.68) 이수광은 또 서양인 풍보보(馮寶寶)가 그린「천형도」(天形圖)를 보고 그 설명이 유사하고 근거가 있는 것 같다고 언술한 바 있다.69)

---

65) 沈鐸,『松泉筆譚』권1, "簡易入中國 往見王弇州 西洋人適訪弇州 請畵竹屛序".

66) 李德懋,『靑莊館全書』권32,「淸脾錄」권1, '崔簡易堂' 참조.

67)「곤여만국전도」는 마테오 리치가 1534년 광둥성 肇慶에 있을 때 제작한 것인데, 북경에 온 후 1602년 6폭 1쌍의 병풍으로 李之藻가 개판한 세계지도이다. 李元淳,『朝鮮西學史研究』, 一志社, 1986, 54쪽 ; 姜在彦,『朝鮮의 西學史』, 민음사, 1990, 31쪽 참조.「곤여만국전도」는『中國の洋風畵展』도판 145 참조.

68) 李晬光,『芝峰類說』권2,「諸國部」'外國', "萬曆癸卯 余忝副提學時 赴京回還使臣李光庭權憘 以歐羅巴國輿地圖一件六幅 送于本館 盖得於京師者也 見其圖甚精巧".

69) 이수광, 위의 책 권1,「天文部」'天', "余嘗見歐羅巴國人馮寶寶所畵天形圖……其說

조선후기의 시학지식 전개와 관련하여 보다 주목되는 것은 1631년 진주 사로 부경했던 정두원(鄭斗源)이 가져온 서학서 중『원경서』(遠鏡書)이다. 이 책은 아담 샬이 1626년 한문으로 편술한 망원경 등의 관측기 사용법과 광학이론을 밝힌『원경설』로,[70] 앞서 언급했듯이 '원근법'의 탄생과 보급 에 중요한 구실을 한 카메라 옵스큐라를 이용해 '물상으로 물상을 그대로 그리는' 원리를 소개한 「차조작화」(借照作畵)가 수록되어 있는 것이다. 『원경설』은 심양에서 8년을 보내고 연경에서 3개월을 체류하다 1645년 귀국한 소현세자(1612~1645)가 아담 샬로부터 증정 받아 온 다수의 '천문 산학성교서적'(天文算學聖敎書籍)에 포함되었을 가능성도 크다.[71] 그러나 이들 과학기술서의 활용과 유포에 적극적 의지를 보인 소현세자가 서양문 물과 청 왕조에 대한 그의 개방노선에 반대하는 세력들에 의해 귀국 3개월 만에 급사함에 따라 무산되었을 뿐 아니라, 효종·현종 연간을 통해 對淸 관계가 불편하게 지속되면서 서학의 유입 자체도 부진하였다.[72]

이러한 국면은 숙종조(1675~1720)에 이르러 변화를 보이기 시작했다. 연행록에 천주당 방문 기사가 나타나기 시작했으며, 마테오 리치의『기하 원문』이 수록된『천학초함』을 비롯한 서학서들이 다시 유입되기 시작하였 다. 1682년 사은사로 연행한 김석주(金錫胄 : 1634~1684)는 서양화법을 참용(參用)한 최초의 화가 가운데 한 명인 초병정(焦秉貞)으로부터 초상화 를 그려 받아왔다.[73] 그리고『천학초함』의 존재를 처음으로 언급했던

似亦有據". 서양인 馮寶寶는 利瑪竇(마테오 리치)를 잘못 쓴 것으로, 1603년 劉汧 등에 의해 찬술된『續耳譚』의「西洋異人」기사를 근거로 했기 때문이다. 구만옥, 「16~17세기 조선 지식인의 서양이해와 세계관의 변화」,『동방학지』122, 2003 참조.

70) 이원순, 앞의 책, 71쪽 참조.

71) 소현세자의 서양 문물 지입에 대해서는 山口正之,「昭顯世子と湯若望」,『靑丘學 叢』5, 1931, 101~117쪽 참조.

72) 김문식,「소현세자의 외교활동」,『선비문화』4, 2004, 6~12쪽 ; 김용덕,「소현세 자연구」,『조선후기의 사상연구』, 을유문화사, 1981, 412~424쪽 참조.

최석정(崔錫鼎 : 1646~1715)은 1697년 주청사로 연행하여 강희제의 명으로 초병정이 '해서법'을 구사하여 1696년 제작한『패문재경직도』를 구득하여 9월에 복명하면서 이를 바쳤다. 이에 숙종은 병풍으로 두 벌을 모사하게 하고 세자에게 경직의 어려움을 깨우치는 시를 직접 짓게 하여 제시로 삼기도 했다.[74] 1708년에는 역시 왕명으로 영의정이면서 관상감 책임자였던 최석정의 주관 하에 명암법이 짙게 반영된 이국의 동물도와 범선이 그려진 마테오 리치 관련의 북경 제5판인 '회입'(繪入)「곤여만국전도」가 화원 김진여(金振汝)에 의해 모사되었다.[75]

　이러한 변화에 대해 1724년 무렵 신후담(愼後聃 : 1702~1761)은 "구라파학이 중국에서 성행하고 조선에까지 전해져 즐겨 사모하고 그것을 일컫는 사람이 많아졌다"고 했으며, 안정복(安鼎福 : 1712~1791)은 "이미 선조 말 이래 서양서가 전래되어 이름난 벼슬아치와 선비로서 이를 읽지 않는 사람이 없다"고까지 언급한 바 있다.[75] 특히 숙종조 후기부터 청과의 긴장

---

73) 金錫冑는『息庵遺稿』권8,「與燕京畵史焦秉貞書(在玉河館)」에서 초병정이 그려준 초상화가 문을 닫은 방안에서 밝은 빛이 적은 상태로 그려져 和氣가 없어 보이고, 또 수법도 부족하여 神氣가 없음에 불만을 품고 다시 가감하여 고쳐줄 것을 요구한 바 있다. 초병정의 생졸년이 알려져 있지 않아 1682년 당시 그의 나이가 몇 살인지 불명이나, 1689년부터 宮廷共職으로의 활약상이 기록으로 전하고 1726년 무렵까지 작품활동을 한 것으로 보아 아직 약관의 화가 초년생이었을 것으로 생각된다. 초병정의 생애에 대해서는 聶崇正, 앞의 책, 51~52쪽 참조. 따라서 초병정이 명암법을 구사하기 위해 빛의 방향을 일정하게 하고 명암 상태를 효과적으로 파악하려는 의도로 문을 닫은 방안에서 초상화 제작을 시도하기는 했지만, 아직은 미숙했던 것으로 보인다.

74)『列聖御製』권10, 肅宗, "奏請使右議政崔錫鼎等 回自燕京 進畵帖一本 乃耕織圖而淸皇自製序文絶句而寫之 書與畵皆刊印者也…… 遂摸作二屛障 欲以誨諭世子也 各題律詩一首". 이「패문재경직도」는 화원 秦再奚가 모사했으며, 현재 국립중앙박물관에 소장되어 있다. 정병모,『한국의 풍속화』, 한길아트, 1998, 133쪽 참조. 초병정의 서양화법에 대해서는 聶崇正, 앞의 책, 53~63쪽 ; 李超, 앞의 책, 137~142쪽 참조.

75) 이 작품은 현재 서울대박물관에 소장되어 있으겨, 본 연구의 후속 논문인「명청대 서학서의 삽화 및 海西法과 조선후기의 서양화법」에서 상론할 예정이다.

관계가 해소되면서 왕조 재흥을 위한 문물유입이 더욱 활기를 띠게 되었고, 서양에 대한 관심도 확대되기에 이른다. 그 대표적인 예로 사행원들의 천주당 방문을 꼽을 수 있을 것이다.[77] 홍대용(洪大容 : 1731~1783)의 「연기」(燕記)에 의하면, "강희 연간 이후 우리나라 사신이 연경에 가서 (천주당) 관람하기를 청하면, 서양인들은 매우 기꺼이 맞아들여 그 안에 설치된 특이하게 그려진 신상(神像) 및 기이한 기구들을 보여주고, 또 서양에서 생산되는 진기한 물품들을 선물로 주므로, 선물도 탐내고 그 이상한 구경을 좋아하여 해마다 찾아가는 것을 상례로 삼았다"고 한다.[78] 그러나 연행시 볼 만한 관람처 19개 소 중 하나로 손꼽힐 만큼 인기가 높아지고 방문하는 사행원들의 수가 증가하면서, 가래침을 뱉거나 기물을 함부로 만지는 등 무례하고 무질서한 행동이 늘어나게 되자 1766년 무렵부터 천주당 측에서 우리 사절단원들의 방문을 꺼리기도 했던 것으로 보인다.[79]

---

76) 愼後聃, 「職方外紀」, "歐羅巴之學 頗已 盛行於中國 至於我東人 亦多有悅慕而稱道之者"(노대환, 「조선후기의 서학유입과 서기수용론」, 『진단학보』 83, 1997, 129쪽에서 재인용). 安鼎福, 『順庵集』 권17, 「天學考」, "西洋書目 宣廟末年已來于東 名卿儒無人豫見". 그리고 18세기 후반 黃德壹의 『拱白堂集』 권4, 「德谷記聞」에는 "西洋之書……近年以來 其書自燕肆 而出頗盛行"이라 하여 당시 연경에서 서학서를 매입해오는 것이 매우 성행했음을 말해준다.

77) 연경에 천주당은 1605년 마테오 리치가 神宗에게 서양문물을 헌상한 공으로 하사받은 宣武門 안의 제택에 처음 건립되었으며, 이 南堂을 1653년경 아담 샬이 순치제로부터 기부금을 받아 고쳤다. 이 무렵 아담 샬에 의해 東安門 밖에 東堂이 건립되었고, 50여 년 후 북당(1703년)과 서당(1725년)이 세워졌다. 남당은 조선사절단 숙소인 玉河館 부근에 위치하여 우리 사행원들이 주로 방문하였다. 노대환, 「17~19세기 연행사절의 천주당 방문과 서양인식」(제116회 한국 교회사 연구발표회), 1998 참조.

78) 洪大容, 『湛軒書』 外集 권7, 「燕記」 '劉鮑問答', "康熙以來 東使赴燕或至堂 求見則 西人 輒歡然引接 使遍觀堂內 異畵神像及奇器 仍以洋産珍異饋之爲使者 利其賄 喜 其異觀 歲以爲常".

79) 朴趾源, 『熱河日記』 「馹汛隨筆」 秋 7月 15日條 ; 洪大容, 위의 책, 같은 곳 "惟東俗驕 傲 尙夸詐待之 多不以禮 或受其饋而無以爲報 又從行無識者 往往吸煙唾涕於堂中 摩弄器物以拂其潔性 近年以來洋人益厭之求見 必拒之見 亦不以情接也".

사행원이 천주당에서 목격한 성화 등의 서양화에 대해 처음 언급한 것은 1712년 큰형인 김창집(金昌集 : 1648~1722)의 동지사겸사은사행 자제군관으로 참가한 김창업(金昌業 : 1658~1722)이 아닌가 싶다. 그는 천주당의 북쪽 벽에 걸려있는 상(像)을 보고, 머리를 풀어 헤치고 있는데 얼굴은 살아 있는 것 같다며 부정도 긍정도 하지 않는 반응을 보였다.[80] 이에 비해 1719년 연행한 문인화가 조영석(趙榮祏)의 형 조영복(趙榮福)은『연행일록』(燕行日錄)에서 천주전(天主殿) 즉 천주당의 네 벽에 그려진 날개 달린 사람과 머리를 길게 풀어 늘어뜨린 사람이 포함된 인물상과 각종 기물들을 보고 "호화롭고 교묘하여 눈을 현란하게 하니 말로 형용하기 어렵다"고 했다.[81] 서양화의 정밀채색풍이 그에게는 눈을 어지럽히고 형용하기 힘들 정도로 황당하게 보였던 듯하다.

이러한 인식은 1720년 아버지인 고부사(告訃使) 이이명(李頤命 : 1658~1722)을 따라 연행한 이기지(李器之 : 1690~1722)가 천주당의 벽화를 보고 쓴 「서양화기」(西洋畵記)에서 "여생인"(如生人) 또는 "물물혹초생자"(物物酷肖生者)라 하여 살아 있는 것으로 착각할 만큼 사실적으로 묘사된 데 대해 "불위인공지태"(不謂人工之能) 즉 사람의 공교로운 능력이라고 할 수 없다고 할 정도로 경탄하는 모습으로 변화된다.[82] 특히 그는 이와 같은 핍진함에 대해 "가히 신교(神巧)를 탈취했다"(可奪神巧)고 평가했으며, '농담천심'(濃淡淺深)으로 "밝고 어두움과 가리거나 보이는 형색을 나타내어 사람들에게 높고 낮음과 멀고 가까운 모양을 보여준다"(作明暗隱見之色 能令人看高低遠近之狀)고 했다. 그리고 "열 걸음쯤 떨어져 보면 문짝 안이

---

80) 金昌業,『老稼齋燕行日記』권6, 계사 2월 9일조 참조.

81) 趙榮福,『燕行日錄』2월 12일, "四壁皆畵人 而或有翼者 或有披髮者 以紗帳垂蔽 所列床卓件物 皆窮極侈巧 眩人眼目 難以形言".

82) 李器之,『一菴集』권2, 「西洋畵記」; 진홍섭 편저,『한국미술사자료집성』4, 일지사, 1996, 884~885쪽 참조. 번역문은 이성미, 앞의 책, 92~95, 97쪽에 실려 있다.

매우 깊고 멀어서 마치 속이 비쳐진 벽을 보는 것 같다"(却立十步外觀
之……而門扇之內 甚爲深邃 若暎見一壁)고도 하였다.

　이기지의 이 같은 언술은 청초의 왕사정이『지북우담』의 「서양화」에서
투시원근법으로 그려진 누대와 궁실그림에 대해 언급한 소감을 연상시킨
다. 심원(淺深)과 고저원근(高低遠近)도 선법화(線法畵)의 특징으로 지칭되
던 것이다. 이기지는 이러한 서양화법에 대해 이론적인 설명은 하지 못했지
만, 벽면 그림이 실제 공간처럼 심수(深邃)한 거리감을 주고, "몸을 숨길
수 있을 것 같은"(如可隱身) 공간감을 자아내며, 원체분명(圓體分明) 즉
입체감이 확연해서 "어루만지고 안을 수 있을 것 같다"(如可捫抱)고 하여
그 특징과 효과에 대해 인식했음을 알 수 있다. 1723년 연행한 황정(黃晸 :
1698~1752)은 "인물을 모사했는데, 실물인지 아닌지 판별할 수 없을 만큼
기기 교묘하다"고 했는가 하면, 1737년의 부연사행원 이철보(李喆輔 :
1691~?)는 "인물상 이외의 각양 기물들이 실물처럼 천연스러워 가까이
가서 세밀하게 살펴보니 그린 것임을 알았다"며 모두 대상물과 구별할
수 없을 정도로 닮게 묘사된 핍진함에 감탄하는 반응을 보였다.83) 1731년의
사은부사 조상경(趙尙絅 : 1681~1746)은 이처럼 실물 같은 그림을 활화(活
畵)로 인식하기도 했다.84) 그리고 1732년의 사은겸진하사 서장관 한덕후
(韓德厚)는 "네 벽의 인물 그림이 전부 살아 있는 듯 생동하고 있어 실물인지
아닌지 분간할 수 없다"고 하면서 "건물과 사람의 형상을 한 눈으로 보니
모두 부동(浮動)하고 있다"고 하였다.85) 그의 이러한 언술은 일점 투시법이

---

83) 黃晸,『癸卯燕行錄』9월 29일, "歷見天主堂……模人物眞假莫辨 千奇萬巧" ; 李喆
　　輔,『丁巳燕行日記』윤9월 8일, "翫天主堂寺……四壁皆畵……人形之外 各樣儀物
　　奇奇巧巧 天然似眞 迫而細審 乃知其爲畵".

84) 趙尙絅,『燕槎錄』「天主堂」 참조. 그는 또 「西洋國四種記實」에서 서양화의 핍진함
　　에 대해 다음과 같이 읊었다. "畵法能偸造化成 森森萬象筆端生 入眼依俙皆活動
　　形形色色太分明".

85) 韓德厚,『燕行日錄』壬子 7월 12일, "三使同往天主堂……四壁上皆畵人物而活動如
　　生 不分眞假 一眼而視之 屋宇人形皆浮動".

단안시에 의해 더욱 실감나고 부화(浮畵)처럼 보인다는 시학지식을 인지한 것으로 생각되어 주목된다.

그런데, 18세기 전반기에 서학서의 시학 관련 내용에 의거하여 이에 대한 이론적 견해를 개진한 인물로는 이익(李瀷 : 1681~1763)이 가장 주목된다. 이익은 선영과 전장(田莊)이 있던 안산에서 평생을 재야학자로 지내며 부친 이하진(李夏鎭)이 1678년 연행사로 가서 구득해온 서학서가 포함된 수많은 서적을 벗 삼아 학문에 전념하여 성호학파를 이룬 근기 남인계의 대표적 인물이었다.[86] 그가 언제부터 서학에 관심을 갖기 시작했는지 구체적인 시기는 밝혀져 있지 않지만, 1705년의 증광시 좌절 이후부터가 아닐까 싶다. 1724년 신후담이 안산으로 이익을 여러 차례 찾아 서학에 관해 질문했을 때, 이익이 "실용적인 것은 『천문략』(天文略)과 『기하원본』 등의 여러 서적에서 논하고 있는 것을 가리키며, 이전에 없던 것으로 세상에 유익함이 크다"고 답변한 것으로 보아 이미 서양 과학기술의 효용성에 대해 긍정적인 측면에서 깊이 인식하고 있음을 알 수 있다.[87]

이익은 연행한 적이 없으나, 사행원들이 구득해온 서양화를 보고 「화상요돌」(畵像拗突)이란 글을 썼다. 그는 "근래 연경에 사신 간 사람들이 서양화를 사다가 마루에 걸어 놓는다"고 하면서 "먼저 한쪽 눈을 감고 다른 한 눈으로 오래 주시하면 궁궐 지붕의 모퉁이와 담이 모두 실물처럼 튀어나온다"고 하였다.[88] 서양화는 1720년 동지사행 정사 이의현(李宜顯 : 1669~1745)이 역관과 친분이 있는 제독주(提督府) 소속 서리이며 서적과 서화 및 문구류 매매로 호구책을 삼던 서반(序班)을 통해 구입한 것이

---

86) 이익의 생애와 학풍에 대해서는 한우근, 『星湖李瀷研究』, 서울대출판부, 1980, 10~72쪽 참조.

87) 愼後聃, 『遯窩西學辨』, 「紀聞編」, '甲辰春見李星湖紀聞', "而若吾之所謂實用者 取其天問略幾何原本等諸書中所論……發前人之所未發 大有益於世也".

88) 李瀷, 『星湖僿說』 권4, 「畵像拗突」, "近世使燕者 市西洋畵掛在堂上 始閉一眼以隻睛久 而殿角宮垣皆突起如眞形".

최초의 사례인데, 이처럼 매입하거나 천주당에서 선물로 받거나, 서양인이 직접 그려준 것을 가져오는 등의 방법으로 전래되었다.[89] 이들 서양화는 대부분 선법화이거나 연매인본(烟煤印本) 또는 인화(印畵)로 지칭되던 동판화였을 것으로 추측된다. 이익이 다른 글에서 "요즈음 연행에서 돌아오는 사람들이 서국화를 많이 가져온다"(此年使燕還者 多攜西國畵)라고 했던 것으로 미루어 생각보다 많은 양이 유입되었던 것 같다.[90]

이익은 서양화를 관람할 때는 한쪽 눈을 감고 봐야 완연히 실물처럼 보인다고 하여, 브루넬레스키의 원근법 시연 이후 보편화된 하나의 눈만으로 이미지를 보게 함으로써 리얼리즘을 고양시키는 방법, 즉 관람자의 눈을 단안적인 일점원근법의 투사 중심에 맞추어 환영 효과를 증진시키는 방식에 대해 인지하고 있었음을 알 수 있다. 그는 이러한 것은 중국에 원래 없었다고 하면서, 그 이론에 대한 논증성을 높이기 위하여, 앞에서도 언급했듯이 1607년 마테오 리치가 쓴『기하원본』「역인」(譯引)의 원근법 관련 기하 및 광학지식 내용을 그대로 인용하고 있다.[91]「발허주화」(跋虛舟畵)에서도 "서양리씨지논화"[西洋利氏(마테오 리치)之論畵]로 위 내용의 뒷부분을 인용하면서, 사행원이 가져온 서양화를 보고 "웅장한 전각과

---

89) 홍선표,「조선후기의 西洋畵觀」, 156~157쪽 ;『朝鮮時代 繪畵史論』, 문예출판사, 1999, 292~293쪽 참조. 서반에 대해서는 洪大容,『湛軒書』外集7, 燕記,「衙門諸官」참조.

90) 李瀷,『星湖先生文集』권56,「跋虛舟畵」.

91) 주) 26 참조.「화상요돌」에서 마테오 리치의 원근법 서술 부분에 대한 이익의 인용 중 '察目視勢'를 '有目視'로 쓴 것 이외에는 같다. 이익이 인용한 마테오 리치의『기하원본』은 1781년 편찬된『흠정사고전서』(여기에 수록된 본에는 서문이 없다)나 1865년 출간본인 규장각 소장의『기하원본』15권 이전의 판본에 의거했을 것으로 생각된다. 이규경은「기하원본변증설」에서 이 책은 2본이 있다고 하면서, 하나는 서광계가 마테오 리치의 口譯을 편찬한 것이고, 또 하나는 강희제 때 개본하여『수리정온』에 수록되었다고 했다. 이익이 본『기하원본』은 전자로서, 숙종조 초에 유입된 것으로 보이는『천학초함』이나 부친 이하진이 1678년 연경에서 구득해 온 서학서에 포함되었던 것으로 짐작된다.

인물 및 기물, 모퉁이와 구석의 모나고 둥근 감이 완연히 실물 같아 그(마테오 리치)의 말이 거짓이 아니다"고 하였다.[92]

이익은 이와 같이 멀고 가까움과 휘고 바르고, 작고 크며, 보이지 않거나 보이는 형세를 분수(分數), 즉 계산으로 비례를 판별하여 명확히 하는 방법이 우리나라 사람의 명화에는 없으며, 화가가 칠분경계(七分境界)의 솜씨로 닮게 묘사해도 시대시구(視大視球)가 어떠한 기법인지 모른다고 하여,[93] 기술적 측면에서 서양화법의 우수성을 높게 평가했음을 알 수 있다. 그는 이러한 관점에서 서양의 혼천전도(渾天全圖)가 중국의 개천도(蓋天圖)보다 원근소밀(遠近疏密)에서 더 극세(極細)하다고 했으며, "점점 멀어질수록 긴 것은 점점 짧아지고, 넓은 것은 점점 좁아지는"(漸遠而長者漸短廣者漸狹) 시각현상에 대해서도 "각각 계산으로 판별한 비례에 따른 것"(各有分數在也)이라고 했다.[94] 원근법에서 크기의 축소문제는 시점이 고정되어야 일관성 있게 파악되기 때문에 보는 사람의 위치문제도 중요한데, 이익은 거리에 따라 달라지는 크기 측정에 대한 지식만을 언표한 것으로 보인다. 또한 그는 천체를 측량하는 문제를 논하는 글에서 "눈으로 중심을 삼아"(以人目爲中心) 단안시로 사물을 측정하는 방법에 대해 말하면서 경험하지는 못했어도 이치는 분명하다며,[95] 서학서를 통해 시학지식을 습득했음을 시사했다.

이익의 이러한 서양화법 또는 시학지식에 대한 인식의 확대는, 그가 천문학과 역산, 기기, 의학 등, 서기적(西器的) 측면에서 서양의 과학기술이

---

92) 李瀷, 『성호선생문집』 권56, 「跋虛舟畵」, "西洋利氏之論畵云 畵小使目視大 畵近使目視遠 畵圓使目視球 畵像有拗突 室屋有明闇也 此年使燕還者 多攜西國畵 其殿閣廉陛人物器用 稜隅方圓宛若眞形 其言槩不誣矣".

93) 李瀷, 위의 책, 같은 곳, "遠近曲直細大隱見之勢 分數明故也 東人之善畵 奚獨不爾…… 又畵家七分境界 獨不曉視大視球之爲何術".

94) 이익, 『성호사설』 권2, 「方星圖」와 「天圓地方」 참조.

95) 이익, 위의 책 권3, 「測天」 참조.

중국보다 우수하고 뛰어나다고 높이 평가하였던 관점과 연결해서 이해할 수 있다.96) 그러나 이익의 시학지식에는 시각중심과 단안시에 대한 언술이 포함되어 있지만, 세계를 종속시키는 보는 주체로서의 인식은 형성되지 않았던 것으로 보인다. 그는 인식과정에서 사물에 나아가 직접 경험을 통한 격물을 강조하고, 정확하고 정교한 실물 재현을 높이 평가했지만, 심(心)을 인식의 주체로 파악했으며, 기존의 선험성 주재에서 귀와 눈의 감각 기능이 작용하는 경험성을 이 '심'의 구성 요소로 중시하는 변화를 보였으나97) 보는 사람의 시각을 주체로 하여 세계를 인식하는 단계에까지는 이르지 못한 것으로 생각된다.

이익의 서양화와 시학지식에 대한 인식은 그의 문하에 왕래했던 문인화가 강세황(姜世晃 : 1713~1791)을 통해 18세기 후반으로 이어지기도 했다. 홍수보(洪秀輔)에게서 서양화를 빌려 본 적이 있는 강세황은 "태서묘의"(泰西妙意)를 "십분핍진"(十分逼眞)한 것으로 보았으며, 서양인 대진현(戴進賢)이 그린 「월영도」(月影圖)를 서자 강신(姜信)이 이모한 것에 대해 언급하면서 광학기구에 의해 밝혀진 사실화(事實畵)라는 측면에서 개진한 바 있다.98) 서양인 대진현은 흠천감 정(正)으로도 봉직했던 이그나티우스 괴글러(Ignatius Kögler : 1680~1746)로 이이명과 김순협(金舜協 : 1693~1732)이 1720년과 1729년에 각각 연행했을 때 만난 선교사이기도 하다.99)

---

96) 이익의 서양과학기술 찬사에 대해서는 이원순, 앞의 책, 131쪽 ; 서종태, 「성호학파의 양명학과 서양과학기술」, 『한국사상사학』 9, 1997, 205~206쪽 참조.

97) 이익의 인식론에 대해서는 김용걸, 「李瀷의 인식이론」, 『퇴계학보』 110, 2001, 463~507쪽 참조.

98) 姜世晃, 『豹菴遺稿』 권2, 「戲次贈洪台君擇秀輔」 및 권5 「書西洋人所畵月影圖模本後」 참조.

99) 李頤命, 『疎齋集』 권11, 「與西洋人蘇霖戴進賢書」(최강현 역주, 『五友堂燕行錄』, 국학자료원, 1993), 141쪽 참조. 괴글러는 독일대학에서 강의도 했던 과학자 신부로 케플러의 타원궤도설에 근거한 카사니의 신법을 도입하여 청력과 조선력 사이에 다시 차이가 생기자 조선 측에서 이를 배워오기 위해 노력하였다. 노대환, 앞의 글, 132쪽 참조.

이규상(李奎象 : 1727~1796)은 「화주록」(畵廚錄)에서 "지금 화원화는 서양국의 사면척량법(四面尺量畵法)을 모방하기 시작했는데, 이 법을 따라 그림이 완성된 후 한 쪽 눈으로 보면 모든 물체가 가지런하고 우뚝하게 보이며 세간에서는 이를 책가화(冊架畵)라 한다"고 했다.[100] 카스틸리오네 이후 청대 궁정양식으로 성행된 선법화 서양화법의 본격적인 수용 사실과 더불어 단안시 관람에 의한 리얼리즘 고양의 효과에 대한 시학지식이 확산되어 있음을 말해준다. 1780년 연경에 간 박지원(朴趾源 : 1737~1805)은 천주당을 방문하여 서양화를 보고, "세밀히 구별해 나타내어 숨을 쉬고 꿈틀거리는 듯하고 음양의 향배가 서로 어울려 스스로 밝고 어두움을 만들었다"고 하면서 "멀리 바라보이는 데는 까마득하고도 깊숙하여 끝 간 곳이 없다"고 하여 명암법과 무한 원점투시법 지식을 원용해 소감을 토로하였다.[101]

그러나 18세기 후반의 시학지식 전개에서 보다 중요한 구실을 했던 인물은 홍대용(洪大容 : 1731~1783)이 아닌가 싶다. 북학파의 대표적 문사로 1759년경부터 서양 과학기기와 기술에 관심을 보인 홍대용은 서학 수용에도 가장 적극적이었다.[102] 그는 1765년 동지사 서장관인 숙부 홍억(洪檍)의 자제군관으로 연행했을 때 천주당을 네 차례나 방문하기도 했다. 성상화를 보고 홍대용도, 그 양감의 두드러진 표현 때문에 명말 이래 흙으로 빚은 조각품처럼 인식했듯이, "불가(佛家)의 것보다 더 정교한 소상(塑像)"으로 느꼈으며, 벽에 그려진 기물들이 실물처럼 보였던지 "그림으로 믿기 어렵다"며 경이감을 나타냈다.[103] 그리고 선교사 유송령(劉松齡 A. von

---

100) 李奎象, 『一夢稿』, 「畵廚錄」 '金弘道', "當時院畵創倣西洋國之四面尺量畵法 及畵之成 瞬一目看之 則凡物無不整立 俗目之曰冊架畵".

101) 朴趾源, 『熱河日記』, 黃圖紀略, 「洋畵」, '較其毫分有若呼吸轉動 蓋陰陽向背而自生 顯晦耳……遠而望之 則綿邈深邃杳無窮際'.

102) 이원순, 앞의 책, 226~228쪽 참조. 홍대용의 생애와 사상에 대해서는, 박태준, 『홍대용과 그의 시대』, 일지사, 1982 참조.

Haiierstein), 포우관(鮑友官 A. Gogeisl)과 만나기 위해 응접실에서 기다리면서 본 서양화에 대해 다음과 같이 말했다.

> 양 벽에 그려진 누각과 인물을 보니 모두 짙은 채색을 베풀었으며, 누각 가운데는 비었는데 요철이 서로 어울렸고 인물은 살아 있는 것처럼 떠서 움직였다. 멀어져 가는 형세에 특히 뛰어나 냇물과 골짜기가 나타나고 사라지며 연운이 명멸하는 듯했고, 먼 하늘의 빈 곳까지도 모두 바른 색을 베풀었다. 둘러보면서 (너무 실물 같음에) 놀라워 실물이 아닌 것을 (그림인지) 깨닫지 못하였다. 대개 들으니 서양화의 오묘함은 공교한 생각이 초인적 경지에서 도모된 것이 아니라 재할비례법이 있어서 오직 산술에서 나왔다고 한다.104)

홍대용은 실물인지 아닌지 구별할 수 없을 정도로 닮게 그려내는 서양화의 입체적이고 투시원근적이며 하늘의 여백까지 해당하는 색을 칠하는 기법에 경탄했으며, 그 원리가 수학에 있음을 인지하게 되었음을 알 수 있다. 그는 또 "지금의 태서법은 산수로 근본을 삼고 (측량)의기로 관찰하여 만형과 만상을 재고 헤아리니, 무릇 천하의 원근과 높고 깊음, 크고 작음, 가볍고 무거움을 눈앞에 모아 손바닥을 보는 듯이 한다"고 했다.105) 태서법이 수학의 원리와 정교한 광학기구에 의해 갖가지 형상을 정확하게 파악할 수 있게 하는 기능을 강조함으로써 실용적 측면에서 주목하고 있음을 알 수 있다. 그가 서학서인 『수리정온』의 내용을 발췌하여 재편집한 『주해수용』도 이용후생을 위한 '서기'의 차원에서 펴낸 것으로, 「비례구고」(比例

---

103) 洪大容, 앞의 책, 「劉鮑問答」 1월 7일조 참조.

104) 홍대용, 위의 책, 같은 곳, "見兩壁畫樓閣人物 豈設眞彩 樓閣中虛凹凸相參 人物浮動如生 尤工於遠勢若川谷顧晦烟雲明滅 至於遠天空界豈施正色 環顧懼然不覺其非眞也 盖聞洋畫之妙不惟巧思過人 有裁割比例之法 專出於算術也".

105) 홍대용, 위의 책, 같은 곳, "今泰西之法本之以算數 衆之以儀器度萬形窺萬象 凡天下之遠近高深巨細輕重 擧集目前如脂諸掌".

句股)에서 일점투시법의 시학지식 원리를 응용하여 거리를 계산하는 방법에 대해 서술하기도 했다.[106]

18세기 초부터 명암법과 투시원근법에 대허 단편적인 시학지식을 통해 언술하던 풍조는 1791년의 진산(珍山)사건과 1801년의 황사영백서(黃嗣永帛書)사건을 계기로 야기된 서학 금지조치와 서교 탄압책에도 불구하고, 19세기를 통해 오히려 점차 심화되는 경향을 보였다. 서유구(徐有榘 : 1764~1845)는 백과전서식의 방대한 유서(類書)인 『임원십육지』(林園十六志)를 편술했는데, 이 책에 수록되어 있는 『화전』(畵筌)에 서학서와 청대 문헌에 보이는 시학지식 관련 기록을 논증 자료로 인용해 놓았다. 사법(師法)의 「논모임」(論摹臨)에는 앞서 언급했듯이, 아담 샬의 『원경설』 중 「차조작화」에 주석을 달아 재록한 베르비스트의 『원경기』 내용을 전재했으며, '계화'의 「논태서화」에는 팽사망(彭士望 : 1610~1683)의 『팽궁암위집평』(彭躬菴魏集評)과 위희(魏禧 : 1624~1680)의 『위숙자집발』(魏叔子集跋), 장조(張潮 : 1676년 전후 활동)의 『우초신지』 중 '원시화' 또는 '선법화'로 지칭되던 투시원근법에 관한 내용을 실었다. 그리고 '인물'의 「서양화」에는 박지원의 『열하일기』 「양화」 부분을 인용해 수록하였다.[107]

이들 내용은 '조견' 장치, 즉 카메라 옵스큐라를 이용해 형상을 모사해 그리는 '물상상물'법을 비롯해, 초점 투시원근법에 의한 '중문동개'설, '음양향배'의 명암법 등, 명말청대 시학지식의 핵심 개념을 내포한 의의를 지닌다. 서유구가 이러한 서양화법에 대한 시학지식을 '임모'와 '계화' '인물화'조에 편술한 것으로 보아, 정확한 이모와 이미지의 기록성을 중시하는 실용적 차원에서 보다 실증적으로 논증하기 위해 인용한 것으로 보인다.[108] 그리고 서유구에게 학문적 영향을 준 조부 서명응(徐命膺 :

---

106) 한영호, 「서양 기하학의 조선전래와 홍대용의 『주해수용』」, 『역사학보』 170, 2001. 6., 87~88쪽 ; 홍대용, 위의 책, 외집 권4, 籌解需用內篇 下, 「比例句股」 참조.

107) 徐有榘, 『林園十六志』 遊藝志 권4, 『화전』, 「논임고」, 「논태서화」, 「서양화」 참조.

1716~1787)이 서학의 중국원류설에 토대를 두고 서기수용론을 적극 강조
한 대표적 문사였으며, 부친 서호수(徐浩修 : 1736~1799)와 형 서유본(徐
有本 : 1762~1822)도 서학에 해박했던 사실로 미루어,[109] 그가 이들 분야
에 서양화 관련 시학지식을 수록한 것도 이 같은 가풍을 계승한 것이
아닌가 싶다.

　19세기에는 이기양(李基讓 : 1744~1802) 이 아마도 1800년 진하부사로
연행했을 때 구득해 와서, 정약전(丁若銓 : 1758~1816)의 초상을 그리는
데 사용하기도 했던 카메라 옵스큐라에 대한 언술이 시학지식 전개에
중요한 구실을 한 것으로 보인다. 정약용(丁若鏞 : 1762~1836)은 이기양이
형인 정약전의 초상을 칠실파려안(漆室玻瓈眼) 즉 카메라 옵스큐라를 설치
하고 모사한 사실을 전하면서, 이 광학장치의 사용법과 효능에 대해 다음과
같이 설명했다.

　　맑은 날을 골라 방의 창과 문을 닫고 외부에서 들어오는 빛을 모두
　　막아 실내를 칠흑처럼 어둡게 하고, 오직 하나의 구멍을 두어 거기에
　　볼록렌즈 한쪽을 끼운 다음, 렌즈에서 떨어진 하얀 종이판 위에 비친다.
　　밖의 여러 산수 자연물 영상이 모두 종이판 위에 떨어져 다양한 색과
　　형이 그대로 나타나고 위치가 그대로 가지런하여 자연처럼 절로 이루어진
　　한 폭이 된다. 실오라기나 머리털처럼 자세하여 고개지와 육탐미의 솜씨
　　로도 이룰 수 없는 천하의 기관(奇觀)이다.[110]

---

108) 홍선표, 「조선후기의 서양화관」, 165쪽 참조.

109) 18세기 후반의 서기수용론 확산에는 서양과학의 기본원리가 원래 고대 중국에
　　있었다는 중국원류설이 크게 작용했다. 이와 같이 서기수용의 논리로 중국원류설
　　을 처음으로 제기한 사람이 서명응으로, 서양과학을 고대 성인들의 유법이 전파되
　　어 발전된 것이라고 본 청초 학자들의 관점을 수용한 것이다. 노대환, 앞의 글,
　　136, 143~148쪽 참조.

110) 丁若鏞, 『丁茶山全書』 詩文集. 說(1집 10권), 「漆室觀畵說」, “於是選晴好之日 閉之
　　室 凡牕牖戶之有可以納外明者 皆塞之 令室中如漆 唯留一竅取靉靆一隻 安於竅 於
　　是取紙版雪皚者 離靉靆數尺隨靉靆之平突其距度不同 而受之映 於是洲渚巖巒麗與

사진기의 전신으로 선원근법의 입증과 사생적 리얼리즘의 진보에 기여한 카메라 옵스큐라가 대상물을 실물처럼 완벽하게 재현한 영상을 보고 명화가도 해낼 수 없는 기이한 구경거리라며 감탄한 것이다. 정약용은 이처럼 재현의 장관에 찬탄을 보내는 데 이어 "터럭 한 올이라도 착오 없이 초상을 모사하려면 이 장치를 제쳐놓고는 더 좋은 방법이 다시는 없다"고 한 것으로 보아,111) 실물상의 정확한 임모를 위한 우수한 도구로 인식하고 평가했음을 알 수 있다.

이규경(李圭景 : 1788~1856)은 1830년대 헌종 연간에 주로 집필된『오주연문장전산고』(五洲衍文長箋散稿)를 통해 카메라 옵스큐라의 이치와 함께 빛에 의해 만들어진 영상에 대한 보다 심도 있는 논의를 개진했다.「영법변증설」(影法辨證說)에서 이규경은 빛에 의해 만들어진 영상을 '영'(影)으로 보고 "기(氣) 속에 비친 영은 몽롱하고, 물 위에 투영된 영은 사물과 방불하며, 거울에 비친 영은 사물처럼 뚜렷하고 분명하다"고 하여 매개체에 따라 영상의 선명도가 다르게 나타난다고 하였다.112) 그는 이들 매개체의 본체성에 의해 흐릿하게도 보이고 경료하게도 보인다고 했는데, 이러한 논변에는 대상물과 보는 사람의 거리에 따라 축적되는 대기의 두께와 광선의 역할을 반영하여 물체의 명도를 다르게 표현함으로로써 상대적 거리감을 나타내는 대기원근법에 대한 지식이 개입된 것으로 생각된다. 또한 그는 무한 원점 투시법의 특징으로 언표된 '외관내착'(外寬內窄)을 "원근 시각법의 올바른 이치"로 소개하기도 했다.113)

夫竹樹花石之叢疊樓閣藩籬邐迤之者 皆來落版上 深靑淺綠如其色 疎柯密葉如其形 間架昭森位置齊整天成一幅 細如絲髮 遂非顧陸之所能 爲蓋天下之奇觀也".

111) 정약용, 위의 책, 같은 곳, "今有人欲謨寫眞 而求一髮之不差 捨此再無良法".

112) 李圭景,『五洲衍文長箋散稿』 권16 「影法변증설」, "凡氣暎之影朦朧 水攝之影髣髴 鏡照之影分明".

113) 이규경, 위의 책 권17, 「線法疏密변증설」, "凡近人目者 其度加寬 遠人目者 其度加窄也 此視法之正理也".

이규경은 카메라 옵스큐라를 영상을 잡아내는 렌즈 장치라는 뜻에서 '섭영경'(攝影鏡)으로 지칭했으며, 이를 통해 만물을 모화하면 추호도 틀림이 없고 색상도 실물과 똑같으니, 아담 샬이 『원경설』에서 말한 '물상상물' 술로 거울[鏡] 위에 종이를 놓으면 그 위에 실물 그대로 모사가 가능하므로 가히 조화술을 빼앗은 것 같다고 했다.[114] 그가 설명한 카메라 옵스큐라는 명칭에서도 알 수 있듯이 정약용이 거론한 시설물에 장치한 것과 달리 유럽에서 17세기 중엽 이후 등장한 휴대용으로 작게 만들어진 발전된 형태의 기구였다.[115] 그러나 이에 대한 관심은 서유구나 정약용과 마찬가지로 대상물을 2차적인 평면에 실물과 똑같은 형상으로 모사할 수 있는 탁월한 '임화'(臨畵) 도구로서의 효용성에 있었던 것이다. 이규경은 「엄화약수변증설」(罨畵藥水辨證說)에서 "연경으로부터 전래된 이른바 양화는 치수를 갖추어 거울로 모사한 듯하며, 그래서 완전히 실물상처럼 살아 움직이는 것 같다"고 하면서 "그림 위에 약수를 칠해 유리를 덮어 놓은 것 같이 영롱하게 비쳐 색채와 형상이 화면 밖으로 돌출한 듯하여 관람자가 실물인지 그림인지 어려워 판별하지 못한다"고 했다.[116] 유화의 표면을 보호하고 광택을 내기 위해 바르는 린시드 유(油)의 바니스에 대해 이규경은 식물의 즙을 달여서 만든 것이 아닐까 추측하면서 이 '약수'가 무엇인지 잘 모르겠다고 했지만, 사실적으로 그려내는 서양화의 실물감을 더욱 강하게 느끼게 하는 유채(油彩) 재료에까지 관심을 확대시킨 의의를 지닌다.

이 밖에도 이규경은 「기하원본변증설」을 비롯해 「제광(諸光)변증설」과

---

114) 주) 112와 같은 곳, "有攝影鏡摸法 摸畵万象不失毫釐 色象如眞 卽所謂物象象物之術也 詳見湯若望遠鏡說 以前鏡摸手紙上如眞 可謂奪造化者也". 이규경은 이러한 '物象象物之法'을 '鏡描眞像之法'이라고도 했다. 같은 책 권47, 「死後方士追寫眞影변증설」 참조.

115) 최인진, 앞의 책, 49쪽 ; 조나단 크래리, 앞의 책, 54쪽 참조.

116) 이규경, 위의 책 권38, 「엄화약수변증설」, "自燕流來所謂洋畵 俱以度數及鏡摸 故宛如眞象 活動如生 而畵上以藥水塗刷 如罨琉璃玲瓏暎澈 俾其色相相突出畵外 覽者自失難辨眞贋 其藥水未知".

「기영차(氣映差)변증설」, 「측량고저원근(測量高低遠近)변증설」, 「활화관(活畵觀)변증설」 등을 통하여, 실물을 정확하게 모사하는 '모진'(摸眞)의 범주 내에서 시학지식에 대해 전대보다 좀더 심화된 인식의 일단을 개진하였다. 그의 이러한 한층 심화된 관심은 서기수용의 논리로 작용했던 중국원류설을 한 단계 더 진전시켜 중국에서 전수받은 것을 서양인들이 어떻게 발전시킬 수 있었던가를 구명하려는 노력의 일환이었던 것 같다.[117] 그는 중국의 경우 형이상(形而上)의 '도'(道)를 중심으로 했던 데 반해 서양은 형이하(形而下)의 '기'(器)에 주력하였기 때문에 물질문명을 발달시킬 수 있었다고 보고, '기'(器)에 대해서만 터득한다던 조선도 역시 서양과 마찬가지로 기묘한 물건을 만들어낼 수 있다고 생각하였다.

19세기 전반의 시학지식은 서양의 자연과학과 기술을 적극적으로 탐구하고 이들 이론을 저술을 통해 정리하면서 활용을 위한 철학체계를 추구한 최한기(崔漢綺 : 1803~1877)에 의해 좀더 원리적으로 개진되기에 이른다. 최한기도 중국원류설에 기반한 서기수용론에서 크게 벗어나지는 못했지만,[118] 눈의 생리적 기능 및 구조에 대한 언술을 통해 '목통'(目通) 즉 시각을 대상화해서 다루었다는 점에서 주목된다. 그는 1836년 저술한『신기통』(神氣通)의 「눈동자는 내외를 출입하는 관문이다」(眸爲內外咽喉)라는 글에서 시각의 지각적 역할의 중요성을 카메라 옵스큐라의 원리를 예로 들어 다음과 같이 언술했다.

　　한 방에 틈을 남기지 않고 장막을 둘러치고 오직 창에 작은 구멍 하나를 뚫고 유리 눈을 붙이면 밖으로부터 나타나는 초목과 조수가 모두 방 안에 비치는데, 그 지나가는 광선과 영상에 실내의 기가 온통 움직인다. 이것으

---

117) 이규경의 서기수용론과 중국원류설에 대해서는 노대환, 「조선후기 '서학중국원류설'의 전개와 그 성격」,『역사학보』178, 2003. 6., 123~125쪽 참조.

118) 문중양, 「최한기의 기론적 서양과학 읽기와 기륜설」,『대동문화연구』43, 2003, 307~309쪽 참조.

로 미루어 보면 눈 가운데 나타나는 빛은 능히 한 몸의 신기로 하여금 따라 응하게 하여 모두 움직이게 한다는 것을 알 수 있다.…… 이것이 바로 눈동자가 영상과 빛깔을 출입하게 하는 관문과 같은 인후가 되는 까닭이다. 외부에 널리 퍼져 있는 형체와 빛을 눈동자로 거두어 안으로 모아들여 일신의 신기에 두루 퍼지게 하고 또 능히 여러 감각이 얻은 경험을 거두어 모으는 것도 눈동자를 외부와 통하게 함으로써 만사. 만물과 부합됨을 증명할 수 있다.119)

사람의 눈은 카메라 옵스큐라의 조그만 구멍에 부착한 렌즈처럼 외부세계의 광선과 영상을 출입하게 만든 관문의 역할을 하는 것이라고 했다. 구멍에 부착한 렌즈를 통해 실외 세계가 종이 위에 투영되듯이 물체가 눈에 비쳐 망막에 초점을 맺을 때 몸이 그것을 감지하게 된다는 원리를 설명한 것으로, 눈동자가 조그만 구멍에 부착된 렌즈와 마찬가지로 바깥과 통하는 통로이며, 사물을 사물로 인식하고 증명하는 인후 기능을 한다는 것이다. 이와 같이 카메라 옵스큐라를 실물을 정확하게 임모하는 재현의 도구로서보다는, 외부세계에 대한 관찰 주체로서의 시각의 구조와 기능을 증명하는 모델로서 사용했다는 점에서 각별하게 생각된다. 이러한 변화는 17세기 이래 유럽에서 카메라 옵스큐라를 인간의 시각을 설명하고 외부세계에 대한 인지자의 관계와 지식 주체의 위치를 재현하는 데 가장 널리 사용한 경향을 반영한 것이 아닌가 하며, 시각을 관찰의 주체이며 감각적 경험의 중심으로 인식하기 시작했다는 점에서 중요한 의의를 지닌다고 하겠다.

그러나 이러한 시각 중심의 세계 파악과 표현이 근대성 구축의 패러다임으로 제도화되고 내면화되기 시작한 것은, 개화기에 이르러 근대 일본의

---

119) 崔漢綺, 『神氣通』 권2, 目通 「眸爲內外咽喉」, "一室中 周遮屛帳 勿醲間隙 惟通窓之一小孔 而貼琉璃眼 則自外所現草木鳥獸之類 皆射照於室中 而其經過之暈影 室內之氣 擧應而飜動 以此推之 眼中所現之色 能令一身之神氣 隨應而盡動…… 是乃點瞳 爲影色出納之咽喉 在外廣布之形色 收斂于瞳 而納之于內".

신교육 제도를 차용하여 1895년 개설된 '도화' 시간의 교육목표로 공시되는 등, 새로운 '미술' 제도와 개념을 수용하면서부터다.[120]

2) 조선후기 회화론의 변동—형사적 전신론의 확산

형사적 전신론은 외양적 형체를 통해 대상물이 간직하고 있는 신(神)을 함께 옮긴다고 하는 '이형사신론'(以形寫神論)에 토대를 두고 있는 것으로, 고개지(顧愷之)의 인물 전신사조(傳神寫照)에서 동기창(董其昌)의 산수 전신론으로 이어지면서 확장된 것으로 생각된다. 초상인물화의 '이형사신'에 의한 전신사조론이 산수화로 확대되면서 새롭게 부각된 것으로 보이는 형사적 전신론은 서학 등의 자극으로 대두된 명말의 실학적이고 개혁적인 사조와 결부되어 흥기된 천기론(天機論)과 자득적(自得的) 창작태도 및 '관형모사'(觀形摸寫) 또는 '즉물사진'(卽物寫眞) '상대묘회'(相對描繪)와 같은 현전하는 사물의 '진색'(眞色)을 닮게 본떠내는 '모진'(摸眞) 경향과 밀착되어 조선후기의 새로운 창작방법론으로 대두된 것이다.[121]

이러한 형사적 전신론은 서화고동 애호취미를 비롯해 공안파와 소품가, 실학자, 서학자들에 의해 야기된 명말기의 만명사조가 선조 연간에 유입되어 본격화되는 숙종 연간에 대두되기 시작했다. 창작의 요체이며 궁극적 과제로서, 사물의 생명적 근원이면서 자연적 본체인 '신'을 옮겨내는 전신을 온전하게 달성하기 위해 이를 담고 있는 '형'을 한 치의 오차 없이 닮게 묘사해야 한다는 조선후기의 형사적 전신론은 허목(許穆 : 1595~1682)을 통해 대두되었다. 그는 동생이 그려준 자신의 초상화에 대한 찬시에서 "형모는 유형이고 신은 무형, 유형은 모사할 수 있어도 무형은 못 그려, 유형이 바르게 잡혀야 유형이 온전해지네"라고 하여,[122] 내재된

---

120) 홍선표, 「개화기 미술」(2~5), 『월간미술』 2002, 7·8·9·12호 참조.

121) 홍선표, 앞의 책, 267~269쪽 참조.

122) 許穆,『記言原集』上 권8,「寫影自贊」, "貌有形 神無形 其有形者可摸 無形諸不可摸

무형의 신은 정확한 형체 묘사를 통해 완전하게 옮겨낼 수 있다고 피력했다. 같은 관점에서 이하곤(李夏坤 : 1677~1724)은 대상을 닮게 형용해야 됨을 강조하기 위해 초상화적 모사를 예로 들었는데, "눈썹 하나 머리털 하나라도 꼭 닮아야 비로소 그 사람을 제대로 그렸다고 할 수 있다"고 하면서, "만약 눈썹 하나 머리털 하나라도 닮지 않으면 아무리 그림을 정교하게 잘 그렸다고 하더라도 신을 나타낼 수 없게 되니 어찌 그 사람을 제대로 옮겨 그렸다고 할 수 있겠는가"라고 하였다.[123]

이러한 형사적 전신론은 이익이 「논화형사」(論畵形似)란 글을 통해 본격적으로 개진하게 된다.

소동파의 시에, "형사를 기준으로 그림을 논하면 소견이 어린아이와 같고 시를 짓는데 대상물대로 읊는 것도 참으로 시를 알지 모르는 사람이네"란 구절이 있다. 후세의 화가들은 이를 종지로 받들어 담묵으로 거칠게 그려 실물과 달라지게 되고 말았다. 지금 만일 "형태를 닮지 않게 그리는 것을 논하고 대상물과 다르게 시를 짓는다"고 말한다면 이치에 맞겠는가. 우리 집에 소동파가 그린 '묵죽' 한 폭이 있는데, 가지와 잎 하나 하나가 100% 똑같은 이른바 사진이란 것이다. 신이란 형체 안에 있는 것인데, 형체가 같지 않으면 어떻게 신을 옮길 수 있겠는가. 소동파가 말했던 것은 형사가 되어도 신이 결핍되면 비록 그 물체라고 해도 생명의 본질이 없다는 뜻인 것이다. 그러나 나는 "신이 정묘하게 되더라도 형체가 닮지 않았다면 어찌 같다고 할 수 있으며, 생명적 본질을 나타냈더라도 다른 물체처럼 되었다면 어찌 그 사물이라 할 수 있겠는가"라고 말하겠다.[124]

有形者定　無形者完".

123) 李夏坤,『頭陀草』책17,「南行集序」, "一毛一髮無不肖似 然後方可謂之寫其人矣 苟或一毛一髮不能肖似 則離極丹靑之工 而神精不相關 豈可謂之寫其人乎".

124) 李瀷,『성호사설』권5, 萬物門「論畵形似」, "東坡詩云 論畵以形似 見與兒童隣 賦詩必此物 定非知詩人 後世畵家 得爲以宗旨 淡墨矗畵 與眞背馳 今若曰 論畵形不 似 賦詩非此物 其成說乎 余有家藏東坡墨竹一幅一枝一葉 百分肖似 乃所謂爲寫眞 也 神在形中 形已不似 神可得以傳那 此云者 盖謂形似以乏神 雖此物而無光彩也

이익은 "신이란 형체 안에 있는 것인데 형체가 같지 않으면 어떻게 신을 옮길 수 있겠는가"라고 하여 형상과 본체를 서로 같지는 않지만[不相雜], 서로 떨어질 수 없는[不相離] 관계라고 보았던 주자학적 세계인식에 토대를 두고, 대상물의 형태와 완전히 같도록 닮게 묘사하는 형사를 사물의 실질적 참모습을 옮기는 가장 중요한 요건으로 강조한 것이다. 그는 이와 같이 사물의 형태를 내재된 신의 실질적인 참모습으로 보고 이를 정확하게 그려낸 '사진체'(寫眞體)를 높게 평가한 데 반해, 신자(神姿)를 표현한다는 명분을 내세워 대상물의 형체에서 벗어나 실물과 다르게 거친 붓질과 먹칠만 하는 '사의체'의 오도된 경향에 대해서는 비판하였다.[125]

이익은 이처럼 '신'을 온전하게 옮겨내기 위해 형체를 닮게 묘사하는 것을 중시하는 관점에서 형사론을 개진하였다. 그는 "형상을 그려내어 실상과 방불케 하여 그것을 보면 일에 유익함이 있다"고 말하는 등,[126] 실용적 측면에서 형사를 중시하기도 했다. 그리고 이러한 '형사'의 보완과 향상을 위해 실물형상인 '진형'의 '사진'적 묘사에 서양화법이 탁월하다고 보고, 이에 대한 논증을 통해 형사적 전신의 심화와 확산을 꾀한 것으로 보인다. 당시 조영석(趙榮祏 : 1686~1761)이 "사물에 즉하여 실물처럼 그려야 살아있는 그림이다"(卽物寫眞 乃爲活畵)라고 말한 것이나, 조유수(趙裕壽)가 정선(鄭敾)의 「삼일포도」를 보고 '전신'이 묘하게 이루어져 있어 실물경과 분간하기 힘들 정도로 닮았다고감탄한 것, 이하곤이 정선의 『해악전신첩』에 대해 70~80%의 형사로 전신을 이룰 수만 있어도 '고수'(高手)라고 평가한 것 등은 이러한 형사적 전신론에 공감한 좋은 예들이라 하겠다.[127]

余則曰精神而形不似 寧似 光彩而他物 寧此物".

125) 홍선표, 「조선후기의 회화관—실학파의 회화관을 중심으로」, 안휘준 감수, 『산수화(下)』, 중앙일보사, 1982, 4, 223~225쪽 참조.

126) 이익, 『성호사설』 권30, 詩文門 「諫用兵書」, "畵出狀貌 庶幾其彷佛 見之有益于事也".

이익의 이러한 형사적 전신론은 후학인 문인화가 강세황(姜世晃)에게 많은 영향을 미쳤다. 그는 금왕명으로 강산도를 그리기 위해 탐승하던 김홍도(金弘道)와 김응환(金應煥)에게 보낸 글을 통해 다음과 같이 언술했다.

> 혹자는 일컫기를 "산천의 정령이 있다면 반드시 그들이 세밀한 데까지 다 그려내어 거의 숨김없이 드러나는 것을 싫어할 것이다"라고 하나, 이것은 절대 그렇지 않다. 무릇 사람들이 자신의 모습을 전신사조하기 위해 예를 갖추어 좋은 화가를 초빙할 때, 그가 그대로 모사하는 데 능하여 머리털 하나라도 닮지 않는 것이 없어야 만족하고 즐거워할 것이다. 산천의 정령도 있다면 반드시 그들이 그 모습대로 그려낸 것을 싫어하지 않고 꼭 닮게 되어 전신이 이루어져야 만족할 것이라고 나는 생각한다.128)

산수자연에서의 전신도 초상화에서처럼 한 치의 오차 없이 대상물의 형태를 그대로 닮게 나타낼 것을 강조한 것이다. 그는 이와 같이 실물을 닮게 그리는 것은 실제와 다른 것을 숨기기가 어렵고, 또 눈으로 쉽게 볼 수 있는 것을 아무렇게나 꿰어맞추어 속이지 못하기 때문에 천부적인 소질이 훨씬 뛰어나지 않고서는 될 수 없다고 하면서, 누각과 산수·인물을 비롯하여 화훼와 초충·물고기·새, 그리고 각종 풍속에 이르기까지 "물태를 남김 없이 상세하게 묘사하여 실물과 다름없게 형용"(曲盡物態 形容不爽)하거나, "형상과 꼭 같게"(酷肖其形像) 그린 김홍도를 조선조 400년

---

127) 洪啓能,「통정대부돈녕부도정 관아재조영석행장」; 趙裕壽,『后溪集』권2,「題四帖小屏五絶一帖各三首 三日浦」, "試見傳神妙 那分眞幻湖"; 이하곤, 위의 책 책14,「題一源所藏海岳傳神帖 禾積淵」, "凡畵傳神則難 能得七八分形似 斯亦高手也".

128) 姜世晃,『豹菴遺稿』권4,「送金察訪弘道金察訪應煥序」, "或者謂山川有靈 必嫌其摸寫之曲盡搜剔殆無隱遁 此有大不然者 凡人之欲 傳神寫照者 禮邀良工 若能極其傳摸 無一髮不似 則方得決意喜樂 吾於是獨以爲山川之靈 必不嫌其摸寫之盡態 而樂其傳神之酷肖也 同留未幾".

이래 새 세상을 열었다고 해도 좋을 최고의 화가로 평가하기도 했다.129)

　형사적 전신론은 18세기 후반을 통해 더욱 심화되어, 이덕무(李德懋 : 1741～1793)는 "나는 기러기의 형태를 닮게 그리기 위해 구라파 망원경으로 살펴봐야 하겠다"고 하는가 하면, 박지원도 형상은 정신을 위한 기초가 되고 정신은 형상에 깃든다는 관점에서 '이형사신'(以形寫神)적인 문예론을 전개하였다.130) 이서구(李書九 : 1754～1825)는 "그림이란 대상을 닮게 그려야 하며 그렇지 않으면 잘못된 것이다"라고 단정지었다.131) 정약용은 윤용(尹溶)이 그린 화첩에 대해 다음과 같이 언술했다.

　　화첩의 내용은 꽃과 나무, 동물, 풀벌레, 곤충을 소재로 한 것이다. 이 그림들은 대부분 실물과 흡사하게 닮았는데 그 묘리는 정밀하고 섬세하며 생동감이 넘친다. 이러한 그의 그림은 서툰 화가들의 거친 필치인 독필과 수묵을 사용하여 기괴를 부리며 '뜻을 그리고 형을 그리지 않는다'고 자처한 것과 비교할 바 못 된다. 윤공은 나비와 잠자리를 잡아서 그 수염과 털, 맵시 등을 세밀히 관찰하고는 그 모습을 똑같이 묘사한 후에야 붓을 놓았다고 하니 그의 정심한 태도를 짐작할 수 있다.132)

　정약용의 이러한 오도된 사의에 대한 비판은 그가 명나라 신종의 「묵죽도」를 평하면서 "형체가 그 실물 같아야 그 신을 얻을 수 있다"고 했듯이 형사적 전신론에 토대를 두고 개진된 것이다.133) 박규수(朴珪壽 : 1807～

---

129) 강세황, 위의 책 권4, 「檀園記」와 「又檀園記」 참조.

130) 李德懋, 『청장관전서』 권12, 雅亭遺稿 「題蘆洲雪雁圖」, "如今百態天眞具 盍把歐羅巴遠境窺". 박지원의 문예론에 대해서는 박수밀, 「18세기 회화론과 문학론의 접점」, 『한문학연구』 26, 2000. 10, 372～380쪽 참조.

131) 李書九, 『惕齋集』 권2, "畵者必肖物 不然畵則僞畵".

132) 丁若鏞, 『增補與猶堂全書』 詩文集 跋 「跋翠羽帖」, "所作花木翎毛蟲豸之屬 皆逼臻其妙 森細活動 非粗夫笨生 把禿筆潘水墨 謬爲奇怪 以畵意不畵形自命者 所能磬此者也 尹公嘗取 蛺蝶蜻蛉之屬 細視其鬢毛粉澤之微 而描其形 期於肖而後已".

133) 정약용, 위의 책, 시문집 발 「神宗皇帝墨竹圖障子」, "形與體不失其眞 而後其神可得

1876)도 같은 관점에서 몰골법으로 성글게 그리는 사의법 때문에 정밀하게 그리는 형사 공부가 특히 화원그림에서 소홀해지는 문제를 지적하기도 했다.134)

이와 같이 조선후기의 회화론 변동에 중요한 구실을 한 형사적 전신론은 '형신불상리'(形神不相離)에 의한 '이형사신'(以形寫神)에 토대를 두고 전개되었으며, 형사 그 자체보다 전신을 위한 '사진'(寫眞) 또는 '모진'(摸眞) 화법을 보완하고 개선하려는 의도에서, 서양화법과 시학지식에 대한 관심도 담론화되었다고 본다. 그리고 형사에 대한 이론적 논의와 관심의 심화 또한 이익이 실물처럼 닮게 묘사하는 것에 대해 '유익우사'(有益于事)라고 했듯이 서기수용론과 마찬가지로 실용적 차원에서 확산되었음을 알 수 있다.

4. 맺음말

지금까지 르네상스 이래 유럽 근대의 사생적 리얼리즘과 결부되어 전개된 '원근법' 등에 대한 시학지식이 명말청대의 서양 선교사들과 서학서를 통해 유입 확산되면서, 17세기 이후 조선후기에 파급된 양상과 함께 이들 지식이 이 시기 회화론 변동에 중요한 구실을 한 형사적 전신론에 어떠한 작용을 했는지를 살펴보았다. 특히 '원근법' 등의 사실적 기법에 대한 과학적 이론이면서 인간중심으로 세계를 관찰하고, 사유하고, 재현하는 근대적 보는 틀 또는 보는 방식과 결부된 시각법으로서의 서양 시학지식이 명말청대와 조선후기에 어떠한 관점에서 수용되고 전개되었는지에 초점을 두고 고찰하였다. 다시 말해 당시 동아시아 시학지식에 대한 언설에

　　也".

134) 朴珪壽, 『朴珪壽全集』, 「錄顧亭林先生日知錄論畫跋」 참조.

시각 중심으로 전개되던 서양의 근대정신이나 근대성의 개념이 형성되었는지 유무를 파악하는 데 중점을 두었다. 이러한 고찰은 조선후기 서양화법과 이 시기 '사실'적 경향에 대한 정합적 이해와 함께 그 사조적 단계성과 시대성을 구명하는 데 가장 요긴한 기초연구로서의 의의를 지닌다고 하겠다.

앞에서 논의해 온 바와 같이, 명말청대의 시학지식에서는, 인간의 시점에서 인간중심으로 세계를 대상화하여 과학적·인공적으로 재구성하고자 했던 근대적 시각법으로서의 인식은 찾아보기 힘들고, 실물처럼 닮게 묘사하는 '핍진'을 보완하기 위한 '서기'와 '양재' 수용의 차원에서 인식되었다. 조선후기에도 만명 사조와 결브되어 숙종 연간부터 창생적 창작의 직접적 실천을 위한 '자득'적 창작태도의 부상과 더불어 새로운 창작론으로 대두된 형사적 전신론에 의해 형사술 향상의 차원에서 시학지식이 전개되고 확산되었던 것이다. 따라서 형사적 전신론의 심화에 따른 이 시기 회화론의 변동은 근대의 이행을 준비하는 중세성의 보강 또는 개선의 측면에서 이루어진 것으로 파악된다.

참고문헌

〈자 료〉

姜世晃, 『豹菴遺稿』　　　　姜紹書, 『無聲詩史』

顧起元, 『客座贅語』　　　　金錫胄, 『息庵遺稿』

金昌業, 『老稼齋燕行日記』　年希堯, 『視學』

年希堯, 『視學精蘊』　　　　談遷, 『北遊錄』

鄧玉函, 『奇器圖說』　　　　利瑪竇, 『幾何原本』

朴珪壽, 『朴珪壽全集』　　　朴趾源, 『熱河日記』

徐有榘, 『林園十六志』　　　愼後聃, 『遯窟西學辨』

沈鐼, 『松泉筆譚』　　　　　安鼎福, 『順庵集』

楊家麟, 『勝國文征』　　　　吳長元, 『宸垣識略』

王士禎, 『池北偶談』　　　　　　姚元之, 『竹葉亭雜記』
劉桐・于奕正, 『帝京景物略』　　李圭景, 『五洲衍文長箋散稿』
李奎象, 『一夢稿』　　　　　　　李器之, 『一菴集』
李德懋, 『靑莊館全書』　　　　　李斗, 『揚州畵舫錄』
李書九, 『惕齋集』　　　　　　　李晬光, 『芝峰類說』
李瀷, 『星湖僿說』　　　　　　　李瀷, 『星湖先生文集』
李喆輔, 『丁巳燕行日記』　　　　李夏坤, 『頭陀草』
李頤命, 『疎齋集』　　　　　　　張潮, 『虞初新志』
丁若鏞, 『丁茶山全書』　　　　　丁若鏞, 『增補與猶堂全書』
趙尚絅, 『燕槎錄』　　　　　　　趙榮福, 『燕行日錄』
趙裕壽, 『后溪集』　　　　　　　曹霑, 『廢藝齋集稿』
崔漢綺, 『神氣通』　　　　　　　鄒一桂, 『小山畵譜』
湯若望, 『遠鏡說』　　　　　　　韓德厚, 『燕行日錄』
許穆, 『記言原集』　　　　　　　胡敬, 『國朝院畵錄』
洪大容, 『湛軒書』　　　　　　　黃德壹, 『拱白堂集』
黃晸, 『癸卯燕行錄』

〈논 문〉

姜在彦, 『朝鮮의 西學史』, 민음사, 1990.
구만옥, 「16~17세기 조선 지식인의 서양이해와 세계관의 변화」, 『동방학지』 122,
　　　2003.
김용국, 「동서양의 공간관과 기하학」, 『수학사학지』 7-1, 1992.
노대환, 「조선후기의 서학유입과 서기수용론」, 『진단학보』 83, 1997.
노성두, 「브루넬레스키의 1차 원근법 시연」, 『미학예술학연구』 13, 1999.
문중양, 「최한기의 기론적 서양과학 읽기와 기륜설」, 『대동문화연구』 43, 2003.
이성미, 『조선시대 그림속의 서양화법』, 대원사, 2000.
李元淳, 『朝鮮西學史硏究』, 一志社, 1986.
주은우, 「근대적 시각과 주체」, 『사회비평』 12, 1994.
최소자, 『동서문화교류사연구 : 명・청시대 서학수용』, 삼영사, 1987.
최인진, 『한국사진사』, 눈빛, 2000.
한영호, 「서양 기하학의 전래와 홍대용의 『주해수용』」, 『역사학보』 170, 2001.
한우근, 『星湖李瀷硏究』, 서울대출판부, 1980.
홍선표, 『朝鮮時代 繪畵史論』, 문예출판사, 1999.

홍선표, 「조선후기의 西洋畵觀」, 『石南 이경성선생고희논총』, 일지사, 1988.
홍선표, 「조선후기의 회화관―실학파의 회화관을 중심으로」, 안휘준 감수, 『산수화
　　　(下)』, 중앙일보사, 1982.

莫小也, 「18世紀淸宮廷"海西派"繪畵的時代背景」, 『中西初識』, 大象出版社, 1999.
莫小也, 「乾隆年間姑蘇版所見西畵之影響」, 『東西交流論譚』, 上海文藝出版社,
　　　1998.
徐宗澤, 『明淸間耶蘇會士譯著提要』, 中華書局, 1958.
聶崇正, 『宮廷藝術的光輝』, 東大圖書公司, 1996.
于桂芬, 『西風東漸―中日攝取西方文化的比較硏究』, 臺灣商務印書館, 2003.
李超, 『中國早期油畵史』, 上海書畵出版社, 2004.
趙力・余丁 編, 『中國油畵文獻』, 湖南美術出版社, 2002.

橋本敬造, 「西洋天文學の導入と徐光啓の役割」, 『東アジアの科學』, 勁草書房, 1982.
大林信治・山中浩司 編, 『視覺と近代』, 名古屋大學出版會, 1999.
大澤眞幸, 「眼の近代的編成」, 『批評空間』 8, 1993.
小野忠重, 『ガラス繪と泥繪』, 河出書房新社, 1990.
辻茂, 『遠近法の誕生 : ルネサンスの美術家と科學』, 朝日新聞社, 1995.
岸和, 『江戶の遠近法』, 勁草書房, 1994
李愼, 「イエズス會士の科學活動」, 『日中文化交流叢書-科學技術』, 大修館書店, 1998.
李孝德, 『表象空間の近代』, 新曜社, 1996.
井面信行, 「繪畫と'繪畫的なもの'」, 『藝術論究』 12, 1985.
佐藤康邦, 『繪畫空間の哲學』, 三元社, 1992.
中村雄二郎, 『遠近法の精神史』, 平凡社, 1992.
靑木茂 監修, 『中國の洋風畫』, 町田市立國際版畫美術館.
馮錦榮, 「中國知識人の西洋測量學硏究―明末から淸末における」, 『西洋近代文明
　　　と中華世界』, 京都大學出版會, 2001.
橫地淸, 『遠近法で見る浮世繪』, 三星堂, 1995.

Erwin panofsky, 木田元監 譯, 『象徵形式としての遠近法』, 哲學書房, 1993.
George Loehr, "European Artist at the Chinese Court" / 김리나 옮김, 「淸 皇室의
　　　서양화가들」, 『미술사연구』 7, 1993.

Jonathan Crary, *Techniques of Observer* / 임동근·오성훈 외 옮김, 『관찰자의 기술』, 문화과학사, 2001.
Jonathan D. Spence, *Emperor of China*, 1974 / 이준갑 옮김, 『강희제』, 이산, 2001.
Krautheimer, "Brnellechi and linear Perspective," *Lorenzo Ghiberti*, 1956.
Linda Nochlin, *Realism*, Donnelley & Sons, 1971.
Samuel Y. Edgerton, *The Renaissance Rediscovery of Linear Perspective*, Harbert & Row, 1975.

17·18세기, 중국의 판화서적 유통이 조선회화사에 미친 영향
-산수표현 및 화조표현을 중심으로-

고 연 희

1. 들어가는 말

문자가 만들어진 이래 다양한 매체들이 등장하기 이전까지, 동서양 모두 정보와 지식의 전달은 대개 문자위주로 기록된 서적을 중심으로 이루어졌다. 중국 및 한국의 전통사회에서 문자문화(文字文化)가 지극히 존중되고 이를 통한 학업이 중시되었기에 서적문화가 꾸준히 발달하였으며, 특히 한국의 문인들은 중국 문자인 한자(漢字)를 수용하여 사용한 이래 적어도 19세기에 이르도록 중국 서적들을 적극적으로 입수하여 익혔고 동시에 자체적인 서적생산을 겸하여 실로 풍부한 서적문화를 누려 왔다.

본고는 서적문화와 회화제작의 관련성에 대하여 논하고자 하며, 중국과 한국의 서적문화사에서 괄목할 만한 변화가 나타나는 중국 명대(明代) 말기와 조선후기에 해당하는 17~18세기에 주목하고자 한다. 이 시기 중국 에서는 도시상업이 발달하면서 출판인쇄술 및 판화제작기술이 급격히 발전하여 많은 양의 서적들이 대량으로 출간되었으며,1) 중국에서 출판된

---

1) 명청대 출판문화에 대하여는, Tsien Tsuen-hsuin(錢存訓), Paper and printing, Joseph Needham, *Science and Civilisation in China, V5,* Cambridge University of Press, 1985 ; 陳傳席, 「명대 서적의 관각, 사각, 방각」, 『17~18세기 동아시아 독서문화와 문화변동』(한국문화연구원 학술대회 발표지), 2004년 4월 9일 참조.

서적들은 조선 문인들에게 새로운 정보를 제공하고, 조선후기 사회에 새로운 문화에 대한 욕망과 기대를 유발시켰다. 양란 후, 즉 17세기를 넘어서면서 조선의 사회문화 각 방면에 나타난 문화변동에는 이러한 중국의 출판물 유입이 다각적으로 작용하였을 것이라 본다.

명대 후반기 출판의 발전으로 인해 조선후기에 나타나는 다양한 문화변동을 회화(繪畫)분야에 집중해서 살피고자 하는 본 연구는, 서적 및 독서에 관련된 서적문화연구(書籍文化研究)에 기여할 것을 기대한다.2) 이에 우선 문인의 독서활동과 화가의 회화제작에 대한 연관성을 살핌으로써 논의의 기틀을 마련하고, 나아가 조선후기 문인들이 독서한 명청대의 서적들이 어떻게 조선의 회화제작에 관여하는지에 대하여 조명하여 보도록 하겠다.

본고는 회화분야 중에서도 산수(山水) 표현과 화조(花鳥) 표현 등의 자연표현을 중심으로 살필 것이다. 자연을 바라보는 관점이나 표현하는 방법 속에는 문화변동과 철학변화의 코드가 복잡하게 얽혀 있을 뿐 아니라 당시 사회의 권력과 문인들의 욕망이 응축되어 있기에,3) 면밀한 고찰과 해석을 거친다면 문화변화의 심층에 접근할 수 있으리라 보기 때문이다. 이에 문인들의 생활 및 사유와 관련된 내용에 의거하여 산수 및 화조 표현의 내용을 분류하고 고찰하고자 한다. 즉 산수표현 부문에서는 문인들

---

2) Cynthia Brokaw, "On the History of the Book in China," *Painting and Book Culture in Late Imperial China*, Univ. of California, 2005, 4~5쪽. 이 책에 따르면, 지금까지의 중국 書誌學에 관련된 풍성한 연구보고는 대개 자세한 傳記的 연구였고, 書籍文化研究 혹은 板刻社會學에 대한 분석은 아니었다고 한다. 서적문화연구의 방법이란, 서적이 하나의 소비품, 정보 제공처, 교역 안내서, 오락, 혹은 예술품으로서, 지적인 삶, 사회적 관계, 문학적 소통, 문화정치과학 및 종교의 정보제공에 영향을 주는 양상을 살피는 것을 말한다.

3) 이는 회화가 사상 및 정치상황의 영향을 받는다는 해석방법을 넘어서, 회화의 자연표현 속에 권력, 욕망, 가치 등이 코드화 되어 있다는 관점으로, W. J. T. Mitchell. ed., *Landscape and Power*, Univ. of Chicago Press, 1994 및 이를 중국회화에 적용한 Wen-hsin Yeh, ed., *Landscape, Culture, and Power in Chinese Society*, Univ. of California, 1998 등을 참조할 수 있다.

의 유람지와 소유지 등의 명소표현, 그리고 배경으로 처리된 산수표현 등의 변화에서 중국서적 및 그 삽도가 운용된 양상을 살펴볼 것이며, 화조부문에서는 조선후기 문인들의 자연미물에 대한 관심의 증대와 함께 다양화된 화조화의 주제와 기법의 양상, 정원장식의 화조표현이나 문인의 내면을 투영해주는 서정매체로서 운용된 화조표현 등을 중심으로 중국서적 유입과의 관련성을 논하여 보겠다.

2. 문인의 독서와 화가의 회화제작

서적과 회화의 관련문제는 문인의 독서와 화가의 회화제작이라는 실제 창작행위의 상관성을 의미한다. 이 문제는 그들의 문화적 교류실상에 대한 고찰과 해석을 요구한다—첨언하는바, 여기서 논하고자 하는 것은 널리 논급되어 온 주제인 문학과 회화의 관련성 즉, 시화(詩畫)의 상관성 문제가 아니다. 시화 상관의 주제는 근본적으로 문인들의 회화론 범주에서 논의되는 까닭에 화가의 존재는 거의 잊혀지게 된다.

조선시대의 문인과 화가의 역할을 나란히 놓고 비교한다는 것은 사실 그 자체로서 불가능할 만큼 그들의 기능과 위상 차이는 컸다. 조선 초기의 회화사상의 하나로 지적되는 이른바 '말기사상'(末技思想)은 문인과 화가의 위상 차이를 극명하게 보여주는 현상이었다. 조선초기 문인들의 가치관에 비추어 볼 때 회화의 제작 및 감상은 완상(玩賞) 완물(玩物)이기에 경계 대상이었으며 말단의 기예, 즉 '말기'이다. 문인은 근본적으로 성인의 정신을 본받아 글을 읽고 익혀 세상을 이끄는 업무와 지위를 가졌다면, 화가는 그 말단에서 장식적 업무를 맡았다고 간주되었기 때문이다. 회화의 가치는 공리(公利) 혹은 수기(修己)의 차원이거나 문인들의 정신적 교양물이라고 인정받을 때뿐이었다.4) 조선후기에 이르면, 화가의 전문성을 존중하는 의견이 힘을 얻고, 물상과 실상 자체에 대한 관심이 증대되면서 이를 그리는 회화작업의 공력이 인정되었으며,5) 이와 동시에 그려진 물상과 회화 자체를 독립시켜 보려는 관점의 등장으로 회화예술의 독립성이 인지되기에 이르렀다.6) 실제적으로 회화제작에 적극 개입하여 회화사에 중요한 족적을 남긴 문인 윤두서와 강세황 등의 등장은 커다란 변화였다고 할 수 있다. 그럼에도 불구하고 회화와 문학 사이의 위상 차이는 엄연하여 회화를 일컬어 천기(賤技)라 하는 언급은 여전히 통용되었고 강세황마저도 화가라는 이름이 후세에 전해질까 두려워 화필을 꺾어야 했다.

더욱 중요한 것은, 모든 예술관 및 예술에 대한 가치관 자체가 문인들의 사유로 주도되었고 문인의 철학적 사상과 세계관 및 문예적 취향에 근거한 문인들의 사유체제와 언어로 기술되었다는 점이다. 화가의 회화제작은 궁정 행사나 장식, 관료귀족의 감상을 위한다는 목적을 가졌으며, 화가들은 그들 특유의 회화언어를 활용하여 문인들이 가치롭게 여기거나 즐겁게 감상할 만한 그림을 만들어 내는 데 노력해야 했다. 그림을 수요하고 감상한 이들이 문인층이었기 때문이다. 문인의 입장에서 회화제작의 원칙과 이상을 제공한 문인화론(文人畵論)이나 문인 스스로 그림을 그렸던 경우에도, 문학적 정신과 문인으로서의 가치관은 항상 회화제작보다 우위에 있었다. 이는 조선회화사에서 더욱 심각하다. 중국의 경우에는 원대(元代) 이후 의욕적인 문인화가들이 회화사의 주된 위치에서 회화사의 변화를 주도적으로 이끌고 있었기에 회화제작의 심리적 실제적 위상은 조선에 비하여 매우 높았으며, 따라서 문인화가 개인에 대한 분석은 중국회화사 이해에

---

4) 조선전기에 회화가 말단의 일로 천시된 것에 대해서는 安輝濬,「韓國繪畵의 美意識」『韓國美術의 美意識』, 한국정신문화연구원, 1984, 171쪽 ; 洪善杓,「朝鮮初期의 繪畵觀」(제3회 국제학술회의논문집), 한국정신문화연구원, 1984, 597~612쪽 ; 洪善杓,『朝鮮時代 繪畵史論』, 문예출판사, 1999, 194~215쪽 참조.

5) 洪善杓, 위의 책, 1999, 256~258쪽.

6) 고연희,「조선시대 眞幻論의 전개」,『한문학과 미학』, 태학사, 2003, 103~128쪽.

실제로 유효하다. 그러나 우리 회화사를 논할 때 회화변동의 주체를 화가 개인으로 기대하면 회화 내용의 이허에 피치 못할 오류가 발생하게 된다. 조선시대의 대표적인 화가들이 거의 화원 출신이었기에 문인이나 왕족의 요구에 기여하는 작품을 제작하였고, 화가에 대한 문인들의 관여는 다시 중국사상과 중국회화사를 기반으로 하였으그로, 조선시대회화사의 내용을 이해하기 위해서는 중국회화사와 조선문인의 취향이라는 두 가지 항목을 전제로 시도하여야 한다. 이는 곧 우리 문화사의 특수성이기도 하다.

문인들의 심미적 요구의 변화 혹은 해석의 가치관 변화는 그들의 사상변화를 통하여 이루어졌다. 모든 정보가 서적으로 전달되던 때에 문인들의 사유변화는 그들의 독서행위로 결정되며, 따라서 새로운 서적의 유행은 문인들의 인식전환에 커다란 영향을 남기고 회화문화에 새로운 동기를 제공해주게 된다. 회화 변화는 한 폭의 새로운 회화가 전달되어 이루어지는 것이 아니라, 새로운 화면과 관련된 새로운 사상과 문화의 형성 속에서 가능한 것이기 때문이다.

조선후기의 회화변동에서 16세기 달 중국에서 크게 발달된 출판문화와의 관련성에 대해 논하고자 하는 것은 이 때문이다. 명대 후반기에 실로 풍부한 물량과 내용의 서적들이 한반도로 쏟아져 들어왔다. 조선후기에 한양을 중심으로 하여 많은 장서가(藏書家)들이 생겨난 것은 서적문화의 발달을 반영하는 뚜렷한 현상이었다.7) 조선에 입수된 중국서적은 새로 출판된 경서(經書), 명청대 개인의 문집(文集) 및 방대하게 자료를 집성한 백과전서류(百科全書類), 소설(小說)이나 희곡(戲曲) 등 중국에서 새롭게 유행한 문학작품들, 또한 회화 양식과 기법을 별도로 설명한 전문적 화보(畫譜)들이 포함되어 있었다. 새로운 서적들이 전달해주는 백과사전적 지식정보와 새로운 사상과 문체와 발달된 판각기술이 가미된 새로운 시각

---

7) 조선후기 藏書에 대하여는 강명관, 「조선후기 서적의 수입유통과 장서가의 출현」, 『조선시대 문화예술의 생성공간』, 소명출판, 1999, 253~276쪽.

이미지들은 조선 문인들에게 커다란 자극이 되었다.

이 가운데 명대에 급성장한 목판화(木版畵)가 서적출판에 가세하여 이전에 없던 채색삽도(彩色揷圖)의 서적 간행이 가능해진 것8)은 회화에의 영향이라는 측면에서 주목할 만하다. 삽도서적은 독자들에게 독서와 함께 생생한 지식과 시각적 즐거움을 안겨주었다. 예컨대 지리서적의 관련 삽도와 백과사전류의 삽도는 구체적 지식을 전달해 주었을 것이고, 흥미로운 내용의 소설에 아름다운 주인공들의 모습이 담긴 삽도가 실린 서적은 소설의 읽는 재미를 더하여 주었을 것이다. 이러한 삽도서적들은 조선 문인들에게도 즉각적이고 시각적(視覺的)인 즐거움이 첨가된 독서문화를 제공하여 주었으며, 나아가 새로운 시각물(회화)에 대한 기대를 발생시켰을 것이다. 나아가 중국의 삽도서적에 실린 판화도의 시각이미지들은 회화 제작에 직접적인 영향을 주었다. 문인들이 스스로 회화를 그리는 경우 이는 보다 분명하게 드러난다. 특히 회화를 전문으로 다룬 화보들은 중국회화의 원작 유입이 어려운 상황에서 조선의 문인과 화가들에게 중국회화를 이해하는 유용한 텍스트로 인식되고 감상되고 또한 활용되었다.

요컨대, 중국서적 속 삽도판화가 조선후기 회화작품과 연관을 가지기 위해서는 이 삽도서적들이 우선 문인지식인의 독서목록에 들어가야 한다. 이는 문인의 독서와 화가의 회화제작 사이의 근본적 연결고리였다. 말하자면, 회화에 대한 수요나 평가가 모두 문인들의 예술적 안목과 학문적 수준에서 이루어졌던 당시의 문화실상에 비추어 볼 때, 문인들의 독서문화와 중국판화가 우리 회화에 미친 영향은 떼어서 논할 수 없는 항목이다.

3. 산수표현의 변화

---

8) 楊新·單國强 主編, 『中國美術史』, 齊魯書社·明天出版社, 2000, 第9章 明代版畵.

1) 명소(名所)의 표현

17세기 말에서 18세기에 걸쳐서 조선시대 산수화사의 특징적 양상 중 하나로 지적되는 것이 진경산수화(眞景山水畵)의 부상이다. 실제의 산수경을 그렸다고 하여 진경산수화라 부르고 있는데, 그림 내용은 대개 권세 있는 문인들이 유람(遊覽)한 곳이나 거주(居住)했던 곳으로, 명소(名所)라 할 만한 곳들이다. 진경산수화는 문인들이 경험한 공간을 주제로 하였다는 점에서 조선시대 초기와 중기에 주로 그려진 초경험적 산수경과는 매우 다르다. 이는 체험의 즐거움을 중시하는 당시 문인들의 인식변화와 관련된 회화현상이었다.

유람을 주제로 하는 그림은 따로 기유도(記遊圖)라 부른다.9) 17세기 말부터 기유도의 유행을 이끈 것은 안동김씨 일문의 김창협(金昌協)·김창흡(金昌翕) 형제와 그들의 문하인(門下人)들이었다. 이들은 중국의 명소를 기록한 지리서적 및 방대하게 편집된 중국산수기행시문집에 관심이 컸다. 이들의 독서행위는 직접 국내산수를 유람하게끔 하는 동기를 유발시켰고 중국의 기행시문 못지않은 멋진 기행시문을 ⼰어 엮도록 견인하였다. 또한 당시의 유능한 화가로 하여금 다녀온 멋진 산수경을 그림으로 옮기도록 하였다. 이것이 기유도이다.

기유도는 멋진 산수장관, 절경(絶景)을 표현함으로써 문인들의 유람기억을 되살려주거나 유람의 간접체험을 제공하거나 혹은 유람의 안내서 역할을 하였다. 김씨 형제들이 즐겨 읽었던 중국산수 관련 서적에는 중국명산을 그린 판화도들이 삽도로 실려 있었고 이는 한국의 명산 표현에 유용한 틀을 제공해 주었다. 당시 기유도를 잘 그려 문인들에서 인기를 누렸던

---

9) 記遊圖의 명칭은, 중국회화사에서 薛永年, 「陸治錢谷與後期吳派紀遊圖」, 故宮博物院 編, 『吳門畵派硏究』, 紫禁城出版社, 1993, 49쪽 ; 單國强, 「明淸繪畵社會文化內涵芻議」, 『故宮博物院藏明淸繪畵』, 紫禁城出版社, 1995, 10~14쪽 참조. 한국회화사에서는 洪善杓, 『朝鮮時代繪畵史論』, 474쪽 ; 고연희, 『조선후기산수기행예술』, 일지사, 2000 참조.

154

圖 1 정선(鄭敾), 「백천동」(百川洞), 『금강산팔폭병풍』 중, 종이에 엷은 채색, 56.0x42.8cm, 간송미술관(澗松美術館).

圖 2 소운종(蕭雲從), 「영허산」(靈墟山), 『태평산수도』(太平山水圖), 판화.

화가 정선(鄭敾 : 1676~1759)의 그림들은 명청대 산수판화도를 적절하게 활용한 예를 보여준다. 명대 산수기관을 모은 『해내기관』(海內奇觀)의 삽도에 나오는 인물 모티프들 및 기이한 꼴의 바위표현 같은 세부 표현법을 정선은 효과적으로 차용하여 그의 「금강산도」(金剛全圖)나 「천불암」(千佛岩) 등에 적용하였다. 또한 중국산수기행시문집 『명산승개기』(名山勝槪記)에 실린 판화도 『명산도』(名山圖)의 수십 장면에서, 정선은 명산의 전체상을 한 화면에 그려내면서 유명사찰이나 유명바위를 강조하여 표시하는 화면구조 및 섬과 호수의 표현법, 산기슭의 산문(山門)을 명시하는 방법 등을 그의 그림에 활용하였다. 명말 청초의 화가 소운종(蕭雲從)의 판화집 『태평산수도』(太平山水圖)에 보이는 독특한 필묵법을 정선은 잘 운용하였다. 오랫동안 정선의 독창적 필묵법으로 인정되어온 이른바 수직준법(垂直皴法)과 바위 한 면을 시꺼멓게 칠하는 적묵법(積墨法) 등도 정선이 소운종의 판화도를 활용한 예이다

(圖 1, 圖 2). 당시 화가 정선이 중국에서 출판된 다양한 서적의 삽도판화도들을 참조할 수 있었던 것은 명산유람에 관련된 중국의 새로운 서적들을 구하여 탐독한 안동 김씨가문과 그 문하인들이 정선의 후원역을 하였기 때문이다. 정선의 기유도는 문인들이 즐겨 본 중국산수판화의 기법과 구도의 효과적 활용으로 창출된 새로운 산수표현이었으며 동시에 문인들의 기대에 부응한 한국 산수절경의 이미지였다.[10]

조선시대 회화를 살펴보면 산수화로 분류되는 분야의 회화 중에는 건물, 누각, 정자, 혹은 정사(精舍), 서원(書院), 및 별서(別墅), 제택(第宅) 등을 주제로 하는 그림이 적지 않다.[11] 16세기로 접어들면서 재지(在地)의 경제적 기반을 가진 사림(士林)들이 자신의 은거지 혹은 주거지를 그림으로 남기고자 하였고, 이는 결국 조선후기 진경산수화의 많은 부분을 차지하게 되었다.

문인들은 오래 전부터 장소의 경관과 복된 기운에 관심을 보였다. 조선 전기의 유학자 성현(成俔)이 "절은 인왕산 백악의 북쪽, 삼각산의 서쪽에 있어 깨끗하고 절묘한 경관을 갖추고 있으며 현이 울리듯 푸른 개울이 창 아래로 휘감아 도니 산수의 시원하고 경쾌한 기상 등을 모두 절이 갖추고 있구나"라고 하여[12] 위치의 기운을 살폈으며, 조선후기 서유구(徐有榘)가 『임원경제지』(林園經濟志)의 「상택지」(相宅地)에서 별장을 지을 명소의 조건을 안내하였듯이,[13] 산수경관 및 기운이 두루 갖추어진 명소에 대한 문인들의 관심은 그 역사가 오래다.

---

10) 정선의 기유도와 중국판화의 관련 및 당시 문인들의 사유방식에 대하여는 고연희의 위의 책(2000)에서 자세히 다루었기에 여기에서는 요점 위주로 기술하였다.

11) 조규희, 「朝鮮時代의 山居圖」, 서울대 석사학위논문, 1998 ; 조규희, 「所有地 그림의 시각언어와 기능」(미술사와 시각문화학회 2004년 춘계학술대회발표지) 참조.

12) 成俔, 『虛白堂集』 卷3, 「題賜暇讀書葬儀社圖」, "寺在仁王白岳之北 三角山之西 有瀟洒節特之觀奏 又有碧澗鳴絃 遠出於軒窓之下 凡山水淸冷爽之氣 皆寺之有也".

13) 徐有榘, 『林園經濟志』, 「相宅志」 참조.

이러한 관심 속에서 개인의 저택이나 별서가 그림으로 그려지게 되었는데, 전하는 작품이 대개 17세기 및 18세기의 작품들이라는 것은 한국회화사에서 현저하게 드러나는 현상이다. 화가 이징(李澄)이 정여창(鄭汝昌)의 거처지를 그린 「화개현구장도」(花開縣舊莊圖, 1643)는 조선후기 문인들 사이에 유명한 그림이었다. 이 그림의 제작경위를 쓴 신익성(申翊聖)은, "정 선생의 유적은 멋진 자태를 다투는 풍경이 영원히 사라지지 않는 것만이 그릴 가치가 있는 것이니 어찌 꼭 언덕 하나 골짜기 하나가 모두 같기만을 바라겠는가?"라고 하여,14) 실경과 닮게 그리기보다 그 곳의 의미를 전달하는 것이 더 중요하다는 입장을 보여주고, 거처지의 이미지화를 위한 특별한 회화적 고안과 기술을 요구하였다. 앞에서 살펴 정선의 기유도가 절경에 대한 사실적 묘사라기보다는 중국판화 속 절경 표현의 틀을 능숙하게 활용함으로써 문인들에게 더욱 환영받았던 사정을 이에서 다시 이해할 수 있다.

정선의 진경산수화 중에는 당시 문인들의 정자나 누각 및 제택을 그린 경우가 많은데, 김시좌(金時佐 : 1664~1727)의 「귀래정」(歸來亭)과 김동필(金東弼 : 1678~1737)의 「낙건정」(樂健亭)을 그린 두 폭의 화면은 구도와 배경처리, 건물배치가 유사하고,15) 정선이 누차 그린 이덕연(李德演 : 1555 ~1636)의 「이수정」(二水亭)이 또한 「소악루」(小岳樓)를 그린 화면과 같은 구도이다. 이에서 이들 화면이 정자의 수려한 산수배경과 복된 기운의 지형적 위치를 담보하는 구도로 문인들에게 인지되고 요구되었던 것을 알 수 있으며, 또한 이러한 구도는 『명산도』에서 다시 찾아볼 수 있어 당시 하나의 틀로 선택되었음을 추정할 수 있다. 아울러 정선이 안동 김씨 일문의 요구로 그린 「청풍계도」(淸風溪圖) 상의 건축물과 소나무의 배치가

---

14) 申翊聖 인용문의 원문과 번역은 安輝濬 외 저, 『動産文化財指定報告書』, 文化財管理局, 1991, 228~232쪽 참조.

15) 「歸來亭圖」와 「幸湖觀魚圖」의 구도상 유사점에 대해서는 조규희의 앞의 글 참조.

『삼재도회』궁실(宮室)편의 「양택내형길흉도」(陽宅內形吉凶圖)길조의 가옥구도 및 청송(靑松) 울창의 조건을 강조하여 표현하고 있다는 점에서도 그 영향관계를 감지할 수 있다.

18세기에 그려진 병풍『관동십경』(關東十境)은 명소의 풍수적(風水的) 형국을 산수표현의 틀로 삼은 산수표현의 가장 좋은 예이다. 10폭은 모두 화사한 채색과 섬세한 선묘로 그려져 있으며, 그려진 대상은 관동지역의 명승지, 「시중대」(侍中臺), 「총석정」(叢石亭), 「삼일포」(三日浦), 「해산정」(海山亭), 「청간정」(淸澗亭), 「낙산사」(洛山寺), 「경포대」(鏡浦臺), 「죽서루」(竹西樓), 「망양정」(望洋亭), 「월송정」(月松亭) 등이다. 그린 이는 당시 강원도 관찰사의 요청을 받은 화원화가였다는 것만 알려져 있고, 제작시기는 1746년경으로 추정되고 있다.[16]

『관동십경』10폭 중 「시중대」, 「청간정」, 「경포대」, 「망양정」 등은 모두 동일한 구도로 그려져 있다. 화면을 보면, 좌우로 굽이지며 길게 뻗어나온 지형이 둥글게 돌출된 중간지형을 두 팔로 포근하게 안고 있으며 이 중간지형에 정자가 위치하고 있다. 이 구도는 풍수적으로 혈(穴)의 안정된 흐름 속에 정자가 안치시킨 형상이다. 이러한 산수표현은 실제 산수경의 묘사가 될 수 없다. 몹시 기이하고 추상적이며 의도적으로 변형되어 있기 때문이다. 이 화면들은 『삼재도회』(三才圖會) 「지리」(地理)편의 구변(九變) 및 혈법(穴法)의 지형도들과 비교해볼 만하다(圖 3, 圖 4). 백과전서적 성격의 서적인 『삼재도회』에는 풍수적 지형이 유형별로 분류되어 간단하게 소개되어 있다. 『삼재도회』는 조선 문사들에게 17세기 초반부터 널리 읽혔기에, 여기에 수록된 명당에 대한 풍수적 정보들이 산수를 바라보는 시각적 틀을 제공하였고 나아가 산수의 이미지화에 반영되었다고 할 수 있다.

이 밖에도 『관동십경』의 여러 화면들은 도두 뚜렷한 풍수적 길상형국을

---

16) 김남기 해제, 『關東十境』, 효형출판, 1999 참조.

圖 3 「시중대」(侍中臺)와 「경포대」(鏡浦臺), 『관동십경』(關東十境), 각각 44×30.6cm, 비단에 채색, 규장각.

제시하고 있다. 「낙산사」는 연꽃이 개화한 형상으로 표현되어 있으며, 「죽서루」는 물굽이가 강조된 수성수(水城水)의 형상으로 용(龍)처럼 구불거리며 흐르는 곡수(曲水)가 혈성을 향하여 흘러드는 형상을 보여주고 있다. 모두가 매우 길한 곳으로 판단되는 산수형국이다.[17]

중국과 한국에서 풍수지리관의 역사는 장구하여, 중국에서는 이미 한(漢)의 『청오경』(靑鳥經) 이래 명대(明代) 서씨 형제(徐善繼·徐善述)에 이르는 풍성한 서적문화를 보여주고 있다. 풍수관은 중국과 한국에서 지세(地勢)를 가늠하고 성시나 거주지 묘소 등을 조성하는 데에 빠짐없이 적용된 뿌리 깊은 지형관이다.[18] 풍수의 문화적 의미와 기능에 대해서는 여기서

---

17) 풍수도의 形局에 대하여는 이세복·이우영 공저, 『정통 풍수의 이론과 방법』, 동학사, 1997 ; 程建軍·孔尙朴 著, 『風水與建築』, 江西科學技術出版社, 1992 참조.

18) 풍수지리관의 역사와 의미에 대하여는 王其亨·史箴 主編, 『風水理論硏究』, 天津大學出版社, 1992 ; 李夢日, 『韓國風水思想史』, 名寶文化社, 1991 참조. 풍수를 우리 회화사에 적용한 연구로는 朴銀順의 「16세기 독서당계회도 연구―풍수적

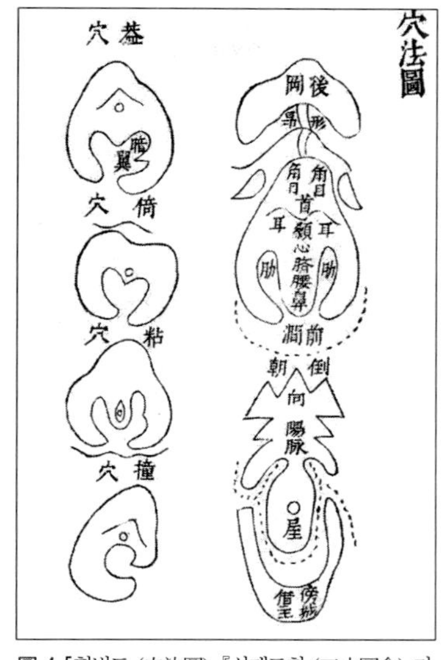

圖 4 「혈법도」(穴法圖), 『삼재도회』(三才圖會) 지
리(地理) 권16, 판화.

따로 논할 필요가 없지만, 오랜 문화
속에서 실제적인 힘을 발휘하였을 뿐
아니라 산수지형의 이미지 형성에 커
다란 작용을 하였다는 점에 의심의 여
지가 없다. 게다가 중국에서는 풍수지
리관이 회화작품에 직접 영향을 준 경
우를 찾아보기 힘든 반면,[19] 조선후기
회화 중에는 이 같은 예가 현전한다는
점에서 풍수관은 우리 회화사에서 간
과할 수 없는 측면이라 할 수 있다. 한편
이러한 한·중 회화의 차이는 곧, 조선
후기 산수화가 중국의 산수화문화와
직접 교유하기보다 명대에 출간된 지

리지의 판화삽도로 중국의 산수표현을 만나고 수용하였던 사정을 보여주
는 일면이 될 것이다.

『관동십경』 병풍에는 18세기 문인 8인의 제화시가 총 66수 실려 있는데,
이들 시는 대개 아름다운 경치와 화가에 대한 칭송일 뿐, 풍수지형에 대한
언급은 거의 없다.[20] 「낙산사」 화면을 읊은 오수채의 "천상의 꽃이 용궁에

실경산수화에 대하여」(『미술사학연구』 212, 한국미술사학회, 1996)가 유일하며,
이 논문은 풍수관의 표현이 시도되고 있던 조선회화사의 전통을 알려주고 있다.

19) 史箴, 「山水畵論與風水過從管窺」, 王其亨·史箴 主編, 위의 책, 198~213쪽에서는
중국 산수관이나 산수화론 자체에 깊숙하게 배어 있는 풍수론을 논하고 산수화
발생 초기의 풍수적 특성을 추정한 후, 지리방지의 산천형승도나 풍수지리도
등이 이를 계승한다고 하였다. 단 산수화에서는 점차 이성적·심미적 측면이
중시되었다고 하였다.

20) 제찬을 쓴 문인들은 金尙星(1703~1755), 太白(생몰년 미상), 曹命敎(1687~
1753), 曹夏望(1682~1747), 吳遂采(1692~1759), 趙迪命(1685~?) 李喆輔(1691
~1775) 등이다. 김남기 해제, 위의 책 참조.

내리고, 오가는 뱃머리에 큰 파도 부딪히네.”라는 한 귀절[21]이 연꽃 형국으로 그려진 낙산사도의 풍수적 지형성을 암시한 것이 아닐까 추측될 뿐이다. 전반적으로 문인들이 그림의 풍수적 관점을 일체 시로 드러내 읊지 않은 점은 괴력난신을 입에 담기 꺼려한 조선문인들의 유학자적 태도나 제화시의 장르적 관습에서 비롯한 것으로 보인다. 실제 화면 속 그림들은 모두 풍수형국을 명료하게 보여주고 있으며 이렇게 기이한 형상의 풍수이미지를 문인들이 모두 흡족하게 받아들였다는 점에서, 오히려, 풍수적 관심이 암묵적으로 받아들여지고 요구되었던 당시 상황을 넉넉히 파악할 수 있다.

풍수적 산수이미지가 조선후기 산수이미지의 재현에 미친 파급은 매우 컸다. 현실공간의 명소를 명당의 형국으로 변형하여 그리는 외에도 음택(陰宅)을 그리는 데에는 더욱 적극적으로 적용되었다. 조선후기 가문의식의 강화 속에서 산소(山所) 자리가 신중히 선택되었으며, 이를 그린 산소도(山所圖)는 전형적인 풍수적 형상으로 표현되고 판각되었다. 그 밖에 크고 작은 도시나 명소들도 풍수적 틀로 그려져 판각되었다. 풍수형국을 지나치게 강조하여 산수를 표현할 경우, 그 화면은 산수화의 범주를 넘어서게 된다. 식물형 및 동물형의 특수 형국으로 변형된 기이한 도식으로 산수가 표현되기 때문이다. 그러나 이들은 모두 인간의 욕망이 투영된 산수이미지이자 산수표현이다. 이러한 풍수적 산수표현은 훗날『명산도』(名山圖),『명산비기』(名山秘記),『만산도』(萬山圖) 등의 판화책자로 정리되어 현전하고 있다.[22] 조선후기 풍수적 명소의 지형형상과 그 형세에 대한 명명은, 중국 풍수론에서 만들어져 판화로 정리된 서적들이 유입되어 우리나라의 우리 산수해석과 표현에 적용되거나 혹은 변용되면서 성행된 문화였다고

---

21) 吳遂采,『關東十境』중「洛山寺圖」의 題詩, “天花雨蛟室 鯨浪蹴慈航”.

22) 이 서적들은 판화로 풍수 형국을 보여준다. 이 가운데『名山圖』라는 서적 제목은 정선이 차용한 중국 명산을 그린『名山圖』와 제목이 같다는 사실에 비추어, 조선후기의 名山 개념이 경관의 절경 및 풍수적 복된 지형을 두루 포괄하였다는 것을 알 수 있다.

할 수 있다.

2) 남종화풍(南宗畵風)의 활용

조선시대 17~18세기의 산수화(山水畵) 및 행실도(行實圖)류의 산수표현에서 남종화(南宗畵)의 산수표현을 산발적으로 찾아볼 수 있다. 다만 당시 문인들의 남북종론에 대한 정확한 이해와 수용을 기반으로 한 것은 아니어서, 조선후기 남종화풍 수용에 대한 논의는 면밀한 주의를 요한다. 말하자면 중국 명대 말기 동기창(董其昌)이 제창한 남북종론은 엄격한 '상남폄북'(尙南貶北)의 입지를 특징으로 하는데, 17세기에서 18세기에 걸친 조선후기 문인들의 글에서 상남폄북의 의지는 좀처럼 찾아보기 어렵기 때문이다—북종에 대한 배타적인 남종화 인식은 19세기 문인들의 글에서는 분명하게 드러난다. 이에 17~18세기의 조선시대 회화에서의 남종화풍 산수표현이나 중국남종문인화가를 모방한 방작(倣作)의 제작은 명대식 남북종론의 입지에서 요구되거나 감상된 것은 아니었고, 당시 유입되어 열람된 중국 화보와 소설삽도의 도상들을 통하여 하나의 새로운 산수이미지로 각인되어 전달되었다는 것을 추정할 수 있다.

일찍이 유입되어 감상된 『고씨화보』(顧氏畵譜)에는 남종과 북종의 화가들이 모두 포함되어 있었고, 『개자원화전』(芥子園畵傳)은 그 자체로 남종화풍을 비중있게 전달하고 있으므로, 이들 화보가 남종화풍의 산수표현을 조선으로 전달해준 매개물이었던 것으로 보인다. 정선의 그림이 남종문인화가의 화법을 활용하였다고 한 당시 주변 군사들의 칭송23)도 이러한

---

23) 鄭敾의 남종문인화 양식의 수용에 대해서는 安輝濬, 「朝鮮王朝 後期繪畵의 新傾向」, 『考古美術』134, 1977, 8~20쪽 ; 崔完秀, 『謙齋 鄭敾 眞景山水畵』, 범우사, 1993 ; 김명선, 「조선후기 남종문인화에 미친 개자·원화전의 영향」, 이화여대 석사학위논문, 1990 참조. 또한 정선의 남종문인화풍에 대한 당시 문인들의 칭송과 평가에 대하여는 韓正熙, 「董其昌과 朝鮮後期 畵壇」, 『美術史學研究』193, 미술사학회, 1992 참조.

화보를 통한 언급이었을 뿐이고 남북종론의 종파론에 의거한 것은 아니었다. 정선 주변의 문인들 및 대개의 조선후기 문인들은 남종문인화의 대가들뿐 아니라, 명대 절파후기(浙派後期) 양식으로 산수를 그린 김명국(金明國)을 또한 매우 높이 평가하였고, 북종에 해당하는 중국의 마하파(馬夏派)나 절파(浙派)의 그림에 대해서도 차별없는 애호를 보여주었기 때문이다.24)

중국판화서적의 남종화풍 방식을 직접적으로 보여주는 좋은 예가 18세기에 제작된 행실도의 판화도이다. 행실도(行實圖)라고 부르는 그림은, 조선시대 초기에서 중기에 걸쳐 제작된『삼강행실도』(三綱行實圖),『이륜행실도』(二倫行實圖),『동국신속삼강행실도』(東國新續三綱行實圖) 및 여기서 다루고자 하는 조선후기의『오륜행실도』(五倫行實圖) 등 국가에서 제작한 도덕적 내용의 판화그림을 주로 지칭하며, 회화로 그려진 행실도, 문중에서 판각된 행실도들도 있었다. 충·효·열(忠·孝·烈)의 인륜을 사회에 정착시키고자 한 국가사업으로서의 행실도는, 당시 최고 수준의 화원화가들에 의하여 밑그림이 그려지고 첨단의 출판방법으로 제작되었다. 세종조『삼강행실도』는 명대 15세기의 설창사화(說唱詞話)류 서적의 편집체제 및 삽도구도에 더욱 세련된 동도이시법(同圖異時法)의 화면을 보여준다. 이러한 『삼강행실도』의 내용과 화면양식은 이후 조선시대 행실도류 서적에 지속적인 영향을 끼치게 된다.

18세기에 제작된『오륜행실도』는 내용이나 형식 면에서 기본적으로 『삼강행실도』에 기반하고 있지만, 그 화면들은 동도이시법에서 벗어나 한 화면에 한 장면만 그려 한 폭의 그림처럼 만들었다는 점에서 혁신적 변화를 보여주었다. 이러한 변화는 당시 조선에 유입된 중국서적 중 삽도가 포함된 소설류 서적의 영향을 받은 것으로 판단된다. 명대에 새로 간행된 소설은 '도상'(圖象)이라는 삽도판화로서 소설독자들의 홍미를 유발시키

---

24) 고연희, 「17세기말 18세기초 백악사단의 명청대 회화 및 화론의 수용양상」, 『東方學』3집, 東洋古典硏究所, 1997, 280~306쪽 참조.

고 있었다. 조선후기 중국소설에 대한 인기는 여러 문사들의 우려를 살 정도로 유행된 문화풍조였다. 이러한 상황 속에서 조선문인들의 서적삽도에 대한 인식과 기대가 크게 변하였고, 이것이 국가사업인 행실도의 제작에 영향을 주었을 것으로 보인다. 『삼강행실도』의 동도이시적 이야기 전달화면은 시대에 뒤떨어진 이미지로 간주되었을 것이기 때문이다.

중국 소설삽도는 명대에 이미 예리하고 유려한 필선으로 일정한 수준에 올라 있었고 이와 함께 일종의 고착된 형식이 형성되어 있었다. 예컨대 이야기의 시대와 배경지역에 상관없이 등장하는 커다란 비파잎과 기이한 괴석장식, 시대와 관계없는 명대양식의 건축물들, 명대 의복을 입은 주인공들, 권세 있는 인물 뒤에 배치된 커다란 산수병풍, 그리고 건축내 광경을 비스듬히 내려다보는 부감법의 시점 등이 그러하다.[25] 이러한 명대소설삽도의 특징들은 『오륜행실도』의 판화도에서 다시 볼 수 있다.

조선시대 행실도의 제작 목적이 엄격한 도덕적 인륜을 주장하는 것이기에, 흥미본위의 세속적 설창사화나 군담 및 애정을 주제로 하는 중국 명대소설의 삽도형식을 이용한 것은 다소 아이러닉한 현상이라 할 수 있지만, 행실도 제작에서 소설의 '도상'을 적극적으로 활용한 것은 당시 독자들의 시각적 수준, 즉 당시의 시각문화 및 독서문화의 수준에 부응하려는 의도였다고 판단된다.[26]

산수표현의 측면에서 보자면, 이전의 행실도와 달리 『오륜행실도』 삽도에는 산수표현이 전반적으로 많은 부분을 차지하기 때문에 살펴볼 만하다. 세종조 행실도의 삽도는 동도이시법으로 한 화면에 여러 사건을 나열하였기 때문에 배경산수를 처리할 공간이 거의 없었고, 조선중기 『동국신속삼

---

25) Robert E. Hegel, *Reading Illustrated Fiction in Late China*, Stanford University Press, 1988 참조.

26) 조선시대 행실도의 전개가 중국 설창사화 및 명대 소설삽도과 밀접한 관련을 보이는 것에 대해서는 고연희가 「조선시대 열녀도 고찰」(『한국고전여성문학연구』 2집, 한국고전여성문학회, 2001, 189~225쪽)에서 자세히 논하였다.

164

강행실도』도 수천 장의 화면을 제작하느라 배경의 세부처리에는 여력이 없었다. 이에 비해『오륜행실도』는 내용을 추려 양이 많지 않았고 각 화면은 여러 사건 중 하나의 중요 장면만 포착하였기에 화면의 전·후경에 배경공 간의 비중이 늘어났으며, 이는 많은 경우 산수배경으로 처리되었다.

중국 명대 말기의 소설 중에서도 안휘(安徽)의 수준 높은 판화법을 잘 살려낸『비파기』(琵琶記)의 삽도는『오륜행실도』의 삽도와 유사하다. 이는 조선후기 삽도수준이 중국에 뒤지지 않았음을 알려준다.『비파기』는 오흥 (吳興) 출신의 왕문진(王文眞)이 그렸고 휘주 신안(新安) 출신의 황일빈(黃 一彬)이 판각을 맡은 세련된 삽도서적이다. 이 소설삽도의 산수표현을 보면, 꺾어지는 선을 겹쳐 그린 피마준(披麻皴)과 검고 두터운 점의 미점(米 點) 등 전형적인 남종화법을 삽도판각에 응용하고 있다. 이러한『비파기』의 산악처리가『오륜행실도』에 나타나고 있어(圖 5, 圖 6) 그 영향관계를 엿볼 수 있다. 이는 곧 소설의 유입을 통하여 곧장 적용된 남종화풍의 양상이 될 것이다.

더하여, 18세기 회화에 특징적으로 나타나는 현상 중 하나로 지적되는 기하학적(幾何學的) 방형(方形)의 산석표현이 또한 중국의 판화도로부터 유입된 남종화풍 산수표현의 하나라고 본다. 기하학적 산석표현은 남종화 가의 으뜸으로 예우된 예찬(倪瓚)의 절대준(折帶皴)에 대한 명청대 화가들 의 해석이었다. 이는 예찬화풍을 잘 그린 홍인(弘仁)과 그의 선배였던 소운 종의 판화와 회화와의 관련에서 확인된 바 있다. 그들의 예찬식 산수화는 기하학적 바위 형상으로 절대준에 대한 판화적 회화적 재해석을 가하였고 이러한 해석은『개자원화전』의 예찬화법으로 전달되어 절대준은 각진 형상의 바위를 그리는 기법으로 널리 소개되었다.[27] 조선후기 회화에서

---

27) 蕭雲宗과 弘仁의 倪瓚 折帶趙 재해석에 대해서는 고연희,「明末淸初 黃山圖 硏究」, 홍익대 석사학위논문, 1996 참조. 이들의 절대준 재해석의 배경에는 명대 말기 吳派에 의한 皴法의 簡素化가 있었을 것이다. 중국이나 조선의 후기회화에서 예찬화풍을 논할 때 주로 화면의 구도를 위주로 살피는데, 예찬의 준법이 다른

圖 5 「환영분상」(桓榮奔喪)과 「영녀정절」(甯女貞節), 『오륜행실도』(五倫行實圖), 부분도, 판화.

圖 6 「중문반엄황혼우」(重門半掩黃昏雨)와 「비풍사야취송백」(悲風끠野吹松柏), 『비파기』(琵琶記), 부분도, 판화.

볼 수 있는 기하학적 산석표현은 예찬의 절대준이 판각된 데서 영향을 받았을 것으로 판단된다. 다만 이러한 기하학적 방형의 산수표현이 예찬의 절대준에서 비롯되었다는 것을 조선후기의 문인이나 화가들이 인식하고 있었는지의 여부는 좀더 고찰이 필요하다.

말하자면, 남종화풍의 다양한 표현들은 문인들에게 관심있게 감상된 중국화보 및 또한 흥미롭게 읽힌 중국소설의 삽도를 통하여 남종문인화에 대한 적확한 인식을 동반하지 않은 채 조선후기 산수표현에 널리 유행하였다. 소설삽도의 도상을 즐겨보고 판각된 중국화보로 중국회화사를 살피던 문인독자들에게 이러한 새로운 산수표현은 시각적 만족을 주었을 것이다.

4. 화조표현의 변화

코드로 전달되고 있었다는 점이 예찬화풍의 이해에서 추가적으로 고려되어야 할 부문이라 본다.

1) 주제와 기법의 다양화

17~18세기 문인들은 화훼초목조충(花卉草木鳥蟲) 등 자연미물을 관찰하고 그 가치를 높이 평가하는 내용의 시문을 남김으로써 자연미물에 대한 인식 변화를 보여주고 있으며, 한편 18세기 회화 방면에서는 화조화의 주제와 기법이 다양하게 발달하였다. 이러한 문학과 회화의 양상은 자연미물 즉 화훼초목초충의 주제에 대한 조선후기 문인사상과 회화문화의 상관성을 보여준다고 할 수 있다. 또한 동식물에 관련된 중국의 박물학적 서적 및 다양한 화조화면이 실린 중국화보가 조선에 유입된 사실과 관련이 깊은 문화변동의 한 면모였던 것으로 보인다.

18세기 문인들이 남긴 글에서 그들이 읽었던 중국의 박물학적 서적들을 찾아보는 것은 어렵지 않다. 예컨대 정약용(丁若鏞)은 물명(物名)에 지극한 관심과 지식을 바탕으로 영물시(詠物詩)를 지었으며 그의 화훼시(花卉詩)들은 중국의 『군방보』(群芳譜) 및 『본초강목』(本草綱目)을 통하여 얻은 식물에 대한 폭넓은 지식과 동시에 미물에 대한 애정 어린 관찰을 보여주었다.[28] 연암(燕巖) 일파의 문인들도 박물학적 중국서적에 관심이 많았다. 특히 이덕무(李德懋)가 그 내용을 인용한 서적만을 보아도, 『초사군방도보』(楚辭芳草圖譜), 『본초』(本草), 『당본초』(唐本草), 『본초강목』, 『통아』(通雅), 『계신잡지』(癸辛雜誌), 『청이록』(淸異錄), 『삼재도회』, 『패문재군방보』(佩文齋群芳譜), 『도서집성』(圖書集成) 등 방대한 서적은 물론, 영모류를 다룬 『속시전조명』(續詩傳鳥名), 『금경』(禽經), 『병아』(騈雅), 장식종이문양을 모은 『화전』(花箋) 등, 문인들의 다양하고 방대한 독서범주를 알려준다. 나아가 이덕무는 『본초강목』, 『군방보』 및 『화한삼재도회』(和漢三才圖會) 등을 모두 싸들고 촌의 늙은이들을 찾아다니며 우리나라 초목명(俗名)과 대조한 후 우리의 도경(圖經)을 만들고자 했을 만큼 박물학자적

---

28) 고연희, 「丁若鏞의 花卉에 대한 관심과 花卉詩」, 『東方學』7집, 東洋文化硏究所, 2001 참조.

실천을 추구하였다. 또한 화목초충류를 시문과 그림으로 형상화시키는 것을 매우 가치있는 일이라고 생각하여, 청대의 시인 이조원(李調元)이 화목금충의 이름을 잘 알고 시를 지은 것을 부러워하였다. 또한 그들 스스로 화초 · 초충 · 영모 즉, 꽃의 어여쁨 · 풀의 신선함 · 벌레의 울부짖음 · 새의 날음[花草蟲禽之靚鮮丰翔]을 시문에 담으려고 노력하였다. 29) 실제로 18세기에는 한반도의 화훼를 모아 그린『조선화보』(朝鮮花譜)와『백화보』(百花譜) 외에도, 30) 물명에 대한 다양한 도록 등 조선박물지류의 서적들이 편찬되었다.31)

이러한 분위기는 회화 분야에 영향을 미쳤다. 이미 17세기에 유입된 중국화보들에는 다양한 내용과 새로운 형상의 화조화들이 실려 있었다. 『십죽재화보』와『개자원화전』의 섬서한 선각과 세련된 다색판화는 문인들에게 새로운 화조화의 세계를 실감나게 전달해 주었고, 특히『개자원화전』에는 세부표현법까지 실려 있어 우용한 자료였다.『군방보』의 방대하고 자세한 해설과『삼재도회』의 간단명료한 삽도들은 문인들의 화조화 감상에 지식을 제공하는 자료였다. 18세기 말의 박제가(朴齊家)가 청에서 온 화조화화첩 40여 폭의 이름을 각각 살피고 각 물상의 특징을 제화시로 쓴 것은 이러한 서적을 통한 학습을 기반으로 한 것이었다.32)

중국화보들을 응용하여 화조화를 잘 그린 화가로는 심사정(沈師正)과

---

29) 李德懋,「刊本雅亭遺稿」卷7(『국역청장관전서』4), 216쪽 ;「嬰處稿自序」, 嬰處文稿一(『국역청장관전서』3), 230쪽 참조.

30) 李德懋,『국역청장관전서』1, 213쪽, "誰識澹濃南北別, 朝鮮花譜續編之" ; 박제가,「百花譜序」,『貞蕤集』文集 卷1.『백화보』를 그린 이는 '金德亨'이다. 이를 찾아 알려준 한양대학교의 鄭珉 교수에게 감사드린다.

31) 安大會의「鳥蟲草木의 詩料와 韓國漢詩」(『한국문학연구』2집, 고려대학교 민족문화연구원 한국문화연구소, 2001)에서 조선후기에 제작된 박물학적 서적들을 소개해주고 있다.

32) 연암 일파의 박물학적 관심에 대한 좀더 상세한 내용과 관련 원문 및 해석은, 고연희,「燕岩一派의 繪畵論—花鳥畵를 중심으로」,『미술사학보』17, 미술사학연구회, 2002, 185~212쪽 참조.

강세황(姜世晃) 등을 들 수 있다. 심사정은 청대 장정석(蔣廷錫)의 화조화를 임모하여 거작을 그리기도 하였는데, 장정석의『도서집성』주관이 당시 문인들에게 칭송되었던 것과 연관되는 일이다. 또한 심사정은『개자원화전』과『고씨화보』를 주로 활용하여 채색화조를 그렸다. 그의 화면「잠자리와 계화」(桂花)는 중국화보들을 조합해서 활용한 것으로, 이전에 없었던 화훼주제와 채색법을 보여준다.33) 한편 강세황은『십죽재화보』를 임모하여 많은 화조화면을 그렸다.34) 실로, 조선 중기 화조화에서는 주로 학이나 기러기 백로 등이 그려졌다면 조선 후기에는 이에 더하여 원추리, 나리, 맥문동, 금계 등 이전에 잘 그려지지 않았던 화훼류나 거미와 같이 새로운 곤충들까지 화면의 주제로 다루어졌다.

　조선 후기의 화조화가 채색(彩色)을 주로 한 점은 중기 화조화와 크게 구별된다. 강세황과 심사정이 모두 채색화조화를 주로 그렸으며, 강세황은 심사정의 채색화조화에 대하여 우리나라에서는 예전에 없던 새로운 양상이라며 거듭 칭송하였다.35) 조선후기 화조화의 변화에서 문인으로서의 권세가 있었던 강세황의 역할은 주목할 만한 것으로, 조선후기 화조화의 변화가 문인들의 관물인식(觀物認識) 변화와 밀접한 관련이 있었음을 알려준다. 조선후기 화조화에 대한 연암 일파의 애호는 또한 이서구(李書九)의 시 한 편에서도 명시되고 있다. 그는 조선중기 화조화의 성과로 집약되는 김시(金禔 : 1524~1593)와 이징(李澄 : 1581~1645)을 들어 그들의 사생기법이 수묵(水墨)과 금니(金泥)뿐이었고 일정한 화조주제만 그린 것이 못마

---

33) 沈師正의 화조화와 중국화보와의 관련에 대해서는 이예성,『현재 심사정 연구』, 일지사, 2000 참조. 특히「잠자리와 계화」에 대하여는 209~213쪽 圖101-1, 圖102, 103. 심사정과 장정석 회화의 비교는 고연희, 위의 논문, 2002 참조.

34) 姜世晃의 화조화와 중국화보와의 관련에 대해서는 邊英燮,『豹菴 姜世晃 繪畫硏究』, 일지사, 1988 ; 김홍대,「조선시대 방작회화 연구」, 홍익대 석사학위논문. 2002 참조.

35) 沈師正의 1758년「花鳥畵」두 폭에는 각각 "東國從來所未有也", "吾東從來所未有也"라 적혀 있다. 이예성, 앞의 책, 188~190쪽 참조.

땅하다면서,36) 조선후기의 새로운 처색화조화에 대한 애호를 표현하였다. 조선후기 문인들은 조선후기 채색화조화를 '몰골'(沒骨) 혹은 '남종몰골화'(南宗沒骨畵)로 인정하며 문인화의 범주에 넣어 높이 평가하였다37) 몰골의 축어적 뜻은 윤곽선을 그리지 않는다는 것이지만, 그 함의는 문인사의(文人寫意)로 북송대 화조화에 연원을 둔다. 화사한 채색화조화를 남종문인화로 평가한 것은 문인적 관점의 반영으로, 청대 화가 운수평(惲壽平)의 섬세한 채색화조화가 중국에서 인기를 누리면서 북송대의 '몰골'을 계승한 것이라고 선언한 일에 관련된다.38) 문인들의 채색화조에 대한 인정은 조선후기 채색화조의 발전에 지속적인 기반이 되었다. 심사정과 강세황뿐 아니라 정선과 김홍도(金弘道) 등도 화조화를 그릴 때면 채색을 주로 사용하였다.

2) 장식(裝飾) 및 감상(感賞)의 화조표현

화조화가 아닌 장르의 그림 속에서 화조의 모티프가 새로운 의미와 기능으로 등장한 것은 조선후기 화조표현의 새로운 면모라 할 수 있다. 예컨대 산수인물화의 가옥배경에 화훼초목과 괴석이 일정한 형식으로 장식되어 아취있는 분위기를 연출하는 데 도움을 주거나, 문인이나 여인 등 화면상의 주요 인물이 꽃이나 새를 감상하는 장면 등이다. 이러한 화면들은 대개 명대소설 삽도에 그려진 주인공들의 주거공간 혹은 주인공들의

---

36) 李書九, 「寒林雙雀圖戱爲李懋官作」, 『惕齋集』 卷2(민족문화사 영인본), 104~105쪽, "海東畵家幾名氏 我欲續撰南宮史 前存金禔後李澄 花竹翎毛稱絶技 寫生佳處識者稀 紛紛院體徒爲爾".

37) 朴齊家, 「院畵花卉雜題應令」, 『貞蕤集』 詩集 卷2, 274쪽 ; 柳得恭, 「次劉松嵐朱素人畵白合花絶句」, 『冷齋集』 卷5, 27쪽, "偶來玉磬山房裏 醉詠南宗沒骨畵" ; 朴趾遠, 『燕巖集』 卷5, 10쪽, "寄示文譬如沒骨圖 著色有淡深 然後可辨眉眼".

38) 실제로 중국회화사에서 惲壽平의 寫意沒骨花鳥畵는 명대 화가 沈周에서 비롯한 것으로 논의된다. 陳傳席, 「沈周在畵史的重要作用及其花鳥畵」, 『吳門畵派硏究』, 紫禁城出版社, 1993.

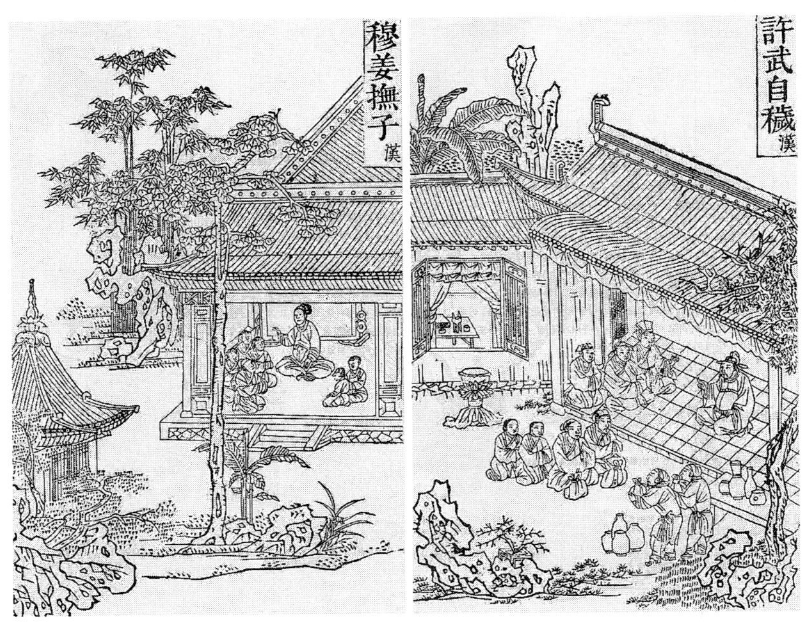

圖 7 「목강무자」(穆姜撫子)와 「허무자예」(許武自穢), 『오륜행실도』, 판화.

심리묘사, 또한 중국 명대에 제작된 시의화(詩意畵) 화보류에서 시의(詩意) 혹은 시정(詩情)에 걸맞게 그려진 삽도의 서정적 화면과의 연관성을 보여 준다.

　『오륜행실도』의 넓어진 배경공간이 산수가 아니라 가옥이 위주일 경우, 가옥의 정원 내부나 가옥의 담벼락 위로 괴석 및 오동나무와 파초의 어울림이 매우 반복적인 모티프로 등장한다. 이러한 양상은 명대 소설도상에서 반복되는 정원장식과 유사하다. 명대의 『비파기』를 다시 비교의 예로 들 수 있다. 『오륜행실도』「목강무자」(穆姜撫子)에서 둥근 구멍이 뚫린 괴석이 화면 전반부와 가옥 뒤편에 배치되고 괴석 곁의 파초와 오동나무, 대나무 등이 하나하나 또렷하게 그려진 것, 그 가운데 오동나무의 키가 비례적으로 큰 점 등은 『비파기』「토호견호장타동」(兎毫繭扈將他動)의 가옥 앞에 그려진 오동나무 및 괴석과 흡사하다(圖 7, 圖 8). 배치방법도 유사하여 『비파기』

圖 8 「토호견호장타동」(兎毫繭厗將他動)과 「금작채두쌍봉타」(金雀釵頭雙鳳罪), 『비파기』, 판화.

의 「금작채두쌍봉타」(金雀釵頭雙鳳罪)에서 가옥의 지붕 위로 길게 솟은 비파와 괴석의 배치는 『오륜행실도』 형제편의 「허무자예」(許武自穢)의 지붕처리와 비교된다. 무엇보다 『비파기』에 표현된 괴석들은 돌의 결을 따라 둥근 구멍이 숭숭 뚫린 형상이 특징인데 이는 곧 김홍도의 판화 『오륜행실도』, 『부모은중경』 및 그의 회화 전반에 널리 사용되는 괴석 표현이라는 점에서 그 상관성이 뚜렷하다. 김홍도의 회화작품 중 자신의 정원에서 벌어진 아회(雅會)를 그린 「단원도」(檀園圖)에는 이러한 괴석과 소철과 학이 단원을 고아하게 장식해 주고 있다. 이 밖에, 조선의 18세기 회화 중에는 분재나 꽃화분으로 정원을 장식한 화면들을 종종 볼 수 있다. 이 또한 당시 문인들이 정원을 화분 위주로 꾸미던 양상을 반영하는 동시에, 명대 소설 삽도에서의 주인공 뜨락의 운치있는 정원모습이 운용된 것으로 보인다.

조선후기 산수인물도나 인물도류에는 꽃이나 새를 감상하는 장면이 적지 않다. 문인의 연꽃 감상과 도연명의 국화 감상 등은 전통적 주제이나 더욱 많이 그려졌고, 정선이 그린 자신의 작약 화분 감상과 김홍도가 그린 나그네가 꾀꼬리에게 귀를 기울이는 장면, 신윤복이 그린 기녀가 연못에 앉는 장면 등 화조를 감상하는 장면들은 분명히 조선후기 회화에서 새롭게 성행하는 면모이다.

이러한 화조감상의 장면은 소설삽도 주인공의 모습이나 중국 명대에 간행된 다양한 시의화 화보류의 삽도들을 연상시킨다. 연꽃을 감상하는 장면이나 나그네가 꾀꼬리를 감상하는 장면은 모두 『시여화보』(詩餘畵譜)

圖 9 김홍도, 「마상청앵도」(馬上聽鶯圖), 종이에 담채, 117.2×52.0cm, 간송미술관

에서 찾아볼 수 있다. 김홍도의 「마상청앵도」(馬上聽鶯圖)와 『시여화보』의 「귀일」(龜日)을 보면(圖 9, 圖 10), 모두 문인이 말을 타고 버드나무 곁을 지나면서 꾀꼬리 우는 모습을 유심히 바라보고 동자가 그 뒤를 따르는

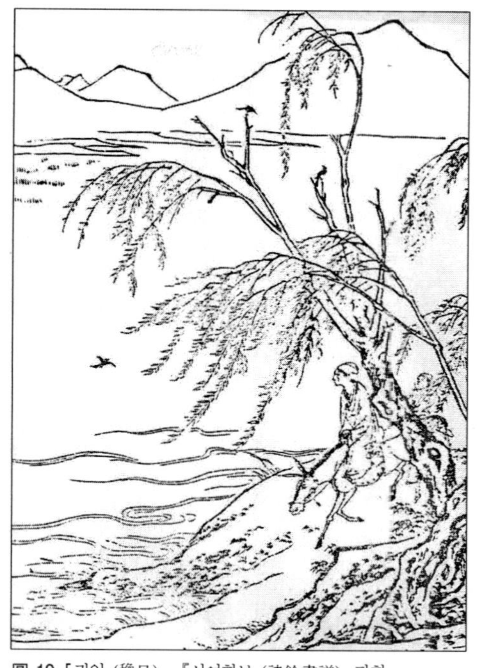

圖 10 「귀일」(穤日), 『시여화보』(詩餘畵譜), 판화.

장면인데, 화중인물이 정감을 일으키는 한 순간을 잘 표현하고 있다. 『시여화보』의 시 「귀일」과 「마상청앵도」 화면 위 제화시는 같지 않지만, 모두 봄날 버드나무 곁을 지나가는 감상을 읊고 있다는 점에서는 공통적이다. 당시 조선 화가들이 시의 화(詩意畵)를 그릴 때 중국의 시화보에서 시와 그림을 동시에 모방하려 하지 않았던 것은 산수화의 시의도 고찰에서 이미 지적된 바 있으므로,39) 화면은 같으나 시의 내용이 서로 다른 것은 이해 가능한 일이라 본다. 박지원은 그림 속 여성의 자세와 그 배경을 보고 그 여인의 내면 심정을 읽어낼 수 있다고 장황한 글을 남긴 바 있다. 박지원의 이러한 글은 소설삽도에 다양하게 표현된 여성주인공의 모습에 기반한 논의였음이 분명하기에, 문인들의 삽도화면에 대한 관심 및 인물의 서정표현에 대한 이해를 알려주는 예이다.

인물의 복잡한 심정을 표현하는 회화작품이 조선중기까지 거의 발달되지 않았다는 점을 고려한다면, 이러한 화조감상의 인물표현은 회화사에서 매우 뚜렷한 변화라고 지적할 수 있다. 조선중기 산수인물도들은 주로 은자들의 달관적 태도를 표현하는 데 주력하여 폭포, 물, 달을 바라보는 화중인물을 통하여 오히려 외물 자체에 초연한 도학적 측면을 강조하고자

---

39) 민길홍, 「조선시대 唐詩意圖의 연구」, 서울대 석사학위논문, 2001 참조.

하였다. 여기서 자세히 다루지 않겠으나 간단히 말하자면 조선중기와 후기에 뚜렷하게 나타나는 인물표현의 이러한 차이는 주자성리학에 심취되었던 조선중기의 도학적 분위기에서 벗어나 정감(情感)의 표현을 중시하는 조선후기의 새로운 문화사조에 회화가 동행하였던 양상을 보여준다. 또한 회화의 시각적 표현이 사상의 변화를 반영하였다고 할 때, 장소의 분위기나 인물의 정감표현을 위한 이러한 화조 표현들은 적절한 효과를 발휘하였다고 할 수 있다.

5. 나오는 말

중국 명대 출판기술의 성장으로 출간된 대량의 서적은 조선후기 문화변동에 커다란 원동력이 되었다. 서적이 전달하는 새로운 정보들은 당시 문인들의 사유에 변화를 주었고, 특히 삽도서적을 통한 시각적 향유는 문인들의 문화생활 중 하나였던 회화예술의 변화에 직접적으로 관여하였다. 문인들이 회화의 수요와 평가를 담당하였던 조선사회에서 문인들에 의하여 독서된 새로운 서적들은 화가의 회화제작에 영향력 있게 작용하였기 때문이다.

본고에서 집중적으로 다룬 부분은 회화에 나타나는 변화 중 산수 및 화조 등의 자연표현에 대한 것이었다. 산수표현 부문에서 보자면, 조선후기 진경산수화라 불린 그림이 문인들의 유람지와 거처지를 내용으로 하면서, 유람을 그린 기유도는 명청대 기행시문집이나 지리서의 판화도를 활용하여 절경을 표현하고, 거처지를 그린 경우에는 『삼재도회』의 양택길흉도를 활용하면서 산수경과 풍수경의 표현을 도모하였다. 또한 풍수산수도나 산수도 등의 추상적 산수형국의 이미지화에서는 풍수형국을 제시한 중국 서적이 더욱 적극적으로 운용된 흔적을 찾아볼 수 있었다. 한편 17세기 이래 산석의 준 처리나 기하학적 처리 등에서 분명하고 광범위하게 등장하는 남종화풍의 산수표현들은 문인들의 남종화론에 대한 밀도있는 이해에 앞서 화보류나 소설삽도의 산수배경에서 취득된 표현이었던 것을 살필 수 있었다.

화조부분에서는, 문인들의 박물학적 서적에 대한 광범위한 독서와 새로운 화조화의 화보류 감상을 배경으르 다양한 화훼물명에 대한 문인들의 지식과 관심이 증대되는 가운데 화조화의 주제와 기법이 풍부해진 문화사의 변모를 볼 수 있었다. 아울러 인물산수화나 행실도류의 새롭게 등장한 화조표현으로, 배경공간을 우아하게 하기 위한 장식적 모티프로써의 화조 활용이나 인물의 서정적 측면을 표현하기 위한 감상대상으로써의 화조표현 등은, 중국 시의화보류의 시정표현이나 소설삽도의 주인공 감정표현 및 주인공의 우아한 공간장식 등과 직접적인 영향관계를 보여주고 있었다.

단, 중국삽도서적을 활용한 이러한 회화문화의 변동 속에서도 중국과 차별되는 우리 회화의 특성을 찾아볼 수 있다. 우리 산수의 표현에 적절하게 운용되어 독특한 한국진경산수화가 널리 제작된 점, 우리 산수의 길상을 적극적으로 회화화하여 중국에서는 찾아보기 힘든 풍수경의 산수화가 점차 인기를 누린 점, 시의도 화면을 운용한 시의와 서정의 다양한 운용 등이 그것이다.

끝으로 본 논의에서 궁극적으로 살피고자 한 문인사유와 회화제작의 문화적 교류라는 관점에서 정리하자면, 문인들의 산수유람을 통한 절경의 향유, 경험의 중시, 명당에 대한 욕망, 가문의식의 강화, 박물학적 관심의 증대, 정감의 중시 등은 모두 조선후기의 새로운 문화적 조류이자 문학 내용의 특징이기도 하다는 점에서, 조선후기 회화에 나타나는 자연표현의 변화상들은 문인의 독서와 화가의 회화제작 간의 긴밀한 관계 속에서 이루어진 회화표현의 변화였고, 나아가 조선후기 문화변동의 심층이 일정한 시각 형식으로 고안된 회화문화였다고 할 수 있다.

참고문헌

金尙星 외 지음, 『關東十境』(1748년), 김남기 해제, 효형출판, 1999.

『五倫行實圖』(正祖 21年間), 장한수 편역, 어문각, 1997.

王圻 纂輯, 『三才圖會』(明刊), 成文出版社有限公司, 1970.

高明 著, 『琵琶記』(明刊), 昌彼得 編, 『明代版畫選』, 漢華文化事業股彬有限公司, 1969.

汪氏 輯, 『詩餘畵譜』(明刊), 『中國古代版畵叢刊二編』第七輯, 上海古籍出版社, 1994.

강명관, 『조선시대 문화예술의 생성공간』, 소명출판, 1999.

고연희, 『조선후기 산수기행예술』, 일지사, 2000.

고연희, 「17세기말 18세기초 백악사단의 명청대회화 및 화론의 수용양상」, 『東方學』 3집, 東洋古典硏究所, 1997.

고연희, 「明末淸初 黃山圖 硏究」, 홍익대 석사학위논문, 1996.

고연희, 「조선시대 烈女圖 고찰」, 『한국고전여성문학연구』 2집, 한국고전여성문학회, 2001.

고연희, 「연암일파의 회화론—화조화를 중심으로」 『미술사학보』 17집, 2002.

김명선, 「朝鮮後期 南宗文人畵에 미친 芥子園畵傳의 영향」, 이화여대 석사학위논문, 1990.

김홍대, 「朝鮮時代 倣作繪畵 硏究」, 홍익대 석사학위논문, 2002.

민길홍, 「朝鮮時代 唐詩意圖 硏究」, 서울대 석사학위논문, 2001.

박은순, 「16세기 독서당계회도 연구—풍수적 실경산수화에 대하여」, 『미술사학연구』 212, 한국미술사학회, 1996.

邊英燮, 『豹菴 姜世晃 繪畵硏究』, 일지사, 1988.

송희경, 「조선후기 아회도 연구」, 이화여대 박사학위논문, 2003.

안대회, 「鳥蟲草木의 詩料와 韓國漢詩」, 『한국문학연구』 2, 고려대민족문화연구소 한국문화연구회, 2001.

安輝濬, 『韓國繪畵史』, 일지사, 1980.

安輝濬, 「朝鮮王朝 後期繪畵의 新傾向」, 『考古美術』 134, 1977.

安輝濬 외 저, 『動産文化財指定報告書』, 文化財管理局, 1991.

이예성, 『현재 심사정 연구』, 일지사, 2000.

조규희, 「朝鮮時代의 山居圖」, 서울대 석사학위논문, 1998.

조규희, 「所有地 그림의 시각언어와 기능」, 미술사와 시각문화학회, 2004년춘계학술발표지.

李夢日, 『韓國風水思想史』, 名寶文化社, 1991.

이세복・이우영 공저, 『정통 풍수의 이론과 방법』, 동학사, 1997.

陳傳席, 「명대 서적의 관각, 방각, 사각」, 『17~18세기 동아시아독서문화와 문화변
　　　동』, 한국문화연구원 학술대회발표지, 2004년 4월 9일.

崔完秀, 『謙齋 鄭敾 眞景山水畵』, 범우사, 1993.

한국한문학연구회 편, 『한문학과 미학』, 태학사, 2003.

韓正熙, 『한국과 중국의 회화 : 관계성과 비교론』, 학고재, 1999.

洪善杓, 『朝鮮時代繪畫史論』 문예출판사, 1999.

單國强, 외 저, 『故宮博物院藏明淸繪畵』, 紫禁城出版社, 1995.

薛永年・陳傳席 외 저, 『吳門畵派研究』, 紫禁城出版社, 1993.

楊新・單國强 主編, 『中國美術史』, 齊魯書社・明天出版社, 2000.

王其亨・史箴 主編, 『風水理論研究』, 天津大學出版社, 1992.

程建軍・孔尙朴 著, 『風水與建築』, 江西科學技術出版社, 1992.

Cynthia Brokaw, *Painting and Book Culture in Late Imperial China*, Univ. of California,
　　　2005.

Robert E. Hegel, *Reading Illustrated Fiction in Late China*, Stanford University
　　　Press, 1988.

Tsien Tsuen-hsuin, Joseph Needham, *Science and Civilisation in China, V5*, Cambridge
　　　University of Press, 1985.

Wen-hsin Yeh, ed., *Landscape, Culture, and Power in Chinese Society*, Univ. of
　　　California, 1998.

W. J. T. Mitchell, ed., *Landscape and Power*, Univ. of Chicago Press, 1994.

조선후기 『직방외기』(職方外紀)의 도입과 교육사상의 변화

차 미 희

1. 서 론

19세기 후반 이후 한국의 학교 교육은 서양 학문을 바탕으로 이루어져 왔다. 서양의 제국주의가 지구 전체에 영향을 미치며 그 물질 문명의 우위가 학문적 우위를 보장하면서 한국 역시 서양 학문의 이념과 가치를 전적으로 수용해 왔던 것이다. 이러한 가운데 1990년대 이후 한국 사회의 일각에서는 그동안 서양 학문을 수용하는 데 급급한 나머지 거의 방기해 왔던 전통 학문을 재인식하고 서양 학문의 수용 자세를 재검토하려는 노력이 나타났다.[1] 본고에서 서양 교육을 처음으로 접했던 조선후기로 거슬러 올라가 이에 대한 지식인들의 대응 양상을 살펴보고자 하는 것은 이러한 노력의 일환이라고 할 수 있다.

조선후기 지식인의 서양 교육에 대한 인식은 주로 1970년대에 연구되었는데,[2] 우선, 기존 연구를 통해서는 17·18세기 조선에 전파된 서양 교육과 학문의 성격이 19세기와 달랐음을 알 수 있다. 17·18세기에 전파된 서학

---

[1] 이러한 노력으로는 『현대의 학문 체계—대학에서 무엇을 배울 것인가』(蘇光熙 외, 民音社, 1994)를 들 수 있다.

[2] 李元淳, 「職方外紀와 愼後聃의 西洋教育論」, 『歷史教育』 11·12, 1969 ; 李元淳, 「惠崗 崔漢騎의 教育觀序說」, 『學術論叢』 3, 단국대대학원, 1979 ; 李元淳, 「朝鮮後期 實學知性의 西洋教學論」, 『教會史研究』 2, 1979. 이 세 논문은 모두 『朝鮮西學史研究』(李元淳, 一志社, 1986)에 수록되어 있다.

(西學)은 '중세적 스콜라 철학에 입각한 가톨릭적 그리스도 교학사상(敎學思想)과 예수회 신부[耶蘇會士]라는 특수 신분의 인사들이 소화·수용한 서양 중세 및 르네상스기의 과학 기술을 포함하는 서구문명의 학적(學的) 측면'이었던 한편 19세기에는 종래의 서학뿐만 아니라 아편전쟁 이후 청나라 지식인들이 근대 자유주의적 서양 문물과 학문을 수용하여 저술한 이른바 '태서신서'(泰西新書)까지도 포함되었다.

기존 연구를 통해서는 조선후기 지식인의 서양 교육에 대한 대응 양상도 파악할 수 있는데, 정리하면 대략 다음과 같다. 17세기에『직방외기』(職方外紀),『서학범』(西學凡) 등 서양 교육과 관련된 한역서학서(漢譯西學書)가 조선에 전래되었으며, 18세기에 신후담(愼後聃)은『직방외기』를 읽고 비교 교육적 논리를 전개하면서 서양 교육이 근원적인 것[道]을 잊고 지식 위주의 지엽적인 문제를 가르친다고 비판하였으며, 서양 교육이 조선에 끼칠 해로움에 대해 우려를 표시하였다. 이러한 비판은 주자학만을 성학시(聖學視)하는 종래의 벽이적(闢異的) 사상을 바탕으로 한 것이었으며, 더구나 『직방외기』의 서양 교육에 대한 서술이 너무나 간략하였기 때문에 신후담에게 서양 교육의 참모습을 제대로 인식하기를 기대할 수 없었다. 이후 18세기 후반기 북학파들은 실학 의식이 강화되고 서학에 대한 이해가 심화되어 서양의 과학과 기술을 수용하자고 주장하였지만, 이들도 그 기반인 서양 교육에 대해서까지 이해가 심화되고 체계화된 것은 아니었다. 그러다가 19세기 전반기 최한기(崔漢騎)는『직방외기』는 물론 태서신서까지 읽음으로써 서양 교육을 보다 폭넓게 이해하고 서양의 과학과 기술에 대한 자주적 채용을 주장함으로써 실학 사상과 개화 사상의 가교자 역할을 하였다. 그러나 최한기의 주장은 당시 쇄국, 척사, 보수라는 시대 상황 속에서 질식되어 개화는 물론 서양 근대 교육의 시행은 개항 이후로 늦어지게 되었다.

이와 같은 기존의 연구성과는 몇 가지 점에서 되짚어볼 필요가 있다.

우선 서양 교육과 관련된 한역서학서가 17세기 조선에 전래되었음에도 불구하고 18세기 이후에야 지식인들이 이에 대해 논평하게 되었던 이유 내지 배경에 대한 검토이다. 서양 교육을 비판한 신후담의 논의에 대해 그의 철저한 주자학적 입장, 정보 부족으로 "서양 교육의 참모습을 제대로 인식하지 못했다"라고 한 평가한 부분도 되짚어볼 필요가 있다. 이러한 평가에는 기본적으로 서양 근대 교육의 실시가 문호개방 이후로 늦어지게 된 원인이 19세기 전반기의 시대상황에 있었다는 것에 대한 아쉬움이 18세기에 지식인이 성리학에서 벗어나 서양 교육을 수용하였더라면 얼마나 좋았을까라는 안타까움으로 연결되어 있음을 알 수 있다. 그러나 17·18세기에 조선에 전파된 서양 교육이 중세 교육이었음을 고려한다면, 이러한 평가에는 서양의 것이라면 그것이 근대이든지 중세이든지 무조건 동양보다 우월하다는 서양 중심의 가치관이 함축되어 있다.

북학파의 서양 교육에 대한 인식 부분도 재고의 여지가 있다. 기존의 연구에서는 실학, 특히 북학파의 형성과 발전에 서학이 많은 영향을 끼쳤다는 입장이 반영되어 있다.3) 그러나 "서양의 과학과 기술을 수용하자는 북학파의 주장은 서양 교육에 대한 이해를 바탕으로 한 것이 아니었다."는 설명은 추론에 머물고 있다. 이것은 최한기가 서양 교육을 보다 폭넓게 이해함으로써 서양의 과학과 기술에 대한 자주적 채용을 주장하였다는 근거로서 『직방외기』, '태서신서' 등 서양 교육과 관련 서적을 읽었다는 점이 제시된 것을 고려하면, 북학파가 서양 교육과 관련된 서적을 읽었다는 사료를 찾을 수 없었던 것에서 비롯된 것으로 판단된다. 이러한 추론은 기존 연구에서 『직방외기』, 『서학범』 등 서양 교육과 관련된 한역서학서를

---

3) 김현영, 「'실학' 연구의 반성과 전망」, 『韓國中世社會 解體期의 諸問題―朝鮮後期 史 연구의 현황과 과제(상)』, 한울, 1987 ; 池斗煥, 「朝鮮後期 實學研究의 問題點과 方向」, 『泰東古典研究』 3, 1987 ; 조성을, 「실학과 민중사상」, 『한국역사입문』 2권, 풀빛, 1995 ; 박성순, 「조선후기 對서양인식에 관한 연구의 현황과 과제」, 『조선후기 연구의 현황과 과제』, 창작과 비평사, 2000 참조.

읽고 자기의 입장을 분명하게 나타낸 사람을 18세기 전반기의 신후담, 19세기 전반기의 최한기로만 한정시킨 것과도 연결된다.

본고에서는 기존의 연구성과와 한계를 바탕으로 조선이 가장 먼저 서양 교육을 접한 17·18세기를 검토대상으로 삼고자 하며, 이 시기 서양에 대한 지식인의 인식이 주로 중국에서 들어오는 한역서학서를 통해 이루어지고 있었던 특성을 고려하여 독서인층(讀書人層)으로도 불리던 사대부(士大夫)를 중심으로 살펴보고자 한다.[4] 이를 위해 2장 1절에서는 17세기 서양 교육과 관련된 한역서학서가 조선에 전래된 시기와 과정, 알레니가 『서학범』과 『직방외기』를 저술한 목적과 그 내용을 통해서 이 시기 조선에 전래된 중세 교육의 본질을 밝히고자 한다. 2장 2절에서는 17세기 사대부에게 있어서 독서가 지니는 의미와 그 범위를 살핌으로써 18세기 들어가서야 사대부들이 서양 교육과 관련된 한역서학서를 독서 대상으로 삼는 배경을 밝히고자 한다. 3장 1절에서는 18세기 성호학파(星湖學派)가 서양 교육 전반에 대해 평가하고 대응하는 기준과 논리, 그 의미를 살피고, 3장 2절에서는 18세기 후반기 일부 서기수용론자(西器受容論者)에게서 서양의 과학·기술 교육에 대한 재인식이 나타나는 배경과 그 의미를 검토하고자 한다.

17·18세기 조선 사대부의 서양 교육에 대한 이해를 독서 양상과 결부시켜 살펴보려는 본 연구는 사대부들이 서양 교육에 대한 나름대로의 학문적 성찰 과정을 거치고, 자신의 가치 기준에 입각하여 서양 교육을 이해하는 한편 필요에 따라서는 그 일부를 재인식하기도 했음을 밝힘으로써 서양 문물의 수용에 대한 지식인들의 대응 양상을 재조명하는 데 도움이 되고자

---

4) 士大夫는 士族, 兩班과 같이 조선의 지배신분층을 가리키는 용어이다. 그러나 세분할 경우에 사대부는 '교육과 학문상의 성취를 통해 획득된 지위'가 강조되어 혈연적 특성을 강조하는 사족 및 양 측면을 모두 구비한 양반과는 구별되는데, 본고에서는 특별히 독서인층과 연결하여 사대부라는 용어를 사용하였음을 밝혀 둔다.

한다. 교육은 세계관, 가치관, 인식론 등을 포함하는 것으로서 서양 교육에 대한 사대부의 이해는 서양의 종교와 윤리에 대한 대응과 일치되는 측면이 있기 때문에 이 부분을 모두 고려해야 하지만, 본고에서는 서양 교육과 관련된 한역서학서를 읽은 사대부를 확인하고 이들을 중심으로 논지를 전개했음도 밝혀둔다.

2. 조선후기 『직방외기』(職方外紀)의 도입

1) 서양 교육 관련 한역서학서의 조선 전래

조선의 사대부가 처음으로 서양의 존재를 알게 된 것은 이수광(李睟光)이 1614년(광해군 6)에 편찬한 『지봉유설』(芝峰類說)에 예수회 선교사 마테오 리치(Matteo Ricci, 利瑪竇)의 『천주실의』(天主實義)와 『교우론』(交友論), 세계지도 등을 소개하면서부터이며,[5] 곧이어 1621년(광해군 13)에 편찬된 유몽인(柳夢寅)의 『어우야담』(於于野談)에서도 같은 내용이 소개되었다.[6]

조선이 보다 직접적으로 서양 문물과 접하고, 특히 서양 교육과 관련된 한역서학서 『직방외기』가 조선에 들어오게 된 것은 1630년(인조 8)이었다. 조선은 후금(청)의 1차 침입(1627)을 겪은 직후 명나라에 진주사(陳奏使) 정두원(鄭斗源) 일행을 파견하였는데, 이들은 돌아오던 길에 산동반도의 등주(登州)에서 예수회 선교사 로드리게스(Jeronimo Rodriguez, 陸若漢)를 만났다. 이 때 로드리게스는 정두원을 통해 조선 국왕에게 천리경, 자명종, 화포, 화약, 자색 목화(紫色 木花) 등 서양 문물과 서양의 천문・지리와 관련된 한역서학서 및 지도 등을 바쳤는데, 그 중 한 권이 『직방외기』였다.[7]

---

5) 강재언 지음, 이규수 옮김, 『서양과 조선—그 이문화 격투의 역사』, 학고재, 1998, 42쪽.

6) 柳夢寅 原著, 紫貴善・李月英 譯註, 『於于野談』 권1, 「伐利檀」, 한국문화사, 1996, 194~196쪽.

16세기에 서양은 종교개혁으로 인해 그동안의 통일적인 그리스도교 세계가 구교와 신교로 분열되는 변화를 맞게 되었고, 구교인 천주교는 이에 대응하여 나름대로의 내부 변화를 추구하는 한편 교세 확장을 위해 유럽은 물론 아시아, 아프리카 각지에서 활발한 선교 및 교육 활동을 전개하였다. 이러한 천주교의 활동에서 중심 역할을 한 것이 예수회였으며, 특히 1580년대부터 중국(명)에 도착하여 천주교를 전도하기 시작한 예수회 선교사들은 서양의 종교·윤리와 관련된 책을 한문으로 저술했을 뿐만 아니라 서양의 과학·기술에 관련된 책과 지도 등을 한문으로 번역하여 출판하였다.

그 중에서도 예수회 선교사 알레니(G. Aleni, 愛儒略)는 1623년에 6월에 중세 유럽의 교육과 학문, 교육 이후의 취업 등에 대해 개론적으로 저술한 『서학범』을 출판하였다. 그리고 두 달 뒤에 세계인문지리서인 『직방외기』를 증역(增譯)하면서,[8] 이 책의 유럽 부분에 『서학범』의 내용을 축약하여 서술하는 한편 유럽, 아프리카, 아메리카의 각 대륙과 각 나라의 교육과 관련된 구체적인 서술을 추가하였다. 알레니가 『서학범』과 『직방외기』에 서술한 서양 교육을 교육 과정, 교육 내용, 교육 이후의 취업 등으로 나누어

---

7) 이 때 기증받은 한역서학서를 구체적으로 살펴보면 다음과 같다. 治曆緣起, 天文略, 마테오리치의 天文書, 千里鏡說, 西洋國風俗記, 職方外紀, 西洋國貢獻神威大鏡疏, 天文圖南北極, 天文廣敎, 萬國全圖, 紅夷砲製本(『國朝寶鑑』卷35, 인조 9년 7월조 ; 『增補文獻備考』卷242, 藝文考 獻書).

8) 『職方外紀』라는 이름은 중국의 職方司가 주관하는 朝貢國 이외에 중국과 아직 왕래가 없는 나라에 대해 기록했다는 뜻이다. 이 책은 총 5권으로 되어 있으며, 1권에서 4권까지는 세계 대륙을 다섯(아세아, 구라파, 아프리카, 아메리카, 墨瓦蠟尼加)으로 나누어 각 주의 經度와 총설을 제시한 다음 중요한 지역으로 나누어 자연지리는 물론 역사, 정치, 풍속, 사회, 종교, 특산물 등에 대해 상세히 설명하고 있다. 그리고 5권에서는 四海總說과 7개 항목에 걸쳐 해양지리적 논술을 펼치고 있다. 또한 본문에서 알레니가 『직방외기』를 增譯했다고 한 것은 이전에 여러 선교사들이 쓴 것을 바탕으로 삼고 세계지리에 대한 당시의 최신 정보나 견문기 등을 보태어 번역 출판했다는 의미이다(김귀성, 「17세기 J. Aleni 著 漢譯西歐敎育資料의 교육사적 의의－西學凡과 職方外紀를 중심으로」, 『한국교육사학』 21, 1999, 참조).

알기 쉽게 정리하면 다음 <표>와 같다.

<표> 알레니가 서술한 중세 유럽의 교육

교육 과정	교과 구분	교육 내용	특 징	진학 및 취업
小學	文科 (Rhetorica)*	古賢明訓, 各國史書 各種詩文, 文章議論	·文藝之學	**·一邑 一鄕에 둠** **·7, 8세에 들어가 최대 10년** ·학교 스승이 시험하여 우수한 자를 中學에 진학시킴
中學	理科 (Philosophia)*	1학년 : 明辯之道 (Logic)* 2학년 : 察性理之學 (Physics)* 3학년 : 察性以上之理 (Metaphysics)* 4학년 : 幾何之學 (Mathmatics)* 修齊治平 之學(Ethics)*	·인간학 ·아리스토텔레스에서 기원 발달	**·一國一郡에 둠(大學도 마찬가지)** ·학교 스승이 시험하여 우수한 자를 大學에 진학시킴 **·大學 진학 때에 전문 분야는 본인이 원하는 대로 들어줌**
大學	醫科 (Medicina)*	醫學 (操外身生死之權)	·의학	·최대 6년, 학교 스승이 시험을 보아 합격자에게 취업자격 부여
	法科 (Lex)*	法學 (操內外生死之權)	·법학(세속법)	·6년, 학교 스승이 시험을 보아 합격자에게 취업자격 부여
	敎科 (Canones)*	敎學 (操內心生死之權)	·종교학(교회법)	·특별 연한 없음, 학교 스승이 시험을 보아 합격자에게 취업자격 부여
	道科 (Theologia)*	道學 (超生出死之學)	·신학 : 토마스 아퀴나스의 『神學大典』 ·모든 학문의 완성	·4년, 학교 스승이 시험을 보아 합격자에게 취업자격 부여

1) 진한 필기체 부분은 『직방외기』에 추가로 서술된 부분임.
2) * 표시는 『서학범』의 音譯 한자 표기를 라틴어로 바꾼 것임.

이 <표>에서 알 수 있듯이 알레니는 중세 유럽의 교육 과정을 소학(小學), 중학(中學), 대학(大學)으로 나누고 있지만, 이것은 실제 유럽에서의 구분법이 아니라 중국인이 이해하기 쉽게 소학과 대학으로 구분되는 유교의 전통적 교육과정에 맞춘 것이다. 알레니가 소학으로 구분한 것은 실제로 수도원학교, 대성당학교, 본산학교, 도시학교에서 실시되는 기초교육으로서의 라틴어 교육단계를 말한다. 또 중학으로 설명한 것은 학문 일반(하급) 단과 대학으로서의 철학부를 말하는데, 본래 고대 그리이스 아테네의 소피스트에 의해 기원된 '일곱 가지 자유 학문'이 12세기 스콜라 철학에 의해 새롭게 확장·심화된 단계이다. 그리고 알레니가 대학으로 구분한 것은 신학부·법학부(세속법과 교회법으로 구분되기도 함)·의학부로 구성되는 전문(상급) 단과대학을 가리킨다.[9] 결국 중세 유럽은 크게 라틴어 교육 단계와 대학 단계로 나뉘고, 대학 단계가 다시 학문 일반과 전문으로 구분되었던 것이다.

본래 중세 유럽에서 세속 교육을 담당한 것은 교회와 수도원이었고, 위에서 살핀 바와 같이 교육과정과 학교제도가 라틴어 학교와 대학 단계로 체계화된 것은 12세기 이후였다. 당시 아리스토텔레스 철학, 아라비아 수학과 기하학 등이 유럽에 도입되면서 학문의 질과 양이 팽창하였고, 상품화폐경제의 발달로 인해 사람과 문물의 교류가 활발해졌으며, 봉건제의 발달로 인해 새로운 관료 양성이 필요하게 되면서 교회와 수도원만으로는 학문 발전과 교육 진흥을 효과적으로 수행할 수 없었기 때문에 각지에 대학이 설립되었다. 그러나 이 때 대학의 학문 및 교육 내용과 생활 형식은 전적으로 교회에 맞추어져 있어서 대학 교수가 되기 위해서는 결혼을 포기하는 것이 당연하고, 교수와 학생들은 성직자 규정에 따라 학사나

---

9) 여기에서의 '일곱 가지 자유학문'은 세 가지 형식과목(문법, 논리학, 수사학), 네 가지 내용과목(시민생활에 필요하고 중요한 영역들의 심층적 전문지식으로서의 기하학, 산수, 천문학, 음악)을 말한다. Albert Reble 지음, 정영근·임상록·김미환·최종인 옮김, 『서양 교육사』, 문음사, 2002, 36~37, 83~85쪽.

기숙사에서 수도원적 규율에 따라 생활하는 것이 일반적이었다.10)

한편 알레니는 중세 유럽의 교육을 서술하면서 "이 여섯 가지 학문은 인간이 입도(入道)하는 데 있어서 반드시 거쳐야 하는 것이다."11)라고 하여 문과(文科), 이과(理科), 의과(醫科), 법과(法科), 교과(敎科), 도과(道科)를 필수적인 교육과정으로 설정하고, 그 중에서도 토마스 아퀴나스의 『신학대전』(神學大典)을 바탕으로 한 도과(道科 : 신학)를 모든 학문과 교육의 완성으로 보았다.12)

중세 유럽에서는 이처럼 교육과정을 라틴어 학교(수사학), 학문 일반 단과 대학(철학부), 전문 단과대학(의학 · 법학 · 종교학 · 신학)의 순서로 설정하고, 특히 신학을 모든 학문과 교육의 완성단계로 설정하였는데, 이것은 유럽의 교육에 12세기 이후 스콜라 철학에 의해 형성된 중세정신이 그대로 반영되었음을 의미한다. 모든 자연이 하느님을 향해 질서 지워져 있듯이, 모든 지식은 궁극적으로 신앙에 봉사하며, 교육이란 인간을 겸허와 신앙과 기독교적 완성으로 이끄는 것, 그리고 인간을 종교 및 교회공동체의 활발한 성원으로 만들어 하나님 나라의 시민이 되도록 하는 것이었다.13)

북경에서 알레니가 하나님 나라의 시민으로 만드는 것을 궁극적 목표로 삼는 중세교육을 한문으로 서술하고 책으르 출판한 것은 궁극적으로 서양의 학문과 교육이 동양의 그것과 서로 일맥상통한다는 점을 중국 사대부에

---

10) 위의 책, 83~85쪽.

11) 『西學凡』(吳相湘 主編, 『天學初函(1)』, 韓國學資料院, 1984), "而此六學之書集 乃是 生人入道之所必由".

12) 위의 책, "所謂道學者 總括人學之精 加以天學之奧……故大西諸國 雖古來留心諸學 然而無不以徒祿日亞爲極爲大". 토마스 아퀴나스는 십자군 원정 이후 추락한 기독교 교권과 교리를 보호하고 합리적으로 설명하기 위해서 시도된 스콜라 철학의 집대성자로서 『神學大典』을 통해 그리스도교의 교리를 철학적으로 이해하고, 그리스도교 신앙을 이성과 조화시킬 것을 강조하면서도 결국은 신앙의 이성에 대한 우위를 강조한 인물이다(E. M. 번즈 · R. 러너 · S. 미첨 씀, 박상익 옮김, 『서양문명의 역사 Ⅱ - 중세에서 종교개혁까지』, 소나무, 1996, 432~434쪽).

13) E. M. 번즈 · R. 러너 · S. 미첨 씀, 위의 책, 75쪽.

게 알리려는 것이었으며,[14] 특히 세계인문지리서인 『직방외기』에까지 중세유럽의 교육에 대해 서술한 것은 역시 인류, 천문, 지리, 조류, 어류, 곡식과 과실 등 모든 존재가 조물주에 의해 창조된 것임을 알게 하기 위해서였다.[15] 예수회는 기본적으로 천주교가 원시유학의 진리를 완성했다는 보유론적(補儒論的)·적응주의적 입장, 중국보다 더 발전한 서양의 과학과 기술을 천주교의 포교수단으로 활용하려는 입장을 가지고 있었는데,[16] 알레니 역시 예외가 아니었다.

1623년에 출판된 알레니의 『서학범』과 『직방외기』는 1626년에 서학 관련 총서에 포함되어 다시 출판되었다. 명나라 서학 수용의 선구자였던 이지조(李之藻)는 예수회의 저술 중에서도 핵심적인 서적들만을 모아 종교와 윤리[理編], 천문학과 수학[器編]의 두 분야로 지면을 동등하게 할애하여 총 20종의 한역서학서 총서를 『천학초함』(天學初函)이라는 이름으로 출판하였다. 『서학범』과 『직방외기』는 그 중에서도 종교와 윤리 분야로 분류하여 출판하였다.[17] 이 『천학초함』이 조선에 전래된 것은 대체로 17세기 후반경이었다.[18]

---

14) 『西學凡』, "更將英年美質之士 承童心之未汩 卽逐歲相因而習之始之 以不空疎之見 繼加循序遞進之功 洞徹本原 闡發自廣 漸使東海西海 郡聖之學 一脈融通".

15) 『職方外紀』 自序(吳相湘 主編, 『天學初函(3)』, 韓國學資料院, 1984), "造物主之生我 人類於世也 如進之大庭中 令饗豊宴 又娛歌舞之樂也 嘗試仰觀天象 而有日月五星 列宿之麗 則天似室廬 列象似瑰寶之飾垣壁者然 俯察地形 而有山川草木之羅列芬 芬 則猶劇戱之當場者然 其他空中飛鳥 江海潛鱗 地上百穀果實 則集五齋八珍之薦 列几筵者然 然則造物主之恩厚亦極矣 胡爲乎人每日用不知 若將謂固然宜然 而曾 莫究其所以然也".

16) 도날드 베이커, 김세윤 역, 『조선후기 유교와 천주교의 대립』, 一潮閣, 1997, 27~36쪽. 과학을 천주교 포교의 수단으로 생각한 예수회에서는 서양 천문학의 우수성을 중국에 알리기 위해 심지어 중세와 철학 및 신학과 마찰을 빚은 코페르 니쿠스 지동설을 천동설로 왜곡하여 소개하였으며, 케플러의 주장에서 지동설 부분만을 누락시켜 소개하기도 하였다(안외순, 「西學 수용에 따른 朝鮮實學思想 의 전개양상」, 『東方學』 5, 한서대학교부설 동양고전연구소, 1999, 396쪽).

17) 『天學初函』의 구성은 다음과 같다.

이상에서 살핀 바와 같이 17세기에 예수회 선교사들이 중국에 천주교를 포교할 목적으로 저술·출판한 한역서학서가 조선에 전래되었으며, 특히 알레니가 중세유럽의 교육에 대해 서술한『서학범』과『직방외기』는 17세기 중엽을 전후한 시기에 조선에 전래되었다. 그러나 이 시기에는 이미 앞에서 서술했듯이 몇몇 사대부만이 일부 한역서학서를 자기 저서 속에서 소개하는 데 그치고 있고, 대부분의 사대부들이 이 한역서학서들을 독서 대상으로 삼았다는 기록은 확인되지 않는다. 물론 17세기 조선 정부에서 서양역법인 시헌력(時憲曆)을 채용하는 데 주력한 것은 사실이지만,[19] 그렇다고 해서 대부분의 사대부들이 시헌력 채용을 위해 역법과 천문학에 관련된 한역서학서를 읽었다는 기록 역시 확인되지 않는다. 17세기『서학 범』과『직방외기』를 비롯한 서양의 종교와 윤리, 과학과 기술 분야의 한역 서학서가 중국을 통해 조선에 전래되었음에도 불구하고 대부분의 사대부 가 이 책들을 독서대상으로 삼지 않은 이유를 찾기 위해 다음 절에서는 17세기 조선의 사대부에게 독서가 어떤 의미를 가지고 있었는지, 독서의 내용과 범위는 어떤 것이었는지를 살펴보고자 한다.

2) 조선 사대부의 독서 양상

사대부는 본래 중국 고대부터 관료를 지칭하는 용어였다가 송대(宋代)

| 理 編 | 西學凡, 唐景教碑附, 畸人十篇, 交友論, 二十五言, 天主實義, 辨學遺牘, 靈言蠡勺, 職方外紀 |
| 器 編 | 泰西水法, 渾蓋通憲圖說. 幾何原本, 表度說, 天問略, 簡平儀說, 同文算指, 圜用較義, 測量法義, 勾股義 |

18) 이렇게 판단하는 근거는 崔錫鼎이 進士試에 합격한(1666) 이후부터 문과에 급제 하기(1671) 이전까지 수학책『九數略』을 저술했다고 하는데, 이 책을 저술하는 과정에서『천학초함』을 보았다는 사료가 나오기 때문이다(金容雲·金容局,『韓 國數學史』, 科學과人間社, 1977 참조).

19) 강재언, 앞의 책, 70~74쪽.

이후 관료를 포함한 지배층 전반을 가리키는 것으로 바뀌었는데, 이러한 변화의 배경에는 중소지주 출신의 지식인화와 성리학(性理學)의 성립이 있었다. 성리학은 실천윤리인 고대(또는 원시) 유학에 불교(佛敎)와 도교(道敎)의 형이상학을 가미한 신유학으로서 사대부 계층의 지배이념이자 사회윤리, 가족윤리였다. 아울러 사대부는 이러한 성리학의 교양과 경전 해석을 체득한 독서인층이었으며, 수기치인(修己治人 : 학자관료)을 교육과 학문의 목표로 삼았다.

중국 사대부층의 성리학은 고려말 신진사대부에 의해 수용되었고, 조선 개국 이후에는 지배이념으로 내세워졌다. 따라서 조선 초기 사대부들도 수기치인을 교육과 학문의 목표로 설정하여 성리학의 핵심을 담고 있는 사서(四書)를 비롯한 많은 경서들을 읽었지만, 이 시기 사대부의 독서는 성리학에서 지향하는 독서의 의미와 차이가 있었다. 이 시기 사대부의 독서 양상은 1518년(중종 13) 훈련원첨정(訓鍊院僉正) 김수돈(金守敦)이 "지금의 과거법은 사서(四書)와 삼경(三經)을 모두 강독합니다. 그런데 신이 듣건대, 응시생들이 초시(初試)에 입격한 뒤에는 간단한 장구(章句)들을 죽 베껴가지고 다니면서 읽기 쉬운 것만 읽고, 선유(先儒)의 주소(註疏)는 태반을 지워버린다 합니다. 그리하여 사서와 삼경을 5~6개월 이내에 대강 섭렵하고서, 시험 볼 때에 가까스로 한두 개의 훈고(訓詁)를 대답하면 이것을 조통(粗通)이라 하고, 결국 제술(製述)로써 급제를 결정합니다. 장구(章句)와 훈고도 제대로 다 읽지 못하는 처지에 의리(義理)야 말할 것이 있겠습니까? 우리나라의 경학(經學)은 가히 구차하다 말할 수 있겠습니다. 때문에 양은 많아도 쓸 데가 없음을 사람들은 모두 걱정하고 있습니다."[20]

---

20) 『中宗實錄』 권33, 13년 6월 임오, "訓鍊院僉正金守敦上疏其一曰 今科擧之法 俱講 四書三經……臣聞擧子等 於初試入格之後 歷抄章句之短 而易讀者讀之 先儒註疏 爻抹過半 四書三經粗洽於五六朔之內 及其試也 僅對一二訓詁 則謂之粗通 而終以 製述 取高第 夫章句訓 詁尙不盡讀 況義理哉 我國之經學 可謂苟矣 故多而無用 人所 共患也".

라고 한 지적을 통해서 엿볼 수 있다. 이 시기 사대부들의 독서는 대체로 과거시험의 합격을 겨냥한 훈고 수준이었다.

개국 이후에는 사대부들의 교육과 학문을 위해 '경학위본'(經學爲本)이라는 개혁 방향을 토대로 하여 "국가가 인재를 양성하고 선발한다."는 주대(周代)의 기본 정신을 계승하여 학교제도와 과거제도를 재정비하였다. 사대부들을 길러낼[養士] 목적으로 사학(四學) 및 향교 단계에서 성균관 단계로 올라가는 관학체제를 마련하였으며, 길러낸 사대부를 선발하기[選士] 위해 과거제도를 정비하였던 것이다. 그러나 조선왕조의 기본적 제도가 『경국대전』(經國大典)으로 법제화되는 15세기 말에 이르러 '경학위본'이라는 개혁방향은 한계에 부딪혔다. 문과시험의 고시과목에서 경학과 사장(詞章)이 거의 같은 비중을 갖고 법제화된 것이 그 단적인 예였다.21) 당시 새로운 문물제도의 정비와 부국강병이라는 과제를 추진하는 과정에서 성리학 이외에 한당 유학(漢唐 儒學), 불교와 도교, 민간 신앙 등 다양한 사상적 흐름을 포용하는 한편 성리학의 경우에도 철학적 이론에 대한 연구보다는 그 이념의 교육과 보급에 더 관심을 가져 아직 성리학적 세계관이 확립되지 않았기 때문이다.22) 결국, 조선 초기 사대부들의 독서 양상이 대체로 과거시험의 합격을 겨냥하는 훈고 수준에 머물렀던 것은 아직 성리학적 세계관이 확립되지 않아 경학이 교육과 학문에서 근본이 되어야 하는 이유, 즉 경학의 가치를 제대로 인식하지 못한 것에서 비롯되었다.

사대부에게 독서가 또 다른 의미로 다가온 것은 16세기 후반이었으며, 변화는 우선 이황(李滉)에게서 찾을 수 있다. 이황은 "성학(聖學)은 사서(四書)에 불과하니 선비로서 학문에 뜻을 세운 자가 이 책을 버리고 무엇으로 하겠는가. 다만 요즘 사람들이 사서를 읽지 않은 것은 아니지만 과거에

---

21) 車美姬, 『朝鮮時代 文科制度 研究』, 國學資料院, 1999, 33쪽.

22) 고영진, 「성리학의 이해와 왕도·민본」, 『한국사상사의 과학적 이해를 위하여』, 청년사, 1997, 90~97쪽.

급제하는 것만을 목적으로 삼아 이에 빠져버린 지 너무 오래되어 이를 깨우쳐 주기 어렵다."[23]라고 하면서, 과거 급제를 위해 사서를 읽는 것을 위인지학(爲人之學)으로 규정하였다.[24] 한편 이황은 사대부가 새로운 추구해야 할 것을 위기지학(爲己之學)으로 설정하면서, "우리들이 마땅히 알아야 할 바가 도리(道理)이며 우리들이 마땅히 행해야 할 바가 덕행(德行)이라고 믿고, 가까운 데에서부터 착수해 나가되 자신의 이해[心得]을 통해서 몸소 실천하는 것[躬行]을 목표로 삼는 공부"[25]라고 규정하였다. 그리고 "주자서(朱子書)를 읽는 습관이 오래된 이후에 사서(四書)를 두루두루 읽는다면 성현의 말씀에는 절실하게 음미하는 바가 있을 것이고 신심(身心)에도 쓰일 곳이 있을 것이다."[26]라고 하여 위기지학(爲己之學)과 독서와의 관련성을 설명하였다. 즉, 이황은 사대부들이 자기를 도덕적으로 수양하는 공부를 해야 한다고 하면서, 도리와 덕행에 대한 성현의 말씀이 그대로 담겨 있는 경서와 주자서를 읽는 것이 그러한 수양 방법임을 제시하였다.

사대부의 독서가 위기지학과 관련되는 것임은 이이(李珥)의 "배우는 자는 궁리(窮理)하여 명선(明善)한 이후라야 상행지도(常行之道)가 분명하게 앞에 있어 진보할 수 있다. 때문에 입도(入道)에는 궁리(窮理)보다 먼저 해야 할 것이 없으며, 궁리(窮理)에는 독서(讀書)보다 먼저 해야 할 것이 없다. 성현의 마음을 쓴 자취와 선악의 본받을 만한 것과 경계할 만한 것이 모두 책에 있기 때문이다."[27]라는 설명을 통해 더욱 분명히 드러났다.

---

23) 『李子粹語』 권2, 窮格, "聖學不過四書 士之志學者 舍是書何以哉 但今人非不讀之 而以決科爲業 於身心上了不關 陷溺旣久 難以啓發".

24) 위의 책 권1, 爲學, "爲人之學 則不務心得躬行 而虛飾徇外 以求名取譽者 是也".

25) 위의 책, "爲己之學 以道理爲吾人之所當知 德行爲吾人之所當行 近裏着工 期在心得 而躬行者 是也".

26) 위의 책 권2, 窮格, "若朱書 旣無其弊 而讀之 令人易以感發而興起 故積習旣久 然後回看四書 卽聖賢之語 節節將有味 於身心上 方有受用處".

27) 『栗谷集』, 「擊蒙要訣」 讀書, "學者 常存此心 不被事物所勝 而必須窮理明善 然後常 行之道 曉然在前 可以進步 故入道莫先於窮理 窮理莫先於讀書 以聖賢用心之迹 及

사대부에게 있어서 독서란 도리를 알고 덕행을 실천하기 위해 그것을 학문적으로 탐구하는 수양 과정이자 방법이라는 것이었다.

이와 같이 16세기 후반 이황과 이이에 의해 사대부의 독서는 자기 수양과 연결되면서 그 과정과 방법으로서 제시되었다. 사실 사대부에게 위기지학(爲己之學)이 중시된 것은 이미 성종(成宗) 이후 중종대(中宗대)를 거쳐 새로운 중앙정치세력으로 부상했던 영남사림과 기묘사림에게서도 확인된다. 그러나 이 때에는 사림세력들이 훈구세력의 비리와 전횡을 성리학적 명분론에 입각하여 비판하고 당시의 사회모순을 성리학적 이념과 제도의 실천으로 극복하고자 하는 가운데 특히 '역행'(力行) 중심의 위기지학(爲己之學)이 강조되었고,[28] 이로 인해 독서의 의미가 새로이 부여되지 못했다. 그러다가 이황과 이이 단계에 이르러 '궁리' 중심의 위기지학이 강조되고 여기에 다시 독서가 연결되는데, 이는 명종대(明宗代)에 다시 사화를 겪고 향촌사회로 돌아가야 했던 사림세력이 기묘사림의 한계를 극복하기 위해 성리학의 실천적 측면보다 성리학적 세계관과 이기심성론 같은 이론적 측면에 더 관심을 기울이는 한편 자신들의 근거지를 중심으로 서원(書院)을 건립하여 학문과 교육에 주력하였던 배경 속에서 가능했다.[29] 실제로 이황과 이이가 부여한 사대부 독서의 새로운 의미는 주자(朱子)의 것을 그대로 계승한 것으로서, 수기(修己)를 중심으로 성립된 성리학의 본질에 보다 다가간 것이었다.[30]

이이는 성리학에 대한 체계적 교육과 학문적 수양을 위해 사대부의 독서 범위 및 순서까지 체계화시켰다. 그가 독서 범위로 제시한 것은『소학』(小學),『대학』(大學),『논어』(論語),『맹자』(孟子),『중용』(中庸),『시경』(詩

善惡之可效可戒者　皆在於書故也".

28) 朴連鎬, 「16세기 士大夫敎養의 理念 : 爲己之學(上)」, 『國史館論叢』 56, 1994, 참조.

29) 朴連鎬, 「16세기 士大夫敎養의 理念 : 爲己之學(下)」, 『國史館論叢』 57, 1994, 참조.

30) 金泳, 「朝鮮時代 讀書論 硏究－退溪와 栗谷을 중심으로」, 『韓國漢文學硏究』 12, 1989 참조.

經),『예경』(禮經),『서경』(書經),『역경』(易經),『춘추』(春秋), 역사서』(歷史書),『근사록』(近思錄),『가례』(家禮),『심경』(心經),『이정전서』(二程全書),『주자대전』(朱子大典),『주자가어』(朱子語類) 등 유학의 경서, 역사서, 성리서 등이었으며, 독서 순서도 여기에 따르도록 하였다.31) 이이는 이러한 독서 범위와 순서를 1575년(선조 8) 국왕에게 올린『성학집요』(聖學輯要)에서 제시하였으며, 1582년(선조 15) 향교의「학교모범」(學校模範) 제정에도 반영하였다.32)

결국, 16세기 후반 이후 조선의 국왕을 포함한 사대부 모두에게 독서란 수기(修己) 단계의 학문적 수양방법과 과정으로서, 수기(修己)는 치인(治人)의 필수조건으로 자리잡게 되며, 이는 주자 중심의 성리학이 조선에 뿌리를 내리게 되었음을 의미하였다. 이제 사대부는 독서를 통해 도덕적 수양을 하는 학자이자 교육자로서 출사(出仕)를 통해 관료가 되어 정치에 참여하는 것 이외에 자기 집안과 지역사회에서 다른 사람들을 '교화'(敎化)시키는 지배계층으로서의 존재 의의를 확고히 하였다. 그리고 주자성리학을 성학(聖學)이라고 불렀던 것에서 알 수 있듯이 이러한 수기치인(修己治人)은 삼대 성인(三代 聖人)의 이상적인 정치세계를 실현할 수 있다는 강한 자부심과 자신감에 충만하게 되었다.33)

한편 사대부에게 수기(修己)가 중시되면서 치인(治人), 특히 관료로서 갖추어야 할 실무지식이 부족할 수도 있다는 문제가 제기되었다. 그러나 이것은 공자(孔子)가 강조한 '군자불기'(君子不器)에 의해 합리화되면서 역학(譯學), 의학(醫學), 음양학(陰陽學 : 天文學, 地理學, 命課學), 율학(律

---

31) 金恒洙,「16세기 士林의 性理學 理解－書籍의 刊行・編纂을 중심으로」,『韓國史論』7, 서울대 국사학과, 1981, 166～170쪽.

32) 朴連鎬,「16세기 士大夫敎養의 理念 ; 爲己之學(下)」, 14～18쪽.

33) 朴連鎬,「16세기 士大夫敎養의 理念 ; 爲己之學(上)」, 48～49쪽 ; 이태진,「한국의 학문적 전통과 서양 학문에 대한 반응」,『현대의 학문 체계－대학에서 무엇을 배울 것인가』, 民音社, 1994, 79～81쪽.

學) 등과 같이 박학·잡학적 성격으로 분류되는 서적들은 대체로 사대부의 독서 범위에게 멀어지게 되었다.34) 이후 두 차례의 전쟁이 주자 성리학의 역사적 기능을 다시 되돌아보게 하는 계기가 되면서 17세기 초반 서경덕(徐敬德)·조식(曺植)의 사상, 양명학(陽明學), 불교, 노장사상, 상공업 중시 경향과 삼교회통(三敎會通)·박학(博學)·잡학적(雜學的) 학풍 등 다양한 조류가 전개되기도 하였다.35) 그러나 천문학과 역법에 대한 사대부의 관심은 여전히 도덕적 수양을 위한 우주론의 일부와 치인(治人)의 의무에 머물렀다.36) 그러다가 17세기 후반에 이르면 명·청(明·淸) 교체 이후 존주대의론과 북벌론으로 나타난 조선중화주의 이념의 강조, 37) 서인과 노론의 계속되는 정국 주도 등으로 주자 중심의 성리학이 학문과 사상계에서 절대적 우위를 점하게 되었다.38) 따라서 성리학에 대한 체계적 교육과 학문적 수양을 위한 사대부의 독서는 지속되었으며, 이것은 시헌력의 도입 과정에서 사대부 관상감(觀象監) 제조(提調)와 중인 신분층 일관(日官)의 역할이 구분되는 배경이 되기도 하였다.39)

---

34) 종래 해당 관청에서는 양인 신분을 대상으로 譯學, 醫學, 陰陽學(天文學, 地理學, 命課學), 律學 등에 대한 학문과 교육을 담당하고, 이들을 대상으로 잡과, 취재를 통해 기술관료를 충원하도록 법제화되었는데, 이 시기부터 그 대상이 중인 신분층으로 고정되는 양상이 나타났다(이남희, 「조선중기 역과입격자의 신분에 관한 연구」, 『淸溪史學』 4, 1987 ; 한영우, 「조선시대 중인의 신분계급적 성격」, 『韓國文化』 9, 1988 참조).

35) 고영진, 「16세기 후반~17세기 전반 서울 枕流臺 學士의 활동과 그 의의」, 『서울학연구』 3, 1994, 참조.

36) 도날드 베이커, 앞의 책, 36쪽 ; 문중양, 「16·17세기 조선 우주론의 상수학적 성격」, 『역사와 현실』 34, 1999, 참조.

37) 정옥자, 『조선후기 조선중화사상 연구』, 일지사, 1998 참조.

38) 물론 이 시기에는 주자 성리학의 절대화를 비판하면서 근기남인의 경우에는 원시유학 및 노장사상에, 소론의 경우에는 양명학 등에 각각 관심을 기울이기도 하였다(신병주, 「17세기 후반 소론학자의 사상」, 『역사와 현실』 13, 1994 참조).

39) 1653년(효종 4)에 청을 夷狄視하는 상황에도 불구하고 정부에서 '曆象授時 帝王之先務', '天人合一說' 등의 정치·경제적 필요성, 중국을 따라 역법을 개정해 온

이상에서 살펴 바와 같이 16세기 후반 이후 주자성리학이 조선에 뿌리를 내리면서 사대부에게 수기(修己)는 치인(治人)의 필수조건으로서, 독서(讀書)는 수기(修己) 단계의 학문적 수양방법과 과정으로서 자리잡았다. 이후 1세기 동안 주자성리학이 모든 사회문제를 해결할 수 있을 것인가, 대안은 무엇인가에 대한 사대부들의 고민이 지속되는 가운데 17세기 후반에 이르면 조선중화주의 이념이 강조되고, 주자성리학이 절대적 위상을 점하게 되면서 성리학에 대한 체계적 교육과 학문적 수양을 위한 사대부들의 독서가 지속되었으며, 사대부의 천문학과 역법에 대한 관심 역시 도덕적 수양을 위한 우주론의 일부와 관료의 의무로만 남게 되었다.

17세기『서학범』과『직방외기』를 비롯한 서양의 종교와 윤리, 과학과 기술 분야의 한역서학서가 중국을 통해 조선으로 전래되고, 특히 정부에서 서양역법인 시헌력(時憲曆)의 채용에 주력하는 가운데에서도 대부분의 사대부들이 한역서학서를 독서 대상에 포함시키지 않았던 것은 바로 이러한 배경 속에서 이해될 수 있다. 한편 이것은 한역서학서를 도덕적 수양과 관련된다고 판단할 경우 사대부들이 독서 대상으로 삼을 수도 있음을 의미하는데, 그러한 양상이 나타난 것은 18세기에 들면서였다.

3. 조선후기 교육사상의 변화

1) 사대부의 서양 교육에 대한 이해

18세기에 서양 교육에 대해 서술한 한역서학서를 도덕적 수양과 관련하여 읽기 시작한 것은 이익(李瀷 : 1681~1763)이었다. 이익은『직방외기』를

관례를 따라야 하는 현실적 국제관계 등을 고려하여 서양 역법인 時憲曆을 채용하기로 결정하였다. 그 뒤 金堉이 觀象監의 提調로서 관상감의 日官 金尙范을 데리고 북경에 들어갔으며, 일관은 실제로 역법과 천문학을 배웠다(도날드 베이커, 앞의 책, 51쪽 ; 강재언, 앞의 책, 70~76쪽).

읽고 그 발문(跋文)까지 썼는데, 이 때 그가 읽은 『직방외기』는 1630년 로드리게스로부터 기증 받아 왕실에 보관되었던 것을 초사(抄寫)한 것이었다.40)

이익이 『직방외기』를 읽으면서 서양 교육에 주목한 것은 대략 두 가지였다. 그 하나는 "인간으로서 뿌리치기 가장 힘든 것이 식색(食色), 관직, 봉급인데 서양의 스승이 이에 구애받지 않고 교화에만 전념하고 있으니 이러한 스승 밑에서 수양한다면 남만북적(南蠻北狄)에서도 성현(聖賢)이 될 수 있을 것이다"41)고 한 데서 드러나듯이, 서양에서 교육을 담당하던 성직자의 금욕주의적 관습이었다. 또 하나는 서양의 교육제도가 소학·중학·대학으로 나뉘어 치밀한 편이며, 상위 교육기관으로의 진학 여부를, 그리고 대학을 졸업한 이후 취업(의사, 정치가, 성직자) 자격의 여부를 스승이 철저하게 시험을 보아 판단한다는 점이었다.42)

이익 역시 도덕성 함양을 궁극적인 목표로 삼아 독서를 통한 학문적 수양을 해나갔다. 그러나 다른 사대부들과 마찬가지로 학문적 수양을 통해 인욕(人慾)을 억제하고 도덕적 본성을 보존하는 것이 얼마나 힘든 일인지 절감하게 되면서 다른 수양방법을 찾기 시작하였다. 그래서 이익이 관심을

---

40) 『星湖僿說』 제4권, 萬物門 陸若漢, "盖(陸)若漢者 利瑪竇同時來者 其所贈皆不可泯者 余所得見 天問職方數種書 其餘無存";『星湖先生續集』 권17, 跋職方外紀(이우성 편, 星湖全書2 文集, 續集, 여강출판사), 514쪽.

41) 『星湖僿說類選』 三卷上, 人事篇三 親屬門 師弟 學而後臣之(景文社, 1976), 201~203쪽, "有大學小學者 有先立四師 屛絶色慾 不涉官位祿食 惟敎學是務……夫人之誘於私慾者 食色及名宦數者之擾集也 無此數段而專心窮理 前者旣過 後者繼之 寧有不得之理 苟使所養如此 則無論南蠻北狄 皆可爲聖賢矣 其要只繫立師爲敎化根本耳".

42) 위의 책, "西洋一區 敎道最密 有大學小學者 有先立四師 小學四種……學成而本學之師儒試之 優者進於中學 中學有三種……學成而本學之師儒試之 優者進於大學 乃分爲四種 聽人自擇 一曰醫科主察病夭 一曰治科主習政事 一曰敎科主守敎法 一曰道科主興學校 恐是遊布敎術 數年而學成 師儒又考閱之 生徒北面於下 一師問難 畢 又輸一師 一日止一二人 遍應諾諸師之問 取其優者 便許任事".

갖게 된 것이 인간의 욕구를 직접적으로 억제하는 것이었고, 그는 생존에 필수불가결한 식색(食色) 욕구조차 엄격하게 자제할 것을 주장하였다. 이익은 유학자들이 불교의 금욕적인 관습들을 본받는 것이 좋을 것이라고 말하기도 하였는데,[43] 서양 스승의 금욕주의적 관습에 대해 긍정적으로 평가한 것 역시 이러한 맥락에서 이해된다.

이익은 경학에 대한 주자의 해석을 상대화하고, 경서를 읽을 때에도 자신이 터득한 견해를 재빨리 적어두는 질서(疾書)라는 새로운 독서법을 시도함으로써[44] 경학의 가치를 윤리학적 문제로 취급하는 의리지학(義理之學) 이외에 다양한 영역으로 분화시키고 이를 바탕으로 개혁안을 제기하기도 하였다.[45] 이 가운데 학교와 관료선발을 곧바로 연결시키는 공거제(貢擧制)가 유교사회의 이상적 제도이지만 과거제와 천거제를 병행할 수밖에 없는 현실에서 학교(성균관)의 스승에게도 관료천거권이 주어져야 한다고 주장한 이익은,[46] 서양의 교육과 취업제도가 서로 연결되고 특히 스승이 그 자격을 판단한다는 점에 주목하여 "교도(敎道)가 가장 엄밀하다."고 평가한 것으로 보인다.

한편 이익이 서양 교육의 내용과 목표에 대해 어떠한 입장을 가졌는지는 명확하지 않다. 서양 교육의 핵심이라고 할 수 있는 신학에 대해 천당과 지옥설이 불교와 유사하다고 말하기도 했으며 천주(天主)는 유교경전의 상제(上帝)와 유사하고 부합되는 점이 있어서 불교와 다르다고도 했기 때문이다.[47] 그러나 이 후자의 입장을 서양 성직자들의 도덕적 수양이 잘 되어 있다고 평가했던 것과 연결시켜 보면, 이익은 성직자의 금욕적

---

43) 도날드 베이커, 앞의 책, 12쪽.

44) 원재린, 「조선후기 星湖學派의 讀書法과 講論 방식」, 『韓國史研究』 120, 2003, 179~180쪽.

45) 우용제, 『조선후기 교육개혁론 연구』, 교육과학사, 1999, 130~139쪽.

46) 韓㳓劤, 『星湖 李瀷 研究』, 서울대 출판부, 1980, 113~136쪽.

47) 이원순, 앞의 책, 187~188쪽.

관습을 천주라는 외부의 인격천(人格天)을 의식한 결과로 생각했음을 알
수 있다.

이와 같이 이익이 사대부의 도덕적 수양에 서양교육이 도움을 줄 수
있다고 평가하고, 서양의 교육과 취업제도에 주목한 것은 17세기 후반
이후 집권세력인 서인(노론)이 주자의 학문을 절대화함으로써 당시의 사회
문제를 해결하려 하였던 것과는 달리 주자 학문을 상대화하고 육경(六經)
과 제자백가(諸子百家) 등에서 문제해결의 사상적 기반을 찾으려 했던
근기남인의 학풍 속에서 이해할 수 있다.[48] 그러나 서양 교육, 특히 신학에
대한 이익의 이러한 입장은 이후 그의 일부 제자들로 하여금 신학을 종교로
받아들이게 만들었던 동시에 그의 제자들에 의해 비판을 당하기도 하였다.

이익의 제자로서 서양 교육에 대한 자신의 비판적 입장을 분명하게
제시한 사람은 신후담(愼後聃 : 1702~1761)이었다. 신후담이 이익을 만나
그의 문하에 들어가게 된 것은 성균관 입학 자격시험의 하나인 진사시(進士
試)에 급제한 1724년 직후였다. 그는 진사시에 합격했지만 관직에는 거의
관심이 없었으며, 오로지 유교 경전을 숙독하그 도덕적 자기 수양을 엄격히
실천함으로써 성인(聖人)의 길을 추구하였다. 따라서 그 역시 도덕적 수양
을 위한 최선의 방법을 모색하는 가운데 이익의 권유를 받아 한역서학서들
을 정독하였으며,[49] 곧바로 『직방외기』 등에 대해 자신의 비판적 견해를
담은 『서학변』(西學辨)을 저술하였다.[50]

---

48) 17세기 후반기에 이어 18세기 전반기에도 주자성리학의 절대화를 극복하려는
    노력은 계속되었고, 근기남인 외에 양명학과 노장사상의 영향을 받은 소론에서도
    그러한 노력이 나타났다(고영진, 앞의 논문, 1997 참조).

49) 崔東熙, 『西學에 對한 韓國實學의 反應』, 高麗大學校 民族文化硏究所, 1988, 59~95
    쪽.

50) 『서학변』에서는 이 밖에도 천주교의 근본 교의를 담은 마테오 리치의 『천주실의』,
    토마스 아퀴나스 철학의 입장에서 인간 영혼의 본성과 능력을 설명한 프란시스
    삼비아시(Francis Sambiasi)의 『靈言蠡勺』에 대한 견해도 피력되었다. 한편 신후
    담이 『서학변』을 저술한 시기에 대해서는 기록에 따라 23세, 53세, 59세로 차이가

신후담은 서양의 학교제도가 소학·중학·대학의 나뉜 것, 서양의 교육과 취업제도가 우리 유교[吾儒]의 공거제 형식과 비슷하다는 점을 일단 인정하였다.[51] 그러나 서양 교육의 내용과 목표는 우리와 다르며, 서양에서 졸업 이후 취업 자격을 부여하는 기준은 잘못된 것이라고 단언하였다.[52] 신후담은 우리 교육의 내용과 목표는 소학과 대학을 가릴 것 없이 '태어날 때부터 도덕적 삶을 살도록 하늘로부터 부여받은 본성을 함양하여 현실의 일상 삶 속에서 덕행을 실천하는 것'에 있으며, 관료를 임용하는 기준도 '학교에서 배운 도덕을 실제 정치에서 미루어 시행하게 하는 것'에 불과하다고 하였다.[53] 이는 철저하게 성리학의 수기치인(修己治人)에 입각하여 교육목표와 관료 임용기준을 설명한 것으로서 서양에 대한 평가 기준이 되었다.

신후담은 서양 교육이 "소학 단계에서는 시문, 역사, 문장, 의론(議論) 등과 같이 도덕적 실천과 무관한 지식을 주로 가르치고, 중학 단계에서는 논리학, 물리학, 형이상학 등을 가르쳐 인간의 타고난 도덕적 본성을 제대로 성찰할 수 없게 한다.'[54]라고 하여 도덕성의 함양과 무관한 지식 위주의 것으로 평가하였다. 그리고 이러한 도덕성과 무관한 교육은 대학단계에서 의학 같은 천한 기술교육을 법학(法學), 교학(敎學), 도학(道學) 교육과 동급으로 둔 데서 단적으로 드러난다고 보았다.[55] 또한 법학[治], 교학[敎],

---

있다(李元淳, 앞의 책, 351쪽).

51) 『西學辯』 職方外紀, 94~95쪽, "余惟三學之分設 近於吾儒小學大學之規 師儒之歷試 疑於吾儒升縣升州之法 至於四科之取中任事 雖依樣於古者論定任官之制".

52) 위의 책, "而若其學者之所以學 師儒之所以敎者 則與吾儒所以學之敎之者 異矣 … 而若其所以任之述 則又爲非也".

53) 위의 책, 95~96쪽, "夫吾儒之爲道也 原於天命本然之善 着於人倫日用之常 其所以學者 學此而已 其所以敎者 敎此而已 學旣成矣 道旣通矣 樂正論旣秀 司馬辨其材 升之於朝 任之以職 小焉而方物發慮 大焉而論道弘化 則不過推其學之所得而施之而已".

54) 위의 책, 99쪽, "夫以彼所謂小學之敎言之 則闕於涵養之功 而淫於浮夸之習者 如此 中學之敎言之 則昧於性理之眞 而流於偏枯之弊者".

도학[道]은 도덕에 근본을 둔 것으로서 결코 분리될 수 없음에도 불구하고 대학단계에서 각각 나누어 교육하고, 그나마도 학생이 원하는 바에 따라 단 하나만을 교육시키며, 더 나아가 졸업 이후 도학(道學)을 공부한 사람은 국사(國事)에 관여하지 못하게 하고, 법학(法學)을 공부한 사람은 도(道)에 대해 말하지 못하게 함으로써 대학에서는 도덕성을 바탕으로 하지 않은 미비한 교육이 이루어지고, 그러한 미비한 교육을 평가하여 졸업 이후의 취업자격으로 삼는 것은 잘못이라고 보았다.56)

서양 교육에 대한 신후담의 평가는 교육과 학문에서 가장 완성된 단계로 설정된 신학에 대해서도 이루어졌다. 그는 신학의 핵심을 "모든 사람의 화복과 목숨 줄을 천주(天主)가 주재하기 때문에 사람은 천주를 경외(敬畏)하고 애모(愛慕)해야 한다. 천주의 참된 가르침을 따르면 반드시 천당에 올라가고 그렇지 않으면 지옥에 떨어진다."57)라는 것으로 보고, "저 서양에서 천주를 경외하는 것은 오로지 천주가 현세에서의 화복과 목숨 줄, 내세에서의 영원한 행복과 고난을 주재하기 때문이니 이는 진심으로 천주를 경외하는 것이 아니라 다만 복을 갈구하고 화를 두려워할 뿐이다. 그러니 저 서양의 신학은 전적으로 이기심에서 나온 것이다."58)라고 평가하였다.

---

55) 위의 책, 97쪽, "醫者本與祝史射御之屬 同歸於執技而事上者也 其在先王之制 不得齒於士林 而彼乃先敎於小學 次敎於中學者 若將成就乎其德業 末乃至於大學 敎以此等賤術 以爲究竟之地者 不亦無謂之甚乎".

56) 위의 책, 98쪽, "至於治也敎也道也 三者初不可判然而各爲一物也 直指其天命人倫之全體而言之 而今彼所謂治科等三科 分爲各種 聽人自擇 以爲治科則主習政事 而不知其政之必原於敎矣 敎科則主守敎泆 而不知其敎之必本於道矣 道科則主興敎化 而不知其道之可以推於敎與治也 是則道自道 敎自敎 治自治 判然爲三件物事 而不能相貫通也 此可謂知道者乎 知敎者乎 知治者乎 所見之差 旣如是也 故其論取中臨事之說 直以爲學道者 不與國事 而治民者 又不言其須於道 夫學道而不足與國事 則所學之道 果何道乎 治民而不須於道 則其治也 亦無本而已矣".

57) 위의 책, 90~91쪽, "此書記歐羅巴之學 以尊奉天主上帝爲第一義 而至言其所以尊奉之意 則曰凡人禍福修短 皆天主之主宰 故人當敬畏而愛慕之 從天主之眞敎 則必升天堂 參拜天神及諸聖賢 不則必墮地獄永受苦難云云".

58) 위의 책, 91~92쪽, "今爲彼學者 旣不能原其之天賦性而充其固有之德矣 又不能察

그리고 "천주교 선교사들은 자신의 교의를 이방인에게 전도하기 위해 가족과 친구를 버리고 먼 지방을 돌아다닌다.『대학』(大學)에서 '그 돈후(敦厚)하게 할 상대에게는 각박하고, 각박하게 상대할 것에는 돈후하게 한다'고 한 것이 바로 이들을 두고 한 말이다."59)라고 하여 성직자야말로 서양 교육의 부도덕성을 명백히 말해주는 증표라고 보았으며, 이기심을 조장하는 부도덕한 서양 교육을 양주(楊朱), 묵적(墨翟), 도교(道敎), 불교(佛敎) 등과 같은 이단으로 규정하였다.60)

이와 같이 신후담은 우리의 경우 소학과 대학의 구별 없이 교육 내용과 목표가 '태어날 때부터 도덕적 삶을 살도록 하늘로부터 부여받은 본성을 함양하여 현실의 일상 삶 속에서 사회적 의무인 덕행을 실천하는 것'에 있으며, 관료를 임용하는 기준도 '학교에서 배운 도덕을 실제 정치에서 미루어 시행하게 하는 것'에 불과한 것으로 보았다. 반면 서양에서는 소학, 중학, 대학(의학 교육)에서 도덕성과 무관한 지식과 기술을 가르치며, 대학 교육(법학, 교학, 도학 교육)과 졸업 이후의 취업기준 역시 모두 도덕성이 미비된 잘못된 것이고, 특히 도학 교육은 천주라는 외적인 동기를 부여하여 인간으로 하여금 현세나 내세에서의 보상을 기대하며 선행하게 하고, 개인

其天敍之倫而盡其 當行之道 其所以敬且畏之者 徒以禍福修短係於天 則其所謂敬之也 非誠心而敬之也 其所謂畏之也 非誠心而畏之也 求福而已怵禍而已 其學之全出於利心".

59) 위의 책, 103쪽, "此書以爲西士化人而欲及天下 棄親戚損朋友 遍歷遠方 視天下猶一家 視天下人猶一體 夫視天下猶一家 視天下人猶一體 則其於天下 亦可謂厚矣 而顧不免棄親戚損朋友 則其親戚朋友 反不如天下人耶 大學曰於其所厚者薄 所薄者厚 正爲此輩說也".

60) 위의 책, 99~100쪽, "嗚呼異端之說 其與吾儒絶然而不同者 則其辨之不甚難也 其害之不甚酷也 獨其竊取而文其詐 假託而飾其僞 藏情匿實而巧 與吾儒牽合者 則其眞似之分 卒難能辨 而惑世誣民之害 將有所不可勝言者矣 此孟子所以惡楊墨之疑於仁義 而程朱所以斥佛氏之大亂眞也 今歐羅巴之爲學也 旣外於天命本然之善 又昧乎人倫日用之常 其與吾儒不同者 不待多言而辨也 惟此建學取士之法 淹其邪僞之迹 而略能效顰於吾儒 高明之士 或不能深究 而以爲不可歸之於異端 嗚呼 此說肆行幾何 不胥爲夷 而以至聖學之榛蕪耶".

의 사사로운 이익을 추구하게 하는 이기적이고 부도덕한 것이라고 평가하였다.

신후담의 이러한 평가는 서양에서 공거제와 유사한 형태가 실시되고 있음에 주목한 이익에 대해 형식은 비슷하지만 실제 교육의 내용과 목표, 취업 기준은 우리와 전혀 다르며, 서양 교육을 담당하는 성직자들이 도덕성이 높기 때문에 사대부들의 수양방법에 도움이 될 수도 있을 것이라는 이익의 평가에 대해 서양 교육은 오히려 부도덕하고 이단적임을 입증하고자 한 것이었다. 결국, 서양 교육에 대한 신후담의 비판은 이익이 주목하고, 긍정적으로 평가한 것이 잘못되었음을, 더 나아가 서양 교육이 이단임을 철저하게 밝혀 그 확산을 막아보겠다는 의도에서 전개되었음을 알 수 있다.

아울러 신후담은 서양 교육의 핵심인 신학을 비판하고 이단으로 규정할 때에 철저히 주자성리학의 논리를 견지하였으며,[61] 이단에 대처하는 과정에서는 조선이 주자성리학의 도통(道統)을 계승하였다는 조선중화주의적 의식을 드러내기도 하였다. 중국의 이지조 등을 비롯한 학자들이『직방외기』서문을 칭찬조로 쓴 것을 보고 당시 중국에 천주교가 널리 퍼진 것으로 오해한 신후담은 중국인들이 아무리 서양 교육을 인정했다 하더라도 우리는 그것을 이단으로 판단하여 결코 흔들리지 않겠다는 자세를 보였다.[62] 또한 그는 서양 교육을 이단으로 평가한 이후 경서와 성리서를 비롯한 유교 경전을 만 번, 수천 번씩 되풀이하여 읽음으로써만 그 내용을 제대로 이해할 수 있고, 이를 통해서만 올바른 자기 수양을 이룰 수 있다는 주자성리학의 전통적인 학문 수양방법, 즉 독서궁리(讀書窮理)로 되돌아갔던 것이다.[63]

---

61) 도날드 베이커, 앞의 책, 71~79쪽.

62) 『西學辯』職方外紀, 92쪽, "歐羅巴之學 頗已盛行於中國 至於我東人 亦多有悅慕以 禰道之者 今因此書所記 而考其大略 則要皆祖述乎佛氏之緒餘".

18세기 후반기에도『직방외기』등을 읽음으로써 서양 교육에 대한 이해를 가진 경우는 있었지만, 신후담의 경우처럼 서양 교육의 제도, 교육과정 단계마다의 교육 내용, 교육의 목표 등과 같이 서양 교육 전반에 대해 조목조목 비판하는 입장은 찾기 어렵다. 당시 천주교가 근기남인의 일부 사대부를 중심으로 급속히 전파되던 상황에서 사대부 대부분의 관심은 서양 교육의 핵심이라고 할 수 있는 신학을 불교와 같은 이단으로 비판하는 데 집중하고 있었기 때문이다.64) 그러나 이 시기에도 서양 교육, 특히 신학을 이단으로 판단하는 기준, 이단에 대처하는 과정이나 방법에서 신후담의 그것과 유사한 양상이 나타나기도 하였다.

물론 18세기 후반기는 종래의 근기남인과 소론 이외에 집권세력인 노론 내의 일부에서도 주자성리학을 절대화하는 경향에서 벗어나 다른 정파나 사상에 대해 유연한 입장을 가지고 사회를 개혁해 보려는 학문 경향이 등장하였고, 정조 역시 주자성리학을 비판적으로 계승하면서 당색을 떠나 새로운 세력을 등용하여 개혁을 추진하려는 변화가 일고 있었다.65)

그러나 안정복(安鼎福 : 1712~1791)은 1785년에 저술한『천학문답』(天學問答)을 통해 신학을 이기적인 것으로서 도덕적 토대를 결코 제시할 수 없는, 불교와 같은 이단이라고 판단하고 성리학을 존숭함으로써 이에 대처하고자 하였다. 당시 성호학파의 좌장으로서 성호의 일부 제자들이 서학에 경도되는 것을 막고, 서학을 빌미로 근기남인이 노론에게 탄압을 받게 되는 상황을 미리 막기 위해서 안정복은 보다 철저하게 주자성리학과 조선중화주의적 인식에 입각하여 서학을 비판하고 대응하였다.66)

---

63) 도날드 베이커, 앞의 책, 238쪽.

64) 이원순, 앞의 책, 197~202쪽.

65) 고영진, 앞의 논문, 1994 참조.

66) 안정복 역시『직방외기』를 읽고 서양교육에 대한 이해가 있었던 것으로 보인다(강재언, 앞의 책, 145쪽).『天學問答』(金時俊 譯,『闢衛編』, 明文堂, 1987), "其學不以現世爲言 而專以後堂獄之說爲言 是豈非誕妄而害聖人之敎乎".

정조(正祖 : 1776~1800)의 경우에도[67] 주자성리학은 공자의 도통을 계승한 정통으로 인식되었고, 더욱이 그러한 도통이 송시열을 매개로 조선에 계승되었다는 조선중화주의적 의식이 강했다. 따라서 정조는 신학을 이단으로 규정하고, 이에 대처하는 근본적 방법을 주자성리학[正學]의 존숭에서 찾았으며,[68] 이를 구체적으로 실현하기 위해 국왕 스스로는 물론 현직 관료와 유생들을 대상으로 하여 독서궁리(讀書窮理)라는 사대부의 전통적인 성리학 교육을 전개하였다.[69]

이상에서 살핀 바와 같이 18세기에 『직방외기』를 도덕적 수양과 관련하여 가장 먼저 읽은 사람은 이익이었다. 그는 주자의 학문을 상대화하고, 육경(六經)과 제자백가(諸子百家) 등에서 당면한 사회문제 해결의 사상적 기반을 찾으려는 가운데 서양 교육이 사대부의 도덕적 수양방법에 도움을 줄 수도 있다고 보았으며, 서양의 교육과 취업제도가 공거제와 유사한 형식을 가지고 있다는 데 주목하였다. 반면 신후담은 서양 교육의 내용과 목표, 취업자격의 기준을 중점적으로 검토하여 서양의 과학·기술 교육을

---

67) 정조는 즉위 직후부터 서적의 수입을 추진하면서 1781년 중국본 도서의 구입 목록인 『內閣訪書錄』에 기타 중국서적과 함께 『奇器圖說』, 『西方要紀』, 『직방외기』의 3종 서양서를 포함시켰는데, 이것으로 보아 정조도 『직방외기』를 읽은 것으로 추론된다(노대환, 「정조시대 서기 수용 논의와 서학 정책」, 『정조시대의 사상과 문화』, 돌베개, 1999, 207쪽).

68) 『弘齋全書』 卷163 90冊 日得錄 文學3, "近世士六夫 見識不高 每臨事 不能見到第一層道理 此坐不讀書耳" ; 『弘齋全書』 卷165 91冊 日得錄 文學5, "邪學之橫流 亦由於 正學之不明 明正學 莫先於存朱子 ; 鄭玉子, 『朝鮮後期 文化運動史』, 一潮閣, 1988, 58~73쪽.

69) 정조 스스로는 『尙書』에 나오는 三代의 이상적 군주상인 君師(신하와 백성의 교육을 실제적으로 주도하는 군주)를 실현하겠다는 목표를 가지고 성리학을 공부하며 이를 바탕으로 도덕적 수양을 해나갔다. 한편 정조는 37세 이하의 文官 가운데 젊고 재능 있는 사람을 선발하여 사서, 삼경 중심의 경학과 제술을 교육시키다가 40세가 되면 해제하는 일종의 관료 재교육 프로그램인 奎章閣 抄啓文臣制를 실시하였다. 이것이 어느 정도 성과를 보이면서는 교육 대상을 성균관과 사학의 유생, 더 나아가서는 지방의 유생으로까지 확대시켜 나갔다(金文植, 「君師 正祖의 敎育政策 硏究」, 『民族文化』 23, 2000 참조).

도덕성과 무관한 무익한 것으로, 신학 교육을 도덕성을 해치는 부도덕한 이단으로 평가하였으며, 이단으로 규정하고 이에 대처하는 과정과 방법에서는 철저히 주자성리학의 논리, 조선중화주의적 의식을 드러내기도 함으로써 전형적인 주자성리학자의 모습을 보여주었다. 아울러 신학 교육에 대한 신후담의 평가 논리와 대응 양상은 18세기 후반기 천주교에 대한 안정복의 입장, 정조대 천주교에 대한 근본적 정책으로 전개된 사대부의 전통적인 성리학 교육의 강화 등에서도 지속되었다. 이러한 가운데 18세기 후반기에는 일부 사대부에게서 특히 서양의 과학·기술 교육에 대한 재인식이 대두되었는데, 다음 절에서 계속 살펴보고자 한다.

2) 사대부의 과학·기술 교육에 대한 인식 변화

18세기 전반기 서양 과학·기술 교육에 대한 신후담의 평가가 도덕성과 관련되었음은 이미 앞에서 살펴보았다. 서양의 중학 단계에서 물리학 등과 같은 과학을 가르치지만 이것은 인간의 타고난 도덕적 본성을 제대로 성찰할 수 없게 만드는 무익한 교육이며, 대학에서 의학과 같은 천한 기술 교육을 법학(法學), 교학(敎學), 도학(道學) 교육과 동급으로 두는 것은 도덕성과 무관한 교육의 단적인 예라고 보았던 것이다.

조선 사대부들이 도덕성 함양을 위한 수기(修己)를 중시하면서 과학·기술을 도덕성과 무관한 잡학(雜學)·천술(賤術)로 여겨 그 교육을 중인 신분층에 전담하게 하고, 천문학과 역법에 대해서는 도덕적 수양을 위해 알아야 할 우주론의 일부와 관료의 의무로만 여기게 되었으며, 이로 인해 17세기에 시헌력의 채용에 있어서 사대부 관료와 중인 기술 관료 간의 역할 구분이 있었음은 이미 앞에서 서술하였다. 18세기에도 정부 주도로 시헌력 실시를 위한 노력은 계속되었고, 실제 이때부터 시헌력이 사용되기 시작하기도 하였다. 그러나 이 때에도 사대부 관료는 사신으로서 직접 일관들을 데리고 청나라에 가거나 일관들을 북경에 파견하였으며, 문헌을 구입하거나 새로운 학설을 습득해야 했던 것은 관상감의 일관(日官)들이었다.[70] 일반 사대부로서는 드물게 서양 천문학과 수학의 가치를 인정하고, 이와 관련된 한역서학서를 많이 섭렵하였던 이익의 경우에도 서학의 과학과 기술을 문헌고증적 방법으로 소개하는 것 이상의 진전이 없었던 것은 이 시기 과학과 기술 교육에 대한 사대부의 기본적 인식에 큰 변화가 없음을 보여준다.[71] 한편 신후담은 "서양은 바다 끝의 외딴 지역이며, 오랑캐의 궁벽한 지방에 불과하여 크기는 비슷하다 활지라드 중국과 같은 대열에 놓을 수 없다."라고 하여 외이(外夷)지역인 서양의 문물을 저차원의 것으로 취급하기도 하였다.[72] 결국 신후담이 서양 과학·기술 교육을 도덕성과 관련 없는 무익한 것이라고 평가한 데는 과학·기술 교육을 도덕성과 무관한 것이라고 보는 사대부의 기본적 인식, 서양의 과학과 기술을 화이론적 관점에서 보는 인식이 반영되었다.

그러나 18세기 후반기에는 서양 과학·기술 교육에 대해 종래와 다른 인식이 대두되기도 하였다. 그러한 인식은 서양인을 초빙하여 국중(國中)의 자제(子弟)들에게 서양 과학과 기술을 교육시키자고 주장한 박제가(朴齊家 : 1759~1805)가 "세상에서 가장 믿을 수 없는 것이 바로 우리나라의 의술이다. 게다가 북경에서 수입해오는 약은 진품이 아닌 것 같다. 믿을 수 없는 의술에다가 진품이 아닌 약을 쓰니 병이 치료될 리가 없다. 중국에 있을 때 서양 의서(醫書)를 번역한 책이 있다는 얘기를 듣고 구하려 했지만

---

70) 조선에서 시헌력이 실제 사용된 것은 채용이 결정된 50년 후인 1708년 관상감의 日官 許遠이 시헌력 五星法을 습득한 이후였으며, 이후 청나라에서는 케플러의 혹성이론을 새로 적용하여 시헌력이 내용이 바뀌는데 日官 安重泰, 安國燐, 安國賓 등이 이것을 다시 제대로 학습하여 청나라와의 차이를 극복하게 된 것은 1744년부터였다(노대환, 앞의 논문, 206~208쪽 ; 강재언, 앞의 책, 72~78쪽).

71) 이원순, 앞의 책, 225쪽 ; 成大慶, 「茶山의 技術官吏 養成策」, 『다산의 정치경제사상』, 창작과 비평사, 1990, 110~111쪽.

72) 노대환, 앞의 논문, 216쪽.

구하지 못했다. 유럽에서는 사람을 4등급으로 나눈다고 한다. 그 중 1등급에 속하는 사람들이 의학과 도학을 배운다. 따라서 하나같이 정확한 의술을 펴고, 사람이 죽고 사는 것도 미리 안다고 한다. 대부분의 약을 고약(膏藥)이 되도록 달이고, 그 중 정제된 것만 취하고 찌꺼기는 버리는 것이 또한 서양의 의술이라고 한다."73)라고 한 것에서 실마리를 찾을 수 있다.

박제가의 이러한 언급은『서학범』,『직방외기』등과 같은 한역서학서를 통해서건 다른 통로를 통해서건 그가 서양의 의술과 의학 교육에 대해 일정하게 이해하고 있었다는 것을 추론할 수 있는 대목이다. 그러나 더욱 주목할 것은 박제가가 서양 의술이 정확하고 사람의 생사를 미리 안다고 언급한 것이다. 이것을 서양인들이 사용하는 기구는 삶을 윤택하게 한다는 점에서 불교와 다르다고 했던 것과74) 연결시키면 그는 서양의 기술을 유익한 것으로 평가하고 있음을 알 수 있다. 또한 박제가가 "유럽에는 사람을 4등급으로 나누는데 의학을 배우는 사람이 1등급에 속한다"라고 언급한 것도 주목된다. 서양의 과학과 기술을 外夷가 만든 수준 낮은 것이며, 도덕성과 무관한 의학은 천술(賤術)로서 사대부 축에 끼지도 못하는 학문이기 때문에 교육과정의 최고 단계인 대학에서 교육시킬 수 없다고 평가한 신후담과 차이를 보이기 때문이다.

서양의 과학·기술 교육에 대해 종래와 다른 인식을 보여준 것은 이가환(李家煥 : 1742~1801)에게서도 나타난다. 그는 조선에도 서양의 수학을 교육시켜야 한다고 주장하면서 서양의 수학이 천문학과 역법의 기초일 뿐만 아니라 농업, 공업, 군사, 음악을 비롯한 모든 분야에 유익함이 있으며, 모든 기술의 근본 원리이기 때문이라고 설명하였는데, 75) 이러한 설명은

---

73)『北學議』內篇 藥, "我國醫術最不可信 貿藥於燕者 若患非眞 以不可信之醫 命非眞之藥 宜其病之不效也……余聞中國非眞 有飜西洋人醫書者 求之而不得也 凡歐羅巴人分四等 上等方學醫及道學 故術無不靜 能知死生 藥多膏煎 取其精而棄其滓 亦西法也".

74)『北學議』外篇 丙午所懷, "且其人……然厚生之具 則又佛之所無".

『서학범』에서 서술된 서양의 수학 교육과 거의 일치하였다.76) 실제로 이가환은『직방외기』는 물론『서학범』까지 읽었으며, 이 두 권의 책은 기문벽서(奇文僻書)에 불과하지만 자신의 견문을 넓혀주었다고 자평하기도 하였는데,77) 이것은 그가 조선 사대부 중 유일하게 서양 교육을 상세히 서술한『서학범』을 읽었다는 것을 확인시켜 주며, 견문 확대는 바로 서양 과학·기술 교육과 관련된 부분임을 알게 해주었다. 그리고 더욱 주목할 것은 서양의 수학이 제반 산업에 효용성이 있고, 모든 기술의 기초가 되므로 이에 대한 교육이 필요하다는 이가환의 인식 역시 서양의 과학 교육이 인간의 타고난 도덕적 본성을 제대로 성찰할 수 없게 한다는 이유로 무익하다고 평가했던 신후담과 차이를 보인다는 점이다.

이와 같이 박제가는 서양의 의학 교육을 우럽 최고 신분의 사람이 교육 과정의 최고 단계인 대학에서 배우고 있으며, 사람의 삶을 윤택하게 하는 유익함이 있다고 평가하고, 이가환은 서양의 수학 교육이 모든 산업 기술의 기초이며, 모든 산업에 유익함을 제공한다고 평가함으로써 종래 신후담과 차이를 보여주었다. 이러한 차이는 종래 학문과 교육을 중인 신분층에게 전담토록 했던 과학과 기술을 사대부 자신의 학문으로 확대시키고자 했던 변화에서 그 배경을 찾을 수 있으며, 그것은 사대부 독서 양상의 변화에서 확인된다.

---

75)『錦帶殿策』, "名物度數 年代愈近而爰嚴 日開欲一切 是古而非今者 非通變之論也 欲從事度數之學者 亦宜兼採新法……樂家之進律呂 工師之制器用 農家之興水利 兵家之策攻守 莫不有賴 推而至於諸家衆技凡屢 有數可計有形可摸者 咸來取法 靡適不當".

76)『西學凡』, "度數……數者而在音聲相湊爲和 立律呂家 度者在 天動轉運爲時 立曆法家……農以此知早潦 醫以此運氣 商以此畜散 工以此詳堅危無資焉 即如國家大事 治水者而不審高卑 何由酌其衆洩 用兵者而 不識器數 何從運其方略".

77)『黃嗣永帛書』47행(呂珍千 엮음,『黃嗣永 帛書와 異本』, 국학자료원, 1987), 51쪽, "李家煥……甲乙之際 聞李蘗等信聖教 責之曰 我亦見西洋書數卷(本家有職方外紀 西學凡等) 不過是奇文僻書 只可廣吾識見".

210

　박제가와 학문적 경향을 같이 하였던 박지원(朴趾源 : 1737~1805)은
사대부의 독서를 강학(講學)을 통한 논도(論道)의 과정이며, 독서를 통해서
는 그 혜택이 온 세상에 미치고, 그 공덕이 길이 전승되어야 한다고 보았다.
그는 지금까지 사대부는 개인의 도덕성 고양을 목적으로 독서를 통해
학문적 수양을 해왔지만, 그것이 고담성명(高談性命)과 극변이기(極辨理
氣) 같은 심성논변(心性論辨)에 너무나 치우쳐 왔다. 그러나 이제 사대부는
독서를 통해 효제충신(孝悌忠信)뿐만 아니라 예악형정(禮樂刑政)과 같은
실용(實用)을 강조하면서, 78) "명농(明農), 통상(通商), 혜공(惠工)하여 농
민, 상인, 공인의 실업(失業)을 막고, 농·공·상의 이치를 밝히는 실천적
학문을 탐구하여 그들의 생활 향상을 도와야 한다."79)고 주장하였다. 독서
양상의 이러한 변화는 홍대용(洪大容), 이덕무, 정약용 등에게서도 확인된
다.80).

　종래 사대부들이 도덕성을 고양한 것은 그가 관료가 되든 향촌사회에
그대로 있든지 간에 도덕성 그 자체가 피지배층의 모범이 되어 그들도
도덕적 삶을 살 수 있도록 교화시킨다는 데 의미가 있었다. 그러나 당시는
사대부들이 도덕성 수양을 위한 심성론 연구에 지나치게 집착하는 한편
백성들은 너무나 삶이 곤궁하여 도덕적 교화를 받아들일 수 없는 상황이었
다. 따라서 박지원을 비롯한 일부 사대부들은 수기 단계에서 독서목표를
개인의 도덕성 완성에서 사회의 도덕적 완성으로 확대하고, 독서 대상을
농·공·상과 관련된 과학과 기술 분야로 확대함으로써 현실 상황에 맞게
사대부 역할을 해내자고 주장하였던 것이다.
　이후 일부 사대부들은 연행(燕行)을 통해 청나라 문물을 직접 접하면서

---

78)『燕巖集』권10, 原士, "一士讀書 澤及四海 功垂萬世……若復高談性命 極辨理氣
　　各主己見 務欲歸一 談辨之際 血氣爲用 理氣纏辨 性情先乖 此講學之害之也".
79) 金泳, 「燕岩의 "士" 意識과 讀書論」,『연세실학강좌』2, 혜안, 2003, 296~305쪽.
80) 위의 논문, 298쪽.

그동안 자신들이 오랑캐라고 무시하고 북벌대상으로까지 삼았던 청나라가 문화적으로나 경제적으로 발전하고 있다는 사실을 더욱 절실히 깨닫게 되었고, [81] 더 나아가 조선의 경제적 낙후성을 극복하기 위해서는 오랑캐에게서라도 과학과 기술을 배워야 한다고 주장하게 되었다.[82] 그러나 서양의 과학과 기술을 수용하자는 논의는 천주교가 확산되던 1780년 중반 이후 서양의 과학기술에 대한 긍정적 인식이 천주교 확산을 초래한다는 이유로 수용에 반대하는 의견에 맞서게 되었다.[83] 그렇지만 앞에서 서술했듯이 정조대에는 천주교 확산을 막기 위한 근본적 대책으로 조선중화주의적 입장에 의한 성리학 존숭정책이 학문과 교육 분야에서 전개되었는데, 이로 인해 천주교 통제에 대한 자신감이 생겨나게 되면서 경제적 낙후성을 극복하기 위해서는 서양의 종교·윤리와 분리하여 서양의 과학과 기술만을 선별적으로 수용해야 한다는 주장이 계속되었다.[84]

이러한 가운데 이가환을 비롯하여 천문학과 역법, 수학 등에 정통한 사대부 과학자들이 당색에 상관없이 나오게 되었고,[85] 정조는 서양의 천문학과 역법이론을 조선 나름대로 체계화하겠다는 결심을 굳히게 되었으며,[86] 정약용의 경우처럼 서양의 과학과 기술의 상관성을 정확하게 인식하는 것은 물론이고 기술의 실제성과 효율성을 직접 현실의 삶 속에서 제시하는 사대부까지 나오게 되었다.[87] 과학과 기술이 중인 신분층에게 전담된 이후 시헌력의 도입 과정에서 사대부 관료들은 관상감 제조로서

---

81) 成大慶, 앞의 논문, 122쪽.

82) 『燕巖集』別集 卷12, 熱河日記, “苟利於民而厚於國 雖其法或出於夷狄 固將取而效”；유봉학, 『燕巖一派 北學思想 研究』, 一志社, 1995, 109∼116쪽.

83) 노대환, 앞의 논문, 227∼230쪽.

84) 위의 논문, 230쪽.

85) 문중양, 「19세기의 사대부 과학자 남병철」, 『과학사상』 33, 2000, 100쪽.

86) 노대환, 앞의 논문, 219∼242쪽.

87) 成大慶, 앞의 논문 참조.

도입을 주관하는 역할에 머물렀으며, 서양의 과학과 기술에 대해 가치를 인정하고 관심이 많았던 사대부 이익도 이론에 한정되었다. 그러나 18세기 후반기 이익의 증손인 이가환 단계에 이르면 자기 역할에 대한 사대부의 각성에 의해 과학과 기술 이론과 실제를 겸비한 전문가가 출현하게 되었던 것이다.

결국, 18세기 후반기 사대부의 각성 결과 조선이 당면한 경제적 어려움을 극복하기 위해 도덕성의 완성을 개인에서 사회로 확대하면서 종래 중인 신분층에게 전담케 하였던 과학과 기술 분야를 자신의 학문대상으로 확장시키고, 천주교 통제에 대한 자신감을 바탕으로 서양의 과학과 기술을 수용하자고 계속 주장하는 상황 속에서 박제가, 이가환 같은 일부 서기수용론자에 의해 서양의 과학·기술 교육에 대한 재인식이 대두되었다. 이러한 재인식은 조선의 과학·기술 교육을 보강하자는 논의로 연결되었다.

우선 박제가는 정조에게 올린 상소에서 "제가 듣기에 중국의 흠천감에서 역법(曆法)을 다루는 서양 사람들은 모두 기하학에 밝으며, 이용후생하는 방법에도 정통하다고 합니다. 우리도 그들을 초빙해야 합니다. 비용은 현재 관상감(觀象監) 한 곳에서 쓰는 것으로도 충분합니다. 국종 자제(國中子弟)들에게 선교사들로부터 천체 운행 및 각종 측량기의 사용법과 농법, 누에치기, 의약, 가뭄, 홍수, 건조, 습도 등에 대해 배우게 해야 합니다. 또한 벽돌로 가옥, 성곽, 교량을 쌓는 방법, 구리나 옥을 캐는 것과 유리를 굽는 방법, 그리고 외적을 방어할 대포를 설치하는 방법도 배우게 합니다. 그리고 논에 물을 대는 방법, 수레의 운행이나 배를 제작하는 방법, 벌목이나 돌을 운반하는 방법, 무거운 것을 먼 곳까지 운반하는 방법 등을 배우게 합니다. 그러면 그들은 몇 년 안에 세상을 경영하는 데 알맞게 쓰일 수 있는 인재가 될 것입니다."88)라고 주장하였다. 이가환도 정조에게 올린

---

88) 『北學議』 外篇 丙午所懷, "臣聞中國欽天監造曆西人等 皆明於幾何 精通利用厚生之
   方 國家誠以觀象一監之費 聘其人而處之 使國中子弟 學其天文躔次鍾律儀器之度

금대전책(錦帶殿策)에서 천문학을 진흥시키기 위한 방안 중 하나로서 인재 양성을 위해 서양 수학을 가르쳐야 한다고 주장하였으며, 더 나아가 서양의 수학교육을 통해 천문·역학 분야의 전문인을 양성하고 나아가 제반 산업 기술을 활성화시키는 동력으로 삼고자 하였다.[89]

당시 일부 사대부들은 농업·상업·공업과 관련된 과학과 기술을 자신의 독서 대상, 학문 분야로 확대시켜야 한다고 주장하였고 실제로 이에 정통한 사대부들이 나오고 있었다. 그러나 관상감에서 천문학, 지리학, 명과학 등과 같은 과학과 이와 관련된 기술을 중인 신분층을 대상으로 교육하고, 이들을 대상으로 잡과(雜科)를 실시하여 기술관료를 선발하는 것이 과학·기술 교육이 주축을 이루는 가운데 사대부의 과학·기술을 재생산할 수 있는 교육체제에 대한 고려가 전혀 이루어지지 않은 것 역시 현실이었다. 또한 산학(算學)의 경우 학문과 교육을 호조(戶曹)에서 담당하도록 하였는데, 해당 관청에서 자체적 교육이 이루어진 것은 다른 잡학들과 같았지만 학생 정원, 교수 정원 등에서 천문학, 지리학, 명과학, 의학에 비해 그 숫자가 적었으며, 잡과로 관료를 선발하는 데서도 제외될 정도로 그 비중은 매우 미미했다.[90]

당시 과학·기술 교육의 이러한 현황을 고려하면, 서양인 선교사를 초빙하여 국중자제(國中子弟)들에게 서양의 과학과 기술을 집중적으로 교육시켜 몇 년 안에 세상을 경영하는 데 알맞게 쓰일 인재로 만들자는 박제가의 주장은 초빙한 서양 선교사를 담당 교수로 삼아 사대부들에게 서양의 과학과 기술을 교육시키는 별도의 교육체계를 기존의 중인 중심 교육에

數 農桑醫藥早澇燥濕之宜 與夫造瓶甓築宮室城郭橋梁 掘坑銅取卝玉燔琉璃 設守禦火礮 灌漑水法 行車裝船 伐木運石 轉重致遠之工 不數年 蔚然爲經世適用之材也".

89) 노대환, 앞의 논문, 222~223쪽.

90) 이원호, 『조선시대 교육의 연구』, 문음사, 2002, 164~166쪽 ; 李成茂, 『韓國의 科擧制度』, 集文堂, 1994, 243~245쪽.

병행시킴으로써 일단 사대부들의 과학·기술 교육이 이루어질 수 있는 바탕을 마련하려는 의도를 가진 것으로 이해된다. 아울러 이가환이 서양 수학을 교육하여 제반 산업과 관련된 과학과 기술 발전의 기초 동력으로 삼고자 주장한 것 역시 당시 수학 교육의 미미한 비중으로 볼 때에는 교육 과정의 전반적 재조정을 통해 과학·기술 교육을 보강하고자 했던 것으로 여겨진다.

이상에서 살핀 바와 같이 종래 서양의 과학·기술 교육을 도덕성과 무관한 무익한 것으로 평가한 신후담의 경우와 달리 18세기 후반기에는 박제가와 이가환에 의해 서양의 의학 교육, 수학 교육이 사람의 삶을 윤택하게 만들고, 농업, 공업, 군사 등에서 유익함이 있다는 인식이 대두되기도 하였다. 이러한 배경에는 당시 사대부들이 조선이 당면한 경제적 어려움을 극복하기 위해 도덕성의 완성을 개인에서 사회로 확대하면서 종래 중인 신분층에게 전담케 했던 과학과 기술 분야를 자신의 학문대상으로 확장시키고자 힌 변화, 정조대 성리학 교육의 강화를 통해 생겨난 천주교 통제에 대한 자신감을 바탕으로 서양의 과학과 기술을 수용하자는 논의 전개 등이 있었다. 한편 일부 서기수용론자의 이러한 재인식은 서양인 선교사를 초빙하여 사대부들을 대상으로 서양의 과학과 기술을 교육시키자고 하거나 서양의 수학을 교육하여 제반 산업과 관련된 과학과 기술 발전의 기초 동력으로 삼고자 하는 주장처럼 종래 중인 중심의 과학·기술 교육 체계를 보강하자는 논의로 연결되기도 하였다.

4. 결 론

본고는 서양 문물의 수용에 대한 지식인들의 대응 양상을 재조명하는 데 일조하기 위하여 조선이 서양 교육을 처음으로 접한 17·18세기로 거슬러 올라가 이에 대한 사대부들의 이해를 그들의 독서 양상과 연결하여 살펴보았다. 논의된 내용을 정리하면 다음과 같다.

16세기 후반 주자성리학이 조선에 뿌리를 내리면서 사대부에게 수기(修己)는 치인(治人)의 필수조건으로서, 독서(讀書)는 수기(修己) 단계의 학문적 수양 방법과 과정으로서 자리잡았다. 이후 1세기 동안 주자성리학이 모든 사회문제를 해결할 수 있을 것인가, 아니면 대안은 어디에서 찾을 것인가에 대한 사대부들의 고민과 모색이 지속되는 가운데 17세기 후반에는 조선중화주의 이념이 강조되고, 주자성리학이 절대적 위상을 점하게 되었다. 따라서 성리학에 대한 체계적 교육과 학문적 수양을 위한 사대부들의 독서 양상은 지속되었고, 사대부의 천문학과 역법에 대한 관심 역시 도덕적 수양을 위한 우주론의 일부와 관료의 의무로만 남게 되었다. 17세기에 『서학범』과 『직방외기』를 비롯한 서양의 종교와 윤리, 과학과 기술 분야의 한역서학서가 중국(청)을 통해서 조선에 전래되고, 특히 정부에서 서양 역법인 시헌력(時憲曆)의 채용에 주력하는 가운데 사대부 대부분이 이 한역서학서를 독서 대상에 두지 않았던 것은 바로 이러한 배경 속에서 이해될 수 있다. 한편 이것은 도덕적 수양과 관련된다고 판단할 경우 사대부이 이 한역서학서를 독서 대상으로 삼을 수도 있음을 의미하는데, 그러한 양상이 나타난 것은 18세기에 들면서였다.

18세기에 『직방외기』를 도덕적 수양과 관련하여 가장 먼저 읽은 인물은 이익이었다. 그는 주자의 학문을 상대화하고, 육경(六經)과 제자백가(諸子百家) 등에서 당면한 사회문제 해결의 사상적 기반을 찾으려는 가운데 서양 교육이 사대부의 도덕적 수양방법에 도움을 줄 수도 있다고 보았으며, 서양의 교육과 취업제도가 공거제와 유사한 형식을 가지고 있다는 데 주목하였다. 반면 신후담은 서양 교육의 내용과 목표, 취업자격의 기준을 중점적으로 검토하여 서양의 과학·기술 교육을 도덕성과 무관한 무익한 것으로, 신학 교육을 도덕성을 해치는 부도한 이단으로 평가하였으며,

이단으로 규정하고 이에 대처하는 과정과 방법에서는 철저히 주자성리학의 논리, 조선중화주의적 의식을 드러내기도 함으로써 전형적인 주자성리학자로서의 모습을 보여주었다. 아울러 신학 교육에 대한 신후담의 평가 논리와 대응 양상은 18세기 후반기 천주교에 대한 안정복의 입장 제시, 정조대 천주교에 대응하는 근본정책으로 전개된 전통적인 성리학 교육의 강화 등에서도 지속되었다.

한편 18세기 후반기에는 서양의 과학·기술 교육을 도덕성과 무관한 무익한 것이라고 본 종래의 평가와 달리 서양의 의학교육, 수학교육이 사람의 삶을 윤택하게 만들고, 농업, 공업, 군사 등에 유익함이 있다는 인식이 박제가와 이가환 등에 의해 대두되기도 하였다. 이러한 배경에는 당시 사대부들이 조선이 당면한 경제적 어려움을 극복하기 위해 도덕성의 완성을 개인에서 사회로 확대하면서 종래 중인 신분층에게만 전담토록 했던 과학과 기술 분야를 자신의 학문 대상으로 확장시키고자 했던 변화, 정조대 성리학 교육의 강화를 통해서 생겨난 천주교 통제에 대한 자신감을 바탕으로 서양의 과학과 기술을 수용하자는 논의 전개 등이 있었다. 그리고 이러한 일부 서기수용론자의 재인식은 서양인 선교사를 초빙하여 사대부들을 대상으로 삼아 서양의 과학과 기술을 교육시키자고 하거나 서양의 수학을 교육하여 제반 산업과 관련된 과학과 기술 발전의 기초 동력으로 삼고자 하는 주장과 같이 종래 중인 중심의 과학·기술 교육체계를 보강하자는 논의로 연결되기도 하였다.

이와 같이 조선 사대부의 독서는 오늘날의 독서와 달리 도덕성 함양을 목표로 한 학문적 자기 수양 과정이자 방법이었다 따라서 사대부들이 예수회 선교사 알레니가 서술한『서학범』와『직방외기』를 읽었다는 것은 바로 서양 교육에 대한 학문적 성찰 과정을 거쳤음을 의미하였다. 또한 18세기 성호학파의 경우 도덕적 수양을 위한 보다 실천적 방법을 모색하기 위해 서양 교육을 성찰하였으며 대체로 현실 삶에서 지향하는 도덕적 가치라는 나름대로의 분명한 기준에 의해 서양 교육을 무익한 것, 부도덕한 이단으로 평가하고 주자성리학을 존숭함으로써 이를 막아낼 수 있다는 자신감을 보이기도 하였다.

그리고 이러한 자신감이 바탕이 되어 18세기 후반기 일부 서기수용론자들은 경제적 낙후성을 해결하기 위해 도덕성의 범위를 개인에서 사회로 확대시켜 나가면서 특히 서양의 과학·기술 교육을 재인식하여 조선의 과학·기술 교육을 보강하려 하기도 하였다. 이 시기 서양 교육에 대한 조선 사대부의 이러한 대응 양상은 서양의 종교와 윤리에 대한 것과 매우 유사하다. 『서학범』과 『직방외기』가 서학 관련 총서인 『천학초함』에서 종교·윤리 편[理編]으로 분류되어 저출판된 사실에서 단적으로 드러나듯이, 교육이라는 것은 세계관, 가치관, 인식론 등을 포함하는 것이었기 때문이다.

조선이 이처럼 서양 문물을 처음 접하면서 종교·윤리와 과학·기술을 구별하고 특히 필요에 따라 후자를 받아들였던 양상은 중국, 일본과 거의 차이가 없다.[91] 더구나 동아시아 지배층이 고수한 도덕적 정치이념과 가치는 18세기 중반기부터 19세기 초반기까지 서양의 계몽사상가들에 의해 이상적인 정치철학으로 인정받기도 하였다.[92] 신과 종교를 중심으로 한 중세사회가 인간, 이성, 철학 중심의 새로운 사회로 넘어가는 과정에서 인간의 구체적이고도 현실적인 삶 속에서 도덕적 가치를 지향하는 동양의 정치이념이 주목한 것은 어쩌면 당연한 일이기도 하였다. 이런 점에서 17·18세기 조선 사대부의 굳건한 자기 정체성은 오늘날 우리가 지켜내야

---

91) 중국에서 1772년 『四庫全書』를 만들면서 『서학범』을 이단으로 규정하여 제외시키고, 『직방외기』의 경우만 견문을 넓힌다는 이유로 한정하여 편입시킨 것은 이러한 사실을 잘 보여 준다(김귀성, 앞의 논문 ; 崔韶子, 「明淸時代의 西學認識」, 『東西文化交涉史硏究』, 三英社, 1997 ; 강재언, 앞의 책, 252~253쪽 참조).

92) 이승환, 「서양의 유교 이해에 대한 담론학적 분석」, 『유교 담론의 지형학』, 푸른숲, 2004, 45~74쪽.

할 것이 무엇이고 지향해야 할 것이 무엇인지조차 모른 채 서양 가치를 따라가기 바쁘고, 서양 수준에 맞추기 위해 애쓰는 우리의 모습을 되돌아보게 해준다.

참고문헌

〈저 서〉

『西學凡』(吳相湘 主編, 『天學初函(1)』, 韓國學資料院, 1984).

『職方外紀』 自序(吳相湘 主編, 『天學初函(3)』, 韓國學資料院, 1984).

『中宗實錄』(국사편찬위원회 영인본).

강재언 지음, 이규수 옮김, 『서양과 조선−그 이문화 격투의 역사』, 학고재, 1998.

金容雲・金容局, 『韓國數學史』, 科學과 人間社, 1977.

蘇光熙 외, 『현대의 학문 체계−무엇을 배울 것인가』, 民音社, 1994.

呂珍千 엮음, 『黃嗣永 帛書와 異本』, 국학자료원, 1987.

우용제, 『조선후기 교육개혁론 연구』, 교육과학사, 1999.

유봉학, 『燕巖一派 北學思想 研究』, 一志社, 1995.

李元淳, 『朝鮮西學史研究』, 一志社, 1986.

이원호, 『조선시대 교육의 연구』, 문음사, 2002.

李成茂, 『韓國의 科擧制度』, 集文堂, 1994.

정옥자, 『조선후기 조선중화사상 연구』, 일지사, 1998.

車美姬, 『朝鮮時代 文科制度 研究』, 國學資料院, 1999.

韓㳓劤, 『星湖 李瀷 研究』, 서울대출판부, 1980.

Albert Reble 지음, 정영근・임상록・김미환・최종인 옮김, 『서양 교육사』, 문음사, 2002.

도날드 베이커, 김세윤 역, 『조선후기 유교와 천주교의 대립』, 一潮閣, 1997.

E. M. 번즈・R. 러너・S. 미첨 씀, 박상익 옮김, 『서양문명의 역사 Ⅱ−중세에서 종교개혁까지』, 소나무, 1996.

〈논 문〉

고영진, 「16세기 후반~17세기 전반 서울 枕流臺 學士의 활동과 그 의의」, 『서울학연구』 3, 1994.

김귀성, 「17세기 J. Aleni 著 漢譯西歐敎育資料의 교육사적 의의 – 西學凡과 職方外紀를 중심으로」, 『한국교육사학』 21, 1999.

金泳, 「朝鮮時代 讀書論 硏究 – 退溪와 栗谷을 중심으로」, 『韓國漢文學硏究』 12, 1989.

金泳, 「燕岩의 "士" 意識과 讀書論」, 『연세실학강좌』 2, 혜안, 2003.

金恒洙, 「16세기 士林의 性理學 理解 – 刊行·編纂을 중심으로」, 『韓國史論』 7, 서울대 국사학과, 1981.

김현영, 「'실학' 연구의 반성과 전망」, 『韓國中世社會 解體期의 諸問題 – 연구의 현황과 과제(상)』, 한울, 1987.

노대환, 「정조시대 서기 수용 논의와 서학 정책」, 『정조시대의 사상과 문화』, 돌베개, 1999.

문중양, 「16·17세기 조선 우주론의 상수학적 성격」, 『역사와 현실』 34, 1999.

문중양, 「19세기의 사대부 과학자 남병철」, 『과학사상』 33, 2000.

박성순, 「조선후기 對서양인식에 관한 연구의 현황과 과제」, 『조선후기 연구의 현황과 과제』, 창작과 비평사, 2000.

朴連鎬, 「16세기 士大夫敎養의 理念 ; 爲己之學(上)」, 『國史館論叢』 56, 1994.

朴連鎬, 「16세기 士大夫敎養의 理念 ; 爲己之學(下)」, 『國史館論叢』 57, 1994.

成大慶, 「茶山의 技術官吏 養成策」, 『다산의 정치경제사상』, 창작과 비평사, 1990.

신병주, 「17세기 후반 소론학자의 사상」, 『역사와 현실』 13, 1994.

안외순, 「西學 수용에 따른 朝鮮實學思想의 전개양상」, 『東方學』 5, 韓瑞大學校附設 東洋古典硏究所, 1999.

원재린, 「조선후기 星湖學派의 讀書法과 講論 방식」, 『韓國史硏究』 120, 2003.

이남희, 「조선중기 역과입격자의 신분에 관한 연구」, 『淸溪史學』 4, 1987.

이승환, 「서양의 유교 이해에 대한 담론학적 분석」, 『유교 담론의 지형학』, 푸른숲, 2004.

이태진, 「한국의 학문적 전통과 서양 학문에 대한 반응」, 『현대의 학문 체계 – 대학에서 무엇을 배울 것인가』, 民音社, 1994.

조성을, 「실학과 민중사상」, 『한국역사입문』 2권, 풀빛, 1995.

池斗煥, 「朝鮮後期 實學硏究의 問題點과 方向」, 『泰東古典硏究』 3, 1987.

崔東熙, 『西學에 對한 韓國實學의 反應』, 高麗大學校 民族文化硏究所, 1988.

崔韶子, 「明淸時代의 西學認識」, 『東西文化交涉史硏究』, 三英社, 1997.

한영우, 「조선시대 중인의 신분계급적 성격」, 『韓國文化』 9, 1988.

17세기 서양 천문역법서적의 수입과
천문 역법인식의 변화
-서양역법인 시헌력 수용을 중심으로-

강 영 심

1. 머리말

우리 역사상 17, 18세기는 이질적인 문화충격과 마주하여 이를 적극적으로 수용하고 자발적으로 연구 분석하여 자국문화에 접목시켜 문화변동을 이끌어낸 시기라 할 수 있다. 특히 17세기 초 서구문화와의 초기 접촉은 조선지식인의 자율적 노력으로 시작되었다는 점에서 그 역사적 의의가 크다. 즉 이 시기 조선에 수용된 서양문화는 중국이나 일본처럼 외래의 서구인들이나 국가권력의 개입 등 타율에 의한 것이 아니라 조선인들 자신 내부의 필요에 따른 주체적 노력에 의해 받아들였다.

또한 조선의 서양문화 접촉은 선교사가 직접 입국해 활동했던 중국이나 일본과는 달리 중국에 정착한 서양 선교사들이 전한 서양문화, 한 걸음 더 나아가 당시 중국지식인이 받아들여 번역한 서양서, 서양문화를 조우했다는 특징을 띤다. 이 시기 조선사회가 적극적으로 외래문화를 수용하려는 노력은 당시 조선사회의 재건이라는 과제에 능동적으로 대처하려는 매우 적극적이고 주체적인 위기관리노력으로 이해할 수 있다. 이렇게 외국문화 수입에 역동적이고 진취적으로 대응한 지배층 지식인의 노력은 외래의 새 사상과 문화를 수용, 변용시켜 정착시킴으로써 사회발전의 길을 모색한

결과였다.

양난 이후 붕괴된 조선사회의 재건 및 신질서 모색이란 과제를 해결하기 위한 지식 습득의 욕구를 충족시키려는 조선후기의 지식인들은 그 어느 시기보다도 타문화와의 접촉이나 수용에 적극적이었다. 그런데 문화수용 방법 중 가장 유용한 것이 바로 문화의 결실인 서적의 도입이라 할 수 있다. 물론 조선의 경우 외국서적의 수입경로는 주로 중국이었다. 조선시대에서도 17·18세기에 특히 외국서적의 수입이 가장 활발하게 이루어진 것은 주지의 사실이다. 이 점은 다시 말해 당시 지식인이 무언가 새로운 학문정보가 필요했음을 의미하는 것이다. 그러므로 이 시기 외국서적의 독서 실태를 분석하는 작업은 당시 외국문화의 수용 및 변용 실상을 찾아내는 데 유익할 것이다.

이러한 관점에서 당시 수입된 외국서적은 서양의 과학적 성과를 수용한 책이 큰 비중을 차지하였으며 그 중에서도 조선의 지배층과 지식인들이 가장 관심을 가진 부분은 역법 관련 서적이었다는 사실은 주목할 만하다. 최근 연구에 따르면 중국에서 들어온 서양의 인문, 자연과학 서적은 대략 100여 종이었으며 그 중 역법 관련이 38종을 차지하였다고 한다.[1] 이런 점을 염두에 두어 조선지식인들이 중국을 경유해 들어온 외국서적의 독서를 통해 역법 및 관련 천문학을 접하고 이를 어떻게 수용하고 '자기화'하였는가를 고찰해 보고자 하는 것이 본 연구의 과제다. 본 연구는 17세기 전반 중국에서 도입된 서양역법인 시헌력에 초점을 두되 서적의 수입과 독서라는 관점에서 외래문화의 수용과 문화변동을 추적해 보고자 한다. 먼저 중국에 서양과학이 도입되어 적용되는 과정과 그 특징적 양상을

---

1) 노대환, 「정조시대 서기수용 논의와 서학정책」, 『정조시대의 사상과 문화』, 돌베개, 1999, 207~208쪽(당시 중국에 소개된 인문 자연과학서적이 총 186종임을 고려하면 조선에 수입된 서적은 결코 적지 않음이 주목된다) ; 송일기·윤주영, 「서학서의 한국전래에 관한 문헌적 고찰」, 『서지학연구』 15, 1998, 165~176쪽 참조.

분석하고, 이어 그것이 조선으로 전래되는 과정을 추적하면서 도입된 서적을 누가 읽었으며 독서의 양상과 그 독서결과가 문화변동에 어떻게 반영되는가를 살펴보겠다. 지금까지 17세기 서양과학 수용에 대해서는 조선지식인의 세계관, 우주관에 끼친 영향에 대한 연구성과가 적지않지만 독서란 주제로 접근한 전문연구는 없다.[2]

2. 조선의 서양천문역법서적수입과 문화접촉

1) 서양역법의 중국전래와 시헌력개력

17세기 초 조선의 부경사행원(赴京使行員)들이 북경에서 서양 선교사들과 직접 접촉하면서 처음으로 서양세계와 접하게 된다. 신이한 서양의 과학기술에 매료된 그들은 중국에 도입된 한역서학서(漢譯西學書)들을 자발적으로 구입해 귀국함으로써 당시 중국에 도입된 서구문화가 서적을 통해 조선으로 유입되었다. 예컨대 17세기 조선에 수용된 서학은 중국이나 일본처럼 외래의 서구인들이나 국가권력의 개입 등 타율에 의한 것이

---

2) 17, 18세기 조선 지식인들의 서양과학 수용에 대한 연구성과는 다음과 같다. 閔泳珪, 「17세기 李朝學人의 地動說―金錫文의 易學二十四圖解」, 『東方學志』 23, 1981 ; 小川晴久, 「地轉說에서 宇宙無限論으로―金錫文과 洪大容의 世界」, 『東方學志』 21, 1979 ; 小川晴久, 「十八世紀의 哲學과 科學의 사이―洪大容과 三浦梅園」, 『東方學志』 23, 1981 ; 朴星來, 「마테오 릿치와 한국의 서양과학 수용」, 『東亞研究』 3, 1983 ; 朴星來, 「한국근세의 서구과학 수용」, 『東方學志』 20, 1978 ; 朴星來, 「洪大容의 과학사상」, 『韓國學報』 23, 198 ; 朴星來, 「星湖僿說 속의 西洋科學」, 『震檀學報』 59, 1985 ; 유경로·이인규, 「洪大容의 天文思想과 地轉論」, 『科學教育研究論叢』 4-1, 1979 ; 李元淳, 「朝鮮後期 實學者의 西學 認識」, 『歷史教育』 17, 1975 ; 李龍範, 『韓國科學思想史研究』, 동국대출판부, 1993 ; 전용훈, 「朝鮮中期 儒學者의 天體와 宇宙에 대한 이해―旅軒 張顯光의 「易學圖說」과 「宇宙說」―」, 『한국과학사학회지』 18권 2호, 1996 ; 전용훈, 「김석문의 우주론―易學二十四圖解를 중심으로」, 『한국천문력 및 고천문학』(태양력시행백주년기념 워크숍 논문집), 1997 ; 박권수, 「徐命膺의 易學的 天文觀」, 『한국과학사학회지』 20권 1호, 1998 ; 정성희, 「西學이 儒教的 天文觀에 미친 影響」, 『국사관논총』 90, 2000.

아니라 조선인들 자신의 자율적 노력에 의한 것이었다.3) 그 중에서도 가장 적극적으로 수용한 것이 다름아닌 역법이었다. 이 시기 전래된 서양과학서적은 총 64종인데 역법류가 25종으로 가장 큰 비중을 차지하였고, 역법 관련 천문류는 13종을 기록하고 있다. 그 외 산법류도 역법의 추산에 필요한 종류가 다수 포함되어 있다.4) 그러므로 직접 시헌력의 推算에 사용되는 각종 역서와 역표 외에 천문 산법류 서적까지 포함시킬 경우 그 비중은 더욱 커진다고 하겠다. 다시 말해 서양과학 중 역법 관련 서적이 집중적으로 수용되고 조선에 전래되었다고 평가할 수 있다.

17세기 조선으로 유입된 서양과학서들은 16세기 말부터 중국에서 번역되어 당시 중국지식인은 물론 조선지식인의 독서대상으로 주목받게 되었던 책이었다.

이 서적들은 중국에 선교 목적으로 입국한 예수회 선교사들이 선교 방편의 하나로 서양 학문 특히 과학 관련 기기들을 소개하고자 제작된 것이었다. 예수회 선교사 중 한 사람인 마테오 리치(1552~1610)는 중국전교의 대상으로 당시 중국사회의 지식인인 사대부를 선택하였다. 그는 명말 지식인들이 공통으로 부패한 사회치유를 위한 해결책을 찾고 있다는 점에 주목하여 그들의 지적 관심을 유도하고자 천문학, 수학, 지리학 등의 서양과학을 소개하면서 중국 지식인들과의 교우관계를 형성하는 데 노력하였다. 리치는 선교활동을 위해 중국에 들어오기 전 그레고리 역법을 창안한 클라비우스에게 철학과 신학을 비롯하여 수학과 천문학 등을 수학하였다.5) 중국 선교활동 중 리치는 유럽에서 배운 학문을 중국에 전하고자

---

3) 일본의 경우와 비교해 보아도, 이 부분에 대한 학문적 연구가 시작된 것은 18세기 중엽으로 이미 서양의학이 도입되고 蘭學이 성행하고 있었다(이원순, 「조선 서학과 일본의 난학-대서양학문의 비교적 접근」, 『일본학보』 10, 1982).

4) 한역된 서양서적의 경우 종교적인 서적은 제외한 수치다(송일기·윤주영, 앞의 글, 165~176, 191~196쪽 참조).

5) 조너선 D. 스펜스, 주원준 옮김, 『마테오 리치, 기억의 궁전』, 이산, 1999, 190~191

하였다. 우선 유클리드 기하학을 정리한『기하원본』6권, 지명 전부를 중국어로 표기한 정확한 세계지도인『곤여만국전도』,『혼개통헌도설』등을 비롯하여 대략 22종에 달하는 서양 학술서를 중국어로 한역하였다. 특히 수학, 천문학, 지리학 등에 관한 서적은 중국 지식인들에게 서양 과학을 접하는 데 결정적인 역할을 담당하였다.6)

리치 등 예수회 선교사들의 번역작업을 도운 이가 중국학자 서광계(徐光啓)였다. 그는 명말 중국에 유입된 서학의 첫 번째 수용자로서 17세기 초 실용적인 서양 학술을 도입하며 구국의지를 폈던 인물이다.7)

서광계는 사대부로서 주자학적 배경을 기본으로 불교·도교에 대한 종교적 이해를 갖추고 양명학적인 소양도 가졌던 것으로 짐작된다.8) 1604년 마테오 리치와 접촉한 후 10여 년간 서양 고학서적 류의 한역에 종사하면서 서양 학문의 전달자 역할을 수행하였다.9) 리치를 도와 서양서적의 한역작업시 필기 등을 담당하면서『기하원본』,『측량법의』,『측량이동』,『간평의설』,『태서수법』등의 제작에도 참여하였다. 그는 서양 학술에 대해 "태서(泰西)의 여러 서적은 대부분 기묘한데 천문일절 등이 가장 정밀하다."고 평하면서『태서수법』의 서(序)에서 이르기를 "이는 격물치지(格物致知)의 학에서 나왔는데 그 큰 것이 역법이요 율려인데, 이를 이용하는 데 소홀해서는 안 된다."고 논하였다. 천문 역법 수학에 관한 그의 관심은 이 시기 중국 역국(曆局) 예보의 부정확성과 오류, 더 나아가 농업이나 수리, 치수문제가 역산과 관련이 깊었던 중국의 사회구조를 고려한

쪽.

6) 조너선 D. 스펜스, 주원준 옮김, 위의 책, 198쪽. 하지만 이 모든 활동 속에서 그가 항상 중요한 목적으로 삼았던 것은 중국인으로 하여금 자신의 과학적 성과에 관심을 갖게 하여 결국 그리스도교를 쉽게 받아들이게 하는 것이었다.

7) 최소자,「명말 지식인 서광계(1562-1633)의 서학수용태도」,『한국문화연구원 논총』52, 1987, 160~161쪽.

8) 최소자, 위의 글, 163~167쪽 참조.

9) 최소자, 위의 글, 174~175쪽.

근본적인 역산개혁에서 비롯된 것이라고 추측된다. 이런 인식에서 서광계는 선교사들과 수력작업(修曆作業)의 주축으로 활동하여 서양역법의 수용을 가능케 하였던 것이다. 그가 이지조와 더불어 당대 중국의 최고 지성인으로 평가되고 있음을 고려할 때, 그를 통해 중국지성인이 리치와의 교류를 통해 우수한 서양문화를 수용하고 발전시켜 간 실질적인 모습을 볼 수 있겠다.10) 서광계에서 찾아지는 이러한 면모는 동시대 조선지식인에게서도 찾아질 수 있을 것이다. 중국에 정착하여 포교활동을 전개하던 예수회 선교사들이 소개한 서양 과학과 기술 중에서 중국은 물론 조선에까지 큰 영향을 미친 것은 다름 아닌 서양 역법 및 천문학이었다

그런데 중국은 한대부터 재이론(災異論)적 관념이 생겨나 천문관찰을 제왕의 가장 중요한 임무로 간주하였으며, 농업사회의 특성상 기후 예측을 필수적인 일로 보았다. 그러므로 중국의 역은 서양의 달력이라는 기능 외에도 일식 · 월식의 예보, 오성의 순행 등을 예보해야 하는 일종의 천체력에 상당하는 고도의 천문학적인 역을 작성하고 정부가 인민에게 이를 사용케 하였던 것이다.11) 또한 이 역서는 조공국의 제왕에게도 수여되었는데, 중국 황제가 반포한 정삭을 존숭(尊崇)케 하는 권위의 표상이기도 하였다. 예수회 선교사의 서양 과학 중에서도 중국보다 예측이 보다 정확하였던 천문 역학을 중시한 소이가 여기에 있었다.12)

명나라의 역법인 대통력(大統曆)은 원대의 수시력을 기본으로 하되 회회력을 보조로 해서 제작되었는데, 4백여 년이 지나는 동안 천도와 차이가 생겨 천체 현상과 역서가 정확히 일치하지 않아 중엽 이후 개력논의가 제기되었다. 1629년 6월 일식 당시 대통력과 회회력에 의한 추산에 오차가

---

10) 마태오 리치 저작, 송영배 역주, 『교우론 외 2편』, 서울대출판부, 2000, 470쪽.

11) 中山茂, 『日本の天文學』, 朝日新聞社, 2000.

12) 姜在彦, 「朝鮮と西洋(2) マテオ・リッチと徐光啓・李之藻」, 『青丘』 2, 東京 : 青丘文化社, 1989, 132쪽.

생겼는데, 서광계는 서양역법에 의거하여 디를 정확하게 추산해 냈다. 이것을 계기로 하여 역법개수(曆法改修)의 상소를 올렸다. 그런데 역법에 정통한 리치 등 예수회 선교사들이 『천학초함』 등 서양 역산지식에 관한 역서를 간행하고 보급함에 따라 대통력을 보완하려는 의견이 대두되었으며, 서양 천문관에 기초한 역법이 이런 불일치 문제를 해결할 수 있다고 인식한 서광계의 주장이 받아들여져 역법개수의 칙령이 내려졌다.13) 역법개수의 총책임자로 임명된 서광계는 이지조(李之藻)와 롱고바르디 그리고 테렌쓰, 아담 샬을 역법 개수작업에 참여시켜 135권, 1탁, 1병장에 달하는 『숭정역서』(崇情曆書)를 완성하였다. 그러나 1644년 명의 멸망으로 역법개정을 이루지는 못하였다.

그러나 1644년 청조(淸朝)가 성립된 이후 '수명개제'(受命改制) 사상에 따라 역법개정이 이루어졌다. 1634년에 편찬된 『숭정역서』를 손질하여 『서양신법역서』(西洋新法曆書)를 편찬하고 이것에 의거하여 만든 시헌력을 1645년에 새로운 역법으로 반포하였다. 따라서 시헌력의 반포는 유럽 천문학의 집약인 서양 역서에 기초한 역법의 도입이란 중국 천문학사상 획기적인 사건이었지만, 다른 한편으로는 중국 전통과학과의 단절을 의미하기도 하였다.14) 따라서 개력의 실시 과정에서 전통적인 역법을 고수하려는 수구세력의 강력한 반발로 탄핵사건이 일어나 잠시 신력이 폐지되는 굴절을 겪기도 하였다.15) 즉 1660년대 강희져 즉위 후 보수파들이 국정을 장악하였는데 그 중 서양 역법 수용을 적극 관대한 양광선이 적극적으로 아담 샬 등 예수회 선교사들에게 공격을 가하기 시작하여 소위 1664년 '강희옥사'를 일으켰다. 곧이어 동서 역법의 시비를 둘러싼 논쟁과 실험이

---

13) 藪內淸, 『中國の天文學』, 恒星社厚生閣, 1949 170~179쪽.

14) 김용운, 「명・청초의 유럽과학 수입과 중국인의 수용자세」, 앞의 책, 1987, 156~165쪽.

15) アドリア・グレロン著, 矢澤利彦 譯, 『東西曆法の對立』, 平河出版社.

이루어졌는데, 여기에서 예수회 선교사가 승리를 거두면서 양광선 등은 잘못된 예보로 인해 흠천감에서 추방되었다.[16] 이러한 일련의 과정을 통해 서법이 천체의 현상과 합치된다는 사실이 재차 확인되면서 서양신법이 전적으로 사용되기에 이르렀다.[17]

비록 전통역법 고수세력의 신역법에 대한 공격은 실패로 돌아갔지만 이는 전통 중국역법과 서양역법 간의 갈등이었으며, 서양역법을 수용하는 과정에서 일어난 기존 역법체계의 수호를 위한 저항이 표출된 사건이었다. 즉 서광계 등 신역 지지자들은 '태양경도 변화의 진솔(眞率)'을 절기 배치의 기초로 변경시켰으며 개력이 진행되면서 평절기는 천상의 진짜 절기가 아니라고 주장하며 신역에서는 전래의 평기법(平氣法)을 버리고 정기법(定氣法)을 사용한다고 선언했던 것이다.[18]

중국의 전통역법과 서양역법인 시헌력 사이의 가장 큰 차이는 절기의 배치방법이다. 예컨대 중국의 전통역법에서는 항기법(恒氣法) 혹은 평기법이라는 절기배치법을 사용하는데, 이는 1년에 24개 절기를 균등하게 나누어 한 절기를 365.25일의 1/24인 15일 2시 5각으로 규정하는 계산법이다. 반면에 서양역은 태양의 실질 운행에 기초한 부등속운동을 감안하여 절기 간격이 일정하지 않다는 것을 고려한 정기법을 사용한다. 17세기 중국에 도입된 서양 역법 시헌력은 바로 이 정기법이었다. 정기법은 태양이 황도 상에서 15도 이동하는 시간을 한 절기로 정한 까닭에 여름과 겨울의 절기 간격이 다른 것이 평기법과 전혀 달랐다. 즉 태양의 운행속도가 계절에 따라 다르므로 태양의 실질운행을 정확하게 측정한 후 이를 계산해서 역법을 작성하였는데 이는 서양역법의 우수성을 입증하는 중요 지표가

---

16) 姜在彦, 앞의 글, 80~82쪽 참조.

17) 『淸史稿』時憲志.

18) 『新法算書』 권1, 緣起1(文淵閣四庫全書, 788책), 13, 63 ; 전용훈, 「17-18세기 서양 과학의 도입과 갈등」, 『동방학지』 117, 2002, 6~7쪽.

되었다.[19)

전혀 다른 천문학적 기초를 가진 동서 역법 간의 갈등은, 시헌력의 본격적인 시행과 함께 기존 역법주관자들이 강력하게 반발하면서 표출되었다. 양광선은 1660년 5월과 11월의 상소에서 윤달 배치와 1개월 중 3절기가 들게 된 점을 강력한 오류로 지적하면서, 개벽 이래 지금껏 11월에 대설·동지·소한 절기가 함께 든 예가 없었다고 하였다.[20)] 이에 대해 서양역법을 정비한 남인회(페르비스트)는 서양역은 천체의 움직임을 가장 정확하게 반영하고 있다는 점을 강조하고 실제 관측에 기초하지 않은 것은 올바른 법이 아니라고 강변하였다. 즉 아담 샬이 평절기는 천상의 진짜 절기가 아니라고 주장한 것과 같은 입장에서 실질적인 태양관측을 바탕으로 한 서양역법의 우수성을 확신한 것이었다. 그런데 전통 역법옹호자들이 더 우려했던 것은 관측에 바탕한 정기법이 실제 태양의 운행과 더 일치하는가의 여부보다 전통과 단절된 역의 작성과 그 운용이 백성에게 미치는 영향이었다.[21)]

시헌력이 시행된 초기에 드러난 전통력과 서양역 사이의 갈등은 근대 이후 과학적이고 합리적인 관측경험이 더 우수하다는 판단에 힘입어 전통의 폐기와 서양과학의 수용 및 정착으로 수정되었다. 그리하여 서양역법의 시행상의 문제에 대한 건의와 반대에도 불구하고 서양역법의 정확성을 중시한 청나라 황제들의 판단에 따라 시헌력은 1645년 공식역법으로 공포된 이후, 초기에 잠시 폐기되는 우여곡절을 겪기도 하지만 지적당한 오류들을 수정해 나가면서 19세기 내내 청나라 역법으로 사용되었다.

물론 서양역서는 당시 서양 천문학의 가치를 널리 인식시키는 데 크게

---

19) 전용훈, 위의 글, 7~10쪽.

20) 전통역법에서는 24절기를 15일 간격으로 배치하므로 1달 안에 2개의 절기(12절기, 12중기 중 각각 1)를 두게 된다는 줌에서 3개의 절기배치는 수용할 수 없었을 것이다.

21) 전용훈, 앞의 글, 12쪽.

공헌하였지만, 여기에 수용된 서양의 천체관은 여전히 프톨레마이오스의 기독교적 천체관에서 벗어나지 못한 한계점을 안고 있었다. 즉 프톨레마이오스의 천문학은 12중천설이라 하여 지구를 중심으로 하는 태양-달-항성의 궤도운동론인데, 중세 천주교의 지지를 받은 학설이었다. 반면에 16세기 이후 유럽에서는 이러한 지구중심설을 부정하고 코페르니쿠스의 태양중심설, 덴마크의 천문학자 티코 브라헤(Tycho Brahe)의 지구중심의 우주체계, 뒤이은 케플러의 타원궤도 이론, 그리고 갈릴레이 이론 등이 끊임없이 발표되면서 과학혁명의 바탕이 마련되고 있었으며 코페르니쿠스의 태양중심설은 실증을 거쳐 인정받기 시작하였던 것이다. 그럼에도 불구하고 서양선교사가 중국에 소개한 천문학은 당대의 선진 학설이 아니라 천문학과 종교가 절충된 프톨레마이오스 천문학이었다.

물론 아담 샬은 1620년 최신 학문인 티코브라헤의 천문학을 중국에 소개하였다. 즉 그가 재편한 서양신법 역서에 수록한 「역법서전」(曆法書傳)에서 그는 코페르니쿠스의 「천구(天球)의 회전에 관해서」의 내용을 소개하며 지동설(地動說) 부분을 천동설(天動說)로 고쳐 소개하였다. 대진현(戴進賢, I. Kögler)의 「역상고성후편」(曆象考成後編)은 지동설의 바탕 위에 체계화된 케플러의 타원설을 설명하면서도 지동설 자체에 관해서는 언급을 피하였다. 그들이 소개한 서양과학의 중심이 천문학이었던 까닭은 중국인의 관심이 천문학에 있었기 때문이고, 포교 목적을 위한 수단으로서 필요하였기 때문이다.[22]

당시 중국에 전래된 서양의 천체구조론 가운데 중국 지식인들 사이에 지배적인 천체구조론으로 자리잡은 것은 티코 브라헤의 설이었다. 프톨레마이오스의 지구중심설보다 진전된 티코 브라헤의 천체구조론은 지구를 중심에 두고 달과 태양이 지구를 돌고, 수성, 금성, 화성, 목성, 토성은 태양을 중심으로 하여 운행한다는 가설이었다. 이는 태양을 중심으로 수성,

---

22) 김용운, 앞의 글, 2000.

금성, 지구, 화성, 목성, 토성이 궤도를 운행한다고 본 코페르니크스의 천체구조와는 다르지만, 지구를 제외한 태양계의 구조는 유사하다. 티코 브라헤의 설은 종래 프톨레마이오스와 코페르니크스의 절충형으로서, 전적으로 종교적인 배려의 결과라고 할 수 있다.

여하튼 이런 서양학설은 천체구조를 하늘은 원형의 곡면으로, 땅은 평면이라고 하는 천원지방설(天圓地方說)로 파악해 온 중국인의 전통적인 천체구조론에 충격을 던져주었다. 중국에서는 천원지방설 이전에 하늘이 땅을 덮고 있다는 개천설(蓋天說), 하늘은 달걀과 같고 땅은 계란의 노른자와 같다는 혼천설(渾天說), 하늘은 특별한 형체가 없고 해와 달과 별들은 하늘에 매여 있는 것이 아니라 떠 있다는 선야설(宣夜說) 등이 발달하였다. 그 중 개천설과 혼천설은 한대 이후 근세에 이르기까지 동아시아의 정치·철학·천문 사상의 핵심을 이루었다. 중국의 정치교과서라 할『서전』(書傳)에 도시된「선기옥형도」(璇璣玉衡圖)는 혼천설을 대변하는 관측기구로, 이는 지구를 중심으로 태양이 회전하는 천체 구조로 이루어져 5성의 관측에 이용되었다. 이처럼 땅은 평면이요 하늘은 곡면으로서 땅을 둘러싸고 있다는 우주관이 근세까지 동아시아를 지배하였던 것이 사실이다.

17세기 중국에서 서양역법을 수용되어 정착되는 과정 중에 천주교 박해가 잇달았음에도 불구하고 서양신법(西洋新法)이 채용된 이래 200년간에 걸쳐 서양선교사가 시헌력을 주관하고 담당할 수 있었던 것은, 서양역법이 기존의 중국역에 비해 역법추보나 일식 월식예보에서 정확성이 뛰어나다는 점을 인정했기 때문이다.

2) 서양천문역법서적의 수입과 문화접촉

17세기 조선사회는 임진왜란으로 기존의 각종 사회적 인프라가 무너지면서 국가 차원에서 정치, 경제, 문화, 사회 전반에 걸친 제도의 재정립이

232

시급한 선결과제로 떠올랐다. 더구나 대외적으로는 명·청 정권교체, 일본 도쿠가와 체제의 완성 같은 정치적 변화가 맞물리는 중요한 시기였다. 이러한 상황하에서 조선에서는 국가와 지식인 스스로가 외부와의 문물교류를 통해 대내외적 위기를 극복하려는 움직임이 활발해져 명말청초의 혼란 속에서 중국과의 적극적인 문물교류를 도모하는 한편 중국에 전해진 서양문물의 도입도 추진하였다.

그런데 17세기 무렵에는 중국으로부터 외국 문물을 받아들이고 서적을 구입하는 데 어려움이 적지 않았다.23) 조선정부 내에 명 멸망 후에도 명에 대한 대의명분을 강조하는 세력들이 주도권을 장악하여 만주족이 세운 청나라에 대해 적대적인 태도를 취하였고 청나라 역시 명나라에 우호적인 조선을 위협세력으로 간주하고 조선사신과 선교사들의 접촉을 통제하고 있었기 때문이다. 이러한 난제는 18세기 들어 차츰 해결되어 갔다. 우선 청나라가 반란을 진압하고 정치적 안정을 되찾으면서 조선과 화해를 시도하였고, 조선 역시 효종의 북벌책에서 벗어나 청국과의 관계개선에 나섰기 때문이다.

17세기 조선에 가장 먼저 전래된 외국서적은 마테오 리치가 제작한 세계지도로, 1603년 사행 후 전해진 『곤여만국전도』(坤輿萬國全圖)와 1604년에 전해진 『양의현람도』(兩儀玄覽圖)였다. 이 지도는 중국중심의 세계관에 젖어 있던 조선인들에게 충격을 주었다. 지도에는 5대 주가 모두 표기되고 아시아주의 일부에 중국이 자리하고 있었으니 경천동지(驚天動地)할 만했다. 여기에 자극받은 조선인들은 서양서적에 관심을 두고 점차 서적의 수입에 주력하게 되었다.

조선에 서양천문학 관련 서적과 기기들이 수입된 최초의 기록은 1631년이다. 로드리게스(陸若漢)가 준 『치력연기』(治曆緣起) 1권, 『천문략』(天文

---

23) 다만 17세기 후반 청조가 중국을 지배하게 된 이후로는 서학의 도입이 명대에 비해 한층 어려워진 것으로 보인다. 최소자, 앞의 글, 16쪽.

略) 1권,『이마두천문서』(梨馬竇天文書) 1책,『원경서』(遠鏡書) 1책,『천리경설』(千里鏡說) 1책,『직방외기』(職方外記) 1책,『서양국풍속기』(西洋國風俗記) 1책,『서양국공헌신위대경소』(西洋國貢獻神威大鏡疏) 1책,『천문도』(天文圖),『남북극』(南北極) 2폭(幅),『천문광수』(天文廣數) 2폭,『만리전도』(萬里全圖) 5폭, 홍이포제본(紅夷砲題本) 하나를 바쳤다는 내용이었다.24) 이후 적지 않은 서양 과학서적과 기기들이 조선으로 수입되었다. 이렇게 유입된 수십 권의 서양서적은 대개 서양역법, 천문지리에 관한 것이었다. 이 책들을 전해준 로드리게스는 원래 일본에서 활동하던 포루투갈인 예수회 선교사로, 33년 동안 일본에서 선교를 하다가 1610년 도쿠가와 막부의 포교 및 무역의 분리정책 시행으로 마카오로 추방 당했던 인물이다. 이후 마카오에 있던 그가 1631년 북경으로 사행 가던 정두원 일행을 산동반도 등주에서 조우하였는데, 선교를 목적으로 하여 사신들과 친분을 맺고 중국어로 된 서양과학서와 천주교서 그리고 리치의 세계지도를 전했던 것이다.25)

이 서적들 가운데『치력연기』는 서광계와 롱고바르디의 저작으로 중국의 치력(治曆)사업 연혁에 관한 것이며,『이마두천문서』는 리치가 구술하고 이지조가 집필한『혼개통헌도설』(渾蓋通憲圖說)로서, 클라비우스로부터 천문학 강의를 받을 때 사용한 교과서를 한역한 것이다.26) 최초로 이 책을 읽고 나서 로드리게스와 학술을 논한 조선인은 역관으로 동행한 이영후(李榮後)였다. 이영후는 서양식 천문추산법을 습득하기 위해 그 곳에 머물기도 한 인물로, 로드리게스와 서양의 천체관, 만국지도, 역법 등에 대해 서한을 교환한 바 있다.27) 편지에서 이영후는『치력연기』와『천문략』

---

24) 『增補文獻備考』242, 藝文考 獻書 즈선편.

25) 강재언,『서양과 조선』, 학고재, 1998, 43쪽.

26) 朱維錚 主編,『伊瑪竇中文著譯集』, 上海 : 復旦大學出版社 참조.

27) 안정복,『雜同散異』,「與西洋國陸掌敎若漢書」및「西洋國陸若漢答李榮後書」참조.

을 읽고 난 후 중국 중심적인 세계관이 뒤집힌 충격을 매우 솔직하게 밝혔다. 예컨대 처음으로 서양에도 천도(天道)에 정통한 학자가 있으며 예로부터 뛰어났음을 알았다고 전하면서, 아울러 만국전도를 언급하며 세계가 5대 주로 이루어졌다는 사실에 놀라웠다는 소감을 언급하였다. 물론 더 이상 로드리게스와는 만날 수 없었지만, 17세기 초 지도를 통해 간접적으로 서양인 마테오 리치를 알게 된 한 조선 지식인이 비록 잠깐이지만 서양인과 직접 접촉했을 뿐 아니라·서양과학에 대해 대화를 나누기도 했다는 점에서 역사적인 경험이었다고 하겠다.[28]

그 뒤 청이 1645년 시헌력으로 개력(改曆)하고 신역이 선교사가 제작한 서양역법이라는 사실이 조선에 알려지자 서양역법 천문에 대한 관심이 더욱 높아졌다. 그 결과 서양역서는 물론이고 새로운 역법과 그 역법을 가능케 해준 최신 천문학 관련 서적에 대한 수입도 이루어지기 시작하였다.

이 시기 조선에 도입된 역법 관련 서적을 정리한 것이 <표 1>이다. <표>에 제시된 외국서적이나 지도 등은 서양 선교사들이 중국어로 번역한 것들로서, 간행연도를 염두에 두면 비교적 빠르게 조선에 도입되었음을 알 수 있다. 특히 조선인들은 주도적으로 새 지식을 확보하고자 노력했다는 점에서 당시 조선이 외래문화의 수용에 적극적인 대응을 엿볼 수 있다.

새로운 서적들이 조선으로 들어오기 시작하면서 사적·공적 루트를 통한 서적 구입에 힘입은 탓인지 당시 조선 지식인들의 독서목록에는 기존의 유학 중심에서 벗어나 다양한 유형의 서적들, 즉 당시 중국에서 많이 읽히고 있던 책을 비롯하여 소위 '서학'으로 불리던 책들까지 포함되는, 대상의 다양화 양상이 나타나기 시작하였다. 그런데 17세기에 새롭게 소개된 역법 천문서적들은 대체로 중국이 새로 개역한 시헌력과 관련된 내용을 담고 있었다.

---

28) 강재언, 『서양과 조선』, 57~56쪽.

3. 시헌력의 도입과 신구역법의 갈등

조선은 예로부터 중국에서 삭을 받아 써왔고 별도로 역서(曆書)와 의기(儀器)를 마련하지 않았다. 고려는 선명력(宣明曆)과 수시력(授時曆)을 썼고 조선은 명에서 삭을 받았다. 그러다가 세종이 역상(曆象)을 중시하고 대통력(大統曆)에 오류가 많다는 사실을 파악한 후 정인지 등에게 명하여 칠정궤통을 교정케 하고 간의(簡儀)와 앙의(仰儀)를 주조케 하여 비로소 역서와 의기가 갖추어졌던 것이다.[29] 시헌력 전 조선에서 사용된 역은 세종조에 정비된 조선화된 역이었다. 예컨대 중국 전통의 천문학과 아라비아 천문학이 가미된 대통력(大統曆)과 회회력(回回曆)의 장점만을 활용하여 『칠정산내외편』이라는 조선역법서를 편찬한 것이다. 이에 따라 조선의 역법(曆法)은 정밀해지고 한반도를 기준으로 한 우리식의 역(曆) 추보도 최초로 가능해지게 되었다. 즉 역법 추산을 할 수 있을 만큼 역산천문학의 수준이 높아진 것이다.[30] 물론 중국이 타국의 자주적인 역서 제작을 금하고 있었기 때문에 완전히 자주적인 역서를 만든 것은 아니었지만 어쨌든 중국역을 그대로 사용하지 않고 우리의 시간과 실제 관측에 맞는 적절한 역법으로 발전시켰다는 데서 그 의의를 찾을 수 있다.

그런데 1645년부터 청조가 아담 샬이 작성한 서양역법을 시헌력으로 명명하고 공식화하자, 이 사실을 확인한 조선에서도 본격적으로 역법 개정 문제가 제기되었다. 즉 청조의 북경 입성에 따라 북경에서 볼모로 생활하던 소현세자(昭顯世子)와 봉림대군(鳳林大君)이 귀국한 후 세자를 수행한 한홍일(韓興一)이 역법 개정을 건의한 것이다. 한홍일은 1645년(인조 23) 6월 청국이 채용한 시헌력의 정확함에 감탄하고 차자를 올려 원조(元朝)의

---

29) 서호수 · 성주덕 · 김영 편저, 이은희 · 문중양 역주, 『국조역상고』, 「서호수서」, 소명출판, 2004, 20~21쪽.

30) 박성래, 『한국인의 과학정신』, 평민사, 1993. 41~42쪽 ; 吉田光邦 저, 강석태 역, 『日本科學史』, 교학연구사, 1981.

236

곽수경(郭守敬)이 역서(曆書)를 고쳐 만든 지 거의 4백여 년이나 되었으니, 지금 의당 바로잡아야 할 것이라면서 북경에서 입수한 흠천감정 아담 샬의『신력효식』(新曆曉式),『개계도』(改界圖),『칠정역비례』등을 조정에 올려 개력의 필요성을 강조하였다.31) 그가 청국의 역법 개정 사실을 인지하고 그 역법의 정밀성을 직접 확인하여 관련 도서를 확보해 온 것은, 조선에서도 보다 정밀한 역법이 필요하며 중국역법의 개정은 곧바로 조선역법의 개정으로 이어질 것이므로 신법 사용이 불가피하다는 점을 인식하였기 때문이다. 시헌력의 우수성을 절감한 때문인지 한흥일은 아예 공식력으로 채택되기 전부터 집안 제삿날을 모두 시헌력으로 정했던 일로 당시 지식인들에게 비난을 사기도 했다.32)

한편 1645년 12월 관상감제조 김육도 역법개정의 필요성과 역서 작성대책을 제기하여 구체적인 준비에 착수할 것을 제안하였다.

> 관상감 제조 김육이 아뢰기를, "……(수시력이) 후세의 정교한 책력이라 할 만합니다. 그러나 천체의 운행이 매우 활발함에 따라 쌓인 차가 날로 더 많아져서, 초저녁과 새벽에 나타나는 별자리의 위치가 조금씩 틀립니다. 천체 운행의 수가 이미 다 찼으므로 당연히 책력을 고쳐야 하는데, 서양의 책력이 마침 이러한 시기에 나왔으니 이는 참으로 책력을 고칠 기회입니다.…… 중국이 병자·정축 연간에 이미 역법을 고쳤으니,…… 이번 사행 때에 일관(日官) 한두 사람을 데리고 가서 역관을 시켜 흠천감(欽天監)에 탐문하여 보아 근년의 책력 만드는 누자(縷子)를 알아내어 그 법을 따져보고 의심나고 어려운 곳을 풀어온다면 거의 추측하여 알 수 있을 것입니다."

김육의 이 같은 주장은 서양역법인 시헌력이 서양의 천문학, 수학 및

---

31)『인조실록』인조 23년 6월 3일.
32)『인조실록』인조 26년 3월 7일.

천문관측의 성과를 집약한 것이므로 이들 학문에 대한 기초 지식 없이 시헌력을 수용하기가 쉽지 않음을 간파한 것이다. 게다가 한흥일이 가져온 탕약망의 신법요식에는 성도(星度)의 차수(差數)와 절기의 영축 내용은 있지만 역법계산에 필요한 천문상수의 수표인 입성(立成)이 없었기 때문에 이 책으로는 새 역법을 만들 수가 없었다. 따라서 가장 시급한 것은 신역법이 구역법과 다른 방식을 취한 1일의 시각법계산과 절기법(節氣法)의 파악이었다. 즉 구역이 1일 100각법을 취한 데 비해 시헌력은 96시각으로 계산을 하고, 1년 24절기를 결정할 때 정기법(定氣法)을 채택하고 있었던 것이다.[33)]

이 같은 문제점을 해결하기 위해 관상감제조인 김육을 중심으로 해서 시헌력 개력을 위한 준비작업에 착수하였다 중국에서 발행된 시헌력 관련 서적을 구입하는 한편, 일관(日官)을 비밀리에 중국으로 보내 시헌력 제작자로부터 직접 신역법을 배우게 한다는 계획을 세웠다. 이듬해 김육은 시헌력 관련 서적을 구입하여 관상감의 김상범(金尙范) 등에게 연구케 하였다. 또한 아담 샬로부터 서양역법을 배우려는 계획이 실패로 돌아가자 역서를 밀매한다는 계획까지 세울 만큼 적극적인 태도를 취하였다. 조정에서는 다시 1651년에 일관 김상범을 북경 흠천감에서 1년 동안 학습하도록 하였는데, 그는 뇌물을 이용하기도 하고 각고의 노력을 기울인 끝에 마침내 시헌력의 편산(編算) 방법을 터득하고 귀국하였다.[34)]

그 뒤 1652년 관상감에서 1653년 시헌력 시행을 위한 방안으로서 재차 일관 교육을 건의하였다. 예컨대 칠정산역법(七政算曆法)을 미처 전수하지 못하였으므로 일과(日課)는 신법(新法)을 쓰고 칠정산은 예전대로 할 경우 상충되는 일이 있을 것을 염려하였다. 또한 월식을 측후(測候)할 때 수성(水

---

33) 문중양, 「17-18세기 서양과학의 도입과 갈등―시헌력시행과 절기배치법에 대한 논란을 중심으로―」, 『東方學志』117집, 2002, 17~18쪽.

34) 『인조실록』 인조 26년 9월 20일.

星) 목성(木星)을 아울러 측후하였는데 신법만 맞았으니, 일식월식 추보도 가능하면 전수해야 한다고 주장하여 동지사 사행시 다시 일관을 파견하여 신법 추보를 전수하게 하자고 하였다.[35] 이러한 노력들은 결실을 맺어 드디어 1654년(갑오년) 시헌력 역서를 반포하니, 조선도 서양역법에 기초한 개력을 단행하였다.[36] 물론 이 시기 태양과 달의 운행 및 위치를 정하는 일전과 월리에 관한 것은 완비되었지만 교식(交蝕) 추보나 오성(五星) 추보는 그 운용체계를 확보하여 연구를 하지 못한 까닭에 기존의 칠정산법에 의존할 수밖에 없었던 미비함이 있었다.

그 뒤 오성(五星) 추보까지 완벽하게 습득하여 시헌력을 완성한 것은 그로부터 50년이 지난 1705년경이었다. 즉 1705년 동지사와 동행한 일관 허원이 흠천감 역관 하군석의 지도를 받아 겨우 시헌의 오성법을 습득하였던 것이다. 그리고 마침내 1708년부터 조선에서도 완전한 신역법이 사용되었다.

이렇게 오랜 시간과 연구를 거듭한 후에야 숙지할 수 있게 된 서양역법 시헌력이 조선 내의 공식역으로 정착하는 과정에서도 역시 청과 마찬가지로 새로운 서양문화의 수용에 따른 내부갈등도 적지 않았다. 즉 청의 시헌력 도입에 대한 반론이 제기된 것이다. 효종 초기 소론계인 남극관(南克寬)과 김시진(金始振) 등의 시헌력 채용 반대가 그것이다.

조선에서 시헌력이 공식역으로 채택된 그 시기, 중국에서는 서양역의 채용을 둘러싸고 논쟁이 야기되어 중국인 구역관들이 신역관인 서양선교사 아담 샬 일파를 타도하는 소위 강희옥사(康熙獄事)를 일으켰다는 것은 앞서 밝힌 대로이다. 새로운 문화수용 과정에서 어김없이 나타나는 신구문화의 갈등 양상은, 시헌력을 채택한 청국 자체에 대해 부정적인 시각을 가진 조선의 지식인들을 중심으로 제기되었다. 즉 시헌력이 서양역법이라

---

35)『효종실록』효종 3년 9월 4일.

36)『효종실록』효종 4년 1월 6일.

는 사실에 앞서 야만시하던 청의 공식역법이므로 이를 거부하는 지식인들의 저항이 발생한 것이다.

조선에서 제기된 갈등 역시 중국과 동일한 절기법과 윤달 문제로 인한 것이었다.37) 전통역법의 절기와 윤달배치법은 "윤달로 사시(四時)를 정하고 1년을 이룬다"는 『서경』(書經) 요전(堯典)에 바탕을 둔 것이었다. 그러므로 중국의 뛰어난 역학자인 매문정(梅文鼎)이 시헌력을 비판할 때 역법에서 윤달배치법으로 항기법이 아닌 정기법을 쓰니 사람들이 미혹되고 선왕이 계절을 바르게 했다는 이치에 어둡게 된다고 주장한 것 역시 이러한 경전적 인식을 바탕으로 한 것이다. 이렇게 경전적인 역해석에 서면 시헌력 비판이 절기법의 폐기로 집중되는 것은 당연하다.38) 이러한 역법 인식은 중국역을 사용해 온 조선지식인들 역시 동일하였으며 특히 중화주의적인 사고에 젖어 있던 조선지식인들에게는 전통을 부정하는 시헌력의 수용은 쉽지 않았을 것으로 짐작된다.

이 시기 시헌력의 수용을 둘러싸고 갈등이 표면화된 것은 현종 연간 관상감 관원을 지낸 송형구(宋亨久)의 수용 반대상소를 통해서였다. 하지만 이미 시헌력 도입을 준비하는 과정에서부터 시헌력 수용을 반대한 인물이 있었다. 수학에 조예가 깊었다고 평가받던 김시진(金始振)이 구법(舊法 : 대통력)과 신법(新法 : 시헌력)을 비고하여 신법의 잘못을 지적하면서 구법을 극력 옹호하는 역법변(曆法辨)을 논하였던 것이다. 김시진이 가장 문제로 삼은 것은 구력은 한 달의 절기가 30일 5시 2각으로 동일한 데 비해 신력은 절기별로 '31일유여(日有餘)'이거나 '29일유기(日有奇)'가 되어 다르고, 구력은 입춘(立春)에서 대한(大寒)까지 365일 3시인 데 비해 신력은 금년 입춘에서 명년 입춘까지 365일 3시라는 차이였다.39)

---

37) 藪內淸, 『中國の天文曆法』, 平凡社, 1966, 275~280쪽 ; 문중양, 앞의 글 참조.
38) 문중양, 앞의 글, 5쪽.
39) 김시진의 시헌력에 대한 비판은 남극곤의 문집 『夢囈集』에 소개되어 있다. 남극관

  김시진의 비판은 역시 신구력의 절기법에 관한 내용이었다. 즉 그는 12절기의 길이가 다른 것은 실로 근거가 없는 것으로 365일을 나누어 24기를 만드는데 장단이 평등한 것은 바꿀 수 없다, 또한 낮이 길면 밤이 짧고 밤이 길면 낮은 짧지만 어찌 여름철 해는 천천히 가고 겨울철 해는 빨리 가겠는가, 절기를 따르니 가지런하지 못하다고 비판하였다. 예컨대 시헌력이 태양의 부등속운동을 수용하여 기존의 평기법이 아닌 정기법을 취한 점을 지적한 것이다. 전통적인 천문관에 젖어 있던 그는 시헌력 계산의 기초가 되는 태양의 부등속운동과 정기법을 쓰게 될 경우 "사시(四時)가 바뀌고 인사(人事)가 못 쓰게 되며 육갑(六甲)이 문란해지고 천도(天道)가 어그러진다"고 주장하였다. 그는 아담 샬을 서양인으로서 명말 사설(邪說)을 자행한 리치와 같은 부류라고 단정하면서, 고래로 성인이 제작한 구역법은 요순 이후 송명까지 많은 술사(術士)들이 추보한 것으로 바꿀 수 없다고 하였다. 김시진은 이미 시헌력을 작성한 아담 샬과 마테오 리치에 대해 알고 있었던 듯하며, 특히 리치의 세계지도인 곤여도(坤輿圖)를 볼 기회가 있었지만 지도의 지구설(地球說)을 수긍할 수 없다는 주장을 한 바 있다.[40] 천문학적인 지식이 깊지 않던 그가 리치와 동류인 아담 샬이 제작한 시헌력이 하늘을 왜곡하고 이치에 어그러져 쓰지 못할 역법으로 보였던 것은 어찌보면 당연했을 것이다. 따라서 김시진은 서양역법과 이를 공식역으로 택한 청에 대해 반론을 세우고 청이 아닌 명대의 역 즉 대통력을 고수하면서 오차를 수정해 나가야 한다고 주장하였다.[41] 물론 김시진의 구력 회복 주장은 혼자만의 견해는 아니었을 것이다. 그의 역법변 서두에 밝힌 "근일

은 소론의 영수였던 남구만의 손자로 1708년대에 생원에 급제하고 서양과학을 적극적으로 수용한 선진지식인이다. 『夢囈集』「金參判曆法辨辨」(민족문화추진회, 『韓國文集叢刊』 209책, 1998), 298~299쪽 ; 문중양, 앞의 글, 15~17쪽 참조.

40) 김시진이 보았다고 서술되어 있는 「堪輿圖」는 1603년경 조선에 수입된 마테오 리치의 「곤여만국전도」를 가리키는 것으로 보인다(앞의 『夢囈集』, 300쪽).

41) 문중양, 앞의 글, 22쪽 참조.

소시행시헌력 여구행대통역법"(近日所施行時憲曆 與舊行大統曆法)이란 표현을 고려하면 아마도 1654년 이후에 제시된 김시진의 반대론은 공식역 시행 과정에서 거론되었던 당시의 시헌력 반대론을 정리한 것으로 볼 수 있지 않을까. 그렇다면 이를 통해 이 시기 조선지식인들의 역법인식의 일단도 엿볼 수 있다. 특히 김시진은 관리르 있으면서 홍문관에 소장된 리치의 지도를 구경하였던 점으로 긔루어 당시의 서양과학 한역서들도 접할 수 있었을 것으로 추정되며, 시헌력 외에 역법, 천문서적들을 독서했으리란 추측도 가능하다.[42]

앞서 언급한 대로 시헌력 시행에 가장 강력히 반대한 이는 현종대의 송형구였다. 그는 3차에 걸쳐 상소를 올려 시헌력을 비판하고 그 폐지를 주장하였다. 송형구의 이러한 반대는, 무엇코다도 중국에서 강희 연간에 양광선이 주도한 반천주교 공격과 시헌력 폐지 및 대통력으로의 복귀 상황(1667~1668)에 고무된 바 컸다. 송형구는 1669년(현종 10) 11월[43] 이전인 1660년(현종 1) 3월과 1661년 윤7월에 청의 반대론자들보다 먼저 시헌력 비판상소를 올렸다. 1660년은 조선에서 시헌력이 시행된 지 6년이 지난 시기로 역법관으로는 전혀 이해할 수 없는 사항들을 지적하고 시헌력에 반대하였다. 즉 "자못 옛 성인들이 역을 만들고 기기(器機)를 만들어 물려주신 것은 즉 위로 천삼(天心)을 본받고 아래로 민사(民事)에 합치시킨다고 하는 역법(曆法)의 본의가 아닌가. 역법은 생극(生剋)의 이치와 合冲의 이치를 따져 시행해야 하는 것인데 갑오년 이후 시행된 시헌력은 이를 어겨서 잘못된 곳이 너무 많다."고 비판하였다. 첫째는 역법상 절기배치에

---

42) 다만 그는 천문학적인 기초지식이 부족하여 서양천문학을 소화할 수 없었던 것으로 보인다. 그는 시헌력의 절기법조차 정확하게 이해하지 못한 채 기존의 전통역법만을 극력 고수하는 수준에 머물렀다(문중양, 앞의 글 참조).

43) 『현종개수실록』 현종 1년 3월 13일 ;『현종실록』 현종 2년 윤7월 13일, 현종 10년 11월 9일. 송형구는 1642년에 생원 진사에 합격하고 관상감직장, 관상감교수 등의 직에 종사하다 1660년대(60세)에 안동에서 생활한 것으로 보인다(문중양, 앞의 글, 26쪽 참조).

관한 반대이다. 예컨대 예전에는 1개월에는 절기가 둘이고 1년에는 24개 절기가 있으며, 춘분과 추분, 동지와 하지가 일단 정해지면 그 나머지 절기는 각각 정해지게 되어 있었다. 그런데 시헌력은 동지와 춘분부터 제자리를 못 찾고 모든 절기들의 처소가 정해지지 않은 채 절기를 정한 결과 갑오년 한 해에 착오된 절기가 20개, , 1655년(을미)에 20개, 1656년에 11개, 1657년에 17개, 1658년에 20개, 1659년에 21개, 1660년에 19개씩이나 되어 7년의 총 절기 168개 중 잘못된 곳이 무려 128개에 달한다며 강력하게 비난하였다. 두 번째로는 성숙(星宿)의 위치 오류문제를 들고 따라서 시헌 력을 폐지하고 다시 대통력으로 복귀해야 한다고 주장하였다. 송형구의 이 같은 주장은 시헌력에서 취한 측후법에 문제가 있다면서 전통적인 역법체계인 육합(六合)을 위주로 해야 한다는 입장에 기초하고 있다.

상술한 송형구의 반대론에 대해 적절한 판단을 내릴 만한 관상감원이 거의 없었다는 점이다. 다만 일관인 반호의(潘好義)가 대체로 세월이 오래 흐르다 보면 도수(度數)가 점점 차이가 생기기 때문에 역법도 고치지 않을 수 없다는 이유를 들어, 시헌력으로의 개역필요성을 주장하면서 다만 시헌 력을 완벽하게 소화한 뒤로 미루자는 제안을 하고 있다.44) 아울러 시헌력 반대론을 일축하면서 관상감에서 역법을 상세히 알고 있던 김육(金堉)이나 여이징(呂爾徵) 같은 이들은 시헌력에는 잘못이 없으며 오히려 일관을 사신 편에 들여보내 다시 조사해서 확인하고 오도록 조치하기까지 하였다 는 전거를 제시하면서 시헌력의 사용을 주장한 것이다. 또한 역수(曆數)의 오류는 일식과 월식에서 증명되는데, 구법(舊法)으로 증명할 경우 오류가 큰 반면 신력(新曆)을 이용하면 상당히 접근한다는 실증적인 자료를 제시 하며 시헌력 반대론에 대응하였다.45)

그런데 당시 조선정부는 시헌력을 공식력으로 채택하고 이를 일반에게

---

44) 『현종개수실록』 현종 1년 4월 3일.
45) 『현종실록』 현종 2년 윤7월 13일.

반포하기 위한 준비작업으로서 서양역법체계를 이해하고 이를 정확히 시행하기 위한 노력을 기울이고 있었다. 예컨대 역을 담당하는 관상감 관원들을 중심으로 하여 중국에서 구입해온 관련 역서를 독서하고 함께 연구하고 논의하는 과정을 거쳤을 것이다. 따라서 앞서 제시한 도서목록 가운데 관상감이 직접 구입한 책은 물론이고 정두원이나 김육이 구득해 온 서적들도 그 연구 대상에 포함되었다고 짐작된다. 비록 관상감 직원들이 독서했다는 것을 확인할 자료는 찾지 못했지만 그들이 조선에서 역법을 제작하고 시행하는 직을 담당하였던 사실로 미루어 역법 운용에 필요한 책들은 독서했으리라는 것은 재언할 필요가 없다. 즉 혼천의설, 일월오성역지, 칠정역비례, 신법요식, 추자초, 성도, 일전표, 월리표 등은 물론 그 밖에 17세기 전반에 조선에 전해진 천문역서들은 대부분 독서의 대상이 되었을 것이다. 물론 이들 서적을 읽었다고 해서 시헌력체계를 이해했다고는 볼 수 없다. 송형구의 반대상소에 대한 검토를 지시했을 때 그 지시를 소화할 만한 일관이 없었다고 한 기록을 보면, 시헌력 시행 초기엔 시헌력을 이해하지 못한 채 청에서 준 역을 조선에 전달하는 정도에 그친 것으로 짐작할 수 있다.

물론 청국에서 1665년 양광선에 의한 반천주교 운동의 여파로 구역으로의 복귀가 이루어져 조선에서도 일시적으로 대통력으로 복귀하게 되었다.46) 하지만 이후 대통력의 오류가 크고 강희제 역시 시헌력의 우수성을 인정하여 다시 시헌력을 채택하게 되자, 조선 역시 1669년(현종 10)부터 시헌력 사용으로 복귀하였다. 이에 송형구는 그 해 11월 세 번째로 윤달배치법을 거론하며 시헌력의 오차를 논하고 다시 한 번 시헌력 반대를 상소하였다. 그러나 관상감의 관원 송이영(宋以穎)과의 논란을 통해 송이영의 반박을 옳은 것으로 인정하여 대통력으로의 복귀는 이유 없음을 확인하였다.

이후 시헌력 시행상 나타나는 크고 작은 문제들이 그치지 않아 조정에서

---

46) 『현종실록』 현종 7년 12월 11일.

는 관원들을 연경으로 보내 고찰하고 학습하도록 하였다. 이들은 주로 중국의 흠천감에서 천문계산 법을 학습하고, 관련 과학서적을 구입하는 한편, 중국 사회와 과학기술 문화를 고찰하면서 습득한 과학지식을 가지고 귀국하였다.

이렇게 중국의 도움 없이 정부와 담당자들의 독자적인 연구와 노력에 의해 서양역법인 시헌력이 조선의 공식역법으로 자리잡을 수 있었다. 중국의 일방적인 전달이 아니라 조선정부의 주도적인 신역법 수용방침과 역법 담당관들의 자발적인 신법 연구와 노력으로 시헌력의 역체계를 숙지하게 된 것이다.

17세기 중국을 통해 도입된 서양과학은 시헌력이라는 역법을 통해 당시 중국인들의 실생활에 파고들면서 서양문화 수용의 정착을 가져왔다. 조선 역시 16세기의 서양역법과 서양천문학이 한역되어 일차적으로 중국화된 결과물인 시헌력을 받아들여 조선의 공식 역법으로 채용한 것이다. 비록 한역된 중국서적을 통한 간접적인 서양문화의 수용이지만, 그 새로운 역법 체계를 자발적으로 이해하고 파악하는 과정을 통해 시헌력의 조선 정착을 이루어낸 점은 외래문화의 수용 및 그 변동의 실천적인 예라고 할 수 있겠다. 물론 50년이란 긴 시간이 소요되었지만 복잡한 천문역산을 조선인 스스로의 능력으로 해결할 수 있었던 것은, 세종조에 집대성된 역법과 천문학적 성과를 토대로 한 중국역법의 조선화 경험이 축적되어 있었기 때문이었다고 평가할 수 있다.

4. 조선지식인의 서양천문역법서적의 독서와 천문역법관의 변화

시헌력 도입을 위한 정부의 노력에 힘입어 역법 관련 서적들이 조선에 소개되면서 관리들과 지식인들이 수입서적을 읽기 시작하였다. 먼저 <표 1>을 중심으로 하여 17세기에 수입된 서양역법 관련 서적을 독서하거나 혹은 인용한 인물들을 보자.

이 중 가장 많은 이들이 접한 것이『천문략』(天文略)이다. 이 책은 1615년 서양선교사 디아즈(E. Diaz, 양마락)의 저술로 1631년 정두원(鄭斗源)이 들여온 것이다.[47] 대표적인 중세 서양천문학인 프톨레마이오스 천체관의 개요를 설명한 것으로 갈릴레오가 망원경을 사용하여 발견한 목성(木星)의 위성(衛星), 은하를 이룬 성군(星群) 등이 소개되어 있다.

프톨레마이우스가 주장한 '12총두설'(十二叢頭說)은 가장 높은 12중에 천주와 천당이 있고 이들은 12개의 얇은 껍질로 구성되어 있으며 일·월·성은 가장 안쪽에 위치하여 본천의 움직임에 따라 운행한다는 학설로서, 12중천설(十二重天說)로 일컬어지기도 한다.[48]『천문략』에서 말하는 12중천설은 지구를 중심으로 12중천이 양파 껍질처럼 고도를 달리하면서 지구를 둘러싸고 있다는 서양의 중세적 천문구조론이다. 동양의 전통적인 천원지방(天圓地方)설에 충격을 준 지구중심적인 이 중세적 천체관은 서양에서는 1543년 코페르니쿠스가 지동설을 주장하면서 그 이론적 근거를 상실하였지만, 천주교의 종교적 지지를 받으며 선교하던 명말청초의 예수회 선교사들에 의해 고수된 중세적 우주관이었다. 이는 조선지식인이 최초로 접한 서양천문이론으로서 그 영향이 매우 컸다.

다음으로 『오위역지』(五緯曆指)는 1634년 선교사 나아곡(羅雅谷, jocobus)과 이천경(李天經)이 간행한 천문서로, 프톨레미오스와 티코 브라헤의 우주체계론을 기술하고 있으며 숭정역서와 신법역서에도 포함되었다. 이 책에서는 티코 브라헤의 우주설을 그린 그림을 신도(新圖)라 하여

---

47)『인조실록』인조 9년 7월.

48) 지동설이 공인된 것은 1758년이고 1767년에 예수회 선교사 브누아(Michel Benoist, 蔣友仁)가「곤여도설」에서 소개함으로써 중국에 처음 소개되었다. 이 무렵에 우리나라에도 알려졌을 것이다(藪內淸 앞의 글, 199쪽).

246

<표 1> 17세기 조선에 도입된 역법 관련 도서목록 및 독서자 목록

서 명	편저자	간행연도	도입시기	도입경로	독서자 및 인용문헌
리마두천문서 (利瑪竇天文書)	리마두 (利瑪竇)		1631	정두원(鄭斗源)이 육약한 (陸若漢 로드리게스)에게	이영후
천문략 (天文略)	양마낙 (陽瑪諾)	1615	1631	상동	인조실록 9년 안정복 잡동사니 이익 성호사설/ 이규경(최석정, 황사영) 정조 홍재전서(弘齋全書) 권184
치력연기 (治曆緣起)	용화민 (龍華民) 등		1631	상동	이영후
직방외기 (職方外紀)	애유략 (艾儒略)	1623	1631	상동	
간평의설 (簡平儀說)	웅삼발 (熊三拔)	1614 (1611?)		상동	이익, 성호사설 이규경, 오주연 문장전산고(五洲衍文長箋散稿)
일월식추보서 (日月蝕推步書)	탕약망 (湯若望)			상동	
혼개통헌도설 (渾蓋通憲圖說)	리마두 (利瑪竇), 이지조	1607	1631	상동	인조 9(1631) 이규경, 오주연 문장전산고(五洲衍文長箋散稿) 김만중 서포만필
곤여도설 (坤與圖說)	남회인 (南懷仁)	1674		상동	
건곤체의 (乾坤體義)	리마두 (利瑪竇)	1605		상동	
방성도 (方星圖)				상동 방성도설(方星圖說)로 추정	
성토탁개도 (星土坼開圖)				상동	
천문도남북양폭 (天文圖南北兩幅)	탕약망			탕약망의 적도남북양동성도(赤道南北兩動星圖)로 추정	인조 9(1631)

만리전도(萬里全圖)				곤여만국전도(坤與萬國全圖)로추정(Medina의 저서 77~78쪽 육약한(陸若漢)의 편지 참조)	
혼천의설(渾天儀說)	탕약망(湯若望)		1644	김육(金堉) 구입 추정	
오위역지(五緯曆指)	나아곡, 이천경	1634	17세기말		김석문의 역학24도총해 이익 성호사설
일월오성력지(日月五星曆指)			1644	김육 구입 추정	
칠정력비례(七政曆比例)			1645	한흥일(韓興一)이 탕약망에게서	인조 23(1645)
신력효식(新曆曉式)	탕약망(湯若望)		1645	상동 신력효혹(新曆曉惑) 추정	인조 23(1645)
개계도(改界圖)			1645		인조 23(1645)
루자초(縷子草)			1648	파견된 일관(日官) 송인룡(宋仁龍)이 탕약망에게 받아옴	
성도(星圖)	탕약망		1649	상동	인조 27(1649) 최석정의 명곡집
일전표(日躔表)	라아곡(羅雅谷)역		1654	관상감 구입	숙종 31(1705) 영조 11(1735)
월리표(月離表)	라아곡 역		1654	관상감구입	숙종 31(1705) 영조 11(1735)
서양신법역서(西洋新法曆書)	탕약망(湯若望)	1645		관상감 구입 : 측천약설(測天約說) 2권, 혼천의설(測天約說) 5권, 일전역지(日躔曆指) 1권, 원종설(遠鏡說) 1권, 역인(曆引) 1권, 항성역지(恒星曆指) 3권, 고금교식고(古今交食考) 1권, 항성경위도(恒星經緯圖) 1권, 할원팔선표(割圓八線表) 1권, 오위역지(五緯曆指) 9권, 일전표(日躔表) 2권, 교식역지(交食曆指) 7권, 월리표측식(月離表測食) 2권, 황적거도표(黃赤距度表) 2권, 주도(籌	김석문 이익 성호사설 김만중 서포만필

서양신법역서 (西洋新法曆書)	탕약망 (湯若望)	1645		度) 1권, 항성출몰표(恒星出沒表) 2권, 대측(大測)2권, 항성경위표(恒星經緯表) 2권, 측량전의(測量全義) 10권, 오위표(五緯表) 10권, 비례규해(比例規解) 1권, 교식표(交食表) 9권으로 구성됨	
천보진원 (天步眞原)	목니각 (穆尼閣)			고금도서집성에 보임	홍경모(洪敬謨)의 관암총사(冠巖叢史) 서력
흠약역서 (欽若曆書)				상동, 대진현(戴進賢)의 역상고성(曆象考成)으로 추정	
서양역지 (西洋曆指)					1790년 서호수(徐浩修)의 연행기
역서규모 (曆書規模)	목니각 (穆尼閣)				홍경모(1774~1851)의 관암총사 서력
역법서전 (曆法西傳)	탕약망 (湯若望)			상동	상동
신법표이 (新法表異)	상동			상동	상동
시헌법칠정표 (時憲法七政表)			1708 (1705)	관상감 관원 허원(許遠)이 구입	숙종 5(1705)
의상지 (儀象志)	남회인 (南懷仁)	1673	1713 (1714)	허원이 구입해온 것을 관상감에서 간행	숙종 39(1713)/40 (1714) 최한기의 추측록(推測錄)
일식보유 (日食補遺)			1713 (1715)	허원이 하국계(何國桂)로부터	숙종 41(1715)
교식증보 (交食證補)			1713 (1715)	상동	상동
역초병지 (曆草騈枝)			1713	상동	
황적정구 (黃赤正球)	나아곡 (羅雅谷)		1713	상동	숙종 39(1713)
교식역지 (交食曆枝)	탕약망 (湯若望)		1723	관상감에서 구입	영조 원년(1723) (실록, 승정원일기)

참고자료 : 조선왕조실록 ; 한국문집총간 ; 문집류 ; 송일기, 앞의 글 ; 노대환, 앞의 글 참조.

다음과 같이 소개하고 있다.

> 지구는 한가운데 있으며 그 중심점은 일·월·항성 세 하늘의 중심점이 된다. 또 태양이 중심점이 되어 두 개의 작은 권역[圈]을 만들어 금성·수성의 두 하늘이 된다. 또 하나의 큰 권역이 있어 태양 본천(本天)의 권역을 약간 끊어 화성천을 이루고 있다. 그 밖에도 두 개의 큰 권역을 만드니 목성의 하늘과 토성의 하늘이 된다.[49]

또한 이 책에서 지구의 자전을 말하는 자가 있으나 이는 정설이 아니라고 못 박고 있다. 물론 프톨레마이오스도 지구의 자전을 소개하면서 옳지 못하다는 입증까지 들어 비판한 바 있다. 즉 『오위역지』도 우주는 지구를 중심으로 1일 1회 왼쪽으로 돌 수밖에 없으며(지구의 자전으로) 달과 해는 지구를 중심으로 공전한다는 주장을 담은 것으로, 프톨레마이오스 체계를 그대로 인정한 것이다. 『오위역지』에서 17세기 최신설인 코페르니쿠스의 체계를 받아들인 부분은 태양계의 형성, 즉 오성이 지구가 아니라 태양을 중심으로 공전한다는 사실뿐이었다.

비록 최신 학설은 아니었지만 『오위역지』는 조선후기 우주론의 변화와 관련하여 인식론적 전환의 계기가 되는 과학적 방법론과 '지전설'을 제기하였다는 데서 그 영향력이 크다. 예컨대 육안 관측이 아닌 망원경 관측기술에 근거한 방법이 지닌 과학적 방법의 우수성을 인정하였다는 점, 땅과 기화(氣化)가 하나의 구를 형성하여 서에서 동으로 1일 1회씩 회전하므로 여러 천체가 좌행하는 것으로 보인다는 지전설을 소개한 점이 그러하다.[50] 이처럼 『오위역지』는 전통적인 천문관에 의문을 제기하면서 인식을 폭을 넓히는 계기를 제공하였다는 점에서 중요한 천문서였다.

---

49) 『五緯曆指』 권1, 「周天各曜序次」, 5쪽.

50) 구만옥, 『조선후기 과학사상사연구1 −주자학적 우주론의 변동』, 혜안, 2004, 177∼182쪽.

그 밖에 『신법역인』(新法曆引)과 『역법서전』(曆法西傳)에서는 프톨레미오스와 티코 브라헤, 알폰스, 코페르니쿠스의 이름이나 그 저술을 언급하였으며 특히 코페르니쿠스의 「천구(天球)의 회전에 대하여」의 내용을 간단히 소개하고 있다. 그렇지만 그의 지동설과 관련한 기술은 아니었다.51) 조선에 전해진 서적의 저자들은 예수회 선교사들이었기 때문에 선교라는 종교적인 한계 하에서 최신 서양천문학설을 정확하게 기술하지는 못했지만 코페르니쿠스 지동설의 소개와 비판을 통해 당시 조선시대 지식인들은 간접적으로 지동설을 접할 수 있었을 것이다.

이처럼 17세기에 수입된 서양천문학서적은 대개 역법과 관련된 것이었다. 이런 현상은 당시 조선정부가 역법 개정과 관련한 서적을 적극적으로 확보한 결과였으며, 한편으로 시헌력을 시행하기 위한 일련의 준비과정과도 밀접하게 연관되었다. 조선인 최초로 『천문략』을 읽은 이영후(李榮後)는 1630년 8월 명말 정두원(鄭斗源)이 진위사(進慰使) 사행길에 통역관으로 동행하였는데, 당시에는 만주족에 의해 육로를 이용할 수 없었기 때문에 산동성을 경유하는 해로를 택해 북경으로 가게 되었다.52) 그 도중에 등주(登州)에서 예수회 선교사 로드리게스를 만났던 것이다. 정두원은 귀국보고에서 로드리게스와의 만남을 이렇게 설명하고 있다.

> 육약한(陸若漢)이 신을 찾아와 만났는데, 신이 보니 그는 정신이 수려하여 마치 속세를 초월한 신선처럼 보였습니다. 특히 천문(天文)에 정통하였던 까닭에 천조(天朝)에서 때마침 역법(曆法)을 개수하는 데 오로지 육약한의 말을 쓰고 있어 예부상서(禮部尙書) 서광계(徐光啓)가 우대하자고 제청하였으니, 천조에서 신이(神異)한 사람이라 호칭합니다. 또 대포법(大炮法)에 정통하여 신묘함이 천하에 다시 없다고들 합니다. 신이 대포를

---

51) 藪內淸, 앞의 글, 198쪽.

52) 『인조실록』 인조 8년 8월 2일 및 7일. 정두원이 귀국한 것은 이듬해인 1631년 6월 24일이며 왕에게 千里鏡·西砲·自鳴鐘을 바친 것은 7월 12일이었다.

얻어 돌아가 국왕께 바치겠다고 원하니, 즉각 허락하고 다른 물건도 주었습니다.53)

또한 그는 북경으로 출발하기 전 관상감(觀象監)에서 천문의 도수에 점차 차이가 생겨서 마침 중성[中星 : 28수(宿) 중에서 해가 질 때나 돋을 때에 하늘 정남쪽에 보이는 별]의 제도를 개수하고 싶으나 아직 그 자세한 법을 얻지 못하고 있어서 고민하고 있음을 알고 있었다. 따라서 아마도 로드리게스에게 천문의 법을 문의하였을 것이고 그 해결책을 얻어오려고 하였을 것이다. 이에 정두원은 자신과 동행한 역관 이영후를 통해 천문역법을 묻게 하였고, 상당히 그 묘리에 통하였다고 밝히고 있다. 그렇다면 이영후는 그 곳에서 무엇을 얻었을까?

이영후는 등주에서 양마락이 저술한『천문략』과 서광계와 용화민이 공저한『치력연기』를 숙독하여 서양천문학과 조우하게 되었다. 이후 로드리게스와 교환한 서한에서 언급한 대로 이영후가 당시의 서양천문 관련 서적들을 읽고 생긴 의문점들은 전통적인 천문역법 인식으로는 이해할 수 없는 것들이었다. 우선 전통적인 천체관의 중심은 개천설로서 천원지방을 주장하였던 데 반해, 위의 서적에 소개된 서양천문관은 12총두설의 지구중심적인 중세천체관이었다. 이영후는 "일천(日天) 외에도 따로 여러 성천(星天)이 있다면 12차(次)나 28수(宿)는 다른 성천(星天)의 여러 별들과 어떻게 구별될 것인가?"라고 의문을 제기하며 하늘이 중층적으로 형성되어 있다는 서양의 천체관에 대해 놀라움을 표현하고 있다. 그러면서 그렇게 신기한 천체론을 어찌 성현들은 몰랐는지에 대해 의문을 제시하고 있다. 이어 역법에 대한 질문에서는 정확한 서양역법이 역산에 잘 들어맞는다는 사실에 대해 놀라움을 토로하면서 역서 제작의 기산점인 역원(曆元)산출법과 세차(歲差)값 선정에 관한 구체적인 내용을 묻고 있다.54) 이는 당시

---

53) 조경남,『續雜錄』3(민족문화추진회 역), 신미하 인조 9년 7월.

조선에서 사용하는 대통력이 대도의 차가 생기고 교식도 잘 맞지 않는 일이 빈번하게 일어나 관상감 내에서도 역법개수의 필요성이 절실하였던 사실을 상기하고 해결방법을 찾고자 했던 조선관리의 입장을 대변한 것이라고 하겠다.

로드리게스가 이영후의 궁금증을 모두 풀어줄 만큼 천문역법에 정통한 것이 아니었으므로 이영후는 원하는 답을 모두 얻을 수는 없었지만, "地之大國之多"라고 하여 지구는 구형이므로 나라마다 세계의 중심이 될 수 있다고 일침을 가한 것이나 '만국전도'를 보고 서양인을 대한다면 비로소 땅이 넓고 나라가 많다는 사실을 알 수 있다는 등 시각을 크게 확대할 수 있었다. 정두원과 이영후는 『천문략』, 『치력연기』, 『직방외기』, 『원경설』 등의 서적을 구해서 읽고 서양천문학과 역법에 대한 새로운 학설 및 사상에 대한 정보를 접할 수 있었을 것이다. 물론 각자의 전문지식의 수준에 따라 서양과학을 수용할 수 있는 정도에는 차이가 있었겠지만 적어도 이 책들을 읽었다고 보아도 지나친 판단은 아니다.

이후 이영후의 천문관이 어떻게 변화되었는지를 알려줄 만한 자료는 없지만, 그가 상술한 대로 서양천문역법과 관련한 새로운 학술을 접하면서 그 우수성을 확인한 부분이 있음을 고려해 보면 지속적으로 서양과학서적을 독서했을 것으로 추측되며 그 독서를 통해 자신의 천문관도 변화되었을 것이다.

다음으로 『오위역지』(五緯曆指)를 독서한 것으로 확인된 사람이 김석문과 이익이다. 먼저 김석문은 이영후보다는 학문적인 입장에서 초기에 서양천문서적을 독서한 사람으로, 17세기의 대표적인 천문학 연구자였다. 그에 대한 당대의 평가에 의하면, 중국에서 전해진 서양의 신법에 대해 역학도해를 저술하였는데 그 책은 이마두·웅삼발 등의 서양의 논의를 포괄하고 공자와 소옹의 견해를 결합시켰다는 점에서 동서양의 천문역법에서 문화

---

54) 이용범, 앞의 글, 132~133쪽 참조.

접촉을 시도하였다고 볼 수 있다.[55] 그가 1697년(숙종 23)에 저술한『역학
도해』(易學圖解)의 내용 가운데는 탕약망의『시헌서』(時憲書)를 통해 지전
설을 언급한 부분이 나온다. 즉 "배를 타고 있는 사람이 기슭 쪽을 바라보면
오히려 땅이 움직이는 것처럼 보인다"는『오위역지』(五緯曆指)의 표현을
인용한 글이 있다. 짐작컨대 김석문은 이 책뿐 아니라 당시 소개된 서양의
새로운 천문학설을 접한 것으로 보인다.[55]

그는『역학이십사도해』에서『오위역지』외에도『시헌역지』(時憲曆指),
『칠정역지』(七政曆指),『항성역지』(恒星曆指) 같은 책 이름을 언급하고 있
으며, 다른 한역 서학서의 수많은 자료들을 인용하고 있다.[57] 특히 김석문
은『오위역지』에 소개된 티코 브라헤 등의 지구설과 태양중심의 오성운동
설 등을 독서하여 수용한 후 이를 다시 자신의 우주론으로 정착시키는
과정에서 기존의 전통적인 천문우주론을 토대로 하고 있다는 점이 주목된
다. 김석문은 일반적으로 지구중심설과 태양중심설을 절충한 티코 브라헤
의 우주론을 수용한 것으로 평가되고 있지만, 둘 사이에는 중요한 차이를
보이는 부분이 있다.[58] 예컨대 지구를 우주의 중심으로 파악치 않은 것이

---

55) 黃胤錫,『頤齋亂藁』권14, 경인 4월 21일. 김석문의『易學圖解』는 남아 있지 않다.
현존하는『易學二十四圖解』를 저술한 것이 1726년이므로 김석문은 18세기에서
다루어야 하지만 이 책이『역학도해』를 저본으로 하였다는 점을 고려하면 그의
천문역학사상은 이미 17세기 말에 그 기초가 이루어졌다고 할 수 있을 것이다.
김석문은 17~18세기 천문역법학에서 동서양의 문화변동을 시도한 면을 중시하
여 그에 대한 연구업적은 적지 않다. 민영규,「17세기 李朝學人 金錫文의 地動說-
金錫文의 易學二十四圖解-」,『東方學志』16, 1975 ; 김용헌,「김석문의 우주설과
그 철학적 성격」,『실학의 철학』, 예문서원, 1996 ; 구만옥, 앞의 책, 2004, 4장
3절 224~253쪽 참조.

56) 김석문,『易學二十四度叢解』.『오위역지』라는 책은 김석문이 처음 인용하였으며
이후 이익도 이 책을 구입하여 독서했던 것으로 보인다.

57) 김석문은 1645년 서양과학서적을 수입해 온 김육 집안의 사람이었기 때문에
그 서적을 손에 넣는 것이 그리 어렵지는 않았을 것이며 아마도 독서할 기회도
가졌을 것이다(민영규, 앞의 글 참조).

58) 구만옥, 앞의 책, 238쪽.

254

나, 수성과 금성 외에 화성, 목성, 토성은 태양을 중심으로 돌지 않는다고
본 점이 그러하다. 김석문의 우주구조론을 당시 서양우주론의 단순한 이식
내지 변형이 아니라, 스스로 이론화를 시도한 독자적인 체계였다고 평가해
야 하는 이유는 이 때문이다.

그런데 김석문의 역학은 전통적인 역학의 바탕 위에 서양의 천문역산학
을 결합시킨, 즉 동서문화의 접목이란 점에서 역사적 의의가 있다. 그는
주희·주돈이·소옹·장재 등의 저서를 참고하고, 그 밖에 상술한 서양천
문역서를 인용하고 있음이 이를 입증한다.[59] 아울러 김석문이 참고한
책으로서 주목을 끄는 것이 매문정(梅文鼎)의 『역상본요』(曆象本要)다.
매문정은 중국의 역학에서 뛰어난 학자로 평가받은 인물로, 서양선교사에
의해 전해진 서양천문역법의 우수성을 인정하고 수용하면서도 다른 한편
으로는 서양과학사상의 원류를 중국의 전통학문에서 찾아 서양학문의
'중국원류설'을 세워 중국 전통천문역학의 연구를 진전시켰다. 그리고
중국역학과 서양의 천문역법을 절충하여 『역학의문』(曆學疑問), 『역학병
기』(曆學騈技)와 같은 다양한 역서를 저술하였다. 이러한 특징을 지닌 매문
정의 책을 독서한 김석문 역시 그의 학문적인 입장을 수용하고 자신의
역학체계에 이를 적극 적용하고자 했던 것으로 보인다.

김석문의 『역학이십사도해』에 나타난 학설을 살펴보면, 그는 티코 브라
헤의 우주론과 중천설, 지구설 등을 수용하고 있음이 드러난다. 그 밖에
그가 사용하고 있는 천문상수를 분석해 보면, '지구둘레를 서양지구설의
9만 리'로 계산한 점, 세차(歲差)치로 선정한 값(2,5440년)이 서양역법과
일치한 점, 그리고 9중천의 경위와 원근계산 때 사용한 수치가 서양신법역
서에 소개된 각천체의 평행률이란 점 등에서 당시 수입된 서양역법서를
숙독한 것을 확인할 수 있다.[60] 더 나아가 김석문은 이러한 서양지식을

---

59) 구만옥, 위의 책, 226~228쪽 참조.
60) 구만옥, 앞의 책, 229~234쪽.

그대로 수용하는 것이 아니라 앞서 지적했듯이 자신의 상수학적 체계에 맞게끔 변동시켜 독자적인 역학으로 발전시켰다는 데 그의 학문적 업적이 크다 하겠다.

어쨌든 김석문은 주자학적인인 학둔적 기초 위에 역법, 지지 등 자연과학에 대한 지적 욕구를 갖고 중국을 통해 수입된 서양과학서적을 탐독하였으며, 당시 다른 조선의 지식인들과는 달리 서양천문관을 수용하고 나아가 이를 자기이론화하는 단계로까지 성숙을 이룬 것으로 평가된다.

지금까지 고찰한 바 17세기 중국에서 전해진 서양천문서적을 읽은 조선 지식인들은 아마도 역법을 담당하는 관리들과 그 주변 인사들, 그리고 천문역법에 관심을 가진 일부 학자들 정도였을 것이다. 물론 이들은 조선정부를 중심으로 구입해온 서적들을 접하기 쉬운 위치, 이를테면 앞서 거론된 인사들과 친척이나 친지 관계이거나 혹은 학문적인 유대를 맺고 있어서 비교적 용이하게 서적을 구하여 독서할 수 있었을 것이다. 물론 서양의 새로운 학설이 소개된 초기에는 이를 이해 하고 적극 수용한 지식인은 그리 많지 않았을 것이다. 그런 면에서 김석문과 같이 전해진 학설을 독자적으로 수용하여 자신의 학문에 접목시킨 경우는 극히 예외적인 사례였을 것이다.

김석문처럼 학술적으로 수용하는 정도까지는 아니었지만 서양의 천문서적을 읽은 후 새로운 천문설을 확인하고 이를 긍정하고 그 주장에 동의한 대표적인 인물로는 17세기 말 18세기 초의 서포 김만중과 남극관이 있다.

17세기에 예외적으로 대지구체설을 인정한 김만중(金萬重 : 1637～1692)은 그의 『서포만필』(西浦漫筆)에서 이렇게 밝히고 있다.

　　오직 서양의 지구설은 땅으로서 하늘에 기준을 두어 지구를 360도로 구획하였다. 경도를 살피고 남북극의 고하를 살피고 경도는 일식 및 월식을 증명하여 그 이치가 확실하고 그 기술이 올바르다 믿지 않을 수 없을

뿐 아니라 믿지 않는 것을 허용할 수도 없다.······

　의심스러워하겠지만 이것은 우물 안 개구리거나 여름벌레와 같은 소견이다.[61]

이것으로 미루어 그는 서양의 지구설을 익히 알고 있었으며 그 내용이 담긴 『오위역지』는 물론 그 밖에 지구설에 관한 학설이 소개된 서양서적을 읽었을 것으로 짐작된다. 선교사들이 지구설을 입증할 때 드는 것이 바로 경도와 위도의 차로 지구의 동서와 남북이 둥글다는 설명이기 때문이다. 실제로 그는 1668년 서양의 여러 학설을 취해 성력(星曆)을 고찰하고 논한 『지구고증』(地球考證)이라는 책을 저술하였다는 기록이 나오는데, 그가 서양천문역법사상의 우수성을 인정하고 이를 적극 수용하였음을 보여준다.[62] 김만중은 이 밖에도 서양역법에 관해 언급하고 있는데 아마도 조선에 수입된 『서양신법역서』나 그 일부를 읽었을 것이다.[63] 즉 『서포만필』에서 전통적인 천문우주론을 언급하며 개천설과 혼천설을 논한 역상가는 각각 코끼리의 일부를 말한 것이고, 서양역법은 그 전체를 말했다면서 그 우수성을 평가하고 있다. 그런데 중국의 전통적인 우주론인 혼천설과 개천설을 서양의 간평의설을 이용하여 통일적으로 설명한 책이 바로 『혼개통헌도설』이다. 이 책에는 지구설에 대한 내용이 기록되어 있는데,[64] 책의 서문에서 이지조는 응결되어 떨어지지 않는 것이 운행이며 운행하여 멈추지 않는 것이 원이라고 하면서 땅의 형체는 둥글다고 주장하고 있다. 지구설에 관심을 갖고 있던 학자라면 아마도 정두원이 1631년에 조선으로 수입해온 이 『혼개통헌도설』은 읽었다고 보아도 무방할 것이다.

　다음으로 남극관(南克寬 : 1689~1714)은 앞 절에서 살핀 김시진의 역법

---

61) 김만중, 『西浦漫筆』 하, 581쪽.

62) 김병국·최재남·정운채 역, 『西捕年譜』, 서울대출판부, 1992.

63) 『西浦漫筆』 하, 604쪽.

64) 『四庫全書總目提要』 子部, 天文算法類, 권106, 24쪽.

변에 대한 평을 제시한 젊은 학자였다.65) 그는 김시진의 역법변을 반박하면서 지구설과 시헌력에 대한 강력한 지지를 표명하였다.66) 지구 아래쪽에도 사람이 서 있을 수 있다고 하면서 지구설을 옹호한 그는 이 지구설에 기초하여 해그림자의 변화에 대한 오해를 지적하고 동시에 시헌력의 정기법을 옹호하였다. 아울러 정기법이 천상의 실질을 반영한다는 시헌력의 주장을 신뢰하였다. 예컨대 전통역인 대통력의 춘분과 추분에 2일이나 차이가 난다는 잘못을 지적하면서, 시헌력은 반대로 주야를 평균한 날이 춘분추분으로 되었음을 강조하였다. 물론 남극관이 어떤 서적을 읽었는가는 그의 글 속에 나타나지 않지만 "서양의 곤여도(坤輿圖)를 본떠서……"라는 대목이 있는 것으로 미루어 이마두의 『곤여만국전도』(坤輿萬國全圖)를 읽었음을 확인할 수 있다. 그 밖에도 시헌력과 관련된 서적들을 독서했을 것이다. 김시진이 역법변에 밝힌 시헌력 반대론에 대해 조목조목 비판을 가한 것도 그가 17세기 조선에 수입된 다수의 서양천문서적을 접했을 것으로 생각된다.

한편 지구설 및 시헌력 찬성론자들과는 달리 이를 부정하고 반대한 조선지식인들 역시 비슷한 서적들을 읽었을 것이다. 그 중 한 사람인 시헌력 반대론자 김시진(1618~1667)은 당대 산학에 대한 조예를 인정받아 경기도 균전사직에 제수되었으며67) 당시 탁월한 수학자 중 한 명으로 평가된 학자였다.68) 그는 1666년 2월에 잠시 사은부사로 중국에 다녀 온 경험이 있다. 그런데 주목할 것은 그가 북경에 머물던 때가 마침 신구력 사이에 갈등이 표면화된 강희옥사 이후 구역법론자인 양광선이 흠천감을 장악하

---

65) 남극관은 그의 생몰연대를 고려하면 18세기 초기 인물로 다루어야 하지만, 17세기의 인물인 김시진을 평하고 있으므로 17세기 말~18세기 초의 독서대상으로 다루었다.

66) 『몽예집』, 앞의 책, 310쪽.

67) 『현종실록』 현종 4년 3월 18일.

68) 『현종개수실록』 현종 7년 2월 14일.

258

여 다시 대통력으로 복귀를 준비하던 즈음이었다는 점이다. 따라서 평소 시헌력에 대해 반대론을 폈던 그는 중국이 전통역으로 복귀하는 모습을 지켜보았을 것이며 이는 자신의 주장을 확고히 하는 계기가 되었을 것이다. 어쨌든 논쟁의 중심에 서 있었던 김시진 역시 가능하다면 서양역법이나 천문관련서적에 관심을 두고 얻고자 노력하였을 것이며 실제로도 구득해서 독서했을 가능성이 매우 높다고 보인다. 또한 그는 역법변 중에 중국에서 전래된 세계전도를 보고 지구설을 비판하면서 지구설을 수용할 경우 중국 반대편에 서 있는 사람들이 거꾸로 매달려 있어야 한다며 경험적 지식에 근거한 주장을 펴면서 기존의 전통적 인식을 고수하고 있다.

　다음으로 시헌력반대론을 가장 강력하게 전개한 전 관상감원 송형구에 대해서 살펴보자. 앞서 지적한 대로 시헌력 반대상소는 세 차례에 걸쳐 올렸는데, 그가 "신법오차오사"(新法誤差五事)라고 주장한 근거는 대개 절기배치와 윤달배치에 규칙이 없다는 점이었다. 물론 그는 어떤 천문학적 지식이나 역법운용상의 차이를 설명하면서 시헌력반대론을 주장한 것이 아니라, 시헌력에 의해 만들어진 책력과 대통력에 의한 책력을 단순 비교하면서 간지의 비교상 대통력의 절기와 차이가 난다는 이유를 들어 시헌력의 절기가 잘못되었다고 비판하였다. 송형구는 시헌력에 관련된 서양과학서적을 읽고 그 차이를 분석하고 연구한 것이 아니었으므로 태양의 실제관측과 세차 등 천문학적 원리를 달리하는 시헌력을 이해하지 못한 채 전통역법관을 주장한 그의 반대론은 당연히 받아들여질 수 없었다.[69] 당시의 학자 김석주(金錫胄 : 1634~1684)는 송형구의 주장에 대해, 명과(命課)의 업에 종사하는 사람이 평소 백중력(伯仲曆)을 암송하고 미리 기억해내는 간편한 방법을 잃어버려 쉽게 시헌력이 완전히 틀렸다고 논한 것이라고 지적하면서 그가 신법의 설을 알지 못한다고 논박한 바 있다.[70] 명과학체계는 대통

---

69) 문중양, 앞의 글, 35~37쪽 참조.

70) 『息庵先生文集』, 373쪽.

력의 역체계를 토대로 해서 점을 쳤는데 절기의 간지배열과 윤달의 배치가 달라지고 인위적인 주기로 날짜에 배당되던 28수의 순서도 바뀌게 되면서 그 권위에 도전을 받게 되었음을 지적한 것이다. 따라서 송형구의 반대론은 역법과 서양과학 자체에 대한 학술적인 비판이 아니라 그저 새로운 문화가 수용되는 과정에서 전통체제에 근거한 관련 학문이 받게 되는 변화에 대한 갈등에 다름아니었다.

송형구의 주장을 반박한 김석주의 논의를 살피면, 그가 시헌력에 대해 상당한 수준의 지식을 갖고 있었으며 송형구의 주장을 반박하는 과정에서 편 논리에서 유추해 보면 그가 서양신법역서(西洋新法曆書)를 상당 부분 독서했음이 드러난다. 따라서 시헌력의 도입을 강력하게 주장한 김육의 손자였던 김석주 역시 시헌력 관련 서적은 물론 서양천문서적들도 다수 접하고 이를 읽었다고 할 수 있겠다. 김석주가 시헌의 법은 태양의 실제운행을 따른 것이며 무중치윤법에 따라 윤달을 배치하기 때문에 절기법이 다르면 치윤의 위치 역시 당연히 달라진다고 주장한 것 등은 그가 시헌력의 핵심을 정확히 파악하고 있었으며 그 내용을 이해하고 받아들였다는 사실을 반증한다.

그 밖에 최석정(崔錫鼎)은 1708년 숙종에게 탕양망이 작성한『적도(赤道) 남북총성도』를 바쳤는데, 서양건상곤여도이(西洋乾象坤與圖二) 병총서(屛總序)에서 그는 이것들이 우리의 천문도보다 정확하다는 점을 인정하되 지구설에 대해서는 믿지 못하겠다면 잠시 마땅히 보존하여 이문(異聞)을 넓히는 데에 쓰이기를 바라고 있다.71) 즉 최석정도 이미 17세기 말부터

---

71) 최석정은 1646년(인조 24)에 나서 1715년(숙종 41) 70세에 죽을 때까지 중앙의 요직을 두루 거쳤다. 1671년(현종 12)에 문과에 급제하였으며, 성리학과 양명학을 두루 공부하고 특히 음운학과 수학 등에 관심을 커서 많은 연구를 했다. 관직에 나간 후에는 서운관의 최고 책임자인 서운관영사를 맡아 조선의 천문학 연구를 관장하기도 했다. 저서 가운데『九數略』은 그의 수리철학사상이 집약된 특이하고 귀중한 문헌이다.

지구설을 소개한 서적 등을 독서했음을 추측케 해주는 자료다.[72]

이렇게 동일한 서양서적을 독서했지만 그 독서자가 가진 전문적 지식의 깊이나 관심에 따라 그 대응양상에는 차이가 났다. 일부는 전통역법관을 고수하거나 전통적 원칙을 보다 강화하는 모습을 보인 반면, 새로운 문화를 수용하는 데 적극적이었던 일부 사람들은 서양의 천문역법관을 받아들여 수용하거니 나아가 독자적인 학문체계로까지 발전시켰던 것이다.

5. 맺음말

조선의 17세기는 중국에서 명·청이 교체되고 일본에서 도요토미 히데요시에서 도쿠가와 막부로 정권이 교체된 변동기였던 것과 달리, 정권이 아닌 문화변동의 바람을 맞은 시기였다. 이 같은 변화의 바람은 물론 중국을 경유한 것이었지만, 내용은 서양의 것이었다. 서양의 문화 특히 과학문화가 중국을 통해 중국어로 번역되어 조선지식인의 독서대상으로 대두되었던 것이다. 본고에서는 17세기 조선에 소개된 그러한 서양과학서적 특히 역법 관련 서적은 무엇이었으며 그것이 어떤 영향을 끼쳤는가를 살펴보았다. 그 결과를 정리하면 다음과 같다.

첫째로 17세기 조선에 도입된 외국 과학서적류는 당시 중국에서 선교 활동중인 서양선교사가 전한 서양과학을 한역한 것인데, 이러한 책들을 입수하기 위해 조선정부와 지식인들은 불법도 마다않고 가능한 모든 방법을 취하는 등 적극적으로 노력하였다.

둘째로 그 중에서 특히 천문 역법서가 전체 과학서적의 1/4을 차지할 정도였다는 점과 그 밖의 산학 관련 서적일 경우에도 역법추산에 활용해야 하는 수학적 계산과 관련된 서적이 적지 않았다는 사실을 알 수 있었다.

---

72) 최석정, 『명곡집』 권8, 33쪽.

즉 17세기 조선에 수용된 외국서적을 통한 문화전파는, 주로 서양과학 특히 역법과 밀접하게 관련된 서양역법과 천문학에서 두드러졌던 점이 특징적이다.

또한 새로운 외래문화와 접촉하면서 필요하다면 이를 적극 수용하고 실천하는 데 그치지 않고, 더 나아가 이를 조선화하는 단계로까지 발전시켜 문화변동을 주체적으로 실현한 점은 17세기 조선지식인의 특징으로 지적할 수 있겠다. 예컨대 역법개력이라는 내적인 필요성을 절감한 조선정부나 지식인들은 중국을 매개로 해서 서양역법을 주체적으로 가장 신속하게 수용하고자 했던 것이다.

시헌력의 경우로 미루어, 조선지식인과 역법 담당자들은 서양역의 우수성을 이미 인식하고 있었던 것으로 보인다. 그리하여 중국에서 이루어지는 시헌력의 추보작업을 신속 정확하게 파악하고 그에 대한 자료 및 서적들을 최대한 단기간에 구입하여 조선의 실게 역법에도 즉각 적용하고자 노력했음을 간파할 수 있었다. 더하여 조선은 중국의 시헌력을 그대로 도입, 사용하는 단계를 넘어서서 이를 조선의 역법(천세력)으로 정착시킨 것은 바로 문화변동의 적극적인 실천이라고 평가할 수 있다.

또 하나 시헌력과 관련된 특징으로서, 조선전기의 칠정산 개력 때와는 달리 관상감원과 역관의 노력이 컸다는 사실을 들 수 있다. 이는 아마도 조선후기에 역서의 편찬실무를 관상감 역관이 전담하는 업무관장이 강화되면서 나타난 경향으로 추측된다.

셋째로 17세기에 도입된 천문역법 관련 서적의 독서층은 정부의 천문 관련기관에 종사하는 실무진이 대다수였으며, 그 외 이 분야에 관심이 많은 소수의 지식인들, 이를테면 김육, 김석문, 최석정, 안정복 등이 『천문략』, 『천학초함』 등의 전문 역법서보다는 서양 천문학 서적을 읽은 것으로 보인다.

역법천문관직에 종사한 관리들은 시헌력 관련 서적을 독서했을지라도 그 서양역법 천문관의 학문적 의미까지 깊이있게 파악하여 역법인식이 변화되는 단계로까지는 발전하지 못한 것으로 짐작된다. 그들보다는 자연과학에 주된 관심을 갖고 연구했던 김석진 및 남극관, 김만중, 최석정 등은 새롭게 전해진『천문략』,『오위역지』같은 서양천문서들을 읽고 기존의 역법·천문관에서 벗어나 실제 태양관측에 기초한 서양역법의 수용, 천원지방설에서 지구설로의 전환, 더 나아가 지전설을 주장하는 단계로 학문적 성숙을 이루었다. 이는 곧 서양문화의 수용을 통한 문화변동이라는 점에서 그 역사적 의의를 찾을 수 있다.

18세기에 들면 수입되는 서적류도 전문역법서 위주에서 서양천문학에 관련된 내용을 담은 서적으로 그 범위가 확대되면서 독서층도 확대되고 두터워져, 역법 관련 실무진만이 아니라 홍대용·황윤석·서호수 등과 같은 조선 최고의 천문역법학자에게 영향을 주어 당시 조선의 천문학을 한 단계 성장시키는 결과로 이어졌다. 따라서 17세기 새로운 서양 역법 천문서적의 적극적 도입은 서적을 통한 문화전달은 물론 독서로써 그 문화와 접촉하는 지식인의 폭도 확대시킴으로써 뒤이은 문화변동의 촉진과 관련 학문의 발전을 가능케 한 토양 역할을 다한 것이다.

참고문헌

『新法算書』권1, 緣起1(文淵閣四庫全書, 788책).

『四庫全書總目提要』子部, 天文算法類, 권106, 24쪽.

朱維錚 主編,『伊瑪竇中文著譯集』上海復 : 旦大學出版社.

서호수·성주덕·김영 편저, 이은희·문중양 역주,『국조역상고』, 소명출판, 2004.

『夢囈集』「金參判曆法辨辨」(민족문화추진회,『韓國文集叢刊』209책, 1998).

김병국·최재남·정운채 역,『西捕年譜』, 서울대출판부, 1992.

이원순,「조선서학과 일본의 난학-대서양학문의 비교적 접근」,『일본학보』10, 1982.

閔泳珪,「17세기 李朝學人의 地動說-金錫文의 易學二十四圖解」,『東方學志』23,

1981.

小川晴久, 「地轉說에서 宇宙無限論으로-金錫文과 洪大容의 世界」, 『東方學志』 21, 1979.

小川晴久, 「十八世紀의 哲學과 科學의 사이-洪大容과 三浦梅園」, 『東方學志』 23, 1981.

朴星來, 「마테오 릿치와 한국의 서양과학 수용」, 『東亞研究』 3, 1983.

朴星來, 「한국근세의 서구과학 수용」, 『東方學志』 20, 1978.

朴星來, 「洪大容의 과학사상」, 『韓國學報』 23, 1981.

朴星來, 「星湖僿說 속의 西洋科學」, 『震檀學報』 59, 1985.

유경로·이인규, 「洪大容의 天文思想과 地轉論」, 『科學敎育研究論叢』 4-1, 1979.

李元淳, 「朝鮮後期 實學者의 西學 認識」, 『歷史敎育』 17, 1975.

李龍範, 『韓國科學思想史研究』, 동국대출판부, 1993.

전용훈, 「朝鮮中期 儒學者의 天體와 宇宙에 대한 이해-旅軒 張顯光의 「易學圖說」과 「宇宙說」-」, 『한 과학사학회지』 18권 2호, 1996.

전용훈, 「김석문의 우주론-易學二十四圖解를 중심으로」, 『한국천문력 및 고천문학』(태양력시행백주년기념 워크샵 논문집), 1997.

김용운. 『中國의 科學과 思想』, 일지사. 1987.

박권수, 「徐命膺의 易學的 天文觀」, 『한국과학사학회지』 20권 1호, 1998.

정성희, 「西學이 儒敎的 天文觀에 미친 影響」, 『국사관논총』 90, 2000.

노대환, 「정조시대 서기수용 논의와 서학정책」, 『정조시대의 사상과 문화』, 돌베개, 1999.

송일기·윤주영, 「서학서의 한국전래에 관한 문헌적 고찰」, 『서지학연구』 15, 1998.

조너선 D. 스펜스, 주원준 옮김, 『마태오 리치, 기억의 궁전』, 이산, 1999.

최소자, 「명말 지식인 서광계(1562~1633)의 서학수용태도」, 『한국문화연구원논총』 52, 1987.

アドリアン·グレロン著, 矢澤利彦 譯, 『東西曆法の對立-淸朝初期中國史』, 平河出版社.

문중양, 「17~18세기 서양과학의 도입과 갈등-시헌력시행과 절기배치법에 대한 논란을 중심으로-」, 『東方學志』 117집, 2002.

18세기 조선 유학자들의 『천주실의』 비판
─성호 이익(星湖 李瀷), 하빈 신후담(河濱 愼後聃),
순암 안정복(順菴 安鼎福)을 중심으로─

한 자 경

1. 들어가는 말

　『천주실의』는 명말에 중국에 들어와 활동한 예수회소속 선교사 마테오 리치가 1603년 연경에서 출판한 책이다.[1] 이 책은 서양학자와 유학선비와의 대화체 형식으로 서술되어 있으며, 원시유학의 상제사상은 서구의 천주신앙과 상통하지만 그 후의 신유학에서는 그 정신이 잊혀졌기에 천주교가

---

1) 마테오 리치(利瑪竇 : 155∼1610)는 이탈리아 교황청 소속 마체레타에서 태어나 예수회대학에서 공부한 후 1583년 중국 조경에 와서『곤여만국전도』를 출판하고, 소주로 가서『四書』를 라틴어로 번역하여 1594년에 완성하고, 다시 난창으로 가서 1595년『교우론』을 저술하였다. 1601년 북경에 진입한 후 1603년『천주실의』를 출판하고 계속 선교활동을 하다가 1610년 토경에서 사망하였다. 그의 선교는 필사적이고 철저하였다. 중국 입국 초기에는 중국이 불교를 신봉하는 줄 알고 삭발하고 스님 복장을 한 채 교회를 僊化寺라 칭하는 등 불교인 행세를 하다가, 수년 후 중국이 실제로 유교국가임을 알고는 유가 복장을 하고 자신을 西儒로 소개하였다. 유교를 알아야 선교가 가능함을 알고 수년에 걸쳐 한문을 배우고 경전을 공부하여 그 지식을 바탕으로 해서 천주교가 유교를 보충한다는 보유론적 관점을 내세웠다. 마테오 리치의 행적에 대해서는 송영배, 「『천주실의』의 내용과 그 의미」, 서울대철학사상연구소 편,『철학사상』제5집, 1995, 213쪽 이하 참조. 중국에서 예수회의 선교활동 과정에 대해서는 최동희,『서학에 대한 한국실학의 반응』, 고려대출판부, 1988, 3쪽 이하 참조. 본고에서 인용하는『천주실의』는 송영배 등 천주교인 교수 6명이 공역하여 1999년 서울대출판부에서 출판한 책이다. 한문 원문도 함께 실려 있다.

옛 성인의 근본정신을 되살려 유학을 보충할 수 있다는 보유론(補儒論)을 내세운다. 결국 당시 신유학이나 불교에 대해 천주교의 우월성을 증명함으로써 동양인에게 천주교를 포교하려는 목적으로 쓰여진 책이다.2)

조선에는 1614년 이수광이 『지봉유설』에서 이 책의 내용을 요약 소개하고 있는 것을 보아, 이미 17세기 초부터 조선인들에게 알려지고 읽혀졌음을 알 수 있다. 그러나 유학적 세계관의 학자들로부터 별다른 관심을 끌지 못하다가 18세기 전반에 성호 이익이 『천주실의』에 발문을 쓰며 관심을 표명한 이후 성호의 제자들이 본격적으로 논의하기에 이르렀다.3) 성호는 천주교의 중심교리에 대해서는 비판적이어도 부분적으로 취할 점도 있다고 본 데 반해,4) 하빈과 순암 등 공서파(攻西派)는 천주교에 대해 보다

---

2) 마테오 리치의 보유론은 원시유학(공맹유학)과 신유학(송대 성리학)을 유신론과 무신론으로 구분함으로써 성립한다. 그의 이러한 구분은 일차적으로는 포교를 위한 하나의 방편이었지만, 근본적으로는 그가 공맹유학 역시 외화되고 의인화된 신, 두려움과 숭배의 대상으로서의 신을 설정하는 외재주의적 신관을 극복하고, 신성을 인간 안에 내재된 인간의 본성과 핵심으로 간주하는 내재주의적 신관에서 있음을 간과했기 때문이다. 서양의 외재주의적 신관을 받아들인 동양의 학자들은 오늘날까지도 마테오 리치의 보유론, 그의 원시유학과 성리학의 구분을 마치 당연한 것처럼 간주하는 경향이 있다. 송영배, 『동서철학의 교섭과 동서양 사유방식의 차이』, 논형, 2004 참조. 그러나 이는 연구자 자신이 외재주의적 신관에 섬으로써 동양의 내재주의적 논리의 핵심을 비껴가기 때문이라고 본다. 본고는 성리학의 핵심을 원시유학의 정신과 맞닿은 내재주의적 심학으로 밝히고자 한 것이므로 마테오 리치식의 유학 양분론은 따르지 않는다.

3) 『천주실의』의 조선 유입 과정에 대해서는 박종홍, 「對西歐的 세계관과 茶山의 洙泗舊觀」과 「천주교의 도입 비판과 섭취」, 『박종홍전집』, 제5권 근대사상편, 민음사, 1982 참조.

4) 星湖 李瀷(1691~1763)이 쓴 『천주실의발문』(송영배 등 역, 『천주실의』 말미에 실려 있다)을 보면 그가 동정녀잉태설, 예수부활설, 천당지옥설을 불교의 윤회설처럼 증명될 수 없는 幻荒한 것으로 보고 있음을 알 수 있다. 그러면서도 성호는 克己의 윤리설 등 서학으로부터도 취할 것이 있다고 보았다. 順菴 安鼎福(1712~1791)이 전해주는 다음과 같은 성호의 말은 이를 잘 보여준다. "천주의 설을 나는 믿지 않는다.…… 그러나 그 荒誕한 말들을 제거하고 경어만 요약한다면 우리 儒者의 克己 공부에 얼마만의 도움이 없지는 않을 것이다. 이단의 글이라 하더라도 그 말이 옳으면 취할 뿐이다. 군자가 사람들과 더불어 선을 행하는

철저한 비판적 태도를 취하였다.5) 마테오 리치의 보유론이 유학인을 끌어들여 결국은 유학의 정신을 부정하게 만들려는 포교정책에 지나지 않는다고 판단했기 때문이며, 이를 하빈은 다음과 같이 표현한다.

[서학은] 우리의 도(道 : 儒學)에 대해 겉으로는 돕는 척하고는 속으로는 배척한 것이다.6)

데 있어서 어찌 피차의 구별을 두겠는가? 요는 그 단서를 알아서 취해야 할 것이다"(순암, 『천학문답』 부록, 이하의 순암 인용은 『국역 순암집』, 한국학데이타베이스연구소 편, CD 룸에서 취한다. 『천학문답』은 순암 74세인 1785년에 쓰여진 것으로 『천학고』와 더불어 『벽위편』에 일부가 발췌되어 실려 있다).

5) 천주교의 중심교리인 원죄설, 천당지옥설, 처녀잉태설, 신 강림설, 예수부활설 등에 대해서는 성호나 하빈이나 순암 모두 비판적이었다. 그럼에도 불구하고 성호는 천주교로부터 배울 것이 있다고 보고 이단에 대해 허용적이고 호의적이었던 데 반해, 천주교를 공부한 하빈이나 순암이 천주교에 대해 극히 비판적이었던 까닭은 무엇일까? 이는 종교와 정치의 관련성에 대한 관념이 서로 달랐기 때문이라고 본다. 한우근은 천주교에 대한 성호의 허용적 입장을 다음과 같이 설명한다. "그러한 입장은 현실적으로 국민생활이…… 극도의 곤궁에 달하게 되는 그 이유가 정치[治者]의 잘못에 있는 것이지 異端의 弊害 때문은 아니라는 그의 생각에서 온 것이다." 즉 성호는 "유교정치가 민생안정만 꾀해낸다면, [이단이] 일반 民庶에 큰 폐해를 미칠 것이 아니라"고 보았다는 것이다(한우근, 『성호이익연구』, 한국학술정보, 1980, 69쪽). 이에 반해 하빈과 순암은 철학이나 종교가 갖는 정치적 함의를 제대로 간파한 것이라고 볼 수 있다. 이에 대해서는 주 5)에서 좀더 부연설명하겠다. 그러나 그 정치적 함의의 핵심에는 여전히 인성론이 놓여 있다. 어떤 인간관을 택하는가는 곧 어떤 세계관을 택하는가이며, 그것이 그 사회의 방향을 결정하기 때문이다. 오늘날 대부분의 연구물이 그렇듯 유학이 왜 천주교를 비판했는가를 끝까지 천주교의 관점에서 해명하는 것은 이미 서양의 세계관에 따라 그 안에서 동양을 자리매김하는 것에 지나지 않는다. 거기서 우리가 확인할 수 있는 것은 종교의 힘이 아니라 오히려 정치적 권력이지 않겠는가?

6) 河濱 愼後聃(1702~1761), 『서학변』 「천주실의」, 김시준 역, 『벽위편』, 명문당, 1987, 73/471쪽, "此乃於吾道則陽右而陰擠之"(이하에서 하빈을 인용할 때는 『서학변』과 그 안의 소제목만을 표기하며, 쪽수는 번역본 『벽위편』의 쪽수와 거기 첨부된 원문의 쪽수를 제시하도록 한다). 『서학변』은 하빈이 23세인 1724년경 저술한 책으로 필방제(Francis Sambiasi, 1582~1649)의 『영언려작』, 마테오 리치의 『천주실의』, 애유락(Julius Aleni)의 『직방외기』를 조목조목 비판한 책이다. 이 글은 『벽위편』에 실려 있다. 『벽위편』은 천주교 세력이 한참 확장되어 가던

이처럼 18세기 유학자들은『천주실의』의 마테오 리치가 포교를 목적으로 천주교의 우월성을 논하는 과정에서 동양 유학을 멋대로 재단하고 폄하하는 것에 대해 상당히 비판적 자세로 응하였다. 본고는 바로 그들의 비판적 논변을 고찰해 보고자 하는 것으로, 이를 위해 일단『천주실의』에서 마테오 리치가 유학사상을 어떤 식으로 평가하고 있는지 살펴본다. 마테오 리치의 유학 해석에는 서양 중세 스콜라 철학의 형이상학이 전제되어 있는데, 그것은 동양 유학의 형이상학과는 크게 다르다. 본고는 그 차이를 개별자 실체론의 외재주의와 만물 일체론의 내재주의로 정리해 보겠다. 그리고는 그러한 사상적 차이의 바탕 위에서 성호와 하빈과 순암의『천주

시기에 유학정신을 지키고자 이기경이 1801년 여러 유학자들의 글을 모아 엮은 것이며, 다시 이만채에 의해 1931년 보충된 책이다. 이 책은 "천주교 전래 200주년을 기하여, 또 교황의 한국방문을 즈음하여" 역설적이게도 '한국천주교박해사'라는 부제 하에 우리말로 번역 출판되었다.『서학변』에서 하빈이 우려하고 있는 바, 서학이 유학의 정신을 부정한다는 것은 당시 사회윤리와 정치의 사상적 기반을 부정한다는 것이며, 결국 한 문화의 뿌리를 뽑아놓겠다는 것이다. 攻西派들은 이와 같이 서양 천주교 포교가 갖는 정치적 함의에 민감했던 사람들이라고 볼 수 있다. 물론 성호의 제자 중에 천주교로 쏠리는 信西派도 있었다. 그리고 그들에 의해 천주교는 외국 선교사들의 유입 없이 조선에 자발적으로 수용되었다. 1784년 이승훈이 북경에서 세례를 받았으며, 1785년 이벽, 이승훈, 정약용, 권일신 등이 모여 서학을 공부하다가 이기경, 홍락안 등으로부터 邪敎라는 지목과 경계를 받게 된다. 그러던 중 1791년 윤지충, 권상연이 神主를 불태우고 제사를 거부하는 진산사건을 계기로 천주교가 금지되었는데, 이 때 이기경·홍락안 등 남인 僻派는 천주교를 적극 배척하고, 채제공 등 남인 時派는 천주교를 허용하는 편으로 대립이 본격화되었다. 그러나 그 때까지도 천주교는 종교나 도덕 차원의 일로 간주되었으며, 채제공이 영의정으로 있고 정조가 남인 재사를 아껴 등용하였기에 큰 박해는 있지 않았다. 그러다가 1800년 어린 순조가 즉위한 후 영조의 계비 김씨의 섭정이 시작되면서 대규모 천주교 박해가 있었는데, 이것이 1801년 신유사옥이다. 이 때 피신해 있던 황사영이 조선에서의 천주교 신앙자유를 위해 조선의 청에의 속국화나 프랑스 군함의 파견을 요청하는 밀서를 쓴 것이 발각난 '황사영 백서사건'을 계기로 조정은 천주교신앙의 정치적 연관성을 간파하고 더욱 경계하게 되었다. 그 후 천주교는 점차적으로 지식인들의 사상으로보다는 정치로부터 소외되었던 민중들의 신앙 형식으로 받아들여지게 되었다. 1801년 즈음한 상황에 대해서는 황사영 저, 김영수 역,『황사영 백서』, 성·황석두루가서원, 1998 참조.

실의』 비판을 존재론적·윤리적·인식론적 측면에서 살펴본 후, 그러한 18세기 조선 유학자들의 비판적 자세가 오늘날 우리에게 말해주는 바가 무엇인가를 생각해 보며 글을 마치도록 한다.

2. 『천주실의』에 나타난 마테오 리치의 유학 이해

유학은 인간 및 우주 존재의 근원을 태극(太極)으로 간주한다. 태극은 일체 존재 및 운동의 근원이고 원리이며, 태극인 리(理)로부터 음양의 기(氣)가 생겨나고 그로부터 만물이 형성된다. 태극, 리 그리고 기는 일찍이 천이나 상제, 우주의 생성원리, 우주생성의 기운 등으로 칭해지던 것을 형이상학적 체계로 포착하여 개념화한 것에 다름 아니다.

그러나 천주교를 포교하기 위해 동양으로 온 마테오 리치가 처음부터 이미 확신하고 있었던 것은 이 세상 어느 누구도 천주교가 전파되기 이전이라면 우주의 참다운 근원, 인간 존재의 근원에 대해 알지 못한다는 것이다. 생멸하는 현상세계 너머의 영원한 진리, 우주 생명의 근원이며 궁극 귀착점에 대해서는 오로지 예수의 복음을 접한 천주교인만이 알고 있으며, 그 복음을 믿는 천주교인만이 구원에 이를 수 있다고 본 것이다.

따라서 그의 중국에서의 천주교 포교의 첫 걸음은 유학에서 우주의 근원으로서 천주교의 천주 개념에 비견될 만한 모든 개념들을 그렇지 못한 것으로 격하시키는 것이다. 그래야만 자신들만이 진리를 알고 신을 아는 자가 되어 포교의 의미가 살아나기 때문이다. 결국 그는 태극이나 리를 사물의 속성 내지 그로부터 이끌어낸 추상적 원리에 지나지 않는 것으로 간주하며, "리나 태극은 만물의 궁극 근원에 해당할 수 없다"[7]는

---

7) 『천주실의』 제2권, 98쪽, "物之無原之原者 不可以理以太極當之". 마테오 리치는 유학자에게 "만일 당신이 理는 만물의 영성을 포함하며 만물을 화생하게 한 것이라고 말한다면, 그것은 바로 천주인데, 어째서 그저 理나 太極이라고만 말하

것을 주장한다.

무극이 태극이라는 도형[太極圖]은 홀수와 짝수의 상(象)을 취해 말한 데 불과하다.…… 추상적 상일 뿐 실(實)이 없는데, 리가 어떻게 의지할 만하겠는가?…… 태극이 소위 리로 해석된다고 해도, 그것이 천지만물의 근원이 될 수는 없다.…… 둘다[마음 속의 리든 사물 속의 리든] 사물 이후에 있는 것인데, 나중 것이 어떻게 먼저 것의 근원이 되겠는가?8)

천주의 성(性)은 비록 만물의 정(情)은 가지고 있지 않지만 그 면밀한 덕(德)으로써 만물의 리(理)를 포괄하고 만물의 성을 포함하고 있어 그 능력이 갖추어지지 않은 것이 없다.…… [유학의] 리라는 것은 이와 크게 다르다. 리는 의존적인 것[속성]의 범주로 스스로 자립적인 것이 아닌데, 어떻게 이성[靈]과 지각[覺]을 가질 수 있으며 자립적인 것(실체)의 류가

는가?"(如爾曰 理含萬物之靈 化生萬物 此乃天主也 何獨謂之理 謂之太極哉, 97쪽) 라고 묻는다. 이는 곧 마테오 리치가 얼마나 그 자신의 개념의 틀에 매여 있었는가 를 잘 보여준다. 그러기에 유학을 유학 자체의 개념에 따라 이해하지 못한 것이다. 그는 그 자신의 개념틀이 세계를 읽는 개념체계 중의 하나라는 것을 전혀 의식하지 못하며, 절대자는 반드시 '천주'의 이름으로 불려야 한다고 본 것이다.

8) 『천주실의』 제2권, 83 · 87 · 88쪽, "無極而太極之圖 不過取奇偶之象言……虛象無實 理之何依耶……若太極者止解之所謂理 則不能爲天地萬物之原矣……二者[在人心之理 在事物之理]皆在物後 而後豈先者之原". 이런 식으로 태극과 리를 절대적 근원으로 파악하지 않고 이차적이고 부수적인 것으로 해석하는 시도는 마테오리치가 동양 선교를 목적으로 파견된 예수회 소속 신부라는 점을 감안해야 이해 가능하다. 그나마 마테오 리치는 유학을 전적으로 배척하지는 않는 보유론을 주장한 데 반해, 그 이후 중국에 몽고바르띠와 세인트 마린을 파견한 도미니크 교단은 예수회보다 더 철저한 독단성과 배타성을 띤 교단으로서 유학의 理를 아예 무형의 물질적 재료인 '제일 질료'로 간주하며, 유학을 유물론으로 해석하였다. 특정 교단에 속하여 선교를 삶의 목적으로 삼았던 그들과 달리 비교적 공정한 시각으로 중국의 유학을 바라볼 수 있었던 라이프니츠는 리와 태극을 물질적 실체나 부수적 속성이 아닌 정신적 실재로 해석하였다. 이에 대해서는 라이프니츠 가 직접 저술한 「중국의 자연신학론」(이동희 편역, 『라이프니츠가 만난 중국』, 이학사, 2003, 85쪽 이하) 참조. 물론 라이프니츠의 유학해석에 대한 평가, 그리고 라이프니츠 사상과 유학사상 간의 비교는 또 다른 연구주제가 될 것이다.

될 수 있겠는가?9)

그러나 유학에서 태극은 만물의 근원일 뿐 아니라 만물에 품부된 내적 본성이다. 만물의 근원과 본성이 하나의 태극이라는 점에서 유학은 만물일체를 주장한다. 나아가 자신의 근원과 본성을 깨닫고 실현하는 자가 곧 성인(聖人)인데, 유학에서 성인의 경지는 곧 신적 경지이다. 즉 신은 인간 내면에 존재하면서 자신을 전개하는 것이지, 인간 너머의 외적 실재로 간주되지 않는다. 그러나 이러한 만물일체론과 내적 신성의 주장은 마테오 리치에게서는 신과 맞먹으려는 인간의 오만으로 평가될 뿐이다.

> 무릇 물[物 : 피조물]과 조물재[천주]를 같다고 하는 말은 루시퍼 마귀의 오만한 말이다. 누가 감히 그렇게 말하겠는가? 세상 사람들이 불교의 황당한 경전을 금하지 않아 그 독의 말에 오염됨을 자각하지 못하는 것이다.…… 지상의 민(民)이 지상의 군(君)과 망령되게 견주는 것도 가능하지 않은데, 어찌 천상의 상제와 같다고 할 수 있겠는가?10)

---

9) 『천주실의』 제2권, 96쪽, "天主性 雖未嘗截然有萬物之情 而以其精德 包萬般之理 含衆物之性 其能無所不備也……理也者則大異焉 是乃依賴之類 自不能立 何能包含靈覺 爲自立之類乎". 氣에 대해서도 마찬가지로 그것을 태극의 理로부터 생긴 우주적 기운 내지 생성의 힘으로 이해하지 않고 단순히 공기나 바람 등으로 해석하여, "氣는 수, 화, 토 三行과 더불어 만들의 형체가 되는 것이다"(夫氣者, 和水火土三行 而爲萬物之形者也, 『천주실의』 제4권, 188쪽)라고 말한다. 마테오 리치는 불교의 지수화풍 四大나 유학의 목화토금수의 五行이 모두 서양의 물질적 재료에 상응하는 것으로 해석한다.

10) 『천주실의』 제4권, 192쪽, "夫語物與造物者同 乃輅齊拂兒鬼傲語 孰敢述之歟 世人不禁佛氏誑經 不覺染其毒語……地上民不可妄比肩地上君 而可同天上帝乎". 이는 "중국 유학자는 사물들이 크거나 작거나 간에 그 性은 一體라고 생각하였다. 그러므로 천주인 상제는 각각의 만물 안에 존재하여 만물과 더불어 하나라고 말하였다"라는 유학자의 말에 대한 마테오 리치의 답변이다. 여기서 루시퍼는 천주교의 사탄에 해당하는 말이다. 마테오 리치는 루시퍼에 대해 다음과 같이 말한다. "천주의 경전에 전하는 말이 있다. 옛날 천주가 천지를 창조하고 이어 여러 신의 무리도 창조하였다. 그 가은데 큰 신이 하나 있었는데, 루시퍼라고 불렸다. 그는 자기가 영특하다고 보고 곧 '나는 천주와 동등하다'고 오만하게

마테오 리치는 인간과 신은 전적으로 다른 존재라는 것, 따라서 인간은 절대 신적 지혜 내지 신적 경지에 이를 수 없다는 것, 인간은 결코 신을 알 수 없다는 것을 강조한다. 그렇다면 어떻게 천주교인들만이 신에 대해 안단 말인가? 세상이 점점 사악해져 감에 신이 직접 인간의 모습으로 이 땅에 와서 가르침을 펴고 다시 승천했는데, 그게 바로 예수이며, 예수를 믿는 것이 곧 신을 믿는 것이 된다.

> 이에 [신이] 큰 자비심을 발하여 친히 이 세상에 와서 세상을 구원하고 많은 사람들을 널리 깨우쳐 주었다.…… 이름은 예수였으며, 예수란 이 세상을 구원한다는 뜻이다. 몸소 가르침을 세우고 33년간 서양에서 널리 교화하고 다시 하늘로 올라갔다. 이것이 천주의 실제 행적이다.[11]

이렇게 해서 예수의 교설에 접하지 않은 동양은 우주의 근원이나 신에 대해 알 리가 없으며 따라서 서양의 선교사는 그런 동양에 신의 진리를 전파한다는 사명감을 갖게 된 것이다. 마테오 리치는 바로 이 사명감으로 충만하여 동양 포교의 길에 나섰다. 오로지 예수만을 믿고 따르면 그 대가로 사후에 천당에 가게 되고, 그렇지 않을 경우 지옥에 가게 된다는 지옥천당설은 영혼불멸설에 기반한 것이다.

말했다. 천주는 노하여 그를 그의 추종자 수만의 신들과 더불어 마귀로 변하게 하여 지옥으로 떨어뜨렸다. 이로부터 하늘과 땅 사이에 비로소 마귀가 생기고 지옥이 있게 되었다.” 또 마테오 리치는 “사람과 천주를 한 몸이라고 한다면, 상제의 존엄을 천한 종들과 똑같이 보는 것이 아니겠는가?”(以人類與天主爲同一體 非將以上帝之尊 而侔之於卑役者乎, 『천주실의』 제8권, 416쪽)라고 하여 인간과 신을 본질적으로 다른 존재로 간주한다. 이에 반해 유학에서의 聖人의 경지나 불교에서의 부처의 경지는 곧 神의 경지이다. 인도의 ‘범아일여’나 천도교의 ‘人乃天’ 등은 마테오 리치의 눈에는 모두 마귀의 소리로 들린다는 말이다. 그러면서 오직 예수만을 예외적 존재로 둔다.

11) 『천주실의』 제8권, 423쪽, “於是大發慈悲 親來救世 普覺郡品……名號爲耶蘇 耶蘇 卽謂救世也 躬自立訓 弘化于西土三十三年 復昇歸天 此天主實蹟云”.

그렇다면 이러한 마테오 리치의 글을 접하면서 한국의 유학자들은 어떤 반응을 보였는가? 유학에서의 태극이 정말 천지의 근원일 수 없는 것일까? 리(理)는 단지 사물의 속성에 지나지 않는 것긴가? 인간과 신, 천지 만물이 일체라는 것이 정말 오만한 마귀의 생각일까?

물론 『천주실의』에서 마테오 리치가 주장하는 것은 그 스스로 생각해낸 것이 아니라 당시 동양 포교를 통해 세력확장을 꾀하던 예수회의 기본 관점이며, 그 사상적 기반은 아리스토텔레스로부터 이어지는 중세 스콜라 철학에 있다. 인간과 우주의 실상과 그 근원에 대한 서양 스콜라 철학의 관점은 그것에 관한 동양 유학의 관점과 처음부터 같지 않았던 것이다.

3. 『천주실의』에 담긴 서학의 존재론
: 개별자 실체론과 외재주의 신학

1) 개체의 이해 : 개별자 실체론

마테오 리치는 아리스토텔레스의 범주론에 따라 일체 존재를 실체와 속성으로 분류하며, 모든 개별적 존재를 다양한 속성들이 그에 속하는 자립적 실체로 간주한다. 시공간적 연속성을 가지는 수적 동일성의 개체들, 하나의 돌멩이, 나무, 동물, 인간 그 각각이 모두 자립적으로 존재하는 개별적 실체로 간주되는 것이다. 그것들은 물리적 질료로 구성되어 가시적 형태를 이루는 물질적 실체들이다. 그리고 그 각각의 물질적 개체는 자신 안에 개체적 혼(魂, anima)을 지닌다. 식물의 혼은 생장의 힘을 갖는 생혼(生魂)이고, 동물의 혼은 지각의 힘을 갖는 각혼(覺魂)이며, 인간의 혼은 생장과 지각 이외에 이성적 추리능력을 가지는 영혼(靈魂)이다.

상품[의 혼]은 영혼으로 인간의 혼이다. 그것은 생혼과 각혼을 겸한 것으로, 사람의 성장과 발육을 돕고 사람으로 하여금 사물의 실상을 지각하게 하며, 또 사람들로 하여금 사물을 추론하게 하고 이치와 의리를 명백히 분별하도록 한다.[12]

여기서 마테오 리치는 생혼과 각혼은 유형의 물질적 실체(신체)가 일으키는 부수적 현상으로서 그 자체 독립적 실체가 아닌 데 반해, 인간의 영혼만은 신체의 산물이 아니라 신체 독립적이고 자립적인 실체이며 따라서 신체의 죽음 이후에도 불멸한다고 본다. 영혼은 사후에도 개체적 자기동일성을 지닌 채 멸하지 않는 개별적 실체로 간주된 것이다.

추론 명변하는 일은 반드시 신체에 의거할 필요가 없으며, 그 영은 자립적으로 존재하는 것이다. 비록 몸이 죽고 형체가 흩어져도 그 영혼은 그대로 다시 작용할 수가 있다. 그러므로 인간은 초목이나 금수와 같지 않다.[13]

---

12) 『천주실의』 제3권, 124쪽, "上品名曰 靈魂 則人魂也 此兼生魂覺魂 能扶人長養 及使人知覺物情 而又便之能推論事物 明辯理義". 마테오 리치가 논하는 삼혼설은 아리스토텔레스가 주장하고 중세 스콜라 철학자 아퀴나스가 그대로 수용한 삼혼설이다. 삼혼은 식물의 anima vegetativa, 동물의 anima sensitiva, 인간의 anima rationalis이다. 마테오 리치는 이에 따라 혼 三品을 주장한다. 草木之魂은 下品으로 생장하는 生魂이며, 禽獸之魂은 中品으로 지각하는 覺魂이며, 인간의 혼은 上品으로 사물을 추론하고 이치를 밝히는 靈魂이라는 것이다.

13) 『천주실의』 제3권, 125쪽, "若推論明辯之事 則不必倚據于身形 而其靈自在 身雖歿 形雖渙 其靈魂 仍復能用之也 若人與草木禽獸不同也". 이처럼 마테오 리치는 생혼, 각혼, 영혼을 근본적으로 동일한 하나의 혼의 세 가지 기능 또는 작용의 차이로 보는 것이 아니라, 근본적으로 서로 다른 두 종류의 것으로 구분한다. 즉 생혼과 각혼은 개체의 죽음과 더불어 사멸하는 것임에 반해 인간의 영혼만은 개체의 죽음과 독립적으로 영원히 불멸하는 것으로 간주하는 것이다. 이 점 역시 아리스토텔레스의 혼의 이해를 벗어난 것이 아니다. 아리스토텔레스는 식물과 동물의 혼은 사멸하지만, 인간의 영혼만은 신체 독립적인 것으로서 불멸한다는 '영혼불멸'을 주장하였다. 다만 인간의 이성이 다른 생명체인 식물과 동물로부터 인간을 구분짓는 불멸적 요소라고 본 것은 그리스의 플라톤이나 아리스토텔레스도 마찬가지이지만, 이성을 개체적 영혼이라고 본 것은 기독교 철학의 특징이라고 생각된

마테오 리치에 따르면 영혼은 각각의 인간에게 속하는 개별적 실체이며, 이성은 그런 개별적 영혼의 추론과 분별 능력 이외의 다른 것이 아니다. 이처럼 존재하는 현상세계의 만물은 물질적 실체로서 또는 영혼의 정신적 실체로서 그 각각으로 존재하는 것이다. 이처럼 현상세계 사물 각각이 다 개별적 실체로서 존재하는 것이므로, 그것들을 서로 연결시키고 조화롭게 하는 것은 개별적 사물 내면에서가 아니라, 사물의 외부에서 찾아진다. 우주 존재와 운동의 근원, 만물의 조화의 근원을 세계 내면이 아니라, 세계 바깥에서 구하는 것이다.

2) 세계 외적 실체로서의 천주 : 외재주의

우주만물은 어떻게 존재하게 된 것인가? 아리스토텔레스를 계승한 스콜라 철학에 따르면 천지는 스스로 이루어질 수 있는 것이 아니라, 그것을 창조한 제작자가 있어야만 한다. 천지를 창조하고 주재하는 자가 곧 천주(天主)이다.

> 천지는 스스로 이루어질 수 없으며, 창제하신 자가 반드시 존재해야 한다. 그가 곧 우리가 천주라고 이름하는 자이다.[14]

다. 그러나 기독교가 표방한 영혼의 개체성은 '일즉일체'의 '보편적 개체성'이기 보다는 신체적 차별성에 바탕한 '배타적 개체성'이라고 볼 수 있다. 이에 대한 더 상세한 논의는 다음 기회로 미룬다.

14) 『천주실의』 제1권, 50쪽, "天地不能自成 定有所爲制作者 則吾所謂天主也". 반면 유학에서는 천지를 '스스로 그러한 것'이란 의미에서 '自然'이라고 부른다. 천지를 스스로 이루어진 것으로 볼 것인가 아닌가는 쉽게 단정하기 힘든 문제로, 이는 천지와 천지의 근원을 어떤 관계의 것으로 볼 것인가, 즉 우주의 근원을 우주 외적 실재로 볼 것인가, 우주 내적 실재로 볼 것인가의 문제에 의거하는 것이다. 우주의 근원(신)을 우주 밖에 설정하면 우주는 다른 것(신)에 의해 만들어진 것이 되고, 그 근원(신)을 우주 내재적 힘으로 보면 우주는 그 근원(신)의 자기 전개로, 저절로 그러한 것으로 이해된다.

존재하는 것들이 그 자체 스스로 존재하게 된 것이 아니기에 제작자가 있어야 한다는 것을 마테오 리치는 집이 대들보와 석가래, 이엉이 있다고 만들어지는 것이 아니라, 목수가 있어야 하는 것에 비유한다. 존재하는 각각의 것들은 그 자체로는 이성을 결여하고 있는 것인데, 그럼에도 불구하고 이성적 질서를 따라 배열되고 움직이므로, 그들을 그렇게 배열하고 움직이게 하는 이성적 존재가 그들 밖에 있어야 한다는 것이다.

> 본래 이성(영)을 결여하고 있는 사물들이 질서 있게 배열되어 있다면, 그것들을 질서 있게 배열한 존재가 있기 마련이다.15)

우주만물로부터 천주의 존재를 좀더 설득력있게 증명하기 위해 마테오 리치는 아리스토텔레스의 4원인설을 도용한다. 개별적 사물의 내적 본분[內分]은 질료와 형상인데, 질료는 개별 사물을 형성하는 물질적 재료이고 형상은 한 사물을 다른 사물들과 구분지어 특정 범주로 분류 가능하게 하는 사물의 유적 속성에 지나지 않는다. 이러한 질료와 형상을 마테오 리치는 각기 질(質)과 모(模)로 번역하며, 유학에서의 음(陰)과 양(陽)으로 배대시킨다. 이와 같이 질료와 형상, 질과 모, 음과 양은 각각의 개체를 형성하는 실체와 그 실체의 속성으로 간주된다.

> 네 가지 중 모(模 : 형상인)와 질(質 : 질료인) 둘은 각 사물에 내재하여 그 사물의 본래 몫(본분)을 이루니, 혹 음과 양과 같은 것이라고 할 수 있다.16)

---

15) 『천주실의』 제1권, 51쪽, “物本不靈 而有安排 莫不有安排之者”.

16) 『천주실의』 제1권, 59~60쪽, “四之中 其模者質者 此二者在物之內 爲物之本分 或謂陰陽是也”. 사원인에 대한 마테오 리치의 이해를 다음과 같이 정리할 수 있다.

개별적 실체로서의 사물에 본래적으로 속하는 것을 질료와 형상만으로 간주하기에 그 외의 것, 즉 사물을 운동하게 하는 운동인과 그 운동의 목적이 되는 목적인은 마테오 리치에 따르면 사물 자체에 속하는 것이 아니라, 사물 바깥에 있는 것으로 간주된다. 자연운동의 합리적 질서나 합목적성이 사물 자체로부터가 아니라 사물 외적으로 부과된 것으로 여겨지는 것이다. 그러한 외적 요인으로서 궁극적인 최초의 운동인 그리고 궁극적인 최후의 목적인을 바로 현상세계 밖의 천주라고 보는 것이다.

> 작자(作者 : 운동인)와 위자(爲者 : 목적인)는 둘다 사물 바깥에 사물을 초월하여 먼저 존재하고 있다. 그러므로 사물의 본래적 몫일 수가 없다. 내 생각에 천주가 사물의 소이연이라고 하는 것은 다만 운동인과 목적인을 뜻하는 것이지, 형상인과 질료인을 말하는 것이 아니다.[17]

이처럼 천주는 현상세계 바깥의 실재이며, 현상세계 사물들의 존재 및 운동 계열에서 그 최초의 작용인이며 최후의 목적인이 된다. 이는 곧 현상세계 사물들은 그 각각 개별적 실체로서 존재하되, 자신 밖의 다른 작용인에 의해 움직여지고, 자신 밖의 다른 목적을 지향하는 그런 불완전한 존재임을 말해준다.

3) 인간의 사명 : 신자(信者)되기

천주는 현상세계 밖에 존재하며, 천주에 의해 창조된 현상세계는 무기

질료인 : 質者(재료) 陰 ┐
형상인 : 模者(모양) 陽 ┘ 사물의 내적 본분

운동인 : 作者 ┐ 사물 외적 작용 → 여기에서부터 제1운동인과 궁극
목적인 : 爲者 ┘ 목적인으로서 세계 바깥의 신의 존재를 주장함.   ·

17) 『천주실의』 제1권, 60쪽, "作者爲者 此二者在物之外 超於物之先者也 不能爲物之本分 吾按 天主爲物之所以然 但云 作者爲者 不云模者質者".

278

물, 식물, 동물, 인간이 계층적 질서를 갖는 차별적인 것으로 간주된다.[18) 피조물로서의 인간은 현상 밖의 천주와 결코 견주어질 수 없다. 천주는 인간 밖의 존재이므로 인간이 천주와 같다고 말하는 것도 오만이며, 천주를 안다고 하는 것도 또한 오만이다. 인간은 추리능력으로서의 이성을 통해 최상위 존재로서의 천주의 존재를 추론하여 증명할 수는 있지만, 그렇게 증명되는 천주를 직접 알 수는 없다.

> 지극히 위대하고 지극히 존귀한 천주를 어찌 쉽게 이해할 수 있겠는가?
> 만약 사람들이 쉽게 이해할 수 있다면 천주가 아닐 것이다.…… 사람이란
> 그릇은 보잘것없어서 천주라는 거대한 도리를 담기에는 부족하다.[19)

신이 존재한다는 것 이외에 일반 사람들이 신에 대해 이성으로 알 수 있는 것은 별로 없다. 그러면서 천주교는 자신의 교리만은 '이성의 빛'이 아닌 '초이성의 빛'에 의해 파악된 진리라고 주장한다. 신이 직접 자신을 현시한 계시종교라는 것이다. 즉 천주가 특별히 말씀으로 자신을 보여준 것이 『성경』이고, 직접 유대 땅에 인간의 모습으로 강생하여 인간 구원의 뜻을 보여주고 다시 천주의 위치로 돌아갔다고 말한다. 따라서 인간은 그러한 천주의 은총을 믿고 따르며 찬송해야 한다는 것이다. 그렇게 천주를 신앙한 자는 사후의 심판에서 그 영혼이 영원한 복락의 천당으로 보내질 것이며, 불신한 자는 영원한 형벌의 지옥으로 보내질 것이라고 주장한다. 이 세상의 삶은 참다운 복락이 넘치는 내세의 천당, 그 진짜 집에 이르기 위한 여정에 지나지 않는다고 본다.

---

18) 따라서 인간은 자기 위의 천주와도 자기 밑의 동식물과도 본질적으로 다른 존재로 간주된다. "사람을 천주와 같다고 하면 지나치게 높인 것이고, 흙이나 돌과 같다고 하면 지나치게 낮춘 것이다"(以人爲同乎天主 過尊也 以人與物一 謂人同乎土石 過卑也, 『천주실의』 제4권, 211쪽).

19) 『천주실의』 제1권, 64·68쪽, "天主至大至尊者 豈易達乎 如人可以易達 亦非天主 矣……人器之陋 不足以盛天主之巨理也".

지금 천주교에서는 인간이 이 세상에 잠시 머무름으로써 내세에서의 영생이 결정되는 것이라고 말한다. 그러므로 우리들은 잠시 이 세상에 머무는 동안 각별하게 덕을 닦고 선을 행하여 후세에 그 복락을 누리게끔 해야 할 것이다. 이 세상은 잠시 지나쳐가는 길이요, 저 세상의 진정한 본가에 이르는 길이다.[20]

이와 같이 마테오 리치는 『천주실의』에서 인간 영혼의 불멸성과 천주의 존재를 논한 후, 사후 일어날 천주의 심판과 사후 보내질 지옥천당을 설하면서, 천당의 복락을 누리기 위해 현세에서 천주신앙을 받아들일 것을 권고한다.

4. 유학의 존재론 : 만물 일체톤과 내재주의 심학

1) 개체의 이해 : 만물일체론

유학은 천지만물을 다른 사물들로부터 분리된 고립적 실체로 간주하지 않는다. 일체는 상호적 연관관계, 기의 상호작용에 의해 산출되며 그 관계 안에서만 존재한다고 보는 것이다. 개체를 형성하는 기는 우주 전체를 흐르는 하나의 통일적인 천지지기이다. 기는 개체를 형성해내는 생성의 힘으로, 각 개체에 있어 그 힘은 서로 대립하며 조화하는 두 힘으로 간주된다. 유학은 그 두 힘을 개체의 경계어서 확산하여 펼치는 힘과 응축하여 모이는 힘으로 보며, 이를 각각 신(伸, 神)과 귀(歸, 鬼)로 부르기도 하고, 양기와 음기로 부르기도 한다. 기체화하여 확산하는 힘이 양기이고, 고체화하여 응축하는 힘이 음기이다. 개체는 그 두 힘의 평형관계가 유지되는 한 그 경계 안에서 존속하며, 죽음은 그 평형관계가 깨어져 개체의 경계가

---

20) 『천주실의』 제1권, 232쪽, "今尊敎曰 人有今世之暫寄 以定後世之永居 則謂 吾暫處此世 特當修德行善 令後世常享之 而以此爲行道路 以彼爲至本家".

사라지는 것, 기가 흩어지게 되는 것이다. 이 때 확산하는 양기는 하늘로, 응축하는 음기는 땅으로 흩어지는데, 그 각각을 혼(魂)과 백(魄)이라고 부른다.

따라서 신유학은 개체적 혼이 실체로서 존재하며 사후에도 불멸한다는 것을 받아들이지 않는다. 무아론(無我論)의 불교에서 개체적 오온(五蘊)의 자아가 업력(業力)에 따라 구성되는 가(假)의 결과물로 간주되듯, 유학에서 혼과 백은 기에 의해 구성되는 이차적 산물일 뿐이다.[21] 그러므로 신체를 형성하는 백은 흩어져도 정신적 혼은 불멸한다는 개별자 실체론의 사유는 부정된다.[22] 천주교에서 불멸하는 것으로 간주되는 영혼은 유학에서 보면

---

21) 물론 불교는 무아론이되 윤회를 주장하므로 유학과는 다르다. 그리고 그 차이는 가상적 개체를 형성하는 힘을 유학의 경우 계속 새롭게 생성되는 우주 전체의 氣로 보는 데 반해, 불교는 전생의 개체[五蘊]가 이룩한 業의 힘으로 보는 데에서 비롯된다고 볼 수 있다. 그러나 새로 생성되는 천지지기에 의해서든 이전 개체의 업의 힘에 의해서든 그 힘에 의해 형성된 개체가 자립적 불멸적 실체가 아니라는 점에서는 儒佛이 관점을 같이한다.

22) 개별자 실체론을 부정하는 사유는 서양철학에도 계속 있어 왔다. 중세 정통 기독교교리의 개별자 실체론을 비판하며 각 개체의 실체성에 해당하는 질료적 기반을 부정한 것이 플로티누수와 에카르트의 신비주의적 관점이라면, 근세 데카르트적 개별자 실체론을 비판한 것이 스피노자와 라이프니츠의 철학이다. 신비주의철학자들은 정통 기독교의 창조설과 달리 一者(神)로부터 만물이 생성된다는 流出說을 주장한다. 또한 스피노자가 물질적 가시적 개체인 所産적 자연에 대해 그 기반으로서 能産적 자연을 논한 것은 유학에서 현상사물을 氣의 산물로 보는 것과 상통하며, 라이프니츠의 자연의 연속성을 강조하는 모나드론도 유학 사상과 상통하는 면이 있다. 그러한 상통하는 면 덕분에 라이프니츠는 성리학을 예수회의 마테오 리치나 도미니크 교단의 몽고바르띠, 세인트 마린 등과 달리 비교적 정확히 파악했다고 본다. 그는 성리학의 태극이나 理는 마테오 리치가 주장하듯 물질의 추상적 형식도 아니고, 몽고바르띠가 주장하듯 제일질료에 해당하는 것이 아니라, 창조와 主宰의 힘을 가진 순수한 정신적 실재로 이해하였다. 이에 대해서는 라이프니츠의 글 「중국인의 자연신학론」(이동희 편역, 『라이프니츠가 만난 중국』, 이학사, 2003, 85쪽 이하). 참조. 물론 라이프니츠가 데카르트식의 개별자 실체론을 벗어나 대우주를 반영하는 소우주로서의 모나드를 말하기는 하지만, 그래도 그 모나드를 각각의 실체로 간주하며 다시 그것들을 조화시킬 신의 예정조화를 논한다는 점에서는 아직도 서양적이라고 본다. 즉 세계의 일부로서의 개체적 魂과 일즉일체의 보편적 心을 구분해도, 후자를 다시 오직 神에게만 귀속시킴으로

백과 함께 작용하는 개체적 혼일 뿐이다. 유학에 따르면 개체의 혼백은 모두 기의 작용이므로, 개체의 생명이 다해 물질을 이루던 백이 흩어지면 그것과 결부되어 있던 개체적 혼도 함께 흩어져버린다. 그러므로 개체적 혼은 불멸하는 자립적 실체가 아니다.

> 혼은 형체에 의지하여 있는 것이고, 형체가 이미 없어지면 흩어져 없어지는 것이다. 어찌하여 혼이 자립하는 실체가 될 수 있겠는가?[23]

그러나 유학은 인간존재를 음양 이기의 화합물만으로 간주하지 않는다. 인간의 개체성은 기의 화합결과로 형성되지만, 그 각 개체 안에 개체적 차별성을 넘어서는 보편적 천리(天理)가 내재되어 있다고 보기 때문이다. 즉 유학은 『중용』의 "천명지위성"(天命之謂性)에 따라 인간의 본성을 하늘 천(天)의 명으로 본다. 하늘을 우러러 존칭 님을 붙이면 하늘님, 하느님의 명인 것이다. 이 천명의 성은 각 개체가 지닌 차별적인 기질지성(氣質之性)을 넘어 만물에 동일 근원으로 내재된 본연지성(本然之性)이며, 바로 이로 인해 만물은 개체적 차별성을 넘어 그 존재의 핵에 있어서 하나라는 만물일체가 성립하는 것이다.

그러므로 유학의 만물일체론은 각각의 개체가 전체의 일부분으로서 결국 자기 경계 없이 소멸하여 전체로 융해된다는 의미에서의 일체론이 아니다. 각각의 존재가 처음부터 자기 경계를 넘어선 전체를 자기 자신으로 삼고 있다는 점에서, 안과 밖, 나와 너의 구별을 넘어서 있다는 점에서 만물일체론인 것이다. 이처럼 우주 전체를 포괄하여 '일즉일체'로서의

써, 진정한 일즉일체사상으로 나아가지는 못했다고 본다.

23) 『서학변』「영언려작」, 46/479쪽, "魂者 乃依於形而爲有 形旣亡則 消散而歸於無者 也 烏得爲自立之體乎". 반면 영혼불멸설을 주장하는 마테오 리치는 죽을 때 소멸하는 것은 신체의 魄일 뿐 魂이 아니라고 보며, "사람이 죽었다고 말하는 것은 魂이 죽었다는 말이 아니라, 魄이 죽었다는 말일 뿐이며 인간의 몸이 죽었다는 말일 뿐이다"(『천주실의』 제2권, 156쪽)라고 말한다.

만물일체를 가능하게 하는 것은 바로 천명의 본성을 자각하는 마음, 곧 심(心)이다. 18세기 남인학자들이 그 계통을 잇고 있는 퇴계의 심이 바로 그것이다.

> 한 사람의 마음이 곧 천지의 마음이며, 한 자기의 마음이 곧 천만 인의 마음이다. 그러므로 처음부터 안과 밖, 너와 나의 다름이 있지 않다.[24]

천지의 리와 태극, 태극의 주재적 자각성으로서의 천지의 마음, 이것은 상제 그리고 인간의 마음과 어떤 연관을 맺고 있는 것인가?

2) 태극과 상제와 심 : 내재주의

유학에 따르면 리(理)는 단순히 사물들의 관계로부터 도출된 이차적인 추상적 이치가 아니라, 오히려 사물의 존재 및 기의 운동을 가능하게 하는 근원, 한 마디로 우주만물의 발생론적 근원이다. 리는 그 자체 움직이지 않는 적연부동(寂然不動)이되 일체를 움직이게 하는 부동(不動)의 동자(動者)이다.

> 리(理)는 썩은 나무나 죽은 재와 같지 않아 반드시 스스로 동하지 않으면서 다른 것을 동하게 한다.[25]

리가 적연부동이되 다른 것을 움직인다는 것은 결국 리가 음양 이기를 생하는 생성의 원리이며 혼을 활성화하는 근원이라는 말이다. 이 리를 통합적으로 태극이라고 부른다. 천지의 리가 만물의 본연지성을 이룬다는

---

24) 退溪, 『退溪先生文集』 권18, 28, 「答奇明彦論改心統性情圖」, "一人之心 卽天地之心 一己之心 卽千萬人之心 初無內外彼此之有異".

25) 星湖, 『星湖全書』 제7권, 「四七新編」, 24쪽, "理本非如槁木死灰 必須未動而能動".

것은 각 개체 안에 우주의 발생론적 근원인 태극이 내재해 있다는 것이다. 이처럼 각각의 개체는 현상적으로 보면 음양 오행으로 구성되어 있지만, 각 개체의 형이상학적 본성은 그런 차별성을 넘어선 보편성, 즉 리이며 태극이다. 우주만물을 생성하는 근원으로서의 태극이 우주만물 각각에 내면의 핵심으로 자리잡고 있으므로, 이 점에서 각각의 개체는 단지 우주 전체의 일부분에 그치는 것이 아니라, 그 자체 "일즉일체(一卽一切), 일체즉일"로서 존재한다.

우주를 형성한 생성원리로서의 태극이 자기 자각성(自覺性) 내지 자기 지각을 가지는 정신적 실재임을 뜻할 때, 이를 '상제'라고 부른다.26) 즉 태극은 우주적 근원의 능동성과 활동성의 측면을 칭하는 것이고, 상제는 그 근원의 허령불매(虛靈不昧)한 자각성과 주재성의 측면을 칭하는 것이다. 그러므로 하빈은 우주의 발생론적 근거로서의 태극과 그 태극의 허령불매의 자각성으로서의 상제를 구분하여, 태극은 그 리는 실(實)하되 지위는 허(虛)하고, 상제는 주재적 지위를 갖고 있어 공경의 대상이 된다고 말한다.

> 태극이란 그 이치는 실이지만 그 자리는 허이다. 만약 상제가 하늘을 주재하고 정위를 잡고 있는 것이 아니라면, 공경의 예절을 베풀 만한 곳이 없게 된다.27)

---

26) 자각성은 곧 인격성을 뜻한다. 인간이 죽은 물질이 아니라 살아있는 인격이라는 것은 곧 인간이 자기 자신을 자각한다는 뜻 이외의 다른 것이 아니다. 단지 '원리에 따른다'라든가 '정보를 담고 있다'는 차원을 넘어서서 그 정보와 원리를 의식하며 그렇게 의식하는 자신을 자각한다면, 그것이 바로 인격인 것이다. 우주의 생성원리인 태극이 단지 물리적 힘이나 추상적 이치에 그치는 것이 아니라 스스로를 자각한다면, 그것이 바로 우주적 인격, 우주적 마음, 순수 정신, 신, 상제 이외의 다른 것이 아니다. 한 마디로 태극의 허령불매성이 곧 자기자각성을 뜻하며, 그것이 바로 상제이다. 인격성을 이와 같은 순수 자각성, 순수 정신으로 이해하지 않고, 인간과 같은 모습을 하고 인간과 같은 종류의 감정을 느끼는 존재로 떠올리는 것은 유가식 관점에 따르면 인간적 形氣의 사사로움을 벗어나지 못한 擬人化에 지나지 않는 것이다.

27) 『서학변』, 「천주실의」, 74/470쪽, "夫太極者其理則實而其位則虛 非看上帝之主宰

이는 결국 고대에 상제로 칭하던 바로 그 존재를 신유학에서 리나 태극으로 칭하는 것임을 말해준다. 순암은 이런 문맥에서 리와 태극은 우주생성의 원리의 측면을 뜻하고 상제는 그 원리의 주재적 측면을 뜻하는 것이므로, 리와 태극과 상제를 나누어 별개의 것으로 삼아서는 안 된다는 것을 강조한다.

> 주자의 그림[태극도설]은 "태극이 양의를 생한다"는 공자의 말[주역]에 근본한 것으로, 주재한다는 관점에서 말하면 상제이지만 무성무취(無聲無臭)의 측면에서 말하면 태극이고 리이니, 어찌 상제와 태극의 리를 둘로 나누어 말할 수 있겠는가?[28]

인간 안에 내재된 본성인 태극이 단지 우주 발생근거로서 작용할 뿐 아니라, 그것이 개체 안에서 그 자신의 허령불매한 자기자각성을 발휘하면, 그것이 바로 각자의 마음[心]이다. 따라서 태극의 발현으로서의 인간의 마음은 곧 우주 원리를 자각하는 허령불매한 상제와 근본적으로 다른 것이 없다. 이 점에서 하빈은 신 내지 상제와 일치시킬 수 있는 것은 오직

乎天而有定位則恭敬之禮固無可施之處". 태극의 이치가 實한 것은 만물이 그 내적 이치에 따라 실제로 생기기 때문이다. 그 지위가 虛하다고 하는 것은 천하 만물 일체가 그것을 핵심으로 삼고 있으므로 그 자체에 있어 상하, 고저의 지위가 구분되지 않기 때문이다. 반면 태극이 각 개체에 있어 어느 만큼 자각되어 있는가는 서로 상이하며, 그 자각 정도에 따라 존재의 지위가 달라진다. 무기물보다는 식물, 식물보다는 동물, 동물보다는 인간에게 있어 그 내적 본성인 태극이 더 투명하게 자각된다. 우주 생성원리인 태극이 온전히 허령불매하게 자각되면 그 자각적 존재가 바로 上帝이기에, 상제는 보다 높은 지위를 갖는다고 말할 수 있으며, 인간은 그런 상제를 공경하게 되는 것이다.

28) 『천학문답』 제2편. 이 문장은 마테오 리치가 『천주실의』에서 "옛날의 군자가 천지의 上帝를 공경했다는 말은 들었지만, 太極을 받들어 모셨다는 말은 듣지 못하였다" 또는 "理는 속성적인 것이다.…… 그런 공허한 리를 가지고 사물의 근원이라고 하다면, 이것은 佛老와 다를 바가 없다"라고 주장하면서 유학에서의 최고원리인 리나 태극을 폄하하는 것에 대해 비판적으로 대응한 것이다.

심일 뿐이라고 말한다.

> 이제 우리 유학의 설에 따라 논하자면 사람을 상제에 비교할 수 있는 것은 오직 이 마음일 뿐이다.[29]

우주의 근원인 태극의 허령불매한 자기자각으로서의 심은 결국 차별적 개체성을 넘어선 마음, 사사로운 형기의 제한성을 넘어선 보편적 마음이다. 즉 인간의 마음은 한편으로는 개별적 형기를 따라 사사로움에 치우치는 욕망의 의식이기도 하지만 동시에 다른 한편으로는 그러한 사적 제한성을

---

29) 『서학변』「영혼려작」, 65/473쪽, "今以吾儒之說論之則 人之可比於上帝者 惟有此 心耳". 여기에서 하빈은 상제의 주재성은 혼백의 魂이 아니라 心에 비교될 수 있는 것임을 강조함으로써, 혼과 심을 구분하고 있다. 물론 개체적 魂과 보편적 心을 구분한다는 것은 그렇게 간단한 문제는 아니다. 유학이 혼의 작용을 백에 기반한 것으로 보듯이, 인간 마음이란 결국 인간 신체인 뇌의 작용에 지나지 않는 것이 아닌가 라는 반문도 가능하기 때문이다. 하빈 또한 이 문제를 의식했다고 볼 수 있다. 그는 혼은 형체에 의지한다는 것을 강조함으로써 마테오 리치 식의 개체적 영혼불멸설은 부정한다. 그러면서도 그는 허령불매한 마음의 활동은 신체의 작용으로 환원시킬 수 없음을 주장한다. "마음이란 광명하고 발동하는 신명의 집이다. 그러므로 허령지각하여 한 돋의 주재가 된다.…… 사람이 기억하여 저장한다고 하는 것(마음의 작용)이 모두 뇌낭이 하는 행위라면, 마음은 한낱 괴상한 군더더기 같은 것이 되고 말 것이다"(「영혼려작」, 54쪽)라고 말한다. 이와 같이 하빈은 개체적 혼과 보편적 심을 구분한다. 이는 곧 맹자에서의 小體와 大體의 구분, 人心과 道心의 구분에 해당한다. "存天理 去人欲"의 유학정신은 바로 이 구분에 입각한 것이다. 따라서 유학정신을 이해함에 있어서는 혼백의 혼과 허령불매의 심을 형이하와 형이상의 두 차원으로 구분하여 이해하는 것이 중요하다. 유학에서 개체 안에 내재된 태극의 자각적 마음은 불교에 있어 생멸하는 중생 안에 내재된 불생불멸의 여래장 또는 불성과도 유사한 것이다. 불교가 개체적 자아에 대해서는 無我를 말하되 그 개체 안의 본질로서 불생불멸의 여래장을 말하는 것은, 유학이 혼백의 개체에 대해서는 그 불멸성을 부정하면서도 각 개별 존재의 핵으로서 태극의 내저성과 주재성을 心으로 인정하는 것과 서로 상통하는 바가 있다. 물론 이렇게 구분되는 혼과 심이 구체적인 심리 활동에 있어 어떤 식으로 연관되는가 하는 문제는 또 다른 논쟁거리이며, 유학에서의 핵심 논쟁이었던 사칠논쟁, 인심도심논쟁 등은 모두 이 혼과 심의 관계를 둘러싼 논쟁이라고 생각된다.

넘어선 공적 마음, 신체적 한계를 넘어선 보편적 마음으로 존재한다. 성호
는 이처럼 기질에 의거하는 사적 마음과 천명에 의거하는 허령한 마음을
구분하여 그 각각을 신체적 혈기의 혈육지심(血肉之心)과 허령불매한 신명
지심(神明之心)으로 칭한다.

> 심에는 혈육지심과 신명지심이 있다.[30]

여기서 혈육지심은 개별 신체적 형기에 의거한 심리적 작용으로서 개체
적 혼에 해당하고, 신명지심은 그러한 개별 형기의 제한을 넘어선 태극의
허령한 자각으로서의 보편적 심에 해당한다. 그리고 이는 곧 유학의 역사만
큼이나 오래된 구분인 인심(人心)과 도심(道心)의 구분에 상응한다. 여기서
유학이 강조하는 것은 인간의 개별성과 차별성을 담지한 혼은 기에서
비롯되고 기가 흩어지면 함께 멸하지만, 그 개체 안에 내재된 존재의 핵인
태극으로서의 심은 그러한 현상성과 개체성을 넘어선 보편적 심(心), 신명
지심이고 도심이며 절대적 신성이라는 것이다. 이 신명지심이 바로 퇴계가
천지지심과 하나로 본 심, 안팎과 자타 분별을 넘어선 하나의 심이다.

3) 인간의 사명 : 성인(聖人)되기

태극의 허령불매한 자기자각성으로서의 심은 천지의 심이고 성인의
심이며, 이것이 바로 상제이다. 이 심에 있어서는 천과 인은 하나이다.
하빈은 서학이 인간과 신을 별개의 실체로 놓는 것은 이와 같은 인간
심의 허령한 본성을 간과하기 때문이라고 본다.

---

30)『星湖全書』제1권, 「心統性情圖」, 443쪽, "心有血肉之心有神明之心". 이렇게 심을
　　혈육지심과 신명지심으로 구분한 성호는 신명지심을 형기에 따라 이해해서는
　　안 된다는 것을 강조한다. "신명지심은 形으로 비유될 수 없다.…… 심은 活物이므
　　로 스스로 허령을 가진다"(神明之心不可以形爲諭……心是活物故自有此虛靈, 『星
　　湖先生全集』上卷, 「答沈判事」, 261쪽).

아니마의 학문[천주교의 영혼론]은 심성의 이치에 따르는 것이 아니며, 하늘과 사람이 서로 꼭 맞아 들어가는 교함을 살피지 못한 것이다.[31]

태극의 허령불매, 리의 완전한 자각, 이는 곧 절대자의 자기인식에 다름 아니며, 신의 정신과 다를 바 없다. 따라서 유학은 태극이 만물의 본성이며 인간의 본성이기에, 그러한 허령불매의 경지인 절대지(絶對知)가 가능하다고 본다. 자신의 본성인 태극의 리를 온전히 깨닫고, 자신 안의 기를 확충하여 우주만물 일체와 소통하는 사람, 우주만물과 자신을 하나로 자각하는 사람, 따라서 다른 존재나 다른 사람의 고통을 자기 자신의 고통처럼 받아들이며, 자신의 완성으로서 우주만물의 완성에 기여하는 사람, 이런 사람이 바로 유학이 이상으로 삼는 성인이다. 유학은 성인이 되고자 하는 성학(聖學)이다.[32]

5. 유학자들의 『천주실의』 비판

마테오 리치에 따르면 우주만물은 각각 서로 독립적인 자기동일성의 개별적 실체로서 존재하며, 신은 그런 개별자의 현상세계 바깥에 실재하는 것으로 간주된다. 반면 유학에 따르면 우주만물의 근원은 태극이고 리이며,

---

31) 『서학변』「영언려작」, 66/473쪽, "今亞尼瑪之學 未嘗從事於心性之理 不察乎天人脗合之妙". 이어 하빈은 다음과 같이 말한다. "그래서 영혼의 설에 의탁해서 상제를 혼에 비교하려 하므로, 이것은 도리에 벗어난 일이다"(而顧乃依托於靈魂之說 欲以上帝而比於魂 則此其爲道之已外矣). 이는 곧 서학이 인간의 심성의 허령불매함을 알지 못하여 심 대신 개체적 영혼을 가지고 그것을 상제와 비교 운운하는 것에 대해 비판한 것이다. 이처럼 하빈의 논의에서는 혼과 심의 구분이 결정적인 것임을 알 수 있다.

32) 불교가 佛性을 실현하여 부처가 되고자 하는 것이듯, 유학은 성인이 되고자 하는 것이다. 신을 타자로 숭배하고 믿는 데 그치는 것이 아니라, 신이 되고자 하는 것, 성인이 되고자 하는 것이다. 이는 상제인 신의 허령함과 인간 심의 허령함이 근본적으로 하나라고 보기에 가능한 것이다.

태극은 그로부터 생긴 만물 밖에 머무는 것이 아니라, 바로 각각의 내면에 그 본성으로서 내재화된다. 근원의 자기 자각성이 바로 상제이고 천지지심이며 인간 각자의 심이다. 따라서 신의 신성은 인간 누구나의 본성이며, 그 신성은 완성된 인간인 성인을 통해 구체화되고 실현된다.

그러므로 유학은 천주교가 주장하는 신성과 영성의 신비에 대해 반론을 제기하지 않는다. 다만 인간을 형기(形氣)적 차원의 개별 실체로 간주함으로써 현상성을 넘어서는 일체의 것을 모두 인간 바깥의 마귀나 신의 일로 간주하는 것에 대해 비판할 뿐이다. 즉 인간과 신, 인성과 신성을 이원화하는 외재주의를 비판하는 것이다. 이는 곧 신성의 실현이 인간 누구나에 의해서가 아니라 오직 예수를 통해서만 달성된다고 보는 배타성과 독단성의 비판이 되며, 나아가 개인 삶의 궁극지점을 성인되기가 아니라 천당가기로 설정하는 데서 보여지는 사(私)적 이기심의 비판이 된다.33)

---

33) 물론 이 밖에도 기독교 기본교리 중 비이성적 부분에 대해 신랄한 비판을 가한다. 순암은 다음과 같이 말한다. "『眞道自證』에서 말하기를 '천주가 원조[아담]를 낳아 천하 만인의 조상으로 삼고 특별히 은혜를 베풀어 자유롭게 놓아주었다. 이 원조는 성품이 착하고 인정이 아름다우며 만 가지 이치를 다 비추어보므로 천지간의 만물이 그의 명을 천주의 명처럼 따랐다. 사악한 마귀가 시기하여 그를 제거할 궁리를 하자 천주는 이 기회에 원조를 한 번 시험해 보고자 하여 삿된 신을 시켜 유혹하게 하였다. 그랬더니 원조는 근본을 상실하고 은혜를 잊어버린 채 마귀를 좇아 천주의 명을 거역하였다. 그래서 천주의 仁愛가 義憤으로 바뀌어 죽은 뒤에 지옥의 고통을 받게 되었으며, 그의 자손들도 영원히 그 벌을 함께 받게 되었다'고 하였다. 이 무슨 말인가? 상제가 아당[아담]을 만들어서 인류의 조상으로 삼았다면 그 신성함을 알 수 있다. 그런데 어찌 상제가 마귀의 거짓말을 곧이 듣고 마귀를 시켜 아당 마음의 진솔성 여부를 시험하겠는가? 설사 아당이 참람되고 망령된 마음을 가지고 있었다고 하더라도 상제로서는 의당 다시 주의를 주고 권면하여 고치게 하기를 훌륭한 아버지가 자식에게 하듯, 좋은 스승이 제자에게 하듯 했어야 할 것이다. 그런데 어찌 상제로서 이런 일을 하였겠는가? 이 말을 한 자는 하늘을 업신여긴 그 죄를 이루다 말할 수 있겠는가? 또 설사 아당에게 죄가 있다고 하더라도, 죄가 그 자신에게서 끝나면 그뿐이지 어찌 만세토록 자손들이 그 벌을 같이 받아야 하는 이치가 있는가?"(『천학문답』). 이는 ① 신이 마귀를 시켜 인간을 시험한다는 마귀유혹설과 ② 신이 시험에 넘어간 인간을 저주하여 벌한다는 낙원추방설, ③ 그리고 그 아담의 죄가 인류 전체에게 대대로

1) 존재론적 측면 : 계시의 배타성

성호에 따르면 태극은 우주 발생의 원리이므로 그 원리를 성인의 경지에서 자각하든 못하든 우주 자연 어디에서나 태극의 현현은 있기 마련이다. 내적으로 자각하지 못한 정신에게 태극의 작용은 외적 천주의 작용으로, 영험한 이적(異蹟)으로 간주되겠지간, 그런 식으로 천주교가 제시하는 것과 같은 천주의 자취, 신령한 이적들은 어디에서나 찾아볼 수 있다는 것이다.

> 유럽의 동쪽에 유럽의 가르침을 듣지 못한 곳에서도 유럽과는 다르다 해도 천주의 드러난 자취, 여러 영험한 이적들이 어찌 없을 수 있겠는가?[34]

유학은 기본적으로 태극의 내재성과 보편성에 입각해서 인간은 누구나 성인이 될 수 있다는 인간 본성의 평등성을 주장한다. 이런 성호에게 천주교의 가장 큰 문제점으로 드러나는 것은 오르지 예수를 통해서만 구원이 가능하다는 외적 구원설과 그로 인한 배타성이다. 인간 구원이 어떻게 인간 자신의 내적 본성의 실현에 으해서가 아니라, 외부 세계에 타자로 등장한 구원자, 예수에 의해 가능하단 말인가? 더구나 세계 전 지역에 인간이 존재하는데, 인간을 두루 사랑한다는 천주가 어떻게 오직 한 지역에만 특정한 모습으로 현현하였다고 말할 수 있단 말인가?

이어진다는 원죄설에 대한 비판정신을 압축적으로 보여준다.

34) 『천주실의발문』, 444쪽, "自歐羅巴以東 其不聞歐羅巴之教者 又何無天主現迹不似歐羅巴之種種靈異耶". 그런데도 예수의 이적은 인정하면서 다른 인간이 다른 문화 안에서 경험하는 이적은 마귀의 짓이라고 보는 것은 사사로운 마음의 병일 뿐이라는 것이 성호의 판단이다. 성경에 나타나는 영험한 이적의 흔적들은 그들이 마귀의 짓이라고 말하는 것들과 사실 다를 바 없다는 것이다. "[천주교가 말하는] 그 후의 여러 가지 영험한 이적의 흔적들은 '마귀가 사람을 속여서 그렇게 된 것이다'라고 그들이 말하는 바로 그런 것이다'(其後來種種靈異之迹 不過彼所謂魔鬼誑人之致也, 『천주실의발문』, 447쪽).

만약 천주가 아래 세상 인간에 대한 자비심을 갖고 인간 세계에 나타나서 알려주고자 한 것이라면,…… 억만 지역이 다 자비를 베풀 만한 곳인데, 어찌 한 지역에만 제한하겠는가? [그렇다고] 천주가 두루 다 다니면서 이끌고 깨우쳐주려 한다면, 너무 수고로운 것이 아니겠는가?[35]

2) 인식론적 측면 : 독단과 자기모순

유학에 따르면 인간 본성은 태극이며 인간의 심은 태극의 마음, 천지의 마음, 상제의 마음과 다를 바 없으며, 따라서 그 허령불매의 마음으로 인간은 우주의 이치를 자각하여 알 수 있다. 이처럼 본성인 태극을 자각하고 천리를 깨달은 자가 바로 성인이며, 인간은 누구나 존심(存心)과 양성(養性)의 수행공부를 통해 성인이 될 수 있다고 본다. 반면 천주교는 인간 본성을 마음의 신령함으로 보지 않기에 인간이 천지의 마음과 하나가 되어 천리를 자각하고 상제를 안다는 것은 있을 수 없는 일로 간주된다. 천주는 인간과 구분되는 인간 영혼 밖의 실체이므로 근본적으로 인간이 알 수 없는 것이라고 보는 것이다. 천주는 이성적으로 알 수 없으므로 단지 믿고 따르는

---

35) 『천주실의발문』, 444쪽, "若天主慈悲下民 現幻於實界間……則億萬邦域可慈可悲者 何限而一 天主遍行 提警得無努乎". 하빈의 다음 구절도 마찬가지로 이 점을 비판하고 있다. "인간 세상에 강생한 지 33년이나 오래 되었으니, 그동안 하늘은 주재자가 없는 한갓 한가로운 물건이 되어버렸는데도 운행과 질서가 어긋날 염려가 없을 수 있겠는가? 또한 저들은 천주가 고금의 큰 아버지이고 우주의 공평한 임금이라 하였는데, 그렇다면 천주는 반드시 사해를 두루 덮어야 할 것인데, 사사로운 은혜와 작은 혜택으로써 한 나라 사람들에게만 치우쳐 베푼다는 것은 부당한 것임에 틀림없다"(今乃降生於民間 至於三十三年之久 則是其三十三年之間 天固爲無主之一閑物矣 度數也 次舍也 能無差跌之患乎 且彼嘗以天主 爲古今大父 宇宙公君 則是必偏覆乎四海 而不當以私恩小惠 偏施於一邦之人也, 『서학변』 「천주실의」, 82/468쪽). 이처럼 하빈은 천주강생설을 말이 안 되는 것으로 비판한다. "천주의 강생설에 이르러서는 더욱 심하게 광탄하고 이치에 맞지 않는다. 이 책이 천주를 논하는 것을 따져보면 판연히 달라 얼음과 석탄처럼 서로 용납되지 않는다"(至於天主降生之說 則尤極誑誕而無理 姑以本書論天主之說而質之 亦有判然氷炭而不相入者, 『서학변』, 「천주실의」, 82/468쪽).

신앙 대상일 뿐이다. 이에 대해 하빈은 소체(小體)인 감각기관으로뿐 아니라 대체(大體)인 마음으로도 결국 알 수 없는 것이라고 한다면, 결국 그 믿을 수 있음도 알 수 없는 것일 텐데, 도대체 믿음이 어떻게 가능하며, 또 무얼 지향한 믿음일 수 있겠는가 라고 반문한다.

> 일찍이 본심(本心)의 신령스러움으로 되돌아가 그 알 수 있는 도(道)를 제시하지 못한다면, [도는] 단지 귀나 눈으로 듣고 볼 수 없을 뿐만 아니라 마음으로도 알 수 없는 것이 된다. 그러면서도 오히려 믿고 바라고 보존한다고 말한다면, 마음으로도 알지 못하는 것을 물을 때 그 믿을 수 있음은 어찌 알 수 있어 믿으며, 또 무엇을 지향하여 바라고 생각하는 것이겠는가?36)

그러나 유학에서 중요한 것은 천리를 알고 신적 경지의 성인이 되는 것이지, 신을 대상적으로 숭배하는 것이 아니다. 진정으로 하늘을 섬기는 길이라면, 그것은 곧 마음으로 천명을 자각하고 자기 본성을 유지하는 것이지 어찌 그와 다른 목적으로 알지 못하는 신에게 기도하고 간구하는 것일 수 있는가 라고 순암은 반박한다.

> 사람의 심장이 가슴 속에 있으면서 신명(神明)의 집이 되어 온갖 조화(造化)가 거기서 나온다.…… 오직 이 하나의 마음만이 천성(天性)에 근본을

---

36) 『서학변』 「영언려작」, 67/473~474쪽, "未嘗返之於本心之靈而示其可知之道 則非但耳目之所不可聞且見也 亦此心之所不可知也 如是而猶曰 信之望之存之 則且問心所不知之物 何以知其可信而信之 亦何所指的而望之想之乎". 유학은 마음이 본래 허령불매하여 우주의 이치를 다 알 수 있다는 것을 강조한다. "리는 지극히 진실하여 정밀하게 생각하고 깊이 탐구하면 반드시 알 수 없는 이치란 없는 것이다." "우리 유학은 참된 마음으로 참된 이치를 탐구하여 안다"(『서학변』 「영언려작」, 70쪽). 물론 이 말이 인간 누구나가 이미 리를 다 알고 있다는 말은 아니다. 이것은 '인간은 누구나 성인이 될 수 있다'는 말처럼 인간의 가능성을 말하고 있을 뿐이다. 그러나 바로 이 가능성이 인간 삶의 목표와 수행의 지향점이 된다는 점에서 중요성을 가지는 것이다.

둔 것이다. 만약 이 마음을 붙잡아 보존하여 그 본성을 유지함으로써 우리 상제께서 부여한 천명을 잊어버리지 않는다면, 하늘을 섬기는 도리가 여기에서 벗어나지 않을 것이다. 그런데 어찌 굳이 서양 선비처럼 밤낮으로 기도하고 간구하며 지난 잘못의 용서를 빌고 지옥에 떨어지지 않게 해달라고 기구하기를 무당이 기도하듯이 하는가?[37]

결국 마음으로 천리를 자각하는 존심 양성의 수행 없이 오직 기도와 간구의 신앙만을 강조하는 것을 비판하는 것이다. 더구나 그 신앙 내용이 사후 신의 심판이나 천당지옥행으로까지 이어지는 것에 대해서는 그것이 더욱 황망할 뿐이라고 비판한다.

사람으로 하여금 보고 들을 수도 없는 일을 믿으라고만 하고 그 알 수 있는 길을 말하지 않으면 사람이 비록 심하게 어리석고 혼미하다고 할지라도 그 설명이 의심스러움을 알게 되어 그대로 좇지 않는다. 그러므로 죽은 후에 명확히 알게 된다는 설에 의탁하여 영생의 복으로써 유혹하고 있으니 이는 죽은 후의 일에 관해서는 사람들이 그 있고 없음을 힐난할 수 없기 때문이다. 복과 이익으로 유혹하여 천하를 속이고 있는 것이다.[38]

인간과 천주를 근본적으로 다른 존재로 간주함으로써 인간이 천주를 알 수 없다고 하는 것도 문제이지만, 하빈이 보기에 더 심각한 문제는 천주에 대해 불가지성을 주장하면서도 그들 자신만은 천주에 대해 알고 있다고 설파한다는 것이다. 다른 지역의 다른 종교에 대해서는 인간의 지혜가 신에 미칠 수 없으므로 다 헛된 인간의 생각이고 미신일 뿐이라고 간주하면서, 유독 자신의 종교에 대해서만 천주를 바로 안 것이라고 주장하

---

37) 『천학문답』 제1편.

38) 『서학변』, 「영언려작」, 68/472쪽, "使人而信其不見不聞之事 而不言其可知之道 則人雖愚迷之甚 必知其說之可疑 而未必聽從故 托爲死後明見之說 而誘之以常生 之福 自以爲死後之事 人不能詰其有無 而又誘福利之誘 如是而可欺於天下也".

는 것은 지독한 독단이며 자기모순이라는 것이다.

> 진광(眞光 : 초자연의 빛)은 리(理) 위에 있다고 이미 말하니 리로써 따질 수 있는 것이 아니다. 리로 따질 수 없는 것에 대해 어떻게 그것의 유무를 증험할 수 있는지 알 수 없다. 더구나 그들의 말대로 사람의 지견(知見)이 미치지 않는 것이라면 서양 선비도 틀림없이 사람이어서 그 알지 못하기는 분명히 우리와 마찬가지일 텐데, 오히려 억지로 그에 대해 말하는 것은 어째서인가? 대개 리로 따질 수 없는 것은 그 자신도 알 수 없는 것일 텐데, 입으로 말하고 글로 써서 천하의 사람들로 하여금 그 설을 믿게 하고 그 도를 따르게 하고자 원하니, 그 역시 딱한 일이다.39)

유학은 인간이 자기 본성을 자각하고 우주의 이치와 태극의 원리를 깨달아 신적 경지의 성인이 되는 것이 가능하다고 보기 때문에, 천주교가 그러한 인식 가능성을 부정하는 것에 대해 비판적이다. 그러나 유학자들이 생각하는 천주교의 보다 심각한 문제는 천주를 피조물과 다른 존재로 보고 인식할 수 없다고 주장하면서도 또 다른 한편으로는 그들 스스로 천주에 대해 이치상으로 받아들이기 힘든 주장을 너무 많이 한다는 것이다.

3) 윤리적 측면 : 심판과 천당지옥설의 실리주의(實利主義)

유학은 근본적으로 의(義)와 이(利)를 구분한다. 이는 사적 욕망을 충족시킬 현실적 이익을 뜻하며, 의는 사리사욕을 떠난 도덕적 차원에서 당위적으로 추구해야 할 의리를 뜻한다. 유학에 따르면 인간은 마땅히 개체적 형기에 따라 이익을 좇을 것이 아니라 보편적 심성에 따라 의리를 추구해야

---

39) 『서학변』, 「영언려작」, 69/472쪽, "至如眞光 旣曰在理之上 則此非以理而可推者也 理所不能推之物 未知於何而驗其有無乎 彼乃謂非人知見所及 則西士亦必人也 其所不知必與我同 而猶且强言之者 何也 夫以理之所不能推 己之所不能知 而宣之於口 筆之於書 欲使天下之人信其說而從其道 其亦難矣哉".

한다. 특정 행위를 선택함에 있어 '그것이 내게 이익이 되는가?'가 아니라, '그것이 모두에게 정의로운가?'를 물어야 한다고 보는 것이다. 전자가 자기 이익을 추구하는 이기심의 발로라면, 후자만이 정의를 추구하는 덕(德)의 발로라고 보기 때문이다.

리의(理義)라는 것은 하늘로부터 부여받은 것으로 처음부터 사람의 본성 속에 갖추어져 있으므로 군자는 마땅히 오직 이것을 확충하고 그에 따라 행할 뿐이다.[40]

의를 추구하는 마음은 천으로부터 부여받은 성명(性命)에 근원한 도심(道心)이고, 자기 이익을 추구하는 마음은 개별적 형기(形氣)로부터 생긴 인심(人心)이다. 전자는 보편적 심의 작용이고, 후자는 개체적 혼의 작용인 것이다. 유학은 인간의 성을 천명의 보편적 심으로 간주하므로 의리를 좇는 성인의 길을 가고자 한다.

그런 유학의 관점에서 보면 천주교가 주장하는 사후의 심판이나 천당지옥설은 일신의 안락함을 좇는 인심의 표현일 뿐이다. 삶의 궁극 지향점을 자기 본성의 실현, 도심의 실현이 아니라, 신이 허용하는 영생과 신이 내려주는 축복을 받기 위한 신앙에다 두는 것은 결국 개체적 혼이 영원히 존속하여 복락을 누리기를 바라는 것이기 때문이다. 따라서 천주교는 스스로를 천주신앙을 통해 인간으로 하여금 선한 행동을 하게 하는 윤리적 종교라고 선포하지만, 그러나 유학은 천주교에서의 신앙과 선행이 결국은 도덕적 의리가 아닌 자기 이익추구에 입각한 것일 뿐이라고 비판한다. 영혼불멸설이나 천당지옥설이 모두 사후 천당에 가서 편안한 삶을 누리자는 이로움의 추구일 뿐이며, 이는 곧 현생에서의 덕있는 삶의 의미를 사후에

---

40) 『서학변』, 「영언려작」, 61/474쪽, "至於理義者 得之天賦之 初具乎本性之中 君子惟當擴而充之 循而行之而已".

얻을 이익으로 보상받고자 하는 이기심의 발로라고 보는 것이다.

그들이 가르치고 배우는 것은 오로지 천상의 복일 뿐이다.…… 이것은 윤리를 경멸하고 도리를 어기며 사사로운 이익을 찾는 데 머무르는 것이니, 어찌 심히 미워하지 않을 수 있겠는가. 도호라, 이른바 배운다는 사람이 지성(至誠)을 근본으로 삼지 않고 먼저 이익을 구하는 마음이 있다면, 이는 군자라고 할 수가 없다.41)

마찬가지로 순암도 천주교의 천당지옥설은 이익과 복을 구하는 위이지심(爲利之心)일 뿐이라고 보며, 이를 자기 본성의 실현을 강조하는 유학의 태도와 대비시킨다.

사람이 현세에 사는 동안에 열심히 선을 실천하여 하늘이 내려준 나의 참된 본성을 저버리지 않으면 그뿐이지, 어찌 털끝만큼인들 후세의 복을 바라는 마음을 가질 필요가 있겠는가?42)

---

41) 『서학변』, 「영언려작」, 44/480쪽, "彼之所以敎之學之 惟天上之福……是其蔑倫悖理 徇私愛利之留 豈非可惡之甚者耶 嗚呼 所謂學者 不以至誠爲本 而先有爲利之心 則不足爲君子". 돈와는 천주교의 천당지옥설에 있어서 보여지는 爲利之心은 결국 천주교의 인간 영혼 이해, 즉 인간의 본성을 보편적 心이 아니라 사적 魂에서 찾는 관점과 맞물려 있음을 간파했다고 본다. "[아니마의 실체를 논함에 있어] 그 귀결은 공적을 세워 참된 복을 누리는 데 있으므로, 그 학설의 모두가 이기심에서 나온 것에 지나지 않는다"(『서학변』, 「영언려작」, 50쪽). "서학에서 말하는 영생과 참된 복을 얻고자 하는 욕망은 본바탕이 덕을 좋아하는 마음에 준한 것이 아니다"(『서학변』, 「영언려작」, 60쪽).

42) 『천학문답』. 이어서 순암은 다음과 같이 말한다. "정자가 말하기를 '석씨는 사생을 초탈하여 오직 자기 개인의 사적인 일만 추구한다'라고 하였으니, 천학이 지옥을 면하기를 기구하는 것은 자기 일신만을 위하는 행위가 아니라고 할 수 있겠는가?" "오늘날의 이른바 유자는 일찍이 도불의 천당, 지옥에 관한 설과 묵씨의 겸애론을 비판하였으면서 유독 서사의 말에 대해서만은 변별하지도 않고 곧장 말하기를 '이것은 천주를 모시는 교이다. 중국의 성인이 비록 존귀하지만 어찌 천주를 능가할 수 있겠는가'라고 한다."

이처럼 유학은 천주교의 영혼불멸설이나 천당지옥설을 의리추구의 참된 도덕성이 아니라 일신의 이익을 추구하는 이기성의 발로로 간주한다. 인심과 도심, 개체적 혼과 보편적 심의 구분에 입각해 볼 때, 천주교는 인간의 본성과 삶의 의미를 신적 마음인 도심의 차원에서가 아니라 오히려 사적 욕망의 인심의 차원에서 구하는 것이라고 비판하는 것이다.

6. 마치는 말

마테오 리치는 유학을 비판하며 다음과 같이 말한다.

> 사람이 죽었다고 말하는 것은 혼이 죽었다는 말이 아니라, 백이 죽었다는 말일 뿐이며, 인간의 몸이 죽었다는 말일 뿐이다.43)

이에 반해 유학자들은 개체적 혼의 불멸성을 인정하지 않는다.

> 혼은 형체에 의지하여 있는 것이고, 형체가 이미 없어지면 흩어져 없어지는 것이다. 어찌하여 혼이 자립하는 실체가 될 수 있겠는가?44)

이렇게 보면 천주교는 인간을 영원불멸의 혼을 지닌 고귀한 정신으로 이해하고, 유학은 인간을 신체의 죽음과 더불어 소멸해 버릴 유한하고 덧없는 존재로 간주한 것처럼 보인다. 그런데 마테오 리치는 또 유학에 대해 거듭 다음과 같이 비판한다.

---

43) 『천주실의』 제2권, 166쪽, "夫謂人死者 非魂死之謂 惟謂人魄耳 人形耳".

44) 『서학변』, 「영언려작」, 46/479쪽, "魂者 乃依於形而爲有 形旣亡則 消散而歸於無者 也 烏得爲自立之體乎".

사람과 천주를 한 몸이라고 하면 상제의 존엄을 천한 종들과 똑같이
보는 것이 아니겠는가?[45]

사람을 천주와 같다고 하면 지나치게 높인 것이다.[46]

그렇다면 유학이 개체적 혼의 불멸성을 인정하지 않으면서도 인간을
천주나 상제와 같은 존재로 간주할 때, 그들이 인간 본성으로 포착했던
것은 과연 무엇이겠는가? 그것은 그들이 백과 더불어 소멸한다고 본 혼일
수는 없다. 그것은 바로 형기의 차별성을 넘어선 허령불매의 심인 것이다.
즉 유학에 있어 인간의 신성, 인간의 초월성은 개체적 혼에서가 아니라,
오히려 우주적 본성인 본연지성의 자각으로서의 심에서 찾아진다. 개체
안에서 음양 이기를 활성화하고 주재하는 태극이 보편적 심으로 내재해
있다고 보는 것이다.

이와 같이 유학은 인간 마음의 두 측면, 즉 천인합일의 보편적 의식과
개별적인 사적 의식을 도심과 인심으로 구분하여 논한다. 전자는 태극의
리가 발현된 마음이며, 후자는 개별 신체를 구성하는 형기가 발현된 마음이
다. 유학자들에게 있어 개체적인 혼은 후자에 해당하며, 이는 신체의 백이
멸할 때 함께 멸한다. 반면 유학자들이 인간의 본성으로 간주하며 일생을
통해 실현하고자 한 것은 전자의 마음인 도심이다. 도심은 곧 천지지심이며
상제의 마음이고 성인의 마음이다. 유학은 각 인간의 본래적 마음을 바로
도심으로 간주하며 그 마음의 회복을 추구한 것이다.

이에 반해 개별 실체론의 관점에 서있는 서학은 인간의 정신과 영혼을
오직 인심의 차원에서 이해한다. 개체적 혼의 영속성을 말할 뿐, 인성이

---

45) 『천주실의』 제8권, 416쪽, "以人類與天主爲同一體 非將以上帝之尊 而侔之於卑役
者乎".

46) 『천주실의』 제4권, 211쪽, "以人爲同乎天主 過尊也 以人與物一 謂人同乎土石 過卑
也".

곧 신성이고 인간 마음이 곧 신의 마음이라는 주장에 대해서는 오히려 인간의 오만과 자만일 뿐이라고 비판하며, 신을 인간 정신이 포착할 수 없는 타자이며, 신앙과 기도의 대상일 뿐이라고 주장한다. 그들이 논하는 개체적 혼의 불멸, 사후 심판 및 천당지옥은 유학의 관점에서 보면 모두 개체적 혼을 연장시켜 그 안락함을 배가시키고자 하는 이기적 욕망의 표현일 뿐이다. 유학자들은 이것을 도심의 상실이며, 인간 신성의 왜곡이라고 보았다. 그들이 서학을 비판한 것은 그들이 성학의 기본 명제로 인정하는 『중용』의 다음 구절 때문일 것이다.

> 인심은 오직 위태롭고 도심은 오직 미미하다.
> 人心惟危 道心惟微

유학의 관점에서 보면 인간과 신을 절대적으로 구분하는 외재주의는 인간의 심을 오직 인심으로만 간주하여 결국 미미한 도심을 놓쳐버리게 한다. 그렇듯 미미한 도심이 부정되고 가려지고 잊혀지면, 결국 인심은 더욱 더 위태로워지지 않겠는가?

오늘날 우리의 유물론적 세계에서 우리가 인간 본성으로 확인하는 것은 이미 도심이 아니라 인심일 뿐이다. 천지와 하나되고 만인과 하나된 보편적 마음보다는 개체적인 신체적 욕망과 결부된 사적 마음만이 현실적이고 실제적인 마음으로 간주된다. 미미한 도심의 맥은 찾아보기 힘들다. 도심은 현실의 마음이 아니라 단지 인간이 바라는 이상과 꿈, 허구로 여겨진다. 이처럼 도심이 그 생생한 현실성을 상실하였기에, 인간 이상의 실현은 인간 자신에 의해서가 아니라, 오히려 인간 바깥의 타자, 외적 신에 의해서만 가능하다는 생각이 더 설득력을 갖는 것으로 받아들여진다. 그래서 유학보다는 서학이, 인간의 신성보다는 인간의 원죄가 더 진실이라고 여겨지는 것이다. 결국 인간 스스로 자기 자신을 도심이 아닌 인심으로 규정하면, 인간은 그렇게 도심이 아닌 인심으로 드러나게 된다. 결국 도심은 더더욱 미미해지고, 인심은 더더욱 위태로워질 뿐이다. 이것이 처음부터 서학이 주장하던 바가 아니었던가? 바로 이 때문에 유학이 그토록 서학을 경계하였던 것이 아니었던가?

참고문헌

마테오 리치(利瑪竇), 송영배 외 6인 역, 『천주실의』, 서울대출판부, 1999.
李瀷, 「四七新編」, 『星湖全書』 제7권.
李瀷, 「천주실의발문」, 송영배 외 6인 역, 『천주실의』, 서울대출판부, 1999.
愼後聃, 『서학변』 「영언려작」, 김시준 역, 『벽의편』, 명문당, 1987.
愼後聃, 『서학변』 「천주실의」, 김시준 역, 『벽의편』, 명문당, 1987.
安鼎福, 『국역 순암집』, 한국학데이타베이스연구소 편, CD 롬.
退溪, 「答奇明彦論改心統性情圖」, 『退溪先生文集』 권18.
황사영 저, 김영수 역, 『황사영 백서』, 성・황석두루가서원, 1998.
라이프니츠, 「중국인의 자연신학론」, 이동희 편역 『라이프니츠가 만난 중국』, 이학
　　　　사, 2003.
박종홍, 「對西歐的 세계관과 茶山의 洙泗舊觀」, 『박종홍 전집』 제5권 근대사상편,
　　　　민음사, 1982.
박종홍, 「천주교의 도입 비판과 섭취」, 『박종홍전집』 제5권 근대사상편, 민음사,
　　　　1982.
한우근, 『성호이익연구』, 한국학술정보 1980.
최동희, 『서학에 대한 한국실학의 반응』, 고려대출판부, 1988.
송영배, 『동서철학의 교섭과 동서양 사유방식의 차이』, 논형, 2004.

『일지록』(日知錄)에 내포된 중국실학의 정치적 의도와 조선으로의 유입과정

윤 대 식

1. 서 론

이 글의 목적은 명말청초의 정치적 변동과정에서 고염무(顧炎武)의 『일지록』[1]이 담고 있는 정치적 함의를 추출하고, 이러한 지적경향이 실학을 발생시켰다는 전제 하에 조선실학과의 유사성을 찾아서 양자간의 상호성 여부를 탐색하는 것이다. 명말청초는 기존체제가 붕괴되고 새로운 정치체제가 출현한 시기였다.[2] 즉 기존체제로서 명 왕조는 그 존립기반이었던

---

[1] 고염무는 청대 고증학의 개조로 알려져 있는데 그의 『日知錄』을 고증학의 표준으로 평가하는 것이 일반적인 통설이다. 『일지록』은 고염무 생존중에 32권 형태로 완성되었고 그의 사후 2년 뒤인 1695년 반뢰가 32권을 간행했다. 이후 황여성이 지은 『日知錄集釋』이 통용되었고 1958년 장계가 가지고 있던 原抄本이 간행되었다. 현재 『일지록』은 원초본과 通行本이 있으며 양자간에 편차 차이와 내용상 상이성이 있으나 내용의 실질적인 차이는 없다고 한다. 『일지록』은 크게 세 부분으로 나눌 수 있는데 전반부는 경전에 대해 논하는 내용이고 중반부는 정치체제의 개혁을 위한 본격적인 모색이며 후반부는 역사와 천문, 지리를 논하는 것으로 구성되었다. 이하 각주에 원문 내용을 소개할 경우, 원문의 세부항목에 따라 정리했기 때문에 『日知錄』卷○, 「세부항목」, "원문내용" 또는 『經世遺表』卷○, 「세부항목」, "원문내용" 등 저서의 한문표기를 우선으로 하는 바이다.

[2] 명말청초의 학문적 경향에 대한 연구에서 기독교 선교사들에 의한 서양학문, 특히 천문, 역법, 지리, 기술 등의 분야에서 한역서학서의 저술과 이에 영향받은 중국지식인들의 전적에 대한 소개가 이루어졌다(최소자, 1981 ; 2002). 중국과 서양과의 문화교류에서 서양의 종교와 학문이 중국에 전래되고 중국의 사상과 문화가 서양에 소개되는 교량적 역할을 예수회 선교사들이 수행하게 되었다. 그 중 마테오 리치는 중국전교의 대상으로 사대부의 지적 관심을 유도하기 위해서 천문학, 수학, 지리학 등의 서양과학서를 한역하여 소개했고 명말의 문제 해결방안을 찾던 중국지식인들과 교우관계를 형성했다. 마테오 리치가 교류한 중국의 사대부들 중 양명학 관련인사들과 동림당 인사들이 포함되는데 동림당 인사들과

이갑제(里甲制)의 붕괴와 도시의 성장, 상공업의 발달에 따른 사민의식의 약화 등 환경적 요인과 더불어 군주의 무능함, 정치적 갈등으로 인한 집권세력의 잦은 교체, 빈번한 민란의 발생 등 내부적 요인이 중첩되면서 이에 즉각적으로 대처하지 못하는 상황이었다. 이로 인해서 당시의 중국지식인들은 체제에 대한 위기의식을 가졌다. 그 결과 현실문제 해결을 위한 대안의 모색과 함께 경세적이고 실용적인 학문태도와 사상이 출현했다. 또한 17세기 이후 중국에 진출했던 서양 선교사들에 의하여 소개된 서양의 자연과학 지식은 명말청초의 지식인들로 하여금 현실문제 해결을 위한 실용적인 경세학문으로 전환하게끔 하는 동기를 제공했다.3) 고염무의『일지록』은 이와 같은 지적경향의 맥락에서 접근할 수 있다.

　고염무는 명 왕조의 멸망 원인을 통치기제의 붕괴로 판단했다. 특히 그는 통치이념으로서 성리학이 지닌 본래의 실용적이고 경세적인 측면이 쇠락하고 관념적이고 추상적인 원리로 변질되었기 때문에 문제해결 능력이 상실되었다고 분석했다. 사실상 명말의 학문적 쇠락은 고염무가 체제의 붕괴를 설명하고 이를 개선하기 위해서 돌파해야 할 우선적인 것이었다. 이런 맥락에서 고염무는 명의 멸망원인 중 하나로서 당시의 학술적 폐해를 지적했다. 그는 형이상학이나 인성론과 같은 학문적 편향성이 실학으로서의 경학을 대체했다고 판단했다. 그렇기 때문에 그는 경학을 중심으로

　　의 교우는 리치가 전통적 유교사상에 접근을 시도했고 양명학의 말류적 상황에 반감을 가지고 유교의 회복을 시도하던 동림당 인사들과 인식의 공유가 가능했기 때문이다. 한연정, 「마테오리치와 교류한 한인사대부」,『명청사연구』14, 2001, 58~62쪽.

　3) 명말청초에 서양의 자연과학, 즉 실사구시 학문이 중국에 상당히 영향을 주었다는 사실은 의심의 여지가 없을 것이다. 예를 들어서 시대의 선각자로 주목받는 방이지는 선교사들의 영향을 받았고 그의 저작은 이러한 영향 하에 씌어진 것으로 알려져 있다. 더구나 방이지가 삼대 유노(황종희·고염무·왕부지) 중 왕부지와 밀접한 관련성을 가지고 있다는 점에서 당시의 지식인들은 모두 직·간접적으로 서양의 실용학문에 영향을 받았을 것으로 추론할 수 있다. 권중달,『중국근세사상사연구』, 중앙대출판부, 1998, 422-426쪽.

하는 경세적인 학문태도로의 복귀를 강조했고 이러한 학문적 배경을 지닌 인재등용을 통해서 통치기제의 운영회복을 기대했다. 따라서 고염무의 『일지록』은 실패한 통치기제의 원인분석과 대안으로 왕자(王者)의 출현이라는 유가적 이상을 내포한 정치개혁론의 성격을 띨 수밖에 없다.

그런데 고염무의 정치개혁론이 왕자의 출현을 기대한 것이라면, 군주제의 폐단과 이로 인한 왕조의 교체라는 점에 주목해서『일지록』에 담겨 있는 그의 정치적 의도를 정치권력의 정당성 유지를 위한 것으로 유추할 수 있다. 이러한 추론의 근거는『일지록』전반에 나타나는 인식론적・제도적 개선의 요구에서 엿볼 수 있다. 즉 고염무의 의도는 이상적인 군주제로서 삼대(三代)의 정치와 왕자의 출현을 기대하는 동시에 현실군주의 정치적 역량으로 체제의 견고성을 확보하기 위한 제도적 개혁의 필요성을 시사하려는 것이다. 이로부터 그는 군주와 관료, 관료와 민, 궁극적으로 군주와 신민의 정치적 관계를 재정립하기 위한 의무의 인식에 초점을 맞추어 군주의 권력이 지닌 정당성을 확보함으로써 통치기제의 회복을 추구했다고 파악할 수 있다.

이와 같은 맥락에서『일지록』을 살필 경우 동시대의 조선실학자들 역시 중국의 지식인들이 가졌던 문제의식과 해결방안을 공유했을 것으로 추론할 수 있다. 왜냐하면 조선의 지식인들 역시 중국의 왕조교체로 인한 외부적 요인과 전란 이후 내부의 사회적 유동성에 적극적으로 대처해야 한다는 문제의식을 가지고 있었기 때문이다. 이들은 공부의 과정에서 중국으로부터 유입된 한역서학서와 중국 지식인들의 전적을 접했으며, 이러한 지식의 수평이동은 조선실학자들의 대안에도 반영되었을 것이다. 따라서『일지록』이 지닌 정치적 함의가 조선실학자들의 정치개혁론에 투영되었다면 조선실학의 정치개혁론 역시 군주의 정치권력을 정당화 또는 공고화 하기 위한 통치기제의 개선을 의도한 것으로 상정할 수도 있다.

2. 고염무의 인식론적 배경 : 경학중시의 경세적 태도

고염무의 학문적 태도는 일반적으로 반성리학적이라고 평가된다.4) 만약 고염무에게서 반성리학적 태도의 단서를 찾는다면 명대에 이르러 경전의 본질 탐구에서 벗어난 학문태도에 대한 비판일 것이다.5) 그는 '경학이 곧 이학'(經學則理學)이라는 점을 강조했다. 사실상 송 이래의 성리학은 학문의 궁극적인 목적, 즉 리(理)를 찾는 이학으로서 인간본래의 존재방식[本體]과 이를 획득할 수 있는 방법[體認]의 모색이었다. 즉 자기를 수양해서 성인이 되기 위한 것이었으며, 이로부터 수양과 그 실천을 위한 공부를 강조하고 수단으로서 독서와 사색을 중시했다. 반면 명대의 성리학은 수양과 실천의 과정에서 개인의 주관적 신념을 토대로 이론적, 체계적 요소가 최소화되었던 심학화의 현상을 보였으며 논거로서 경전에 대한 자의적 해석을 특징으로 했다. 즉 명대의 심학은 개인적 수양의 공부를 강조하는 과정에서 개인적이고 주관적이며 관념적인 학문으로 경도되었다.6) 이에 고염무는 개인적 수양과 독서를 통한 실천의 학문으로서 성리학이 지닌 장점이 당시에 이르러서 "성인의 거친 자취만을 얻은 것을 병으로 여겨 마음으로 귀속시키려 애쓰고 도에 이르고 덕에 이르며 구경과 삼중의

---

4) 이는 양계초의 평가에 기인한다. 양계초는 고염무에 대한 학술적 위상에 대해서 고염무가 '경학이 곧 이학'으로 단정했던 점을 지적하면서 송, 원, 명 이래의 이학적 전통에 반론을 제기한 것으로 규정했다. 양계초의 평가 이후 연구자들은 고염무의 경학적 태도와 이에 영향을 받은 청대의 경학을 송명 이학의 반동으로 인식했다. 김경천, 「고염무 '古今之理學'辨」, 『중국어문논총』 14, 1998a, 83~84쪽.

5) 명청시대 학술계의 역사적인 당면 과제는 공허하고 내용이 빈약한 학풍을 변혁하는 것이었다. 고염무는 '도를 밝혀 세상을 구한다'(明道救世)는 자신의 실학사상과 계속된 학술실천으로 학풍개혁이라는 과제에 동참한 학자들 중에서 두각을 나타내며 과거와 미래를 잇는 교량역할을 수행했다. 여기에서 고염무의 실학사상은 송명이학에 대한 비판 하에 건립된 것이었다. 특히 그의 비판은 왕양명의 심학을 비판하는 것으로부터 시작된다. 陳祖武, 「17세기의 중국실학」, 『한중실학사연구』, 민음사, 1998, 274~275쪽.

6) 山井湧 저, 김석기・배경석 공역, 『명청사상사의 연구』, 학고방, 1994, 268~270쪽.

일을 버려 두고 논하지 않았기 때문에…… 그것이 이단으로 흘러 우리의 도를 해치지 않는 것이 드물게"7) 되었다고 판단했다. 따라서 주관적 심학으로의 경도는 "자신을 수양하고 남을 다스리는 실학을 대체하고 팔다리를 움직이는 데 나태해져서 만사가 황폐해지고 지킬 사람이 없어 온 나라가 어지러워졌으며 중국이 뒤집어지고 증묘와 사직이 폐허가 되게"8) 한 원인이 되었다는 것이다.

그러나 고염무는 명대의 학문적 경향이 관념적이고 추상적인 방향으로 편향되었다는 점에서만 비판적인 태도를 추했을 뿐이다. 왜냐하면 그의 경학적 태도는 기본적으로 주희로부터 시원할 이학의 본질에 대해서 긍정적이었기 때문이다. 고염무는 "송말에서 명초에 이르기까지 경학의 인재가 풍성했다"9)고 평가하고 이 시기의 성리학이 경학에 바탕을 둔 실학이었다고 인식했다. 그는 "정이천의 역전, 주희의 사서장구집주, 역본의, 시전, 채심의 상서집전, 호안국의 춘추전, 진호의 예기집설이야말로 대대로 그 책을 나라의 우수한 인재들에게 전수할 만한 것"10)으로 지적하고 경전에 대한 올바른 이해가 이학임을 정언했다. 이 점에서 고염무는 "왕수인을 따르고 주희를 헐뜯는 자들이 비로소 세상에 나타나게"11) 되어서 대중을 미혹시켰다고 개탄했다. 양명학에 대한 고염무의 비판적 태도는 양명학이 도덕과 시무를 포괄한 객관적 사물의 탐구를 등한시하면서 성인의 뜻이 담겨 있는 경전을 부차적인 대상으로 여긴다고 판단했기 때문이다.12)

---

7) 『日知錄』 卷7,「行吾敬故謂之內也」, "病漢人訓詁之學 得其粗迹 務矯之以歸於內 以達道達德九經三重之事, 置之不論……其不流於異端而害吾道者 幾者".

8) 『日知錄』 卷7,「夫子之言性與天道」, "以明心見性之空言 代修己治人之實學 股肱惰 而萬事荒 爪牙亡而四國亂 神州蕩覆 宗社丘墟".

9) 『日知錄』 卷18,「書傳會選」, "愚賞謂目宋之末造 以至有明之初年 經術人材於斯爲 盛".

10) 『日知錄』 卷14,「嘉靖更定從祀」, "有程子之易傳 朱子之四書章句集注 易本義 詩傳 及 蔡氏之尙書集傳 胡氏之春秋傳 陳氏之禮記集說 是所謂代用其書 垂於國胄者耳".

11) 『日知錄』 卷18,「朱子晚年定論」, "嘉靖以後 迻王氏而詆朱子者 始接踵於人間".

따라서 그는 경전의 올바른 이해를 위해서 경전에 대한 문자상의 오류를 피하고 고증해야 한다는 학문태도를 강조했던 것이다.[13]

그런데 고염무의 고증적 학문태도에서 주목할 점은 그가 학문의 목적과 그 방법을 구별했다는 사실이다. 왜냐하면 고증을 위한 학문은 경세를 다루는 것과 무관하게 퇴은적이지만 고염무 자신이 고증을 통한 경전의 올바른 이해가 무엇에 필요하기에 요구했는지를 고려해야 하기 때문이다.[14] 이러한 측면에서 고염무가 경학과 사학의 중요성을 강조한 배경을 이해할 수 있다. 즉 경전과 역사에 대한 연구는 과거의 규준과 경험으로부터 현재의 문제를 해결할 수 있는 구세의 방안을 모색할 수 있다는 것이다.[15] 고염무는 기존체제의 붕괴와 새로운 지배자의 통치라는 당시 현실문제를 분석하고 이를 극복하려는 경세적인 인식을 가질 수밖에 없었으며 이러한 경세의 의지가 실학적 태도로 전개되었던 것이다. 고증을 통한 올바른

---

12) 고염무는 "궁극적인 진리의 인식을 추구"(窮理致知)하는 성리학과 구별해서 주관적 인식을 진리파악의 근본적 방법으로 변형시킨 양명학에 대해 비판을 가하고 천년의 絕學으로 규정하는 그들의 태도를 유가적 가치의 파기로 보았다. 김경천, 앞의 글, 1998a, 92쪽.

13) 권중달, 앞의 책, 1998, 457쪽.

14) 중국의 학문전통은 수신-제가-치국-평천하로 이어지는 8조목의 학문과정을 통해서도 보여지듯이 뚜렷한 목적의식과 정치적 성격을 특징으로 한다. 그런데 청대에 이르러 이러한 정치성에서 탈피하고 학문을 위한 학문이 성립된 것처럼 보인다. 더구나 강렬한 현실참여를 표방한 명말청초의 경세학이 풍미하였던 이 시기에 학문을 위한 학문으로의 변화가 나타났다. 최근 연구는 경세학에서 고증학으로의 전환이 송·명·청의 학문 발전 과정에서 발생한 사상적·이론적 충돌과 이를 해결하기 위해서 필연적으로 경전과 문헌이 관련될 수밖에 없었으며 이에 근거하여 자신의 입장을 정당화하는 일련의 노력으로 파악하고 있다. 즉 학문은 경전에서 그 증거를 찾아야 한다는 점에서 고증학의 출현은 필연적이라는 것이다. 따라서 청대 고증학은 청 왕조의 등장과 청의 사상적 탄압, 청 시대의 사회적 변화 등 외적 요인과 함께 이학의 발전 과정에서 내재적 요구에 의해서 나타난 것으로, 명말 경세학과 청대 고증학 간의 내재적 이로에 대한 이해가 요구된다. 정태섭, 「명말청초 경세학과 청대한학의 내재적 이로」, 『명청사연구』 6, 1997, 179~181쪽.

15) 김경천, 「고염무 고증학의 성격과 의의」, 『중국어문논총』 15, 1998b, 267쪽.

결론에 이르게 되면 학문의 본래 목적인 경세로 돌아가기 때문이다.16)
따라서 고증적 학문태도는 바로 고염무 개인의 정치적 실천의 출발인
셈이다.17)

그렇다면 명대에 실학적 전통이 상실되었던 구체적인 원인은 무엇일까?
고염무는 과거제의 시행이 결과적으로 송 이래로 실용적·경세적 학문으
로의 경학이 지닌 의의를 상쇄시켰다고 평가했다.18) 그는 "공자 문하의
제자들에게는 덕행, 언어, 정사, 문학의 네 과목이 있었을 뿐이나 송대
이후 학자들에게 한 과목이 더 있었으니 어록과"19)라고 비판했다. 더 나아
가 그는 심학을 "종일토록 성과 천도를 말하는 선학에 빠진 것"20)이라고
단정하고 경전의 독해와 성찰보다 선행 연구자의 어록에 근거함으로써
심성론과 같은 비실용적 학문으로 전락했다고 분석했다. 그렇기 때문에
경학이 더 이상 통치이념으로 기능하지 못했다는 것이다. 이에 따라 고염무
는 지식인의 역할로 "군자란 널리 인문을 배운다. 자신으로부터 가정,
국가, 천하에 이르기까지 측정해서 제도를 만들고 이를 실행하여 형태로
삼는 데 있어서 인문이 아닌 것이 없다"21)는 점을 밝혔다. 여기에서 그의

---

16) 권중달, 앞의 책, 1998, 458쪽.

17) 고염무의 학문적 동기를 통해, 그의 고증학이 중국의 미래상을 제시하기 위한
방법론이었음을 알 수 있다. 즉『일지록』 전반에 걸친 명 말기 폐단에 대한 지적과
제도 개선, 양명학의 오류 지적과 원시유가 학설의 선양 등 주로 경세적 문제와
연관된 내용이 전개된 것도 이러한 동기와 목적에 일관하였기 때문이다. 따라서
그의 고증학은 현실적·애국적·개혁적·미래지향적 의의를 지닌다. 김경천,
앞의 글, 1998b, 27쪽.

18)『日知錄』卷18,「四書五經大全」, "制義初行 一時士人盡棄宋元以來所傳之實學".

19)『日知錄』卷7,「夫子之言性與天道」, "孔門弟子不過四科 自宋以下爲之學者則有五
科 曰語錄科".

20)『日知錄』卷7,「夫子之言性與天道」, "今之君子 終日言性與天道 而不自知其隨於禪
學也".

21)『日知錄』卷7,「博學於文」, "君子博學於文 自身而至於家國天下 制之爲度數 發之爲
音容 莫非文也".

관심 대상이 개인으로부터 국가의 제도까지를 아우르는 총체적인 것임을 엿볼 수 있다. 즉 총체적인 현실문제를 해결하기 위해서 모든 분야의 연구가 이루어져야 하기 때문에 널리 배워야 한다는 당위성을 제기했던 것이다. 동시에 그에게 학문의 목적은 박학한 지식획득과 함께 공손한 행실, 겸손한 직분, 정치적 공적 등 인간의 모든 행위 내에서 지키고 실천해야 할 준칙과 소양을 익히고 배양하는 것이었다.[22] 그는 치란의 순환적 역사관을 제시한 『맹자』(孟子)를 인용하면서 "난세를 다스려 정상으로 회복할 임무가 어찌 후대의 현인에게 없겠는가?"[23]라고 반문하고 지식인의 역할이 자신의 수양뿐 아니라 난세를 다스리는 사명에 있다는 점을 강조했다. 이러한 인식은 학문의 목적과 역할로서 실용성과 도덕적 실천으로의 계도라는 고염무의 두 가지 사명의식을 보여주는 것이기도 하다.[24]

3. 고염무의 정치개혁론(1) : 분권적 구조화를 위한 전제

1) 정치적 권위의 의의 : 군주관의 재정립

고염무는 군주의 존재가치에 대한 재정립을 통해서 자신의 정치개혁론을 시작했다. 우선 그는 "현자에게 전해주는 세상에는 천하에 임금이 없을 수 있어도…… 자식에게 전해주는 세상에는 천하에 임금이 없을 수 없다"[25]고 전제하고 세습적 군주제를 수용했다. 이러한 전제로부터 그는 군주의 존재를 "백성을 위해서 수립된 것으로 천자와 공, 후, 백, 자, 남의 작위가 지닌 의미는 똑같은 것으로 절대적인 것이 아니"[26]라고 규정했다.

---

22) 김경천, 「고염무 학문론」, 『동양철학연구』 27, 2001, 477쪽.

23) 『日知錄』 卷18, 「朱子晚年定論」, "孟子曰 '天下之生久矣 一治一亂' 撥亂世反之正 豈不在於後賢乎".

24) 김경천, 앞의 글, 2001, 478쪽.

25) 『日知錄』 卷2, 「顧命」, "傳賢之世 天下可以無君……傳子之世 天下不可無君".

이것은 군주의 존재를 신민의 생존과 이익의 보장을 위한 것으로 이해한 유가적 민귀군경관의 연장이기도 하다. 즉 "왕 역시 육직의 하나이며 하는 일 없이 인군이 될 수는 없기 때문에 천자도 하나의 지위"27)라는 것이다. 군주를 비롯한 통치자의 특권 역시 신민의 이익을 위한 노력의 대가로 부여받은 것으로 이해했다는 점에서 고염무가 군주─신민의 관계를 쌍무적으로 이해했다는 단서를 찾을 수 있다.

 고염무는 명 왕조가 채택했던 중앙집권체제의 폐해를 실질적으로 멸망의 내적 요인으로 파악했다. 그러므로 개혁의 대상은 집권적 통치제도일 수밖에 없으며 이의 개선으로 군현의 분권강화론을 제기했다. 우선 고염무는 상고주의에 입각해서 분봉을 통한 봉건제를 자율적인 분권적 통치의 역사적 사례로 거론하고 이러한 "봉건을 없애고 군현을 세운 것은 모두 진시황이 한 일"28)로서 진의 통일 이후 분권제도가 소멸되었다고 평가했다. 사실상 명 왕조 역시 건국 초기부터 강력한 중앙집권체제를 구축하기 위해서 지방에 대한 통제강화와 중층적 구조화를 시도했다. 예를 들어서 명 말기 각 현에 대한 부주─분사─삼사─순무─총독으로 이어지는 일련의 감독체제는 관료 위의 관료제라는 특징을 보인다. 이러한 중층적 구조는 하부단위에 대한 군주의 장악력을 신장시키는 순기능을 가지고 있지만 무능한 군주가 출현할 경우 군주의 전제적 독재와 관료제도의 경직화의 가능성이 크다. 더욱이 관료제의 내적 특성상 각 현의 자율성보다 구속성이 강하다는 점에서 신민의 생존을 더 곤란하게 하고 국가의 총체적 역량을 약화시킬 가능성이 있다. 따라서 고염무의 정치개혁론은 민을 통치대상으로 인식하고 신민의 욕망을 충족시켜 주는 통치와 분치를 요구했던 시대적

---

26) 『日知錄』 卷7, 「周室班爵祿」, "爲民而立之君 故班爵之意天子與公侯伯子男一也 而非絶代之貴".

27) 『日知錄』 卷5, 「王公六職之一」, "王亦爲六職之一也, 末有無事而爲人君者 故曰天子一位".

28) 『日知錄』 卷22, 「郡縣」, "以爲廢封建立郡縣 皆始皇之所爲也".

인식으로서 분권론으로 전개되었다.[29]

고염무는 분권의 당위성을 설명하기 위한 전제로 명의 통치기제가 원심력을 상실했다는 사실을 두 가지 맥락에서 접근했다. 하나는 과거제도의 시행으로 말미암아 관료의 충원방식이 형식화되고 어록으로 공부한 낮은 수준의 인재들이 양산되었다는 점이며 다른 하나는 환관의 정치개입이었다.[30] 특히 환관의 정치개입에 대해 그는 "우리 태조는 전대의 환관의 폐해를 깊이 징험하고 내관이 글자를 배우도록 허락하지 말 것을 명령했는데 영락제 이후로 이러한 명령이 이행되지 않았던"[31] 결과로 파악했다. 고염무는 환관의 정치개입으로 인한 정치적 혼란을 무능한 군주의 계승과 함께 통치기제를 합리적으로 운영할 수 있는 인재의 부재로 분석했다. 그는 "내정에는 이미 사람을 쓸 수 없고 외치에는 또한 마침내 사람이 없으니 장차 국사가 누구에게 속하겠는가?…… 옛 선왕이 어려움이 많았던 시기에 현명한 신하의 도움을 얻었으니 이로써 그 인재를 양성하는 기쁨이 컸다.…… 천하를 가지고도 자손을 위해서 걱정하는 자는 반드시 인재를 마음에 두었다"[32]고 지적했는데, 그것은 인재의 양성과 훈육을 군주의

---

29) 溝口雄三 저, 김용천 옮김, 『중국전근대사상의 굴절과 전개』, 동과서, 1999, 28쪽.

30) 명 왕조 초기에는 무너진 질서의 회복과 동원을 위해 학교제도와 과거제도를 부활하고 천거제를 이용하여 부족한 인재를 선발했지만 권력이 안정기에 접어들면서 황제의 독재권을 확립하기 위해 순응적인 정치세력을 필요로 하게 되었다. 학교제도와 과거제도는 황제에 순응하는 신진 인재를 유인하기 위한 것이었으며 이들을 특권신분으로 우대함으로써 과거와는 다른 관료와 신분제도를 창출할 수 있었다. 한편 학교제도와 과거제도는 과거 특권층을 선별적으로 체제 내로 유인하는 기능을 수행했으며 이렇게 선발된 특권층을 통해 명 왕조의 향촌지배력을 공고히 할 수 있었다. 오금성, 「명청시대의 국가권력과 신사의 존재형태」, 『동양사학연구』 30, 1989, 244~245쪽.

31) 『日知錄』 卷9, 「宦官」, "我太祖深懲前代宦寺之弊 命內官不許識字 永樂以後 此令不行".

32) 『日知錄』 卷9, 「宦官」, "內廷旣不可用 外廷亦遂無人 而國事又將誰屬乎……古先王於多難之時 而得賢臣之助者 而其養之豫 而儲之廣也……夫有天下而爲子孫之慮者 則必在於人才矣".

의무로 규정하려는 의미를 담고 있다.

2) 정치적 권위의 행사 : 관료관의 재정립

그렇다면 단순히 군주의 의무가 선행되면 자질을 갖춘 인재의 충원이 보장된다는 것인가? 고염무는 양성된 인재로서 관료의 존재를 어떻게 규정했을까? 이러한 의문은 고염무 자신이 군주의 존재를 부정하지 않는 존군(尊君)의 관념을 유지한다는 점에서 제기될 수 있다. 왜냐하면 그의 의도가 통치기제를 회복하는 것이라면, 그 단서는 제도의 운영자로서 잘 훈련된 관료의 존재에 있기 때문이다. 고염무는 관료를 "천자가 믿고 천하를 평탄하게 다스리는 자는 백관이기 때문에 신하는 '나의 팔과 다리이고 귀와 눈이 된다'고 말할 수 있는"33) 존재라고 정언하고 군주의 협력적 보조자로 규정했다. 이러한 태도는 고염무가 관료의 역할을 "공경대부로부터 백리를 다스리는 읍재에 이르기까지 한번 관직에 임명되면 반드시 천자의 권한을 나누어 가지고 각각 그 일을 다스리지 않을 수 없는"34)것으로 파악했다는 점에서도 찾아진다.

그런데 고염무의 관료관은 명 왕즈의 중앙집권적 중층구조가 통치의 근본원칙으로부터 위배되었음을 역설적으로 지적하는 것이기도 하다. 왜냐하면 군주의 존재가 신민의 이익을 보전하는 지위에 불과하다는 그의 군주관을 고려하자면 관료의 존재야말로 군주의 자의적이고 독점적인 권력행사를 뒷받침하기 위한 것이 아니라 통치행위 그 자체가 군주 개인에 의해서 이루어질 수 없다는 사실을 강조하는 것이기 때문이다.

이로부터 고염무는 존군의 관념과 전통적인 군신간의 규범을 부정하지 않는 범위 내에서 군주의 이익과 신민의 이익을 일치시키는 중간자의

---

33) 『日知錄』 卷8, 「吏胥」, "天子之所恃以平治天下者 百官也 故曰臣作朕股肱耳目".

34) 『日知錄』 卷9, 「守令」, "自公卿大夫 致於百里之宰 一命之官 莫不分天子之權 以各治其事".

역할로서 관료의 의무를 제시했다. 즉 그는 "군신간의 의리는 천지간에 피할 수 없는 것"35)이라며 양자간의 긴밀한 협력관계를 시사하고 동시에 "앎에 이르는 것은 머물러야 하는 것을 아는 것이다. 머물러야 하는 것을 안다는 것은 무엇인가? 군주를 인에 머물게 하는 것이며 신하를 공경에 머물게 하는 것"36)이라고 정언함으로써 신하의 역할이 군주를 의무이행으로 유도하는 것임을 밝혔다. 그것은 군신간의 관계가 일방적인 명령과 맹목적인 복종이 아닌 합리적 동기에 의한 쌍무적인 의무의 성립을 전제로 한다는 고염무의 정치인식을 반영한다.37) 만약 이러한 관계의 구조화가 이루어지지 않는다면 그 결과는 체제의 붕괴와 왕조의 교체일 뿐이다. 실제로 명의 멸망은 완성된 군주의 부재뿐 아니라 합리적 통치구조의 운영에도 실패한 결과이기도 했다. 정치과정의 운영에 무능했던 군주와 환관의 자의적인 권력행사와 부패가 유능한 인재의 충원보다 오히려 이들의 축출과 무능한 자의 충원이라는 악순환으로 이어져 명의 통치기제가 원심력을 상실했기 때문에 개혁이야말로 제도의 개선으로부터 출발해야 하는 것이었다. 따라서 고염무는 "나라가 망하는 것과 천하가 망하는 것이 있는데 나라가 망하는 것과 천하가 망하는 것을 어떻게 말해야 하는가? 말하자면 왕조가 바뀌어 국호를 고치면 이를 망국이라고 부른다. 인의가 막히고 짐승을 이끌어서 사람을 잡아먹게 하면 장차 사람들끼리 서로 잡아먹게 이르니 이를 망천하라고 부른다"38)는 『맹자』의 진술을 차용하면

---

35) 『日知錄』 卷4, 「趙盾弑其君」, "君臣之義無逃于天地之間".

36) 『日知錄』 卷6, 「致知」, "致知者 知止也 知止者何 爲人君之于仁 爲人臣之于敬".

37) 고염무는 새로운 군주관과 군신간의 규범적 관계를 정치개혁의 선행조건으로 상정했다. 그런데 이러한 내포의 심화는 자연스럽게 외연의 확대로 전개될 여지를 갖게 된다. 고염무가 군신간의 쌍무적 관계를 상정한 근본적인 이유 중 하나는 이민족의 통치라는 현실에 어떻게 대응할 것인지에 대한 해답이기 때문이다. 즉 군주에 대한 의무이행을 조건으로 한 관료의 의무와 역할은 이민족으로서 청의 지배와 그 정치과정에 참여 기준을 제시한 것이기도 하다.

38) 『日知錄』 卷13, 「正始」, "有亡國有亡天下 亡國與亡天下奚辨 曰易姓改號 謂之亡國.

서 군신간의 관계 정립이 통치기제의 원활한 운영을 좌우하는 선행조건임을 강조했던 것이다.

고염무는 군주를 중심으로 한 중층적 구조의 폐해성을 극복하기 위한 논리적 전제로 군주와 관료의 존재가치와 역할을 재정립했다. 따라서 고염무의 군주관과 관료관은 그가 열망한 군현제의 보완과 지방정부의 자율성 증대라는 분권적 통치구조로 연계된다.

4. 고염무의 정치개혁론(2) : 분권적 구조에 기초한 군주제

1) 군현제 : 분권적 통치구조

고염무의 분권구상은 하향적인 증층관리 구조를 상향적인 분화관리구조로 바꾸는 이갑제의 부활에 있었다.[39] 그는 주례를 근거로 "다섯 가구로 비를 만들고 비에는 장을 둔다. 다섯 비가 여를 이루고 여에는 서를 둔다. 사여가 족을 이루고 족에는 사를 둔다. 오족이 당을 이루고 당에는 정을 두며 다섯 당이 모여 주를 이루고 주에는 장을 둔다. 다섯 주가 향을 이루고 향에는 대부를 두었다"고 분권의 연원을 설명하고 상하의 통치범위가 "다섯을 넘지 않는 경우에 잘 다스려지는 바"[40]가 있다고 지적했다. 하지만 이갑제에 기초한 분권적 통치는 여전히 군주를 정점으로 하는 피라미드형

仁義充塞 而至於率獸食人 人將相食 謂之亡天下".

39) 이갑제는 명 태조에 의해 농촌과 부역 등을 유지시키기 위해 실시된 향촌지배체제이다. 지리적으로 가까운 110戶를 1里로, 부유한 10호를 이장호, 나머지 100호를 갑수호, 전체를 10甲으로 나누어 甲首를 두고 매년 각 리의 리장으로 하여금 10명의 갑수를 지휘하여 1리의 일을 관리하게 하는 제도였다. 리와 갑은 국가의 최말단 기구로서 리 내의 권농, 교화, 하급재판 임무까지 부여받았다. 溝口雄三, 앞의 책, 1999, 29쪽.

40) 『日知錄』卷8, 「里甲」, "周禮 五家爲比 比有長 五比爲閭 閭有胥 四閭爲族 族有師 五族爲黨 黨有正五黨爲州 州有長 五州爲鄉 鄉有大夫……而要之自上而下 所治皆 不過五人".

통치구조를 벗어나지 않는다. 따라서 고염무의 분권론은 상부의 하향식 통제구조보다 하부의 상향식 분화구조라는 방향으로 전개된다.

고염무는 "후세의 인재들은 그 물리적 거리가 옛날과 같지 않아서 마침 내 현령 한 사람의 몸으로 앉아서 수만 호구를 헤아려 세금을 부과하고자 해도 또한 예전보다 배로 많아졌으니 비록 번잡해지지 않으려고 해도 그럴 수 있겠는가?"[41]라고 반문하면서 현을 기준으로 향, 보, 갑의 하부단 위의 설치를 제안했다. 그는 군현제의 장점으로 "현으로 향을 다스리고 향으로 보를 다스리고 보로 갑을 다스리게 하면 다섯에 불과해도 그 효과는 배가 될 것"[42]이라고 주장했다. 즉 향, 보, 갑의 하부단위에 기초한 현치는 군주제의 근간으로 작동한다는 것이다. 더구나 고염무는 "소위 천자란 천하의 대권을 잡은 자"[43]라는 존군의 관념으로부터 군주의 정치적 권위 를 "천하 사람들에 의탁해야 비로소 천자에게 대권이 돌아가는 것"[44]이라 고 정언했다. 따라서 현에 의한 하부단위의 통제는 중앙집권적 통치와 대조적으로 아래로부터의 효율적 통제와 이에 기초한 상부의 권위확보라 는 방식을 취할 수 있다.

그렇다면 고염무가 주장하는 분권이란 현실적으로 무엇을 의미하는 것일까? 사실상 지방의 수령은 하부단위의 통치자로서 자연스럽게 군현의 정사를 장악하고 이를 상부로 전달하는 역할을 수행한다. 고염무는 "수령 이란 친민하는 관리인데 오늘날에는 더욱 권한이 없는 것이 수령보다 적은 것이 없다"고 지적하고 "수령의 권한이 없으면 백성이 질곡에 빠지고 위에 알려질 수가 없게 된다"[45]는 점을 경고했다. 그와 같은 경우가 바로

---

41) 『日知錄』卷8, 「里甲」, "後世人才 遠不如古 乃欲以縣令 一人之身坐理數萬戶口賦稅色目 繁猥又倍於昔時 雖欲不叢脞 其可得乎".

42) 『日知錄』卷8, 「里甲」, "後世人才 遠不如古 乃欲而縣令一人之身 坐理數萬戶口賦稅……而縣治鄉 以鄉治保 以保治甲 視所謂不過五人者 而加倍焉".

43) 『日知錄』卷9, 「守令」, "所謂天子者 執天下之大權者也".

44) 『日知錄』卷9, 「守令」, "寄之天下之人 而權乃歸之天子".

명 왕조의 멸망이었다. 고염무는 명 왕조의 멸망이 과도한 중앙정부의 간섭과 지방정부의 군사적, 재정적 능력의 약화로 인한 결과라고 생각했다. 그렇기 때문에 그는 지방수령에게 "관리를 임명하도록 하고 정사를 보고 재화를 다지고 군사를 다스리는 것이 군현의 네 가지 권한"[46]을 부여해야 한다고 강조함으로써 분권을 지방정부의 행정적, 군사적, 재정적 독립성과 인사권의 자율성임을 시사했다.

그러나 지방정부의 자율성과 독립성은 상부의 통치자, 즉 군주로부터 이탈할 가능성을 안고 있다. 군주를 정점으로 하는 정치체제에서 분권적인 군현은 체제의 전복 요인이 될 수 있다. 더구나 중앙정부의 수준에서든지 지방정부의 수준에서든지 견제와 균형이 없을 경우 통치자는 자의적이 될 수 있다. 그렇다면 명의 멸망이 과도한 중앙집권화와 지방정부의 약화로 인한 결과라는 고염무 자신의 분석과 해결책으로서 지방정부의 권한강화는 오히려 모순된 것이 아닌가? 고염무는 이러한 모순을 어떻게 방지하려고 했을까? 이에 대해서 그는 "사람이 갖는 사사로움은 진실로 떨쳐낼 수 없는 정이기에 선왕은 하지 못하도록 하지 않고…… 이에 따라 구휼한 것"이라고 정언하고 과거 성공한 통치의 요인을 "천하의 사사로움을 합하여 천하의 공통을 만들어 내는 데 성공했기 대문"[47]이라고 분석했다. 그렇기 때문에 고염무는 분권적 군현제가 인간의 이기적 본성으로 인해서 합리적인 통치의 가능성을 가져다줄 것으로 기대했다. 즉 각 지방정부의 수령에게 그의 사적 이익인 관직유지라는 보상을 보장할 경우 이것을 동기유발로 삼아 군주에게 복종할 것이라고 전망했던 것이다. 그것은 각 지방정부의 자율적인 통치에 기초한 군주의 통치의도와 일치하는 것이다.

---

45) 『日知錄』 卷9, 「守令」, "守令親民之官 而今日之尤無權者 莫過於守令 守令無權 而民之疾苦 不聞於上".

46) 『日知錄』 卷9, 「守令」, "夫辟官涖政理財治軍 郡縣之四權也".

47) 『日知錄』 卷3, 「言私其豵」, "而人之有私 固情之所不能免矣 故先王弗爲之禁……且 從而恤之……合天下之私 而成天下之公 此所以爲王政也".

더구나 군주가 지방수령의 임기보장을 위해서 지방정부를 세습의 대상으로 보장할 경우 이에 대한 보상으로서 군주에 대한 복종과 순응을 유도하는 쌍무적인 관계를 형성할 수 있다. 왜냐하면 수령직의 세습은 중층적인 통치구조의 간섭과 개입을 최소화할 수 있는 자율성을 확보할 수 있고 통치의 일관성을 유지할 수 있기 때문이다.[48]

사실상 고염무의 분권론은 중앙집권적 군주제를 분권적 자치제로 전환시키려는 파격이 아니다. 왜냐하면 고염무는 여전히 존군에 대한 관념을 그대로 유지하고 있었고 군주의 정치적 권위를 강화함으로써 체제의 생명력을 되살리려는 의도를 지녔기 때문이다. 이러한 의도는 고염무가 지방정부의 전횡 가능성을 차단하기 위해 중앙정부의 개입근거를 제시한 데서 알 수 있다. 그는 "전택이 제도를 넘어서고 약자를 능멸하고 많은 것을 가지고 있으면서 적게 가진 자를 억압하는 지역의 토호들, 백성을 구휼하지 않고 옥에 가두거나 살인을 조장하고 화가 나면 형벌로 다스리고 기쁘면 상으로 다스리며 근심걱정과 난폭함이 백성을 벗기고 강탈해서 백성들이 괴로워하는 바가 산을 무너뜨리고 돌을 깨뜨리며 요사한 거짓말을 하는 지방관, 권세를 믿고 의지하며 바라는 바를 청탁하는 지방관의 자제들"[49]을 지방정부의 해악으로 거론했다. 이에 대한 중앙정부의 개입과 구속은 군주의 권위를 보존하는 동시에 신민의 사적이익의 보전이라는 지방정부의 효율성을 유도하는 것이다. 만약 중앙정부의 권위가 지방정부의 전횡을 견제하는 역할에 국한되고 구임을 통한 지방정부의 지속성과 안정성을 확보한다면 하부단위의 자율성을 토대로 통치기제의 원활한 운용은 가능

---

48) 한편으로 지방정부는 군주에게 항명하기에는 역량이 부족하고 주변의 현에 의해 견제를 받기 때문에 현실적으로 이탈이 불가능하다. 오히려 분권적 군현제는 중앙정부의 지방통제에 대한 부담과 중층적 관료제 유지에 따른 비용을 경감시키고 지방정부의 자율성에 의한 하부구조의 건강성을 유지할 수 있다.

49) 『日知錄』卷9,「部刺史」, "一條 强宗豪右 田宅踰制 以强陵弱 以衆暴寡……三條 二千石不卹疑獄 風厲殺人 怒則任刑 喜則任賞 煩憂刻暴 剝削黎元 爲百姓所疾 山崩 石裂 妖祥訛言……五條 二千石子弟 怙倚榮勢 請託所監".

해진다.

2) 관료충원의 개선과 지방분권의 상관성

고염무는 기존의 관료제가 지닌 문제점 중 자격제[停年格]에 주목했다. 그는 정년의 채택으로 인해서 "관직을 꽉 채우도록 제도를 설치하다 보니 이로 인해서 약간명만 선발해서 모으게 되어 각 관직에 차등이 생겼다. 관직이 높은 것은 적게 뽑고 낮은 것은 많이 뽑고 유능함과 무능함을 논하지 않고 다 채워서 선발하고 연한을 제한하니 직급을 오르려고 해도 뛰어넘을 수 없도록 해 놓았다. 잘못해도 책임을 지지 않으니 모두가 오르기만 하려고 할 뿐 내려오는 자가 없다"50)고 문제점을 지적하고 그 결과 "높은 자리에 나간 미련한 자가 현능한 자를 부리고 작위라는 것이 덕을 고려하지 않고 녹봉은 능력대로 주어지지 않게 되어서 직무가 올바로 다스려지지 않으며 관리들 간에 자격 다툼과 승진을 위한 경쟁으로 염치가 사라지고…… 만사가 피폐되고 법제가 무너져 구제할 수 없게"51) 되었다고 비판했다. 이러한 폐해를 타파하고 유능한 인재의 참여를 유도하기 위해서는 공적과 재능의 유무에 따른 관료제의 운영이 요구된다. 이를 위해서 고염무는 과거제와 천거제의 병용을 주장했다.52)

---

50) 『日知錄』 卷8, 「停年格」, "凡官罷滿 以若干選而集 各有差等 官高者選少 卑者選多 無論能否 選滿則注 限年躡級 不得越踰 非負譴者 皆有升無降".

51) 『日知錄』 卷8, 「停年格」, "愚者役智者於下 爵不考德 祿不授能……故曰士之寡廉鮮 恥者 爭於資格也……故萬事抏弊 百吏廢弛 法制頹爛決潰而不之救也".

52) 명대의 출사방식은 薦擧, 進士·監生, 吏胥의 세 가지 방식의 병용이었다. 명초에는 감생이 중시되었지만 영락제 이후 과거제를 중시하는 정책으로 전환되었고 관학의 生員 자격자로 한정되었다. 생원은 종신자격을 유지하면서 제도적으로 특권을 향유하고 향리의 특수신분으로 생활할 수 있었는데 이들 전·현직 관료경험자와 진사 등 관인계층과 거인, 감생, 생원 등 미출사 학위소지자를 紳士로 개념화할 수 있으며 명청시대 신사는 정치적·사회적 지배계층을 의미하게 된다. 명 중기 이후에는 신사층의 급격한 증가현상이 나타나고 이들간에 동류의식이 형성되면서 명 말기에 나타나는 환관세력과의 갈등을 증폭시키는 요인으로 작용

고염무는 "사대부를 뽑는 제도는 천거하는 데 있어서 옛 사람들이 향을 천거하고 리를 선출하는 뜻을 줄여서 사용한 것이며 시험을 보는 것은 당나라 시절 신언판서의 법을 줄여서 사용하는 것"53)이라며 천거제와 과거제의 의의를 정언했다. 이러한 병행적 장치의 부활을 통해서 그는 "성적 상위자는 낭으로 삼아 정원에 제한 없이 출사하여 현령을 보좌케 하고 그 다음 성적은 승으로 삼아 인근의 군에서 사용하며 그 다음 성적은 본래의 현으로 돌려보내 부, 위 등 아전으로 사용"54)할 수 있다고 소개했다. 그는 "지금의 폐단을 구하고자 한다면 반드시 이와 같이 한 후에 현명한 인재를 얻을 수 있을 것이며 정치의 원리가 부흥할 수 있을 것"55)이라고 기대하면서 통치구조를 운영하기 위한 인재 등용을 제도적으로 보장할 것을 강조했다. 왜냐하면 그는 경학에 대한 훈련이 미비한 자들의 충원이 결국 체제 붕괴를 막지 못했다고 판단했기 때문이다. 따라서 그는 "국가가 항상 다스려지고 어지러워지지 않은 까닭은 인재가 있기 때문"56)이라고 전제하면서 인재등용의 제도적 장치로서 과거제의 폐단과 관료 충원방식의 수정을 요구했던 것이다.

천거제와 과거제의 병용은 지방분권의 실현과도 밀접한 연관성을 지닌다. 천거된 인재의 지방정부 파견과 과거로 선발된 인재의 보조적 역할은 군주와 신민의 물리적 거리를 좁히고 양자의 이해관계를 매개해 주는 것이다. 따라서 이러한 관료충원은 중앙정부로부터 지방정부의 이탈 가능성을 방지하는 동시에 "군주가 진실로 백성과 친밀해지고 싶다면 반드시

했다. 이들은 광범위한 언론활동, 향리의 여론과 평가의 조성과 문하생과의 관계를 통해 중앙정부와 지방정부의 모든 수준에서 영향력을 행사하는 사회집단이었다. 오금성, 「명대 신사층의 형성과정에 대하여」, 『진단학보』 48, 1979, 41~68쪽.

53) 『日知錄』 卷8, 「選補」, "取士之制 其薦之也 略用古人鄕擧里選之意".

54) 『日知錄』 卷8, 「選補」, "上者爲郎 無定員 郎之高第得出而補令 次者爲丞 於其近郡用之 又次者歸其本縣 署爲簿尉之屬".

55) 『日知錄』 卷8, 「選補」, "夫欲救今時之弊 必如此而後賢才可得 政理可興也".

56) 『日知錄』 卷8, 「鄕亭之職」, "國家之所以常治而不亂者 人材也".

먼저 목민관과 친밀해지고 이후에 티평의 공을 바랄 수 있는"57) 것이다. 더구나 지방정부의 이탈 가능성에도 불구하고 고염무는 분권적이고 자율적인 통치기제를 구축할 경우 국가의 부강과 개인의 사적이익 모두를 성취할 수 있다고 기대했다. 또한 고염무는 군주의 관료파견[廻避制]보다 지역출신자의 우대를 제안했다. 왜냐하면 과거 중앙에서 파견된 관료는 "수천 리를 이동하고 풍토를 알지 못하고 말소리를 깨닫지 못해서 부임에 드는 비용이 헤아릴 수 없고…… 마침내 부임한 이후에 사람과 땅이 서로 들어맞지 않으면 하위 관리들이 나태하게 다스린다. 그들이 나태하게 다스리면 백성이 모반하게 되고 백성이 모반하게 되면 전쟁이 일어나는"58) 혼란만을 결과했기 때문이다. 이에 근거해서 고염무는 기존의 관료 파견방식을 "반드시 땅을 바꾸어서 관직에 임명하고 백성을 바꾸어서 다스리는 것이 어찌 자연스럽다고 할 것인가!"59)라고 개탄하고, 이로 인한 중앙정부의 견제와 간섭에 대응해서 지방정부의 자율성을 제고하는 장치로서 지방정부의 인사권[辟屬權]에 대한 이양을 강조했던 것이다. 이를 위해서 그는 "지금은 매번 3년으로 수령의 임기를 채우는데 군현의 눈과 귀를 새롭게 하지 못하고 떠나갔다. 하물며 사람을 쓰는데 임명의 전권을 행사하지 못하고 일에 임해서는 논의의 전권을 행사하지 못하고 돈과 곡식은 모두 관리에게 구속되어 전용할 수 없으며 군졸을 백성으로부터 뽑아오지 못해서 친밀해질 수 없다. 예부터 군을 다스리는 자는 스스로 현령과 승을 선발"60)한다는 점을 강조했다.

---

57) 『日知錄』 卷9, 「京官必用守令」, "人主苟欲親民 必先親牧民之官 而後太平之功可冀矣".

58) 『日知錄』 卷8 「選補」, "今之選 動涉數千里 風土不諳 語音不曉 而赴任迎家之費 復不可量……及乎赴任之後 人與地不相宜 則吏治隳 吏治隳 則百姓畔 百姓畔 則干戈興".

59) 『日知錄』 卷8, 「鄉亭之職」, "必易地而官 易民而治 豈其然哉".

60) 『日知錄』 卷9, 「守令」, "今之世每以三歲爲守令滿秩 曾未足以一新郡縣之耳目而已去 又況用人不得專辟 臨事不得專議 錢糧悉拘於官 而不得專用 軍卒弗出於民 而不

고염무는 지역 자체의 충원방식에 대해서 "아전들은 모두 군의 사람들인데 한나라 시대의 인재등용법을 생각할 수 있다.…… 그 때에는 수상만이 조정의 명을 받고, 마을 아전으로부터 그 아래로는 군의 사람들이 아닌 경우가 없었다. 그러므로 한 지방의 인정만 알 수 있어도 이로움을 북돋우고 해로움을 제거할 수 있었다"[61]고 역사적 근거를 들면서, 군사적·재정적 독립과 인사권의 자율성이 지방정부로의 권한 이양과 함께 지방정부의 통치능력을 신장시키는 결과를 가져올 것으로 기대했다. 그것은 지방관료의 부패 방지가 중앙에 의한 통제나 제도적 장치만으로는 불가능하다는 현실을 인정한 것이고 동시에 신민의 이익에 가장 부합하는 통치야말로 실정에 적합한 관료의 선발이라고 본 것이었다.

3) 법치와 인치의 조화

고염무의 정치개혁은 최종적으로 기존 체제의 탈법성과 위법성에 대한 인식으로 전개된다. 왜냐하면 기존체제의 전제성이 법에 의해 정당화되었기 때문이다. 만약 체제의 붕괴가 법의 폐단 때문이라면 전제적 통치야말로 법제의 불완전성에 기인한다고 할 수 있다.

고염무는 법제의 불완전성이 법의 미비와 인습 때문이며 이로 인해 통치기제의 불완전성을 가져왔고 왕조의 붕괴를 가져왔다고 판단했다. 그는 "옛 사람들이 법을 세운 초기에는 사물의 형세를 자세히 탐구할 수 없었기에 변통했다. 후대의 사람들이 그 폐단을 그대로 이어받아 옛 헌장에 구속되어 다시 바꿀 수 없었고 하나의 법을 다시 세워서 문제를 해결했다. 이러한 법이 더욱 번성하니 그 폐단도 더욱 많아져서 천하의 일이 나날이 번잡해지기에 이르렀다"[62]고 지적하고 법제의 불완전성에

得與聞 蓋古之治郡者自辟令丞".

61) 『日知錄』 卷8, 「掾屬」, "謂掾屬皆郡人 可放漢世用人之法……蓋其時惟守相命於朝廷 而自曹掾以下 無非本郡之人 故能知一方之人情 而爲之興利除害".

대한 역사적 근거로부터 논의를 출발했다. 즉 불완전하고 미비한 초기의 법제를 후대에도 그대로 수용한 결과 시대의 변화에 따른 대응으로서 법이 지닌 본질을 망각하고 맹목적인 형식의 수용으로 변질되어 인습화의 폐단이 발생했다는 것이다. 특히 고염구는 명 말기에 전제적 통치의 형태가 번잡한 법령을 통해서 신민을 구속시켰다는 점에 주목했다. 그는 "법제와 금지의 명령을 왕자가 폐지하지 않은 바는 다스리기 위해서 그렇게 한 것이 아니라 그 본래 의도는 사람의 마음을 바르게 하고 풍속을 도탑게 하기 위해서였다"[63]고 지적하고 법계의 본질이 치세를 목적으로 한다는 점을 밝혔다. 그럼에도 불구하고 치세를 위한 법제가 전제적 통치로 왜곡된 것은 "법제와 금령이 많을수록 마침내 망하게 되는 도구가 되었기"[64] 때문이다. 즉 법의 양산과 경직된 법 적용으로 인해서였다. 그 결과 "후세에 제대로 다스리지 못하는 자가 나올지라도 천하의 모든 권리가 다 위에 있게 되었다. 천하의 큰 정사를 드날리려고 해도 진실로 한 사람의 힘만으로 조정할 수 없다 보니 권세가 법으로 옮겨가서 이렇게 많은 법으로 나타나게 되어 이로써 금지하고 방지"[65]하는 문제점이 발생했다는 것이다. 전제적 인 통치는 군주—신민의 쌍무적 관계를 일방적으로 파기하는 것이다. 이 점에서 법제의 개혁, 즉 변법은 그 타당성을 얻을 수 있다.

고염무는 변법의 정당성을 시대적 요구사항으로 이해했기 때문에 법제 역시 본질적으로 유동적인 상황에 대한 유연한 대응으로 이해했다. 그는 "나라가 장차 망하려 하면 반드시 제도가 많아진다. 법제가 많아지면 교활

---

62) 『日知錄』 卷8, 「法制」, "前人立法之初 不能祥究事勢 豫爲變通之地 後人承其已弊 拘於舊章 不能更革 而復立一法而救之 於是法愈繁而弊愈多 天下之事 日至於叢脞".

63) 『日知錄』 卷8, 「法制」, "法制禁令 王者之所不廢 而非所以爲治也 其本在正人心 厚風俗而已".

64) 『日知錄』 卷8, 「法制」, "法禁之多 乃所以爲趣亡之具".

65) 『日知錄』 卷9, 「守令」, "後世有不善治者出焉 盡天下一切之權 以收之在上 而萬機之 廣 固非一人之所能操也 而權移於法 於是多爲之法 以禁防之".

한 무리가 법을 이용하여 성황을 이루고,"[66] 인재들로 하여금 "자질이나 뜻을 다 펼치지 못하고 법을 두려워하기에 혼탁한 것에 고개를 숙이고 한쪽으로만 법도에 귀 기울이게 하니 일을 이루어나가는 것이 날마다 나태해지고 풍속이 나날이 나빠지니 가난한 백성들이 더욱 하소연할 곳이 없어져서"[67] 결과적으로 "법의 테두리 내에서 사람의 지혜와 생각이 나오지 못하기에 인재의 배출 또한 부진"[68]해진다는 것이다.

그러나 고염무의 변법에 대한 강조는 법치의 폐단을 지적하기 위한 것이 아니었다.[69] 비록 그가 "천하를 다스리는 방법은 법을 받들지 않고 행하는 것"[70]이라는 유가적 인치(人治)를 주장했지만, 법치를 평가절하한 것이 아니라 당시 전제적 통치수단으로 전락한 법의 형식주의에 대해 비판했을 뿐이다. 고염무는 법의 본질이 갖는 규범성을 이완시키려는 의도가 없었다. 오히려 법치의 경직성, 즉 전제성이 "모든 군주가 스스로 하려고 하는 것은 큰 이익을 위해 전념하고 큰 침해를 받지 않으려는 것이다. 드디어 사람을 버리고 법을 쓰고 관직을 버리고 아전을 쓰고 직물을 짜는 것을 금하며 특히 예전 괴이한 것으로 위세와 권세를 구분하지 못하니……인재는 쇠퇴하고 밖으로 깎이고 안으로는 약해"[71]지는 데 기인한다고 판단했던 것이다. 따라서 고염무의 정치개혁론은, 다가올 왕자의 출현이라

---

66) 『日知錄』 卷8, 「法制」, "國將亡 必多制 夫法制繁 則狡猾之徒 皆得以法爲市".

67) 『日知錄』 卷8, 「法制」, "人之才不獲盡 人之志不獲伸 昏然俛首 一聽於法度 而事功日墮 風俗日壞 貧民愈無告".

68) 『日知錄』 卷9, 「人材」, "人之智慮自不能出於繩約之內 故人材亦以不振".

69) 蕭公權은 고염무가 말한 법치의 폐단이 진시황의 전제와 임법으로 말미암은 것을 가리킨다고 지적하고 전제가 지나치고 법률의 문구가 너무 엄밀해서는 안 된다는 의미였을 뿐 법령의 불필요성을 말한 것이 아니라고 평가했다. 蕭公權, 최명·손문호 역, 『중국정치사상사』, 서울대출판부, 1998, 1018쪽.

70) 『日知錄』 卷8, 「法制」, "治天下之道 有不恃法而行者".

71) 『日知錄』 卷8, 「法制」, "皆人主自爲之也 欲專大利 而無受其大害 遂廢人而用法 廢官而用吏 禁防纖悉 特與古異 而威柄最爲不分……人才衰之 外削中弱".

는 유가적 이상을 내포할지라도, 인치가 전저적이고 자의적인 권력의 행사로 전개될 제도적 개연성을 안고 있기 때문에 이를 방지하기 위한 보완장치로서 법제의 최소화를 강조한다.

5. 조선후기 실학의 정치개혁론 : 실학의 유입 측면에서[72]

1) 조선후기 실학의 의미

조선후기의 실학을 17세기 이래 일련의 지적 경향으로 파악할 경우, 경세와 구제 목적을 표방한 실학의 개혁론은 정치적·경제적 개혁뿐만 아니라 천문, 지리, 농업 등 다양한 분야에서의 개혁으로 이해될 수 있다.[73] 한편 일군의 조선지식인들이 지닌 경향이 실학으로 규정된다 할지라도 이들의 개혁론은 체제 전복이나 새로운 왕조의 출현을 의도한 것이 아니었다.[74] 오히려 조선후기 실학은 성리학을 정통이념으로 하는 체제가 17세기 이후의 사회적 변동에 적극적으로 대처하지 못했고 이로 인해 체제 개선이 필요하다는 문제의식에서 등장한 것이라고 할 수 있다. 그렇기 때문에 조선후기 실학은 기존의 군주제 하에서 사회적 요구에 대응할 수 있는

---

72) 이 글의 목적에 비추어 이하 조선실학사상의 고찰은 경세적 태도를 취했다는 특징을 개괄하는 정도로 한정시키려고 한다. 청과의 문화교류에서 그들이 접했던 청의 실학-서구의 과학기술 관련 서적과 한인 지식인들의 결과물들-에 대한 영향으로부터 자유로울 수 없었을 것이다. 따라서 조선의 현실문제를 해결하려는 조선지식인들의 문제의식은 청과의 본격적인 문화교류 과정에서 구체화되었고 보편사적 흐름 속에서 실학으로 공유되었을 것으로 추론할 수 있다. 이러한 맥락에서 조선실학의 경세적 지향성을 정리하고 본격적인 탐구는 이후 연구과제로 남겨두려고 한다.

73) 박충석,『한국정치사상사』, 삼영사, 1982, 68~69쪽.

74) 실학은 17세기 실학파가 등장하기 이전부터 조선 유학자들에 의해서 사용되어 왔다. 특히 여말선초 성리학자들은 불교나 도교를 배척하고 유교의 현실적 실천정신을 표방하여 자신들의 학문을 실학으로 강조했다. 즉 억불숭유의 정책적 측면에서 실학의 개념이 출발하고 있다.

324

탄력적인 체제로의 전환을 모색하는 대안이었다. 이러한 측면에서 조선후기 실학은 성리학에 대한 반발이나 거부라기보다 철학적으로 성리학 체계를 계승하면서 그 한계성을 극복하려는 것이었고 이로부터 사상적·정치적 개혁을 탐색했다. 그리하여 조선실학의 개혁, 특히 정치개혁의 목표는 경세와 실용의 방법론을 통해 이루어져야 했고, 궁극적으로 체제를 공고히 하기 위한 것이었다.

그렇다면 왜 이 시기 조선의 지식인들에게 실학의 경향과 개혁론이 제시되었을까? 어떤 관련성으로 인해서 이들을 이해하는 데 중국실학과의 관계를 상정해야 하는 것일까? 더 나아가 조선실학을 유발시킨 내외적 요인은 무엇이며 조선실학자들의 목적은 무엇일까? 17세기에 발생한 동아시아의 변동은 중국과 조선을 그 경계로 하고 있다. 즉 명 왕조는 내부적으로 집권적이고 외부적으로 폐쇄적인 전제군주제 하에서 통치기제의 무력함을 심화시키고 있었다. 이로 인해서 내부적인 통치이념의 관념화와 도구화가 나타났고 외부로부터 서구문물의 유입과 청 왕조의 물리적 침입에 대처할 수 없었다. 중국실학은 이러한 내외적 요인의 상승작용으로 명 왕조가 멸망하자 자기반성과 통치기제의 회복이라는 문제의식에서 비롯했다.[75] 한편 조선의 경우, 17세기 청의 침입으로 인한 정치적 권위의 추락, 사회적 신분제도의 와해, 청과의 빈번해진 인적·물적 자원의 교류는

---

75) 명 중엽부터 청 중엽 사이에 나타난 중국의 실학사조는 유가의 경세전통을 계승하고 사회 각 영역에서 새로운 국면을 개척했다. 辛冠潔은 명청 실학사조의 특징을 네 가지로 정리했다. 첫째 문예예술 영역에서 현실주의 경향이 가장 먼저 발생했고, 둘째 서양 자연과학의 유입과 결합을 통해 중국의 과학기술이 새로운 국면에 진입했으며 이것은 경세치용의 정신을 반영함으로써 관찰과 검증을 중시하는 새로운 학풍 형성에 기여하였고, 셋째 명말 이학이 현실을 이탈한 것에 대해 '역사를 배워서 경세하는 것'(史學經世), '경전을 통달하여 실용에 이르는 것'(通經致用)의 추세를 보였으며, 넷째 경국제세를 근거로 예술, 경학, 사학, 자연과학의 활동이 사회, 인간과 밀접한 연관성을 지닌 통일적인 철학이 형성되었다는 것을 거론하고 있다. 辛冠潔, 「명청 실학사조와 그 현실의의」, 한국실학연구회 편, 『한중실학사연구』, 민음사, 1998, 245~250쪽.

이전까지 성리학에 기초한 통치기제로 감당하기 어려웠다. 이로 인해서 사회 내부의 모순이 확대되어 갔고, 중국실학과 마찬가지로 조선에서도 동일한 문제의식을 가진 일군의 지식인 집단이 형성되었다.[76]

그러나 사상적인 측면에서 접근할 경우 조선후기의 실학은 중국실학과 차별성을 지닌다. 조선후기의 실학은 성리학의 공리공담적 폐단에 반대하고 부국유민을 목적으로 실용과 공리를 중시한다는 점, 동시에 성리학적 체계를 부정하지 않는다는 특징을 지닌다. 즉 조선후기의 실학은 경세치용의 목적과 실사구시의 방법을 통해 유학의 디론적·실천적 양면을 강화하는 것이었다.[77] 따라서 중국실학이 심학화한 성리학, 특히 양명학에 대한

---

76) 전해종은 조선후기 새로운 학풍의 핵심으로서 실학이 발생한 주요 원인으로 청대 학술과의 상관성을 진화주의와 전파주의라는 두 측면에서 접근하고 있다. 즉 학술적 경향으로 중국과 조선의 실학은 일면 문화적 현상으로서 문화의 속성상 전파된 것이라는 입장과, 유사한 문화는 동일한 조건 밑에서 각기 독립적으로 발생하여 보편적 법칙에 따라 진화한다는 입장이 모두 반영된 것이라고 조심스럽게 평가한다. 진화주의적 입장은 조선후기 실학의 발생이 전근대에 대립되는 근대의 지향의식과 민족의식을 기초로 한 조선후기 유학의 개신작용이라고 평가하는 반면, 전파주의적 입장은 중국과 조선의 정통이념으로서 주자학에 대한 내재적 비판의식과 함께 사회체제의 경직성을 극복하려는 현실적 연구자세, 외부 (서구와 청)와의 교류를 통한 문물의 유입과 영향이라고 평가한다. 전해종은 양자의 입장에 대하여 보편적 타당성보다는 구체적 사례를 통해 어느 것이 타당한지를 논하는 것이 문제해결에 접근하는 방법이라고 지적한다. 전해종, 「청대학술과 이조실학」, 연세대학교 국학연구원 편, 『연세실학강좌 I』, 혜안, 2003, 239～242쪽. 이러한 측면에서 보자면 조선후기 실학의 양상은 역시 두 가지 특징을 동시에 갖고 있다. 즉 유형원의 경우 사회모순 격화와 체제의 경직성에 대한 한계를 극복하려는 구체적인 개혁안을 제시함으로써 실학을 본격적인 학으로 자리매김했다는 점에서 중국실학의 발생과 동일한 환경과 결과를 가져왔다는 진화론적 분석이 가능하고, 이익의 경우는 청으로부터 수입된 한역서학서를 통해 서구 문물을 수용했다는 점에서 전파론적 분석이 가능하다. 궁극적으로 정약용에 이르러 회통, 종합의 집대성이 이루어졌다는 추론이 가능할 것이다.

77) 17～18세기 이익의 『성호사설』, 허균의 『성소부부고』, 유득공의 『냉재집』, 남공철의 『금릉집』, 홍대용의 『담헌서』, 유만주의 『흠영』, 이서구의 『척재집』, 이만수의 『극원유고』, 이용휴의 『탄만집』, 이덕무의 『청장관전서』 등 지식인들의 독서 대상은 당시 청으로부터 유입된 서학 관련 전적과 청 지식인들의 전적이었지만 기본적으로 육경과 사서의 수입과 독서를 중심으로 하고 있다.

반발에서 출발하고 경전에 대한 충실성을 고증 방식으로 강조한 데 반해서 조선후기의 실학은 성리학의 이론적·실천적 한계성을 극복하려는 의도에 따라 성리학, 양명학, 고증학 등 다양한 사상적 배경을 갖는다. 그것은 조선실학이 단순히 중국실학의 수평적 이동에 의해 이루어진 것이 아니라 변용 수용되었음을 말해준다.

여기에서 주목할 대상은 경세치용을 강조한 유형원—이익—정약용으로 이어지는 조선후기 실학의 계보이다.[78] 17세기 조선 상황에 대한 문제의식으로부터 실학적인 태도가 발생했다는 전제를 받아들인다면, 유형원의 개혁론은 실학을 하나의 학으로 정립시키는 계기를 제공했다고 할 수 있다. 유형원의 경우 자생적으로 자신의 문제를 해결하려는 모색 과정에서 실학적 태도를 발생시켰다면, 이익은 이러한 기반 위에서 청으로부터의 지적수입—서학 관련 전적—을 통해 조선실학을 정립시켰다고 할 수 있다. 이후 정약용에 의해 이전까지 유입된 서학과 중국실학자들의 전적에 대한 성과까지 포괄하는 실학의 집대성이 이루어졌다.[79]

그런데 실천론적 특징에도 불구하고 조선후기 실학의 인식론적 틀은

---

78) 백낙준은 정인보의 평가를 빌어 유형원—이익—정약용으로 이어지는 실학의 발흥이 영·정조 시대에 신기운을 조성한 민족문화 부흥운동이었다고 평가하고 이 운동에 공명한 학자들을 실학자로 통칭한다. 특히 백낙준은 실학자들의 민족적 자의식과 주체의식이 민족적·국가적 위기의식을 가져왔고 이러한 시대적 위기의식이 새로운 '學'을 생기게 했다고 분석하고, 실학자들이 위기극복을 위하여 새로운 학문과 민족이 요구하는 개혁의 원리와 이상을 가르쳤다고 평가했다. 백낙준, 「실학의 현대적 의의」, 연세대학교 국학연구원 편, 『연세실학강좌I』, 혜안, 2003. 17~20쪽.

79) 이와 대조해서 초기 이익과 같은 실학자들에 의해 탐독되었던 한역서학서에 의한 서구 자연과학과 기술의 이해와 수용은 18세기 홍대용—박지원—박제가로 이어지는 이용후생의 북학파에 더욱 깊이 침투되었다. 북학파는 빈번한 연행을 통해 청의 문물을 수용하고 생산기술의 계발을 추구했다는 점에서 더욱 실용적인 태도를 보인다. 더욱이 그들의 논리는 전통적인 화이관을 벗어나 자주의식에 기초하여 청조에 대한 적개심과 문물의 수입 여부를 구별했다. 금장태, 『조선후기의 실학사상』, 서울대출판부, 1998, 312쪽.

여전히 유가적 이상에서 벗어나지 않는다. 북학파의 선구자인 홍대용조차도 "학문의 종류는 의리의 학, 경세의 학, 사장의 학으로 3등분할 수 있는데…… 의리를 버린다면 경제는 공리에 흐르고 사장은 부조에 빠지게 될 것이며…… 경제가 아니면 의리를 펼 데가 없고 사장이 아니면 의리를 나타낼 수 없을 것이므로 세 가지어서 하나라도 버리면 학이라 할 수 없다"[80]는 인식을 보여준다. 19세기 이르러 실학의 독립된 철학체계를 확립한 정약용은 서학의 영향 속에서 유가경전을 재해석하고 사회개혁에 집중하게 되는데, 성리학의 관념적 이론을 거브하고 청조의 고증학, 서양과학, 천주교 신앙 등 다양한 사상을 폰넓게 수용하여 경학주석의 체계를 수립하였다.[81] 이러한 측면에서 경학을 경세적 학문으로 규정하고 이것으로의 복귀를 주장한 고염무의 태도, 더 나아가 중국실학의 경향은 조선후기의 일련의 지적 경향을 실학의 범주로 포괄할 수 있는 단서를 제공하였다.

2) 유형원의 개혁론에 내포된 변법성

임란과 호란을 겪은 이후 17세기 중엽의 현실은 체제붕괴의 위기의식을 불러일으켰다. 이에 불가피하게 사회적·정치적 개혁에 대한 요구가 일어났고 이로부터 실학이 대두했다. 체제위기의 극복방안은 정통주자학의 학문방법과 현실운영에서 육경을 본의로 하는 사회·정치론으로의 복귀이기도 했다. 즉 주자학에로의 몰입을 극복하그 새롭고 적극적인 사회·정치적 견해를 수립함으로써 사회와 국가제도 전반에 걸친 통일된 이념과 목표를 설정한 개혁안을 제시한 것이다.[82]

---

80) 『潭軒書』, 「吳彭問答」, "學有三等 義理之學 經濟之學 有詞章之學……舍義理則經濟淪於功利 而詞章泩於浮藻……且無經濟則義理無所措 詞章則義理無所見 要之三者 舍一 不足而言學".

81) 정약용은 자신의 사회개혁론을 제시하는데 毛奇齡, 閻若璩, 徐乾學, 顧炎武, 萬斯同, 黃宗義 등 청의 실학자들을 자주 인용하면서 당시 청조학풍에 깊은 관심을 보여주었다. 금장태, 앞의 책, 1998, 317~318쪽.

유형원은 이 시기 모순을 조선의 집권적 체제를 떠받치고 있던 근본법제의 기능이 한계에 도달한 데서 나온 것이라고 판단했다. 그렇기 때문에 유형원의『반계수록』(磻溪隨錄)은 토지제도[田制], 조세제도[貢賦], 교육제도[學校], 관료충원제도[科擧], 관료제도[官制], 국방제도[兵制] 등 전면적 개혁을 요구한 변법성을 지니고 있다.83) 이는 당시 보편논리의 사유방식에서 벗어나 자신을 둘러싼 사회적 환경을 변화시키려는 자발적인 인식전환이었다는 점에서, 중국실학과 조선후기 실학의 유사성을 찾을 수 있다. 특히 전술한 고염무의 변법성과 유형원의 변법성은 각기 개별적인 내부환경으로부터 발생한 동시에 동일한 문화적 조건하에서 이루어진 동일한 지적 경향이라는 점에서 문화의 양면성을 모두 보여주는 것이기도 하다.

유형원의 인식론이 실용적·비판적 성격을 지니고 있다면 그 인식의 지향은 이상적인 통치기제로의 복귀를 의미하는 것이기도 하다. 그렇다면 그의 변법 모델은 무엇이었을까? 우선 그는 "대저 법이란 것은 장인의 먹줄과 자와 같은 것이요 야금을 두드리는 자의 모범과 같은 것"84)이라고 하면서 법제를 사회운영의 준거라고 정언했다. 그렇기 때문에 개혁은 새로운 준거를 정립함으로써 출발할 수 있고, 그 새로운 준거야말로 옛 법에 있다는 것이다. 그리고 그 옛 법의 실체는 바로 삼대의 법이었다. 유형원은 "삼대의 법은 모두 천리를 따르고 인도에 순응해서 만든 제도로서 그 요점은 사람들로 하여금 반드시 각자 살아갈 바를 얻게 하여 태평성대를 이룩하는 데 있었다"85)고 이상적으로 평가하고 삼대의 정치가 지닌 내용,

---

82) 김준석,「유형원의 변법관과 실리론」, 연세대학교 국학연구원 편,『연세실학강좌 Ⅲ』, 혜안, 2003, 117∼118쪽.

83) 김준석, 앞의 글, 2003, 118쪽.

84)『磻溪隨錄』卷4,「田制後錄(下)」, 國朝名臣論弊政諸條附, "大抵 法者 猶匠人之繩尺也 猶冶人之模範也".

85)『磻溪隨錄』卷26,「書溪隨後」, "三代之制 皆是循天理碩人道 而爲之制度者 其要使萬物無不得 其所平四寧畢 至後世之制".

즉 왕자의 존재, 봉건제, 정전제[86] 등을 법제개혁의 준거로 삼았다.[87]

유형원의 비판적·실증적 학문태도는 정통주자학에 대한 직접적인 비판이 아니라 자신의 논지를 육경을 비롯한 경전에 근거하여 논증해 나가는 방식을 취했다는 점에서 특기할 만하다. 따라서 그는 주자의 선행 업적을 적극 채용하여 그의 논지 자체를 문제삼지 않았다는 점에서 고염무의 학문관과 유사성을 지녔다. 이러한 특징은 유형원 자신이 사회적·정치적 변법을 위한 실용적인 태도를 지니고 있었기 때문에 정통주자학과 일정하게 타협할 필요성에 기인한 것이기도 하다.[88] 여기에서 유형원이 당시 조선의 주자학적 통치기제의 무능성을 과거제에서 찾았던 논거를 찾을 수 있다. 그는 "지금 벼슬아치들은 일단 과거를 보아 등용된 다음에는 습속대로 따라가는 것이 무사할 줄로만 알고 있으며 시골에서 출세하지 못한 선비들은 자신의 수양에 뜻을 두는 자는 혹 있지만 세상을 바로잡을 방도에 대해서도 조금도 관심을 갖지 않고 있다"[89]고 지적했다. 즉 과거제로 인해 학문의 목적이 입신을 위한 수단으로 변질된 반면, 입신하지 못한 선비의 학문세계는 단순히 개인의 범주로 한정된 심학화로 진행되었기

---

86) 유형원은 『맹자』에 내포된 정치적 사유를 자신의 실학이 형성된 동기로 채택했다. 즉 恒産의 일차적 확보가 恒心을 유도할 수 있다는 맹자의 의도는 유형원의 개혁을 위한 논거로 채택되기도 하였다. 즉 유형원은 통치대상으로서 신민의 이익을 보장하는 것이 신민의 항심, 즉 정치적 권위에 대한 신뢰와 순응을 유도할 수 있다는 유가적 통치론을 그대로 수용한다.

87) 유형원의 개혁론이 모델로 채택한 삼대의 법은 그의 개혁론에 내재한 법고주의적 경향을 반영한다. 그러나 그의 법고주의는 단순히 복고주의를 의미하지 않는다. 왜냐하면 복고주의가 과거의 법제와 체제를 이상화하고 그 재현을 추구하는 비역사적 관념이라면, 유형원의 법고주의는 엄격한 비판의식을 기초로 현실을 직시하고 문제점을 실증적으로 제기하는 연장선상에서 옛 법과 제도의 적용가능성을 검증하고 평가하려는 일관된 자세를 보여주기 때문이다. 김준석, 앞의 글, 2003, 135쪽.

88) 김준석, 앞의 글, 2003, 124쪽.

89)『磻溪隨錄』卷26,「書隨錄後」, "在位者 旣由科目而進 唯知徇俗之爲便 草野之士 雖或有志於自修而於經世之用".

때문에 정치적·사회적 요구에 대한 실천으로 확대되지 못했다는 것이다.[90] 그것은 유능한 인재의 지속적인 충원을 위한 제도로서 과거제가 지닌 유연성이 약화되었고, 이로 인해 통치기제의 원활한 작용이 둔화되었음을 지적하는 것이기도 하다. 즉 왕자의 존재를 전제로 하고 유능한 군자의 충원이라는 유가적 이상을 제도화한 과거제의 장점이 체제 약화와 집권층의 무능력으로 인한 악순환의 기제로 변질되었음을 지적한 것이다. 따라서 정치적 권위의 회복과 체제 능력을 유지하기 위해서는 문벌에 의한 과거 독점, 지역간 신분간 차등의 심화, 과도한 관직경쟁, 사장암송의 비실용적인 시험과목, 개인의 심학으로 인한 학문의 궤도이탈을 방지하기 위한 개혁이 요구되었다. 이를 위해 유형원은 철저한 관학중심체제의 지향과 학제와 선거제의 일원화, 신분차등의 조건 하에서 문벌과 명분을 배격하고 행의(行義)와 도덕성에 기초한 천거제를 강조했다.[91]

유형원의 정치개혁론은 정치체제의 대응성을 제고하기 위한 개혁, 즉 변법을 위한 법적·제도적 정비에 역점을 둔 것이었지만 여전히 유가적 명분론에 입각한 사회질서를 기초로 하였다. 따라서 유형원의 정치개혁론은 집권적 체제로부터 발생할 수 있는 경직성을 유연성으로 전환시킬 수 있는 제도적 보완과 궁극적인 왕정의 실현이라는 유가적 명제에 충실한 것이기도 했다.

3) 이익의 박학과 치용의 관점

유형원의 정치적 지향을 계승한 이익은 그 일문에 의해 '학파'로서의 존재로 구체화되었다.[92] 『성호사설』(星湖僿說)의 각 편은 이익의 박학을

---

90) 안재순, 「조선후기 실학파의 사상적 계보」, 『동양철학연구』 12, 1991, 68쪽.

91) 김준석, 「유형원의 정치, 국방체제 개혁론」, 연세대학교 국학연구원 편, 『연세실학 강좌Ⅲ』, 혜안, 2003, 169~179쪽.

92) 원재린, 『조선후기 성호학파의 학풍연구』, 혜안, 2003, 13쪽.

보여주고 있는데, 그 중에서 「천지문」(天地門), 「인사문」(人事門), 「경사문」(經史門)의 내용이 실학의 성격을 보여준다.93) 특히 서양 천문학과 역법에 대한 소개와 정리, 제도의 개선과 개혁의 방안, 그리고 경전에 대한 철저한 고증과 역사인식은 경세와 치용을 위한 관점으로부터 수용된 것임을 보여준다.94)

그렇다면 이익의 실학적 인식의 출발점은 무엇일까? 그것은 유교적 학문체계의 근본을 이루는 경학에 대한 학문적 관심을 전개하는 데서 출발한다.95) 이익은 공부를 시무와 연계시킬 것을 지적했다. 그렇기 때문에 그는 "경전을 설명하면서 이 세상 온갖 일에 베풀지 않는다면 이것은 단지 읽을 줄 아는 것일 뿐"96)이라고 하면서 경학의 본질이 실무에 있음을 강조했다. 그것은 이익이 상정한 실학이란 궁경(窮經)을 통해 사무와 관련된 지식을 습득하고, 이를 사회적 차원에서 실천하는 일체의 학문활동을 의미하는 것임을 보여준다.97) 이런 점에서 이익의 실학은 당시의 경학에 만연된 권위주의적 성리학의 한계를 극복하고 새로운 학문체계와 사회를

---

93) 원재린, 앞의 책, 2003, 186~187쪽.

94) 청의 석학 汪中이 청학을 대표하는 학파의 종사와 거유로 고염무, 염약거, 惠棟, 戴震, 胡渭와 함께 천문학자인 梅文鼎을 들었다고 한다. 그것은 서양 천문학과 중국 천문역법을 절충하여 중국의 천문, 수학뿐 아니라 사상에도 영향을 주었기 때문이다. 이런 점에서 서양 천문학의 지식을 원용하여 유학문화권 내의 우리 사물을 합리적으로 파악하고자 했던 이익의 '博學'에 의한 논증 자세는 청학이 지녔던 학풍과 유사한 일면을 지니고 있다고 할 수 있다. 이용범, 「이조실학파의 서양과학수용과 그 한계」, 연세대학교 국학연구원 편, 『연세실학강좌 Ⅱ』, 혜안, 2003, 403쪽.

95) 이익의 경학연구는 고전을 주석한 '疾書'의 저술로부터 출발하는데 그 순서가 『孟子』→『大學』→『中庸』→『論語』로 되어 있다. 여기에서 주목할 사항은 『맹자』를 우선하고 있다는 점이다. 그것은 『맹자』가 四書 중 시기적으로 가깝고 증거가 명백한 사실이었기 때문이다. 이러한 경학연구의 실학적 태도는 그가 경학의 목적을 실용에 두었다는 점을 시사한다. 금장태, 앞의 책, 1998, 367~368쪽.

96) 『星湖僿說』卷20, 「經史門」, '誦詩', "說經而不措於天下萬事 是徒能讀耳".

97) 원재린, 앞의 책, 2003, 154쪽.

지향하는 것이었다고 하겠다.

이익의 개혁의지는 이상적인 법고주의를 표방한 유형원의 사회개혁론을 계승하고 개혁의 동기를 역시 왕자에 의한 인정의 실현이라는 통치기제의 개선에서 찾았다. 이익은 "성왕이 천하를 다스리는 일은 이 백성들로 하여금 각각 그 즐거움을 즐기도록 하는 데 불과할 따름"[98]이라고 정언했다. 그것은 이익의 정치이상이 '여민동락'(與民同樂)이라는 유가적 이상을 추구하는 것이며 이를 실현하기 위해 현실정치의 제도적 폐단을 개혁해야 한다는 필연성으로 전개된다. 이로부터 군주의 존재야말로 신민의 존재로 인해 규정될 수 있다는 인식으로 전개되며 양자간의 기능적 상호작용을 통해서 체제를 운영해야 한다는 『맹자』의 논리를 수용한 것이기도 하다.

그렇다면 경제적 문제의 해결이 통치의 일차적 과제이며 이를 성취하는 것이 군주의 의무라고 강조한 이익의 인식을 이해할 수 있다. 그것은 군주와 신민의 관계가 상호의존적이며 양자간의 상호보혜 의무에 의해서 유지된다는 사실을 이해한 반증이기도 하다.[99] 왜냐하면 군주의 의무가 '백성들로 하여금 각각 그 즐거움을 즐기도록 하는 데' 있다면, 그 반대급부로서 신민의 의무는 자발적인 복종과 순응이기 때문이다. 신민의 자발적인 복종과 순응은 신민 모두가 도덕본성을 가지고 있어야[恒心] 한다는 전제를 필요로 한다. 더 나아가 이러한 도덕본성의 유지는 맹자의 지적대로 항산의 전제가 충족되어야 한다. 그렇기 때문에 이익은 원활한 국가운영을 위해 신민의 도덕성 함양에 필요한 물질적 생존조건을 항산의 차원에서 보장하고자 했고, 이를 위해 왕도정치가 구현되었던 삼대의 정치를 전범으로 상정하고 이를 기술한 경전에 대한 충실을 강조했던 것이다.[100]

유형원과 이익의 개혁론은 조선사회 전체를 하나의 공동존재로 형성하

---

98) 『星湖僿說』 卷21, 「經史門」, '桃夭葽楚', "聖王之御天下 不過使斯民 各樂其樂而已".

99) 금장태, 앞의 책, 1998, 378쪽.

100) 원재린, 앞의 책, 2003, 139쪽.

고 공공선을 실현하기 위한 공동체 의식의 실현에 초점을 맞추고 있다. 따라서 그들은 선결 문제로서 생존을 강조했던 것이며 개혁 대상으로서 독점적 기득권과 특권을 거론한 것이다.[101] 이러한 발상은 이후 정조에 의해 적극적으로 수용되었다는 점에서 그들의 개혁론에 내재한 정치적 함의가 군주제 하에서 어떻게 이용되었는지를 추론할 수 있다.

4) 정조와 정약용의 실학

18세기 정조에 이르러 왕권강화를 위한 정조 자신의 노력은 조선의 이념적 발판으로서 성리학 체계를 재정립하고 위상을 만회하는 데 초점을 맞춘 것이었다.[102] 정조는 청과의 교류를 통해서 유입되는 새로운 문체와 서학이 국가의 근본적인 기강에 도전하는 것이라고 판단했다. 즉 성리학적 기반 위에서 조선의 정체성을 재정립하기 위해 정조는 정학, 곧 경학을 강조하고 육경과 제자(諸子)를 기본으로 제시했다.[103] 육경을 근본으로 하는 치도는 유가적 이상정치로서 성왕정치의 이념을 보여주는 것이다. 그렇기 때문에 정조의 육경과 정학의 강조는 그 자신의 학문관의 범주를 넘어서 궁극적으로 성리학을 바른 학문으로 내세워 국왕 중심의 정치를 이룩하고자 했던 그의 정치적 의도에 기인한다. 따라서 당시 청에서 유입된 새로운 학문—서학과 고증학—을 수용한 노론 북학파와 대비해서 전통을 중시하는 육경고문을 강조하는 남인을 중용한 것은 정조의 학문적 태도와 함께 유가적 성왕으로서 왕권을 강화하고 노톤을 견제하고자 한 의도에서 추론 가능한 것이다.[104] 이와 같이 정조의 학둔관과 정치적 의도가 경전에 충실한 남인계열의 등용을 가져왔다는 점에서 정약용의 학문적 경향과

---

101) 안재순, 앞의 글, 1991, 67~71쪽.

102) 정옥자, 『조선후기 지성사』, 일지사, 1991, 243쪽.

103) 정옥자, 위의 책, 1991, 241쪽.

104) 박현모, 『정치가 정조』, 푸른역사, 2001, 147쪽.

정치적 이상은 예측 가능하다.[105]

조선실학의 정치적 사유는 정약용에 의해 집대성되었다. 정약용은 자신의 경전 해석체계를 통해 주자학의 체계를 극복하는 실학적 철학을 확립했다. 그것은 경전 자체로 돌아가겠다는 의미를 지니지만 단순히 복고주의적 태도가 아니라 현실적 모순을 해결하기 위한 실용정신의 요청이었다.[106] 정약용의 경전주석은 성리학적 이념을 고수한 정조의 학술정책과 보조를 맞추면서 유학의 본지에 접근하는 것이었다.[107] 정약용은 "경을 해석하는 데에는 세 가지 방법이 있는데 전하여 듣는 것, 스승으로부터 이어받는 것, 자신의 생각으로 이해하는 것"[108]이라고 지적하고, 주희의 경전주석이야말로 '자신의 생각으로 이해하는 것'(意解)으로서 보편적인 판단을 기초로 한다는 점을 지적했다. 그것은 '전하여 듣는 것'(傳聞) '스승으로부터 이어받는 것'(師承)과 대조하여 "옛 사람이 모두 현명하고 지금 사람이 모두 불초하기 때문이 아니며 성현의 가르침과 멀고 가깝고 친하고 소원한 정도에 있어서 서로 필적할 수 없기 때문에"[109] 주희의 주석에 집착하기보다 경전의 본질에 충실해야 한다는 것이다.

---

105) 정조와 정약용의 만남은 노론의 권력독점을 견제하기 위해 남인의 등용을 모색하는 과정에서 나타났다. 정조는『中庸』에 관한 70조목의 질문을 성균관 유생들에게 내려보냈는데, 정약용이 이벽과의 토론을 거쳐 독창적인 견해를 피력하여 정조의 찬사를 받게 되었다. 정조는 규장각을 통해 인재 양성 및 자신의 지지기반을 확보하려 했기 때문에 남인 중 기대하는 인재로 정약용을 주목하고, 이후 정약용은 초계문신에 뽑혀 규장각에서 활동했다. 정치적으로 정조에 의해 중용된 정약용은 남인계의 중추적 존재였던 채제공을 계승할 인물로 부상했고 노론의 정치적 공격대상이 되었기에 정조 사후 노론에 의해서 숙청되었다. 한국철학사연구회, 『한국실학사상사』, 다운샘, 2000, 252~253쪽.

106) 금장태, 앞의 책, 1998, 382쪽.

107) 한국철학사연구회, 앞의 책, 2000, 252~253쪽.

108)「十三經策」, "釋經之法有三 一曰傳聞 二曰師承 三曰意解"(실시학사경학연구회 편역, 『다산의 경학세계』, 한길사, 2002에서 재인용).

109)「十三經策」, "非以古人之皆賢而令人皆不肖也 其于遠近親疎之分有不能相敵"(실시학사경학연구회 편역, 앞의 책, 2002에서 재인용).

　경학을 통한 정약용의 학문관이 고증적 또는 실증적 태도를 기초로 한다는 사실은 학문의 목적이 실증에 머물지 않고 실용이라는 목적을 추구함으로써 인간존재와 사회적 가치의 추구에 있었음을 반증한다.110) 이로부터 정약용의 실학은 현실 인간의 욕구를 일상의 현실로 인정하고 새로운 인간상을 구축했다. 즉 인간이 지닌 이기성을 전제로 하여 인간행위를 규제하는 규범의 적용과 구속을 통치로 인식하고, 인간의 이기성으로부터 합리적 선택의 가능성을 전제로 하여 합리성으로부터 정치사회의 구성원리를 도출하려고 했다. 이기성을 지닌 신민은 통치의 대상이며 군주의 존재근거로서 보전되어야 할 당위적인 것이었기 때문이다.111) 이로부터 정약용의 개혁론은 인간의 근원적인 욕구를 공동체, 즉 국가와 일치시키기 위한 기제의 구축－왕정 실현－으로 전개된다.

　정약용은 인간의 본질을 적극적으로 실현하기 위한 조건으로서 교육과 학습을 요구했다. 왕정 실현을 위한 선행조건으로 정약용은 유교교학을 기본으로 해서 사회윤리적 가치교육을 목적으로 하는 교육체계의 개선을 제안했다.112) 또한 인재선발에서는 "삼대의 제도는 전부 리(里)에서 선발한 것을 향에서 추천하였다. 한위 시대만 해도 이 법을 아직 실행하였는데 당나라 이래로 과거법이 나오자 리에서 선발하는 법이 없어졌다"113)고 하면서 향리에서 선발하고 천거하는 동시에 과거제를 병행할 것을 제안했다. 이것은 학교와 인재선발 방식을 하나의 일관된 제도로 연계시킴으로써

---

110) 이로부터 정약용은 자신의 학문체계를 "육경, 사서로 수기하고 일표이서로 천하 국가를 위하니 본말을 갖추었다"고 자평하고 경학과 경세학의 두 영역을 포괄하는 통일된 철학체계를 형성했다. 정약용에 이르러 경전주석의 전면적인 새로운 체계가 수립되면서 실학파는 도학파로부터 철학적 기반에서 완전히 독립하게 된다. 금장태, 앞의 책, 1998, 383~388쪽.

111) 이유진, 「정약용『경세유표』의 연구」, 『한국사상사학』 14, 2000, 91쪽.

112) 김태영, 『실학의 국가개혁론』, 서울대출판부, 1998, 191쪽.

113) 『經世遺表』卷13, 「地官修制 敎民之法」 "三代之制 皆里選而鄕擧之 漢魏之制 猶行 此法 自唐以來 科擧之法 出而里選之法亡矣".

통치와 교육의 일원화를 구축하고자 하는 의도를 내포한다. 정약용의 왕정에 대한 이상은 기본적인 사회단위로부터 통치기제로 직접 연결되는 유가적 목표였다. 따라서 군주와 신민의 쌍무적 관계를 위한 제도적 장치를 마련해야 했으며 이것은 개혁으로 제기될 수밖에 없었다. 특히 그의 전제개혁론은 정전(井田)의 관념 위에 놓여 있었으며 항산을 제공하기 위한 군주의 의무이행이 갖는 중요성을 강조하게 된다.

그러나 전반적인 사회개혁을 통해 왕정을 추구한 정약용의 의도가 실현되기 위해서는 현실적인 동력이 요구되었으며 이에 현실 군주의 힘을 동원하는 것이 최선의 방법일 수밖에 없었다.[114] 따라서 왕권을 강화하고자 했던 정조의 의도와 실학의 국가개혁론이 부합될 수 있었으며 양자 모두 이상적인 삼대 왕정으로의 복귀라는 목표를 지향했던 것이다.

조선실학의 개혁론은 군주로 하여금 자신의 존재가치를 확인하도록 인지시키고 이로부터 군주의 정치적 기능을 재정립함으로써 체제 대응능력과 정당성을 확보하는 데 목적을 두었다. 즉 군주와 신민의 정치적 관계가 내외적 요인으로 위협받고 있던 현실에서 군주로 하여금 신민의 이익보전을 의무로 인지시켜 군주의 정치적 권위와 정치권력을 행사하는 정당성의 근거를 확보하고자 했던 것이다. 체제에 대한 순응과 정치적 권위에 대한 복종을 기대하려면 신민을 의무로 구속하는 것이 최선이다. 규범화된 의무의 구속은 군주와 신민 모두에게 적용되며 군주−신민의 쌍무적인 관계를 형성시킨다. 결국 조선실학의 개혁론은 고염무에서도 보이듯이 존군 개념을 유지한 채 군주제의 정당성을 확보하기 위한 방법론이며, 왕정 실현을 위해서 군주가 먼저 정치적 의무를 이행하는 것이 결정적 요인이라는 사실을 주지시키려는 정치적 함의를 공유한다.

---

114) 김태영, 앞의 책, 1998, 203쪽.

6. 결 론

고염무의 『일지록』은 정치개혁의 열망과 왕자의 출현을 기대한 신념의 표출이었다. 또한 그것은 고염무 자신의 독자적인 인식이 아니라 그를 둘러싼 보편사적 흐름의 불가피한 표출이기도 했다. 『일지록』에 내재한 정치적 함의를 추론할 경우, 왜 그가 정치개혁을 위한 대안으로서 상고주의에 입각한 경전을 중시하였으며 역사적 사실을 거론했는지 이해할 수 있다. 고염무는 보편사의 흐름 속에서 기존체제의 붕괴와 새로운 왕조의 출현이 정당성을 획득해 가는 과정을 목도했다. 이러한 과정 속에서 그는 명의 멸망이 내외적 요인으로 인해 발생한 것임을 이해했고 그 내적 요인으로서 통치기제의 무력함을 지적했다. 만약 통치기제가 체제 붕괴를 막지 못했다면 그것은 제도 자체의 문제이거나 운영자의 문제라고 이해될 수 있다.

고염무는 경전을 통한 역사적 사례 고증을 통해 성공했던 통치기제를 회복하려고 했다. 그 이면에는 군주의 정치적 권위를 회복하기 위한 의도가 내포되어 있다. 이를 위해 고염무는 중앙집권적 전제통치를 분권적 관리구조로 전환시킬 것을 요구했다. 그는 분권적 관리구조가 군주제를 부정하거나 군주의 통제로부터 이탈하는 것을 의미하는 것이 아니며 하부단위가 관리구조로 분화될수록 효율적인 통치는 가능하다고 역설했다. 그 이유는 지방정부 수준에서 이루어지는 일상적인 삶의 통치행위가 오히려 신민의 이기적인 본성과 부합할 수 있는 유연성을 갖기 때문이다. 만약 하부단위에서 신민의 이익과 부합하는 통치가 가능하다면 지방정부를 운용하는 하부통치자와 신민의 관계를 재정립할 수 있다. 즉 신민의 이익을 충족시키고 그 보상으로서 하부통치자인 관료의 통제에 대해 순응과 복종을 기대할 수 있기 때문이다. 이것은 하부단위인 군현과 이를 통제하는 상부단위인 군주와의 관계에도 그대로 적용된다. 따라서 고염무의 분권론은 군주가 집권적 전제를 강요하지 않더라도 분권적 관리구조를 통해 통치할 수 있다는 점을 시사한다. 그 내면에는 군주, 관료, 신민의 관계를 정립시키는 기제의 규범화가 시도되고 있다. 즉 군주-관료, 관료-신민의 관계는 양자간에 이익의 충족과 보상으로서 복종과 순응이라는 쌍무적 관계가 정립되고 이를 의무로 전환시킬 수 있다는 것이다. 결국 군주-신민의 정치적 관계는 정치적 의무의 규범화로 유지될 수 있으며 이에 대한 전제로 군주 또는 통치자의 의무선행이 요구되는 것이다.

만약 고염무의 문제의식과 대안이 시대적 산물이라는 보편명제로부터 일탈할 수 없다면 조선실학의 문제의식과 대안 역시 동일한 맥락에서 이해되어야 할 것이다. 17·18세기에 청의 존재는 더 이상 부정할 수 없었으며, 조선사회 역시 내부적으로 급격한 변동이 이루어졌기 때문에 실학의 출현은 불가피한 현상일 수도 있다. 왜냐하면 청과의 교류과정에서 조선 지식인들이 중국 지식인들의 실학적 태도에 직·간접적으로 영향을 받았을 것이기 때문이다. 특히 서적 수입을 통해서 외부의 선진문물을 접촉하게 된 조선 지식인들의 특성상 이미 중국 지식인들에게 알려졌던 서학서와 중국 지식인들의 전적에 영향을 받아서 실학적 학문태도를 형성했을 것이다. 이러한 지식의 수평이동은 당시 동아시아의 지적 경향이기도 했다.

그렇다면 조선실학자들의 정치개혁론은 어떤 의도로 제시된 것일까? 그것은 고염무의 정치개혁론이 지닌 함의로부터 추론해 볼 수 있다. 즉 조선실학자들의 개혁론 역시 군주제의 전면적인 부정이나 전복을 의도한 것이 아니라 조선의 통치기제가 사회변화에 적절히 대응하지 못한다는 사실을 인지하고 체제 개선을 요구한 것으로 이해할 수 있다. 왜냐하면 만약 그들의 의도대로 제도 개혁을 토대로 한 체제 개선이 이루어진다면 통치기제의 효율성은 회복될 것이기 때문이다. 이 점에서 조선실학의 정치적 사유는 고염무의 『일지록』이 내포하는 정치적 사유를 공유하고 있다. 결국 조선실학자들의 정치개혁론이 지닌 의의 역시 군주-신민 간 관계의 규범으로서 정치적 의무의 인지와 이행을 강조하고 규범화의 전제로서 군주 또는 통치자의 의무선행을 주장한 점에서 찾을 수 있다. 반면에 정치개혁에 대한 그들의 열망은 이상적 통치 자로서 왕자의 출현과 인정의 실현에 머물렀으며 여전히 그들 스스로가 비판했던 성리학적 범주에서 벗어나지 못했다.

참고문헌

顧炎武 撰, 楊家駱 主編,『日知錄集釋』上·下, 臺北 : 世界書局, 1972.
顧炎武 撰, 黃汝成 集釋, 秦克誠 点校,『日知錄集釋』, 長沙 : 岳麓書社, 1994.

권중달,「왕부지의 경세사상 검토」,『명청사연구』6집, 1997, 75~118쪽.
권중달,『중국근세사상사연구』, 중앙대출판부. 1998.
금장태,『조선후기 유학사상』, 서울대 출판부. 1998.
김경천,「고염무 학문의 연원」.『태동고전연구』10집, 1993, 161~187쪽.
김경천,「고염무 ‘古今之理學’辨」,『중국어문논총』14집, 1998a, 83~95쪽.
김경천,「고염무 고증학의 성격과 의의」,『중국어문논총』15집, 1998b, 259~279쪽.
김경천,「고염무 학문론」,『동양철학연구』27집, 200, 464~486쪽.
김정호,「후기실학사상 국가발전론의 이론적 트대」,『한국정치학회보』35-2집, 2001, 29~48쪽.
김태영,『실학의 국가개혁론』, 서울대츨판부, 1998.
남성훈,「황종희와 고염무의 정치사상의 비교연구」. 전북대 박사학위논문, 1986.
박충석,『한국정치사상사』, 삼영사. 1982.
박현모.『정치가 정조』, 푸른역사. 2001.
실시학사경학연구회 편역,『다산의 경학세계』. 한길사. 2002.
안재순,「조선후기 실학파의 사상적 계보」,『동양철학연구』12집, 1991, 45~78쪽.
연세대학교 국학연구원 편,『연세실학강좌』I~IV, 혜안, 2003.
오금성 외,『명말청초사회의 조명』, 한울, 1990.
오금성,「명대 신사층의 형성과정에 대하여」,『진단학보』48집, 1979, 41~72쪽.
오금성,「명청시대의 국가권력과 신사의 존재훝태」,『동양사학연구』30집, 1989, 242~251쪽.

오금성, 「명청 왕조교체와 신사」,.『중국학보』43집, 2001, 295~317쪽.

于心華, 「고염무의 정치개혁론 연구」, 고려대 석사학위논문, 1988.

원재린, 『조선후기 성호학파의 학풍연구』, 혜안, 2003.

이유진, 「정약용『경세유표』의 연구」, 『한국사상사학』14집, 2000, 77~143쪽.

정병준, 「『일지록』'藩鎭'기사를 통해 본 당말오대의 번진상」, 『중국학보』44집,
         2001, 255~269쪽.

정옥자, 『조선후기 지성사』, 일지사, 1991.

정태섭, 「명말청초 경세학과 청대한학의 내재적 이로」, 『명청사연구』6집, 1997,
         179~205쪽.

최소자, 「17, 18세기 한역서학서에 대한 연구」, 『이대논총』39집, 1981, 79~111쪽.

최소자, 「중국에서 본 서양」, 『동양사학연구』80집, 2002, 97~125쪽.

한국실학연구회, 『한중실학사연구』, 민음사, 1998.

한국철학사연구회, 『한국실학사상사』, 다운샘, 2000.

한연정, 「마테오리치와 교류한 한인사대부」, 『명청사연구』14집, 2001, 33~66쪽.

溝口雄三 저·김용천 옮김, 『중국전근대사상의 굴절과 전개』, 동과서, 1999.

山井湧 저, 김석기·배경석 공역, 『명청사상사의 연구』, 학고방. 1994.

蕭公權 저·최명·손문호 역, 『중국정치사상사』, 서울대출판부, 1998.

| 찾아보기 |

지은이 소개 _{논문 게재순}

남정희 | 이화여자대학교 국어국문학과를 졸업하고 동 대학원에서 문학박사학위를 받았다. 논저로는 『18세기 경화사족의 시조 창작과 향유』(2005), 「이정보 시조 연구－현실인식을 중심으로」 등이 있다. 현재는 이화여대, 명지대의 강사로 있으며, 조선후기 시가 연구에 주력하고 있다.

정선희 | 이화여자대학교 국어국문학과를 졸업하고 동 대학원에서 문학박사학위를 받았으며, 현재 이화여대 한국문화연구원에 재직 중이다. 조선후기의 한문소설과 문학담당층에 관한 연구를 해왔으며, 최근에는 삼대록계 국문장편소설의 현대역에 주력하고 있다. 주요 논저로는 『19세기 소설작가 목태림 문학 연구』, 「19세기 향촌 중간층의 <춘향전> 개작양상」, 「<오유란전>의 향유층과 창작기법의 의의」 등이 있다.

홍선표 | 일본 규슈 대학에서 문학박사학위를 받았으며, 현자 이화여자대학교 인문대(대학원) 미술사학과 교수이며, 한국미술사학회 회장과 한국미술연구소 소장으로 있다. 주요 논저로는 『조선시대회화사론』, 「한국근대미술사와 교재」, 「에도 시대의 조선화 열기」, 「'한국회화사 재구축'의 과제－근대적 한국의 틀을 넘어」 등이 있다.

고연희 | 이화여자대학교 국어국문학과를 졸업하고 동 대학원에서 문학박사학위를 받았으며, 홍익대학교에서 미술사 석사를, 이화여대에서 다시 미술사 박사과정을 수료하였다. 현재 시카고대 동아시아 미술연구소에서 연구 중이다. 조선시대 문학과 회화문화를 함께 다루는 연구를 하며 글을 쓰고 있다. 저서로는 『조선후기산수기행예술』, 『꽃과 새, 선비의 마음』 등이 있으며, 『우리 한문학사의 새로운 조명』, 『우리 한문학사의 여성인식』, 『한문학과 대학』 등을 공동집필하였다.

차미희 | 이화여자대학교 사회생활학과(역사교육 전공)에서 학사와 석사과정을 마친 뒤, 고려대학교에서 문학박사학위를 받았다. 한국 전근대사회의 지배층 교육과 관료 선발을 연구하고 있다. 대표적인 연구로는 『조선시대 문과제도 연구』(1999) 『조선시대 사람들은 어떻게 살았을까』(1996, 공저) 등이 있다. 이화여자대학교 사회생활학과 대우전임강사, 이대 한국문화연구원 연구원을 거쳐 현재 고려대학교 강사로 있다.

강영심 | 이화여자대학교 사학과를 졸업하고 동 대학원에서 문학박사학위를 받았다. 논저로는 『일제의 삼림침탈과 한국인의 저항』, 『신규식의 생애와 독립운동』, 『한국근현대 삼림소유권변천사』(공저), 「일제하 임야조사사업연구」, 「일제하 여성독립운동의 특징과 양상」 등이 있다. 이대 한국문화연구원 연구원을 거쳐 국민대학교 한국학연구소 연구교수로 재직하고 있다.

한자경 | 이화여자대학교 철학과를 거쳐 동 대학원을 졸업하였다. 독일 프라이부르크 대학에서 서양철학을 공부하고, 동국대학교에서 불교철학을 공부하였다. 현재 이화여대 철학과 교수로 재직 중이다. 저서로는 『칸트와 초월철학』, 『자아의 연구』, 『자아의 탐색』, 『유식무경』, 『동서양의 인간이해』, 『일심의 철학』, 『불교철학의 전개』가 있다.

윤대식 | 한국외국어대학교 정치외교학과를 졸업하고 동 대학원에서 정치학박사학위를 받았으며, 현재 충남대학교 아시아지역연구소에 재직 중이다. 고대 중국의 유가와 법가에 관한 연구를 해왔으며, 최근에는 근대국가 건설 과정에서 중도파의 사상 연구에 주력하고 있다. 주요 논저로는 「맹자의 왕도주의에 내재한 정치적 의무의 기제」, 「상앙의 법치주의에 내재한 정치적 의무」, 「맹자의 전쟁과 반전쟁」, 「동맹에서 부국강병으로」, 『민세 안재홍 심층연구』 등이 있다.

이화한국문화연구총서 3

17·18세기 조선의 외국서적 수용과 독서문화

홍선표 외 지음

2006년 2월 20일 초판 1쇄 인쇄
2006년 2월 25일 초판 1쇄 발행
펴낸이 · 오일주
펴낸곳 · 도서출판 혜안
등록번호 · 제22-471호
등록일자 · 1993년 7월 30일
㉾ 121-836 서울시 마포구 서교동 326-26번지 102호
전화 · 3141-3711~2 / 팩시밀리 · 3141-3710
E-Mail hyeanpub@hanmail.net
ISBN 89-8494-266-9 93910
값 23,000 원